丛书策划　陈义望　朱宝元　　　　　　　　　看世界｜区域国别史经典丛书

The ATLANTIC

大西洋史

探索、财富与霸权

Paul Butel

[法] 保罗·布特尔 ——— 著

刘明周 ——— 译

中国出版集团　东方出版中心

图书在版编目（CIP）数据

大西洋史：探索、财富与霸权／（法）保罗·布特尔著；刘明周译. —上海：东方出版中心，2023.8
ISBN 978-7-5473-2252-9

Ⅰ.①大… Ⅱ.①保… ②刘… Ⅲ.①大西洋—历史 Ⅳ.①K1

中国国家版本馆 CIP 数据核字(2023)第 147228 号

上海市版权局著作权合同登记：图字 09-2023-0689 号

The Atlantic 1st Edition/by Paul Butel/ISBN: 978-0-415-10690-7
Copyright © 1999 Paul Butel.
Authorized translation from the English language edition published by Routledge, a member of the Taylor & Francis Group; All rights reserved. 本书为泰勒弗朗西斯出版集团成员——劳特利奇出版社（Routledge）所出版英文版作品的授权译本。版权所有，侵权必究。
Orient Publishing Center is authorized to publish and distribute exclusively the Chinese (Simplified Characters) language edition. This edition is authorized for sale throughout Mainland of China. No part of the publication may be reproduced or distributed by any means, or stored in a database or retrieval system, without the prior written permission of the publisher. 本书中文简体翻译版授权由东方出版中心独家出版并仅限在中国大陆地区销售。未经出版者书面许可，不得以任何方式复制或发行本书的任何部分。
Copies of this book sold without a Taylor & Francis sticker on the cover are unauthorized and illegal. 本书封面贴有泰勒弗朗西斯出版集团标签，无标签者不得销售。

大西洋史：探索、财富与霸权

著　　者	[法]保罗·布特尔
译　　者	刘明周
丛书策划	陈义望　朱宝元
责任编辑	赵　明　戴浴宇
装帧设计	钟　颖　余佳佳

出 版 人	陈义望
出版发行	东方出版中心
地　　址	上海市仙霞路 345 号
邮政编码	200336
电　　话	021-62417400
印 刷 者	上海盛通时代印刷有限公司
开　　本	710mm×1000mm　1/16
印　　张	26.5
字　　数	363 千字
版　　次	2023 年 11 月第 1 版
印　　次	2023 年 11 月第 1 次印刷
定　　价	92.00 元

版权所有　侵权必究

如图书有印装质量问题，请寄回本社出版部调换或拨打021-62597596联系。

目录 Contents

前言 / 1

致谢 / 1

绪论 / 1

第一章 伊比利亚人发现大西洋之前的传说与现实 / 5

传奇的大西洋 / 5

古代的现实情况 / 10

北大西洋的爱尔兰人与维京人 / 21

第二章 新大西洋：15—16世纪初 / 37

新的地中海大西洋 / 38

向非洲大西洋探险 / 46

西部海洋与伊比利亚人的新世界 / 52

欧洲人与北大西洋 / 66

第三章 大西洋与伊比利亚人：16—17世纪 / 73

哥伦布的美洲梦与现实 / 73

西印度的卡雷拉：贸易与港口 / 75

西印度的卡雷拉和大西洋经济 / 86

伊比利亚大西洋向外国开放 / 91

1

第四章　大西洋与海洋大国的成长：17 世纪　/ 109

荷兰野心的提前发育与范围 / 110

荷兰 1609—1621 年参与到伊比利亚人的大西洋 / 113

荷兰西印度公司与大西洋的宏伟计划 / 116

新的大西洋时代：安的列斯地区的种植园 / 121

英国人出现在大西洋 / 123

来自法国的挑战：从纽芬兰岛到安的列斯地区 / 133

第五章　大西洋殖民的黄金时期：18 世纪　/ 154

英格兰与法国：两大巨人的竞争 / 154

扩张的市场 / 163

第六章　大西洋的人口与强国：17—18 世纪　/ 195

大西洋的主导极 / 195

人潮如涌 / 201

大西洋列强 / 225

第七章　19 世纪的大西洋：传统与变革　/ 248

历史悠久但总在变化的跨大西洋贸易 / 248

19 世纪初期英国的优势与美国的成功 / 250

大西洋的新航班——纽约与利物浦 / 259

跨越大洋的欧洲人：新世界的移民 / 281

第八章　20 世纪的大西洋　/ 300

1914—1939 年间大西洋的变革 / 302

目 录

第二次世界大战与大西洋的新时代 / 324

第九章　结语 / 344

注释 / 348

参考文献 / 381

索引 / 387

表格

6.1　1783—1807 年的航海与贩奴 / 219

6.2　1761—1768 年美国贩奴商的货船 / 223

6.3　1781—1810 年美国的奴隶出口 / 224

7.1　1798—1809 年美国与古巴的贸易 / 252

7.2　1831—1890 年铁路的发展 / 286

7.3　1891 年到美洲统舱乘客的份额 / 292

前　言

　　海洋大约占据了地球表面的2/3。从史前开始它就为人类提供食物。在我们这个时代，又发现其蕴含着丰富的资源，而对其开发也成为一件颇具争议的事情。但是海洋不仅仅是大自然慷慨的主要例证，也不仅仅是拒绝文明的唾手可得的垃圾倾卸场。对那些缺乏跨越它们意愿与工具的社会来说，它们可能是巨大的障碍。同样，对技术发展来说，海洋也可能是一个巨大的动力，对那些不管出自何种原因希望利用它的人们来说，技术本身就是一个巨大的挑战。它也能把极为分散的文化与经济、截然不同的人们统一起来，让知识、观念、信仰自由地传播。那些靠着同一片海洋的不同港口往往比与它位于同一个国家与地区的内地有着更多的共同之处。

　　然而，由于海洋本身是如此富有，几个世纪以来它给予不同地区以财富，陆上强国野心勃勃地宣称对海洋行使主权。在欧洲，这种宣称的合理性与反对意见从哥伦布与达·伽马时期就引起了思想家与辩护士的关注。不管是真实的还是假想的，经济、政治与战略需要刺激了海军的发展，也把现代国家令人恐惧的权力展示了出来。沿海商业也促成了船舶的建设，不管它们由什么驱动，这些船舶长期以来都是当时经济中最昂贵与技术最先进的产品。世界船运工业支撑着一个社会组织、生活方式与其他社会团体截然不同的劳动群体。

然而,除了人们战胜恶劣天气、频繁海战、运送货物、建造新船这些令人印象深刻的编年史外,海洋的历史还有很多其他内容。无论在什么地方,海洋对毗邻的文明都有着重大的文化影响。

保罗·布特尔在这本研究大西洋的著作中探讨了这些问题,也探讨了其他的问题。这位国际性学者的研究领域扩展到加勒比海盗、近代早期法国的航运经济、鸦片史,他现在在时间上涉猎更广——涉及时间大约2 000年,空间上也一样。其结果是一部权威的、引人入胜的、激动人心的、狂暴的海洋史面世了。海洋不仅在过去,而且现在也仍然在人类事务中扮演着决定性的角色。

杰弗里·斯卡梅尔(Geoffrey Scammell)

致　　谢

没有众多朋友与学者的鼎力帮助,这本著作的完成是不可能的,我尤其要衷心地感谢这些人:海伦·贝尔托(Héléne Berthault)、让-皮埃尔·博斯特(Jean-Pierre Bost)、克里斯蒂安·比谢(Christian Buchet)、弗朗索瓦·克鲁泽(François Crouzet)、阿兰·于埃茨·德伦普(Alain Huetz de Lemps)、伯纳德·拉瓦勒(Bernard Lavalle)、克里斯蒂安·莱拉(Christian Lerat)与伊莎贝尔·莱森特(Isabelle Lescent)。然而,我首先应该感谢我的妻子,在我绝大多数沮丧的时刻,她的关爱与帮助比其他人更值得提及,这本书向她表示敬意。

绪　论

无论谁在葡萄牙的圣文森特海角（Cabo de São Vincente）看夕阳西沉，他在这个传奇的国度看到的夕阳比其他地方的都要大 100 倍。在被波浪吞没的一瞬间，他们甚至能听到巨大的星云般的蒸汽声与嘶嘶声。在夕阳下，在这个传奇景象的衬托下，海洋在延伸，它后退的地平线总是让人迷惑，同时也吸引和驱动着人们前行。迦太基的汉诺、马赛利亚的皮西亚斯——他们既是商人也是勇敢的探险者——虽然担忧巨兽，但还是大胆跃进这个未知的海域。海王星与众神信使墨丘利也加入了大西洋上的队伍并引导着水手穿越永恒的黑暗之海，穿越武仙星座的支柱，直到已知世界的尽头。

另一方面，大西洋史逐渐无法避免地与神话和奇迹组成的故事纠缠在一起。其中之一是幸运岛，在这里赫斯珀里得斯守护着赫拉克利斯试图偷盗的金苹果。敌意的、狂暴的、凶恶的波浪和巨大的、不停猛击的浪潮构成了数不清的障碍，也引起了巨大的恐惧。"（我）找不到任何方法摆脱这片灰色的海浪，看不到任何逃脱这片灰色海域的前景"[1]，那个试图挑战海洋的莽汉这样宣称。

实际上，从欧洲来看，大西洋是向西方前进的所有活动的不可跨越的障碍。在北半球气候温和的地区，主导性的西风从开始就阻止了旧大陆的扬帆西航。一个人必须到达挪威这样的高纬度才能发现适于西航的洋流与海风。它们使爱尔兰的僧侣与维京人采取的航线有可能实现，因为在更远的格陵兰岛才有可能航行到纽芬兰岛的拉布拉多寒流。在3—5月，我们仍然可以在英国所在的地区发现东风，它使15世纪布里斯托尔的贸易与渔业得以进行，它在南部的亚热带地区更为强劲。这样，一直到马德拉群岛和与其平行的加那利群岛，航船能够获得适宜西航的海风：哥伦布与其前人早就使用过的信风。

从很早时期开始，海洋结构使得人们找到了一些由海洋生活带来富庶的地区。大西洋从北向南延伸，它与更大的印度洋和太平洋海域分居两地。被大西洋隔开的非洲与美洲这两个大陆的主体在西非与巴西的北部一点最为接近，它们在赤道的两边伸展成为两个纺锤极。非洲的帕尔马斯角（Palmas）北部到巴西的圣罗克角（Cabo de Sao Roque）南部大约有3 000公里多一点。在南半球，除了其中心伸展出靠北的阿森松岛、南部的圣赫勒拿岛和特里斯坦-达库尼亚（Tristan Da Cunha）群岛外，大西洋最大的海洋部分几乎不被干扰。即使这些岛屿可以为水手提供避难所，但咆哮的纬度40°的地区也使到达大西洋的南部地区极其困难。再向南到南极大陆，60°线上的大西洋宽度最大，几乎有6 500公里。

在北半球，大西洋看起来不那么让人恐惧，有人甚至认为它热情好客。实际上，它上面点缀的一些岛屿与沿岸海域把两大陆地连接了起来，这使跨越大西洋较为容易。

再往北，把爱尔兰与纽芬兰隔开的3 800公里的路程中有几个中途停泊站，虽然航行中也面临潮湿地带与暴风雪的困难，但这里也有可被开发的大好渔业。正像英格兰人与康沃尔人一样，巴斯克人与法国的布里多尼人很快就学会了捕捞鳕鱼，这使他们不停地向西前进。从法罗群岛到格陵兰岛，水手们可以在相距不超过600公里的岛屿之间航行。

在热带地区的大西洋的东西两边，航海者在为航行提供众多停靠站的大量群岛之间环绕行进。离葡萄牙不到800公里的岛屿是马德拉群岛，1 200公里的地方是加那利群岛，1 300公里的地方是亚速尔群岛。这就使得伊比利亚的探险者在远航与回程中都能从这些岛屿获得充足的供应,船员们也得以补充物资并修复航船。在经过了马德拉群岛与加那利群岛后,稳定的信风把船吹向新世界。在回程中,强烈的西风又把它们带回亚速尔群岛。一旦越过了马德拉群岛,航行的速度就变得令人惊奇的缓慢,一直到出发的欧洲原点都是如此。在18世纪,英国的海船在马德拉群岛与小安的列斯群岛之间每日航行191公里,它们在顺风推动下稳定地航行。然而在从普利茅斯到马德拉群岛之间的旅途中每天从来没有超过148公里[2]。普利茅斯到马德拉群岛之间的2 300公里需要18天,而从马德拉群岛到安的列斯群岛之间的5 000公里只不过用27天。

在大西洋的另一边,安的列斯弧线在特立尼达到佛罗里达之间绵延2 200公里。在哥伦布与其船员首先踏上的新大陆的这些岛屿毗邻更大的大西洋的边缘海,加勒比海北接墨西哥湾,面积超过200万平方公里。

其沿海的水域与其上的众多小岛是大西洋最为富饶的地方。在东部与西部,它们提供了极好的渔业资源以及把它们运送到其他大陆的宝贵机会。大西洋的支流水域方便了人们的交流,也因此赋予大西洋的历史以最非凡的特征。在大西洋的东边,在经常起雾的英吉利海峡与北海,在危险的浅滩与动辄粗暴的海洋中,繁忙的交通从古老的时代起就出现了,虽然要冒航行的风险。在我们的时代,每天都有1 000艘以上的船舶在皮卡德利竞技场整装待发,而多佛海岸与加来海峡之间的水域是西北欧商业与工业的轴心地带。

在靠近欧洲的大西洋海域还有另外一个决定性因素。诸如易北河、莱茵河、斯海尔德河或者塞纳河这样的大河流向北海与英吉利海峡,这使得由港口控制的富饶内地也因此变成大西洋的一部分。大而言之,世界上最大的几条河流大多都流向大西洋:美洲一边的密西西比河、圣劳伦斯河、亚马孙河、奥里诺科河、普拉塔河。在欧洲与非洲这边,有上述的(欧洲)几条河流与非洲的尼罗河与刚果河。大西洋因此为毗邻的大陆提供了无可比拟的贡献。例如,圣劳伦斯河海路和北美洲的大湖区清晰地展示了这一点:自从它于1959年通航后,这条现代的大湖通道就变成了一个最主要的贸易轴心,它与墨西哥湾和密西西比河一起,为美洲谷物的出口与从多伦多到芝加哥之间富饶的工业区的产品进口作出了巨大贡献。

如果20世纪实现了大西洋远近闻名的伟大活动,则先前的几个世纪为人员与原料的流通打开了大门。因此,从哥伦布发现新大陆到第一次世界大战,大西洋经历了贸易的循环,产生了数不清的财富。首先是满载新世界黄金白银的伊比利亚大帆船,接着是荷兰、英国、法国的商船,这些活动为欧洲提供了光怪陆离而又时兴的产品,也引起了后来的竞争。在这些海洋的争夺中,英国最后睥睨群雄。大西洋冲突的顶点是承认英国的霸权,在这样一个过程中,19世纪的欧洲人跨越大洋并为一个新建的美国提供了成为新兴强国的必备资源。20世纪美国压倒性的海权优势终结了英国的霸权,然而,这并没有阻止昔日的欧洲第二次世界大战以后在大西洋上得以复兴。

在20世纪末期,大西洋不再是曾经没有尽头的、没有海岸的海洋,但这是否意味着我们对其看得更清楚了呢?当然,在追逐一些可以度假的阳光时,城市居民突然出现在沙滩上;越来越多的旅游者畅享热带或者北欧海域的巡游乐趣。传奇不再了,然而,它也失去了曾经带给水手与新世界殖民者的数不尽的魅力。最主要的是,对它的想象不再雷同:现在,喷气式飞机已经消灭了长期颠簸的海洋航行。旅行者的白日梦不再聚焦于公海上的巨浪。很少人能够把自己放置到梅尔维尔的英雄位置上并与其分享第一次穿越大西洋的激动心态:

> 当第一次被告知你与所乘的船已经到了陆地看不到的地方时,你作为一名乘客进行第一次航行时为什么会体会到这样一种神奇的颤动?为什么古代的波斯人奉海洋为神圣?为什么希腊人给它以独特的神性?[3]

然而,我们可以从遥远的过去重新发现大西洋。穿越历史的长河并追溯到大西洋的历史肇始可以使我们更为生动地理解促使西方文明发展的梦想与现实,这一文明可以被称为"大西洋(文明)"。

第一章　伊比利亚人发现大西洋之前的传说与现实

传奇的大西洋

在遥远的未来,当海洋松开事物的联结时,当完整的、宽广的土地被发掘时,当泰西斯①(Tethys)发现新的世界,当图勒不再是土地的尽头时,一个新的时代将会出现[1]。

塞内卡在《美狄亚》中塑造的英雄所作的预测被爱尔兰僧侣与维京人在北大西洋的探险所证实,过了几年之后,哥伦布也到达了加勒比地区。他的预测在古人的世界留有记载,而这些古人眼中的大西洋仍然裹挟在传说之中。大西洋这个词就提醒了我们这一点,因为它来源于沉没在海洋之下的亚特兰提斯大陆的名字。甚至阿特拉斯与兄弟赫斯珀里斯的传说也有利于维持对消沉的亚特兰提斯的信仰。赫斯珀里斯爬上了他兄弟的肩膀来审视地平线,但是一头栽进了大洋,随身带走了他兄弟的一块肉,这样,亚特兰提斯诞生了。

---

① 十二提坦巨人之一,沧海女神,大洋河流之神俄刻阿诺斯之妻。希腊神话认为俄刻阿诺斯生育了地球上所有的河流及三千海洋女神。——译者注

赫斯珀里得斯的父亲巨人阿特拉斯在泰坦巨人与众神的战争中站在前者一边,宙斯责罚他以双肩支撑天堂。古人认为他居住在赫斯珀里得斯所属的西部土地上。对荷马来说,他是坏心肠的阿特拉斯,他对海洋的深浅了若指掌,用自己的双肩支撑着巨大的柱子从而把天与地分开。他的女儿卡里普索是一个法力无边的仙女,使不幸的尤利西斯难以回家[2]。

我们也在维吉尔的著作中发现了一个陌生的、外在的大西洋影像:在海洋的边缘与太阳沉没的地方是埃塞俄比亚人的家乡。在地球最遥远的地方,力量强大的阿特拉斯用双肩扛着嵌满了燃烧着星星的支撑天堂的柱子。在地中海一边,赫拉克利斯的柱子象征着这些边界,它是直布罗陀海峡的入口,向北是直布罗陀巨岩,向南是阿比拉(Abylla)岩石。我们也在这儿发现据传是赫拉克利斯辛苦劳作的终点,他也在此为已知世界设置了界限。赫拉克利斯的传说又被加上了阿特拉斯的内容,这描绘了同时存在的对文明世界奥克曼(Oekumen)之外的未知世界的痴迷与排斥。西方的仙女赫斯珀里得斯是三姐妹,她们守卫着赫拉嫁给宙斯时俄斯(Earth)交给赫拉的金苹果。由于她们的帮助,赫拉克利斯得到了诱人的金苹果并获得了不死之身。古人把赫斯珀里得斯的花园描绘在西部世界的最远处,越过了赫拉克利斯柱子。奥林匹斯神庙的一幅雕塑显示了阿特拉斯帮助了赫拉克利斯:赫拉克利斯免除了阿特拉斯每日的劳役,作为回报,他从阿特拉斯那里得到了金苹果。赫斯珀里得斯正是阿特拉斯的亲生女儿,她有时也被称为亚特兰提斯。它们可能被当作西部岛,或者幸运岛,这与佛得角群岛或者加那利群岛是吻合的。这些岛屿屹立在海洋的中心,成为对腓尼基人第一次大西洋探险传说的现实想象,在柏拉图的《蒂迈欧》(Timaeus)中它们变成了一个强大而又令人惊奇的帝国,名字就是亚特兰提斯,由于其沉没大海,它变成了海洋的名字:在亚特兰提斯岛上,历代国王建立了一个强大而又令人惊奇的帝国,这个帝国是这一岛屿、其他众多岛屿与大陆其他部分的主人。要到达这里,必须穿越包含众多其他岛屿的真正的海洋以及环绕这一海洋的陆地,"它可以被称为大陆"[3]。

这片大陆的消失产生了一个传说:"亚特兰提斯岛消失在大海的深处,从这一天开始,由于吞噬了岛屿的这些沉积泥沙的障碍,探索这片海洋成为辛劳而且几乎不可能的任务。"由于柏拉图的描述,关于亚特兰提斯的现实伊甸园想象在大多数古代作家笔下出现。对西西里的迪奥多拉斯来说,该岛坐落在西部的公海上。

有肥沃的、多山的土壤,是一个极其美丽的平坦的地方。流淌的河流浇灌着这片岛屿,从河流上能看到种植有各种灌木与果树的数不清的花园,各种柔和的水泉环绕其间。山区覆盖着浓郁的森林,甚至空气也是如此温和,以至于每年的大部分时间树上的果实与其他农产品都可以丰盈地生长[4]。

在中世纪,阿拉伯地理学家心中也存在一个相似的影像,他们相信这个传说是真实的,把它和西部海域的岛屿传说结合在一起,例如图勒(斯堪的纳维亚的旧称,指极北之地),马赛利亚的皮西亚斯曾在北部的浓雾中瞥见过它;葡萄牙的安提利亚,或者叫作七城岛(Island of the Seven Cities);圣布伦达与其爱尔兰同伴。每一个人都创造了自己的传说。安提利亚就是七城岛,赶着畜群的葡萄牙教士在8世纪为了逃避阿拉伯人的入侵在大西洋建立了它,直到收复格拉纳达以及异教徒在最后被征服时,哥伦布1492年的探险才重新发现了这一岛屿。克尔特人的传说也许是流传最广的,在圣布伦达长期的冒险旅行过程中,为了找到一个适宜祈祷的避难所,他开了在孤独的大西洋进行寻觅的先例。他在一个鲸鱼的背上为庆祝复活举行弥撒活动,关于布伦达的传说还有很多。例如,一个传说讲的是大约100名僧侣为了计算数不清的海洋奇迹而航行在大西洋上。在经历了三年的漂流后,圣玛丽的雕像两次出现并指引他们找到正确的方向。第三次离奇的情况是摩西,它为他们展示了一个金山岛与完全是黄金的城市。它就是天体耶路撒冷,"它辉煌如一枚精致的宝石,正如一块碧玉水晶"[5]。在和天使共进膳食之后,僧侣们离开了小岛,几天之后他们回到了布列塔尼,可是发现这里已经完全改变了：他们度过了三年的航程，可是在大陆已经过去了 300 年。

"于是海交出其中的死人，死亡和阴间也交出其中的死人。"（《启示录》20：13）克尔特人的神话认为大西洋是死者的地方，在到达神圣的伊甸园之前这些死者的灵魂停歇在此，躺在东方的美索不达米亚。在这个死者的大西洋土地上，这些迷失的、令人满意的伊甸园岛同样能代表有关炼狱的苦行观念，提供一级级阶梯并直升到伊甸园[6]。然而，这个影像中总有一些扑朔迷离的地方，因为幸运岛也包含了享乐主义的天堂，在这儿太阳直接生产黄金，生存是容易的，没有痛苦也不必劳动，因为大自然提供了任何需要的东西。这些岛屿提供的各种奇事轶闻哺育着关于大西洋的梦想。

另外一个含糊的地方在于它们以昙花一现而诱人的景象方式来展示令人恐惧的危险，而这些危险通常由大海带给那些冒险登上这些岛屿的人。古代流传下来的女海妖塞壬的主题也在葡萄牙的杜罗河与米尼奥河（Minho）之间的教堂卷宗标题上重新出现，在这些河边它形成了一种消弭危险的驱邪行为。

在 14—15 世纪，所有这些岛屿都被描绘在了地图上。1306 年，马里诺·萨努托在爱尔兰西部的地图上标注了 350 个幸运岛，爱尔兰西部也成为航行探索的目的地。18 世纪，人们仍然猜测圣布伦达岛是否存在。关于西方的追忆无法忘掉它们。在 1853 年的英国地图上，我们仍然可以发现一座绿色的岛屿，它像一座失落的巨岩一样躺在北纬44°48′、西经 26°10′的地方[7]。然而，文艺复兴后，有人尝试着把神话合理化。当然，蒙田、布冯（Buffon）、伏尔泰仍然接受了亚特兰提斯的传说，但他们也希望揭示实际情况。亚特兰提斯在美洲、斯堪的纳维亚，特别是在加那利群岛得到广泛认可。在西班牙人、巴斯克人或者是古代意大利人到达加那利群岛之前，关切人（Guanche）就居住在这里，他们的后代伊特鲁利亚人被认为是亚特兰提斯的居民。

追溯大西洋现实的努力在更早的时期就开始了，我们甚至可以追溯到远古时代。这样，海潮本身就成了维吉尔发现的让人震惊的目标：

随着海洋波浪的前进，它冲到了陆地上，把泡沫投掷到岩石上，吮吮着海湾沙滩的边缘；它突然又掉头而回，吮吮着石头并在潜流中把它们裹挟而下，这时，浅滩回退，沙滩再次回归干涸[8]。

斯特雷波甚至走得更远，他试图批判那些他认为是粗制滥造的传说：

认为他们（奥地利的辛布里人）由于厌恶经常的海浪而离开他们土地的说法是荒诞不经的，因为潮汐是每日都规律性发生的事情，我们也不必相信那些有关超常巨浪的东西（因为它完全就是虚构的）。然而，根据一定的规律以及在可预测的时间段，海洋在这类景象中实际上展示了多多少少的差异[9]。

斯特雷波坚定地描述皮西亚斯，"那个记录图勒的人"是一个"彻头彻尾的骗子"[10]。

然而，真实的情况是对亚特兰提斯传说的怀疑论出现得比较迟。在19世纪初，德国伟大的探险者与科学家亚历山大·冯·洪堡才认为亚特兰提斯并不属于现实地理的范围，它只不过是纯粹想象的内容。对洪堡来说，柏拉图《克里提亚》中对理想国家着迷的想象不过是古希腊国家的一个对应产物。

很像克尔特人那样着迷于不受限制的想象，阿拉伯的地理学家致力于把故事建立在同时代人经历过的现实之上。12世纪，一位名叫阿尔·伊德里西的地理学家回忆了一个故事，它像圣布伦达远航的传奇故事一样，也像圣马修修道院的布里多尼僧侣的远航一样：在他的《里斯本的冒险家》的画中，他声称这次远航是8个穆斯林水手在10世纪组织的[11]。他笔下的英雄离开了熟悉的地方，跨越了赫拉克利斯柱子，进入了永恒的黑暗之海，这片未知的海域在世界边缘有3万个传奇岛屿，这里有吃人的怪兽，而且遍地黄金白银。这次远航的奇异之处在于它清晰地提到探险者，在不少段落里都记录了大海的惊涛骇浪所引起的恐惧,微弱的灯光很难照亮海洋幽暗不明的深度与不计其数的暗礁。然而,它无疑是一个真实的故事。水手们可能停靠在马德拉群岛,书中把它称为"绵羊之岛",其后,在完成了沿摩洛哥海岸的37天的航程后他们到达了加那利群岛。萨菲是马格里布王朝在大西洋海岸进行扩张时期的一座港口。阿拉伯地理学家对航行实际情况的展示有预兆特征,因为他预示了其后欧洲人的发现活动。虽然仍让人恐惧,它还是转向了一个未知的海洋,虽然也经常拜访伊比利亚与非洲海岸,这些地理学家也设法把古代的传统聚拢在一起。

古代的现实情况

在大西洋近海航行的腓尼基人与迦太基人

把勘测性的远航与古人建立制海权的复杂的海事关系区分开来是颇为有用的,迦太基的汉诺与马赛利亚的皮西亚斯都属于前者。从公元前16世纪到公元前4世纪,腓尼基人主宰了东部地中海,提尔是他们一流的港口。它规模巨大的扩张在公元前1000年初变得极其明显。有腓尼基人做基础,迦太基人在西部地中海南部建立了牢固的贸易体系。在同时期,希腊人在爱琴海的尤克辛地区(Point of Euxin)大大扩展了自己的势力范围。在西西里的两边,在罗马把地中海变成自己的内湖之前,马赛人与伊特鲁利亚人建立了一个富裕的商业圈。然而,罗马的帝国主义很快走了下坡路,在公元前4世纪,迦太基人已经可以和罗马签订条约分割西部地中海的贸易,后来,一直到公元前146年迦太基的灭亡,它一直都让罗马战栗不已。腓尼基人追求贸易的探险与远航不久就出现在赫拉克利斯柱子之外。在耶稣之前第二个千年结束之际,腓尼基人最西部的军事堡垒是盖迪斯,它由提尔人建立并管理。他们尽各种可能去探寻锡矿,而锡是生产青铜的必需物质,他们在远航中穿越了到卢瓦尔盆地的必经之地加斯科涅湾、莫尔比昂(Morbihan)湾,甚至远达英国的康沃尔(Cornwall)。斯特雷波展示了腓尼基时期作为沿途停靠站的葡萄牙与安达卢西亚所扮演的角色,伊比利亚的食盐可以交换卡西泰瑞得斯(Cassiterides)、康沃尔或者法国布里多尼(Breton)海岸的铅与锡[12]。然而,西西里的迪奥多拉斯认为腓尼基人活动的极限甚至在大西洋的更深处,也许是马德拉群岛,葡萄牙人在很久以后才征服了这一地区。腓尼基人可以因为某次风暴到达了这片神奇的岛屿,这里有肥沃的土壤、丰富的植物、水源良好的花园。根据皮埃尔·鲁亚尔的看法,腓尼基人到达马德拉群岛的事实应该根据腓尼基人与伊特鲁利亚人的竞争环境加以解释。伊特鲁利亚人在知道了这一发现后也希望到此殖民。这一事件可能发生在伊特鲁利亚人处于最活跃的公元前7世纪,但真实的情况是,这次远航必须归功于腓尼基人。

实际上,根据考古发现的强有力证据,根据米库阿特(Meiquart)的神庙,提尔人在瓜达莱特(Guadalete)河口的盖迪斯的殖民活动才使得腓尼基人名声在外。传统认为公元前12世纪的这次殖民日期与提尔人向更远的西部进行第一次远航的时间是吻合的。腓尼基人的贸易已经处于全力扩张阶段,圣经证明了他们在西部地中海的巨大范围,它甚至超越了赫拉克利斯柱子:"因为你们每个王国都拥有巨大财富,塔希斯才与你们进行贸易,他们用白银、铁、锡与铅来交换你们的陶器"[13],它是"无数岛屿上人民的中间商"。提尔成功地找到了用于和西班牙大西洋沿岸塔达苏士(Tartessus,圣经上的塔希斯)西部地区进行贸易的主要替代品。仅仅是塔达苏士这个名字就让人想到"神奇之地"、矿产、港口、河流与王国。维尔瓦位于盖迪斯——加的斯这一伊比利亚大西洋的海岸西部,它可以提供矿工与冶金家进行活动的坚实证明,而这些矿工与冶金家使得塔希斯成为与腓尼基人进行贸易活动的最好港口。

从公元前7世纪开始,小亚细亚不间断地派出自己最好的水手穿越整个地中海,他们穿过了直布罗陀海峡,沿着非洲海岸航行了大约700公里,他们最后沿着阿特拉斯的方向(这一次指的是摩洛哥的地域)到达了摩加多尔岛。地中海的水手们沿着航程的最南端北上,他们又到达康沃尔,塔达苏士-维尔瓦成为他们的贸易轴心。此后他们又继续拜访了利比亚(非洲)的海滨与伊比利亚半岛。

大约两个世纪之后,在迦太基的掌控下,远航探险(执政官汉诺的远航)与商业开发的动机混杂在了一起,大西洋海岸似乎经历着最大的扩张。波里比乌斯在公元前2世纪以罗马名义进行的远航是为了盘点迦太基人在大西洋地区的货物清单,而这次远航是非常精确的。实际上,老普林尼是这样报告的:

> 波里比乌斯说切尔内(Cerne)位于毛里塔尼亚的最边缘,超过了阿特拉斯山,离陆地大约8希腊里(stadia)①;当尼波斯(Cornelius Nepos)说它与处于同一条经线的迦太基非常接近的时候,它离大陆大约10英里,周长不足2英里。据说另外一个岛屿在阿特拉斯山之外,它以亚特兰提斯的名字而为世人熟知[14]。

对安德烈·若丹来说,上述作者给出的距离应该接近1500米,它使切尔内与摩加多尔岛得以统一,它与大陆海岸的距离也一样。腓尼基人、之后是迦太基人开发了这里的紫红虫②,这是摩洛哥在大西洋沿岸最出名的一种自然资源。当摩加多尔岛生产的紫红虫被发现是一种让罗马精英喜欢的令人印象深刻的染料时,它在奥古斯都时代的朱巴二世统治时期得到全力开发。然而,在腓尼基人与迦太基人的殖民活动中,切尔内-摩加多尔就是贸易线路的最远边界。

在公元前5世纪,由于古代腓尼基人在赫拉克利斯柱子之外的殖民地在提尔陷落之后已经萎靡不振,迦太基的汉诺为了复兴这一殖民活动完成了著名的远航。利克苏斯位于直布罗陀海峡南部的摩洛哥海岸,离丹吉尔100公里,它是腓尼基人最繁荣的贸易据点之一,由于它没有像其他殖民地那样消失,汉诺因此得以从这一殖民地寻求帮助。利克苏斯人为汉诺提供了通向遥远海域的领航员,特别是把他领到了切尔内-摩加多尔,汉诺认为这已经是自己殖民的合适的边界了[15]。

---

① 古希腊的长度单位,1希腊里约等于158.5米。——译者注
② 这是一种带紫红色的有壳水生物。——译者注

第一章　伊比利亚人发现大西洋之前的传说与现实

　　汉诺的殖民者是利比亚腓尼基人,他们是在阿尔梅里亚与直布罗陀之间的安达卢西亚海岸被征召的[16]。其中的一个城市阿尔穆涅卡尔(Almunecar),它到汉诺时期已经存在了两个世纪。因此,阿尔穆涅卡尔而不是迦太基才是远航的出发点。当公元前475年到公元前450年之间迦太基决定进行一次野心勃勃的殖民行动时,汉诺成功的远航才得以发生。然而,汉诺还想同时探索大西洋上的加那利群岛,它离摩洛哥海岸700公里,他甚至希望探索更南部的非洲海岸,一直到达塞内加尔甚至是几内亚。遥远的加那利群岛非常适合成为幸运岛上上帝选民灵魂停留的神奇地方,这一名号在很早以前就非他莫属了。通过这次巡游,汉诺设法恢复了迦太基水手和他们曾经建立的关系[17]。迦太基人沿着对摩加多尔的紫红虫进行开发的洋流航行,他们的船舶已经能够远航到加那利群岛。

　　对老普林尼来说,汉诺远航的叙述充斥着未经证实的神话。喀麦隆山顶的火山更为迦太基水手的想象添加了佐料,这一火山的高度与喷发现象看起来好像是天神的战车;无论怎么熟悉地中海上埃特纳(Etna)山的大火景观,喀麦隆燃烧的火山还是让他们震惊得说不出话来。"浑身长毛的女人"(汉诺的翻译人员称之为"大猩猩")只能是俾格米矮女人而不可能是雌猴子。然而根据热罗姆·卡尔科皮诺的看法,我们可以把汉诺的远航归结为善意,他是为了确保迦太基人控制苏丹的黄金[18]。汉诺被利克苏斯人的经历推动,他此时把远航的领域扩大到了塞拉利昂甚至喀麦隆,这已经超过了利克苏斯的商业活动在奥罗河的黄金储藏地。然而,在切尔内-摩加多尔之外,汉诺没有留下很多引导他探索海岸的殖民者,他在利克苏斯的水手不熟悉的帕尔马斯海角绕行了两次后开始向东方挺进。汉诺远达塞内加尔盆地的远航正是迦太基唯利是图政治的结果。其后,他领导的远航成为寻找黄金的开采队。

　　希罗多德在记载汉诺的远航时,重点强调了迦太基在西部非洲进行商业活动的重要性,也解释了这一程序:

迦太基人也告诉我们，他们与一个生活在赫拉克利斯柱子之外的利比亚一个种族进行了贸易。当到达这个国家时，他们卸载了货物，把它们沿着沙滩整齐地摆放在一起，接着就回到自己的船边并点了一堆火，土著在看到烟的时候来到了沙滩上，在地上放了一些黄金用以交换货物，之后又消失在远处。接着迦太基人来到岸上看黄金，如果他们认为它与其陶器的价格是相宜的，他们就把黄金收起来并走开；相反，如果黄金看起来太少了，他们就回去等待，土著人就会过来增加黄金直到迦太基人满意为止。双方都相当诚实，迦太基人在黄金与他们提供的货物价值相等之前绝不会接触黄金，土著在黄金被拿走之前也绝不会碰货物[19]。

对热罗姆·卡尔科皮诺来说，汉诺的远航无疑使与生产黄金的黑人进行贸易的利克苏斯人表现出持久的光荣。强大的迦太基船队是把奥罗河与切尔内连接起来的必要的后勤工具。然而，商业开发从来没有超过塞内加尔盆地，向西则是几内亚湾，而远航也仍然是一个探险。后来，在公元前147年春天西庇阿·埃米利亚努斯攻陷迦太基之时，这些贸易路线被摧毁了，或者说多多少少被改变了：一个正规的商业与帝国政治支撑的船主时代让位于违法的投机与海盗活动[20]。

希罗多德叙述的真实性已经遭到质疑，因为在古代绕着大西洋非洲海岸进行航海的条件无法支撑这样的远航[21]。汉诺的远航在技术上是不可能的。一个来自地中海的水手在到达撒哈拉沙漠以南的非洲之后将不可能再次回到北方。事实上，非洲这一地区海岸的风向阻止了任何北上的计划：几乎是整年吹着的、稳定的东北风与西南风很容易把航船吹向南部；相反，在尤比角（cape Juby）与白朗角（cape Blanc）之间，没有帮助北上的海风。从7月到10月之间向北移动的热带锋面形成的热带季风吹向西南，它使人得以回到北方，但是也只能到白朗角。超过了这一点，在白朗角与尤比角之间850公里的路程中，没有南风可以抵消阻止北航的强势的北风。在同一地方，船桨也无法弥补那些缺失的适宜的海风：船桨的推进太慢，更不要说逆风划桨，而且在这

第一章　伊比利亚人发现大西洋之前的传说与现实

一长长的海岸上还存在从北到南的强劲洋流。考虑到基本没有补给水的地方，寻找划桨手也是极为困难的。

最后，逆风北上也需要航船尽可能靠海岸航行。然而，古代的技术条件不允许这样做，因为迦太基的船只都是在中央设置横帆或者矩形帆的单桅船，而它是为了利用尾风而设计的。

拉乌尔·洛尼斯质疑这一结论。至少他反驳了使用横帆或者三角帆在技术上难以实现的结论，因为这种风帆在古代就非常出名了，希腊人与罗马人就已经很善于顶风航行，迦太基人不可能毫不知晓这一技术。他们位于船只轴心进行掌舵的传动设置已经极其先进。卢克莱修展示了一个操纵着一艘雄伟大航船的舵手："无论它选择什么方向，单只手就可以掌着它——一个简单的小抽屉，把它向这个方向或者那个方向旋转。"在著作《美狄亚》中，塞内卡也证实了对船舶的操纵能力——提菲斯(Tiphys)通过熟练的操作大胆地为海风制定了新的规则，维吉尔也描写过特洛伊勇士埃涅阿斯的同伴在经受海风突然而经常狂暴的变化时的所作所为：

他们团结如一人控制着风帆，把它们及时打开，先到左舷，然后又到右舷。他们像一个人一样旋转着桁端的顶部，当顺风推动舰船前进时再次转动桁端[22]。

因此，一个在尤比角和白朗角之外继续冒险向南挺进的航海家从相反的方向再次行过这两个海角之间艰难的路线完全是可能的。然后，沿着大西洋的非洲海岸继续北上也是可能的。汉诺(的故事)可能不是虚构的。

至少从公元前 7 世纪开始，腓尼基人就已经在切尔内-摩加多尔殖民了。后来，迦太基人沿着他们的足迹继续在这里殖民。那些在3—9月的夏季时间向南航行的航海家能够在冬季初利用不那么狂暴的海风北归。航海家停泊在大西洋诸如利克苏斯这样的摩洛哥港口，他们可以在第二年春天继续向地中海挺进。虽然汉诺在筋疲力尽后会逐渐慢下来，但他可以停靠在出发之时就已经建立的任意一个殖民地，等待下一个春天继续出海。

另一个假设认为他已经出现在沃尔特，正如葡萄牙人随后所做的事情那样，他通过公海实现回程，如果必要他甚至可以绕道亚速尔群岛；在科尔沃小岛上发现的腓尼基钱币不是证明腓尼基人在很早以前就已经发现了这一群岛的部分地区吗？[23]

当然，这些仅仅是一些孤立的航海例子，要想看到欧洲人经海路定期访问几内亚的场景，我们必须等到15世纪那位葡萄牙王子——航海家亨利的时代。

大西洋上伟大的罗马与阿拉伯人的航海活动

在完成了既有商业成分也有探险成分的远航之后，迦太基人尽力确保其他人不会超越他们在赫拉克利斯柱子之外的航海地位，或者应该说是他们创造的财富的地位。这样，他们设法向其他人杜撰那些传奇故事与水手在越过直布罗陀海峡之后遇到的非常夸张的困难。在从伊斯特尼迪斯（Estrymnides）群岛、阿申特岛众岛屿远航回来之后，迦太基人希米尔科滔滔不绝地谈说那些他面对的危险，诸如几乎把他搁浅的浅滩、很难从中解脱的危险海藻、穿行在几乎什么都看不见的浓雾中、突然麻痹他的风平浪静等，而这次航海实际上是为了寻觅康沃尔锡矿。根据古代作家的看法，迦太基人在展示了对任何一个竞争者的敌意后，他们真的已经在直布罗陀海峡建立了一道屏障：埃拉托色尼之后的斯特雷波解释说迦太基人可能攻击任何一艘靠近撒丁岛海岸与赫拉克利斯柱子的航船[24]。对品达来说，"我们千万不能穿过通向黑暗的伽狄拉海湾（Gadeira）……再往前，穿过赫拉克利斯柱子并航行在无路可走的海上变得非常困难"。从希腊人控制大西洋后这些充满恐惧的看法中，我们可以看出他们并不知晓这片海域。然而，日常生活的细节使得这一观点并不牢靠：一些喜剧使人想起七鳃鳗的成功事实[25]。

事实上，正如马赛利亚的皮西亚斯所展示的，希腊人进行活动的能量已经足够强大。大约在公元前300年，他们就已经进行了无数的冒

第一章　伊比利亚人发现大西洋之前的传说与现实

险活动。从马赛利亚(马赛)启航后,皮西亚斯穿过了直布罗陀海峡并向北航行,绕过了布列塔尼,到达了极北之地的岛屿(冰岛,也可能是挪威的西部海岸)。相对于古代那些被商业或者军事目的推动的众多探险者,皮西亚斯做了重要的地理工作。他测定了马赛利亚的纬度,仔细观察了潮汐现象,记录了根据月相而出现天体出没方位角的差异。根据他在这一地区的活动,他完成了对北极星高度的精确观测。然而,亚历山大指责他的任务主要是寻觅琥珀与锡矿的内容也是实际情况。腓尼基人与迦太基人一直在探索从铜与锡的合金中炼制青铜的技术,希腊人也在这样做。皮西亚斯的探险使得英国与北海海岸被勘定,也许一直到卑尔根的高度。在极北之地发现的大约在北纬66°的冰冻海洋无疑并不是冰流,它们实际上不过是漂流的冰块。这一景象与习惯了阳光普照的西南海滩的水手们很不协调,何况他们习惯的海滩还遍布葡萄酒与盐块。无疑,在英国北部航行6天是不可能把马赛利亚人带到图勒的,因此,它只能与设得兰群岛相吻合[26]。

然而,正如其他的希腊城邦那样,马赛利亚的航行以商业而不是探险作为自己的唯一目的。在公元前630年,萨摩斯人科莱瓦在一阵幸运的海风帮助下穿过了赫拉克利斯柱子,把希腊人的制陶术带到了大西洋的摩洛哥。希腊人继续进行由腓尼基人与迦太基人开创的贸易:他们用盖迪斯的盐块与海洋产品、卡西泰瑞得斯的锡、摩加多尔的紫红虫来交换陶器与纺织物。他们的存在无疑比腓尼基人更为证据确凿,直布罗陀海峡西部安达卢西亚地区的阁楼与爱奥尼亚双耳陶瓶证实了希腊人的影响,这些东西与塞浦路斯、叙利亚的花瓶并排放置。在罗马统治下为巴亚提科(Baetica)与卢西塔尼亚的贸易航线做准备工作的维尔瓦-塔希斯、加的斯、塞维利亚这一城市三角从其在陆地与海洋的联系位置中获益匪浅,实际上也是高度活跃的。最近发现的两顶漂亮的科林斯式头盔证明了希腊人到过此地,而且他们并没有引起腓尼基人或者甚至是迦太基人的太大敌意,这两顶头盔一顶在维尔瓦河,另一顶在瓜达莱特河[27]。

然而,罗马统治下赫拉克利斯柱子之外、英国与北海以及西部摩洛哥大西洋的商业活动变得更有活力。

17

再向北,罗马军团必须为英国与德国承担供应品的责任[28]。地中海-罗纳河路线可能更长,至少向英国的方向是如此,但它比大西洋航线更为安全。虽然采取后一线路在经济上的代价更高,但它既争取了时间也缩短了距离。地中海通道也越来越变成通向上莱茵河军营的路线。因此,我们不能同意海洋是帝国边界的看法。除此之外,恺撒之外的其他著名的罗马人也有过到英国的探险——例如阿古利可拉(Agricola)。实际上,迪翁·卡修斯展示了在克劳狄决定征服英国时,罗马士兵一想到必须跨越加来海峡时都感到非常恐惧,以致他们开始叛乱并决定"只要在已知世界之外的土地作战"就拒绝进军[29]。然而,在恺撒的评论中,他从来没有提到公元前55年与公元前54年远航时发生过这种情况。从公元前1世纪开始,英国与欧洲大陆的关系已经非常密切。在帝国时代,军队在英国需要的东西、供应物资与纺织品的货物大部分都是通过从大西洋巴亚提科出发的航运得以满足的,至少直到公元2世纪都是如此。在这条路线上,油料成为每年军事物资的一个重要组成部分;在法国布列塔尼与诺曼底海岸发现的众多盛油的双耳陶瓶显示了这一贸易非常繁盛。

在罗马帝国即将诞生的时刻,在国王朱巴二世统治时期,通向切尔内-摩加多尔的摩洛哥南部航线变得更加繁忙。把摩加多尔称为一个永久性的军事基地是合适的,因为它已经不再是腓尼基与迦太基时代的一个季节性的贸易据点了。这一活动是与开发紫红虫活动联系在一起的,它在这一时期已经发展到了顶点。这一工业首先出现在大西洋利比亚地区的吉图利亚(Getullia)海岸,老普林尼描述了这一工业开发的重要性;他强调了它的巨大名声,但又利用它批评罗马人的奢华,"让我们准备为对紫红虫的疯狂痴迷进行辩护吧……它散发着光泽,在凯旋的制服下与黄金纠缠在一起"[30]。朱巴二世访问过这个大西洋港口,也许还到达了加那利群岛。他在紫红虫岛摩加多尔建立了工业点进行开发吉图利亚的紫红虫,因为它在罗马有巨大的市场。摩加多尔与利克苏斯都发现了盛放紫红虫染料的盐碗。朱巴王国的财富从诸如沃吕比利斯(Volubilis)这样的城市的扩张中体现了出来,它诱使卡里古拉劫掠了朱巴的儿子托勒密的王国。摩加多尔在随后的两个世纪被不定期地访问,它在塞维鲁斯(Severus)时代再次变成一个活跃的贸易据点,而拜占庭帝国则在此地推动了贸易。

腓尼基人与迦太基人在直布罗陀海峡外的远航与罗马人的远航基本上没有什么连续性。在拜占庭帝国时期与从西哥特人入侵到阿拉伯人在8世纪进行首次殖民这么一段几乎停滞的海事活动之后,阿拉伯人于下一个世纪在摩洛哥与大西洋的伊比利亚地区进行的航海活动构成了大西洋历史的主要部分。其后,从安达卢西亚到马格里布的整个海岸开始复活海事活动,它为伊比利亚人实现新发现活动的高潮提供了便利的条件。加泰罗尼亚、热那亚、葡萄牙进行活动的勇气应该是"马格里布商业活动的延伸"。正如皮埃尔·肖尼所写:"8世纪的突破极不正常,地中海北部、南部、西部经济的互补性在商业联系上难以维持的情况是太明显了。"[31] 9—13世纪,穆斯林的航行成为伊比利亚人决定性的首创活动的序幕,与此同时,它也维持了在直布罗陀海峡之外的伊比利亚与非洲海岸进行海事活动的古老传统。

然而,通过与古代对比,我们可以发现海洋交流中的新因素。在政治层面,安达卢西亚与马格里布的紧密关系促成了一支重要舰队的出现,它开始对从直布罗陀海峡出发的通道进行管理。首先是维京人的进攻,之后是葡萄牙舰队的出现,这使得对大西洋进行持久护航很快就变得非常明显。然而,商业动机看起来仍然是非常强大的:安达卢西亚好像增加了对摩洛哥海岸平原地带的谷物需求。塞维利亚人与葡萄牙的阿尔加维人从其特产,特别是油料产品中获得了丰厚的利润,而这与罗马时代的巴亚提科一模一样。在被几次入侵打断后,大西洋沿岸商业的复兴得以巩固。

9世纪初大西洋安达卢西亚与马格里布沿岸复兴情况的最明显例子是拉巴特在乌马亚附近建立。它们的三个首都马拉卡什、拉巴特、塞维利亚全都位于帝国的大西洋一边。在这一时代,安达卢西亚对大西洋的摩洛哥平原地带所产的谷物需求在重要性上超过了对撒哈拉黄金或其他产品的需求,至少从运输它们的海路这一点可以看得出来[32]。

在安达卢西亚穆斯林人的努力下,腓尼基人、迦太基人、罗马人的大西洋商业传统得以恢复,贸易路线再次繁荣。当然,我们不能忽视穆斯林在海洋中航行的界域,它基本上与前人一样。首先,在地理上,向南,贸易关系并没有超越德拉河(Wadi Draa),诺恩·拉姆卡(Nun Ramca)港口是其最后的舞台。超过这一点后,货物是经陆路运输的。海流与不利的海风阻碍了在尤比角之外进行有规律的航行。季节性因素也会限制这种活动。阿拉伯著名的地理学家阿尔·伊德里西注意过那些拜访萨菲港口的船舶,说"航船在卸载货物之后,直到天气平静与永恒的黑暗之海变得安宁的适宜季节才会引帆远航。"也就是说,4—9月的雨季就是东风驱动船舶北上的时候。最后,我们必须留意心理限制:环绕的海洋是阿巴阿姆海姆(Al-Bahr-al-Mughim),是永恒的黑暗之海,浓云密布、惊涛骇浪、经常性的暴风雨、狂暴的海风、众多巨兽都让人恐惧。但是这些人对海洋的这种无穷特征是知晓的,他们也知晓一些岛屿的位置,水手们竭尽全力不让船离海岸太远[33]。

然而,某些阿拉伯地理学家还是懂得渔民不曾到达的、使航海变得陌生的永恒之海的一些内容。海洋包含了大西洋岛屿,而加那利群岛标志着已知海洋的边界。也有其他一些岛屿位于外海上,偶尔被吹离海岸的冒险者或者失事船只的航行者注意到了这些岛屿,以至于一些人把绵羊岛划入马德拉群岛。在标注维京王国地址时(可能是日德兰半岛),阿尔-加扎勒大使的描述显示了他对未知海域的恐惧,但也透露了穿越传统航海区域的可能性。

在穆斯林的日常航行中,某些停靠点明显地位显赫。直到 10 世纪,他们都没有越过塞尔港口,它离直布罗陀海峡大约 300 公里。在南部接近塞尔的地方,被称为巴尔格瓦塔的野蛮部落生活在大西洋的边缘。由于与穆斯林省份远远隔开,它直到 11 世纪阿尔莫拉韦征服为止的很长一段时间决定了南部海岸边界,因此也阻止了正常的交流关系。阿尔莫拉韦在苏斯河的活动促成了大西洋的撒哈拉沿海港口、伊比利亚半岛与整个地中海的海洋贸易[34]。在夏季时间,船舶到达摩加多尔与阿加迪尔,南下直到苏斯河(Wadi Sous)与诺恩角,大量的抛锚地点使得船舶在 3—5 天之内就可以行完整个海岸线。在诺恩角,我们发现自己离直布罗陀海峡大约 1 300 公里,离里斯本则大约为 2 000 公里。阿尔·伊德里西的记录说一旦越过了"古代最后的船舶停靠点"——塞尔,大约要花费 4 天多的时间才可以到达摩加多尔与诺恩角。根据阿尔·伊德里西的看法,在塞尔与费德拉(Fedala,现在的卡萨布兰卡北部)的船只满载开往安达卢西亚海岸的油料与各种食物。安达卢西亚与马格里布正好是互补的:从前者出发到诺恩角的船只装满农产品与黄金,而这儿也有从尼日尔与塞内加尔出发的大篷车。

当西班牙第一阶段的收复失地运动在 13 世纪中期到达大西洋沿岸时,穆斯林航行发展的动力受到限制,虽然基督徒的船只已经于 1260 年开始到达塞尔[35]。热那亚人接收了穆斯林的权力后,他们也获得了沿着马格里布的大西洋海岸南下航行的习性。当一个半世纪后葡萄牙人在博哈多尔角(Bojador)落脚的时候,穆斯林的领航员仍然可以担任意大利商人与水手的向导,而这些意大利人在伊比利亚人之前展示了向西挺进的雄心壮志。实际上,基督徒对第一批热那亚人 13 世纪前半期在塞尔的努力与 1232 年在休达的努力基本上是心知肚明的。热那亚人在南部探寻更多停靠港口的行动使得他们在 13 世纪已经可以把苏斯河的蔗糖运输到北部的佛兰德尔和威尼斯。

我们也不能夸大意大利人从穆斯林的大西洋航海中学习的内容。虽然船只和地中海的船只一模一样,但是航海条件与他们熟悉的内容是完全不同的:危险的海浪与摩洛哥海岸的波涛、沙洲、不同的洋流与海风。大约两个世纪后葡萄牙人环绕非洲航行的成功与大西洋海岸的航海直接挂钩,因为从 10 世纪开始,大西洋海岸的航行活动已经在安达卢西亚的众多港口生根发芽了。

北大西洋的爱尔兰人与维京人

爱尔兰的库拉船与远航的僧侣

有了腓尼基人与迦太基人在公元前第一个千年与第二个千年的远

航,地中海的航运逐渐扩展到了欧洲大西洋沿岸。这一次使用的是更大的船只,也装备有更多的风帆,因而能够运输更重的货物。

在北部欧洲,第一种船只是划艇,独木舟适宜于在平静的河水、湖水与斯堪的纳维亚海湾中航行。一个完全不同的形式是它能够穿越北海的"公海",从而把欧洲大陆与大英帝国、爱尔兰或者是位于更北的诸如罗浮敦(Lofoten)的小岛连接起来。库拉船就是这种船只,通过把兽皮缝制在一起的库拉船出现在爱尔兰西部,它在公元前5世纪迦太基的汉诺与希米尔科时期就已经出现了。作家费斯图斯·阿维努斯在描述库拉船的航海时显示了它们能够跨越海洋。在《自然史》中,老普林尼发现布里多尼人已经在使用它们。在帝国末期,爱尔兰人甚至以库拉船队攻击罗马的不列颠。圣帕特里克在年仅16岁的时候就被从皮克特(Pictish)与苏格兰库拉船中的当地不列颠人中挑选出来,在5世纪,为了在不列颠海岸的西部扩展福音,圣帕特里克在432年乘坐库拉船到达了爱尔兰。

库拉船行动迅速,很适合劫掠性的袭击。同时,它们也能很好地适应爱尔兰西部靠近多尼戈尔(Donegal)、康尼马拉(Connemara)、卡莱尔(Clare)的多岩石海岸。也正是爱尔兰的库拉船把基督教信仰带到了赫布里底群岛与法罗群岛这样遥远的北部。大的库拉船配备单桅与横帆。在爱尔兰海、圣乔治海峡以及爱尔兰或者苏格兰的大西洋海岸经常可以看到它们。虽然也经常使用船桨,但风帆是推进力的主要方式。由于龙骨按最优比例进行设计,库拉船可以很好地适应大海;龙骨支持桅杆与风帆的使用[36]。航海家圣布伦达神父(Sancti Brendani)是神奇的大西洋最美丽传说的源泉,他在9世纪后半期给出了建造库拉船的细节:用牛皮包住一艘松木小船,以焦油把各部分连接起来,把桅杆与风帆建在小船的中间。船员可以包括17个配备供应的人,这些供应可以使他们在海上停留40天以上。然而,在广受欢迎又值得尊敬的圣布伦达航行前后,许多其他隐士或者僧侣已经从爱尔兰向欧洲大陆出发,他们到达法国、德国,甚至远达伦巴第。伟大的爱尔兰僧侣、科隆弗(Clonfert)的圣布伦达至少有一次从爱尔兰到苏格兰,他也继续北

第一章 伊比利亚人发现大西洋之前的传说与现实

上到达过赫布里底群岛,他大约在580年去世。然而,归结于他的所有发现实际上是几代爱尔兰水手集体海洋实践的结果。在6年的时间内带着他的17个僧侣穿越大洋航行的主教克里斯(Criss)曾经停靠在苏格兰与设得兰群岛之间的神奇海滩上。神奇的传说显示他在一条鲸鱼的背上为庆祝复活节进行弥撒活动,他误把鲸背当作了一块小岛。然而,我们一定不能忘记这些爱尔兰发现的实际情况。在6世纪的后半期,爱尔兰的传教士在700年前后发现更偏远的法罗群岛之前就已经到达了奥克尼群岛。更重要的是,爱尔兰僧侣发现了冰岛。当马赛利亚的皮西亚斯谈到图勒时,他是不是指冰岛呢?或者是指挪威海岸附近一块有人居住的岛屿?其气候条件与希腊地理学家所描述的情况非常相像。根据在该岛东南海岸发现的奥勒略、普罗布斯、戴克里先统治的帝国时期的铜器碎块,一些人甚至走得更远,他们认为罗马帝国的船只已经拜访过冰岛。公元3世纪末的这样一些远航似乎极不可能发生[37]。罗马在不列颠的船只并没有配备从大西洋到冰岛的长期航行的装备。相反,在库拉船的帮助下,中世纪早期的爱尔兰人可以使用很适宜在大西洋航行的风帆船。充足的实践已经使得爱尔兰僧侣可以借助库拉船到达法罗群岛。其后极为相似的是,斯堪的纳维亚人的木筏也可以在北大西洋进行航行。在奥克尼群岛、设得兰群岛与法罗群岛被发现之后,爱尔兰人发现冰岛标志着大西洋持续扩张的终结。发现冰岛的最早日期是795年,但是我们可以把这块遍布冰河与火山的岛屿的发现追溯到更早的时间,它可能发生在航行到绵羊岛(法罗群岛)之后不久。古克尔特人的著作,例如《圣科伦巴的生平》(*The Life of Saint Columba*)显示冰岛位于无边海洋的边缘。它也提到一个也许代表冰山的"巨大的银色柱子",这证明已经有过在冰岛西部的远航,因为冰山是不可能在冰岛的东部发现的[38]。

怎样解释爱尔兰人发现冰岛的事实?我们可以借用"北极的海市蜃楼":

时不时地(特别是在中世纪早期进行航海的正常时令夏季),

当空气落在更冷的界面时,当观察到的物体从其真实位置进行了垂直方向的视力转移时……它使得偶尔能够发现物体,例如那些坐落在遥远的地平线以外的岛屿与高山。

升腾的太阳为这一现象创造了最便利的条件[39]。另一种可能的解释是爱尔兰的库拉船沿着那些从西部苏格兰或者法罗群岛迁移的飞鸟的路线向冰岛前进。在强烈东风的推动下,从后一个群岛进行航行的路线看起来极有可能,它把小皮船吹向冰岛的西南海岸。按照迪奎的编年史,一群爱尔兰牧师在795年1月离开爱尔兰并于2月1日到达了冰岛,他们在那里停留到8月初。在夏至,僧侣们描述说太阳极为缓慢地沉下了地平线,但是剩余的光线仍然可以满足人们执行诸如"在自己的汗衫上捉虱子"的任务。虽然迪奎也宣称图勒覆盖在冰雪之中并被冬季永恒的黑暗攫取,但他承认这与僧侣们的经历是极为矛盾的,(这些经历诸如)当他们在寒冷的季节到达冰岛海岸时却没有看到任何冰面,以及天气除了夏至以外总是在日光与夜晚之间进行轮替。因为这些内容与维京人的传奇颇为一致,迪奎的"图勒实际上是冰岛"[40]。对马库斯来说,迪奎描述中最有趣的事情就是他没有觉得这次远航有任何异常的地方,或者认为它代表了一种"发现"。

无疑这之前应该有过其他的远航,795年的探险之后还有更多的探险,这些描述可能由于爱尔兰牧师的图书馆在维京人的袭击中遭到破坏而失去记载。然而,爱尔兰与冰岛的交流维持了下来,当斯堪的纳维亚人在9世纪到达这里的时候,爱尔兰的隐士仍然生活在火山岛上,爱尔兰的隐士(也被叫作帕帕尔,Papar)也仍然居住在冰岛东南的大部分地区,虽然普遍认为他们数量很少。

一些人开始推测冰岛是否就是爱尔兰人在西部海域发现活动的极限,或者爱尔兰人可能已经跨越了大西洋到达了诸如格陵兰岛这样的"跨大西洋"岛屿,或者甚至到达了位于更西部的土地。虽然没有事实依据,我们仍然可以推测一些可能性。在795年的远航中,迪奎的描述提到人们在图勒北部的一片"冰冻之海"上航行了一天之久。爱尔兰的皮船一直都是绕着冰岛航行的,向北的冒险一直到遇到冰面(才停止)。考虑到关于北极海市蜃楼的现象,完成冰岛的环航可能让这些水手看到了远处格陵兰岛上的高山。圣布伦达传说的一些内容暗示他已经知晓大部分西部土地:其中的水晶柱子可能是冰山,这些只能在靠近格陵兰岛的大西洋才能发现;巨大的鱼群与浓雾显示他已经接近了纽芬兰的暗礁;黑黝黝的矮子可能是格陵兰岛的因纽特人;有着野猪似的獠牙的令人恐惧的巨兽可能是北大西洋的海象。

在那些看起来是爱尔兰人常常拜访的土地上,他们进行殖民的持续性并非无足轻重:法罗群岛是从 700 年到 800 年的一个世纪;冰岛则至少 80 年。这些远航的方式预示了斯堪的纳维亚人的方式,"库拉船在海上的优异表现可能已经为皮筏航海的优越性指明了方向;爱尔兰的僧侣利用星星航海,他们在法罗群岛形成的一种传统是他们把向冰岛的远航日期定在一年的早期,从而避免了浓雾与其后几个月(从 5 月到 8 月初)夜晚全是晴朗的情况,这一阶段即使在高纬度也看不见星星"。为了让自己穿越浩渺无垠的海洋,他们必须依赖太阳与星星。正像维京人的船一样,他们的皮船能够在公海上航行几百英里而不必求助磁石或者回转仪式的司盘,而这些东西只是在 500 年后才会在北大西洋得到使用。他们是第一批真正跨越了大西洋北部地区的人,至少跨越了整个大西洋航程的一半。他们的探险应该被认为是其后不久维京人海洋航行的"试验台"。

然而,爱尔兰僧侣的目的与维京人的目的大为不同。正如其他的克尔特隐士那样,对圣布伦达的同伴来说,在大西洋的孤寂之地寻找圣地才是目的所在。对斯堪的纳维亚人来说,航海主要受掠夺、商业与在新土地进行殖民的欲望支配。

维京人在大西洋的航海与殖民

> 主啊,请从北方人的愤怒中解救我们吧!

从 8 世纪末期开始,对斯堪的纳维亚人的恐惧不仅仅出现在海岸地区,国家内陆地区的恐惧也在西方传播,而这些人使用的是快速的达卡尔船。

袭击者来到了西欧的港口与海岸,而这些地方几乎没有任何严格意义的防卫措施:在两到三天的航行后,他们直接获得战利品、财富,他们侵入修道院与教堂,在人口稠密的地区捕获奴隶。从820年到830年,圣洁的爱尔兰遭到完全的蹂躏:《编年史》说"没有一个圣地、修道院、高贵的教堂与隐士的窑洞逃过被劫掠(的命运),岛屿也是如此"。由于巨大的财富,修道院成为被觊觎最甚的地方,而僧侣开始祈求冬季的暴风雪可以让他们缓缓气。在9世纪中期,轮到法兰克帝国遭逢厄运了:845年,120艘达卡尔船沿着塞纳河航行并劫掠了巴黎。6年后,350个维京人的船只出现在泰晤士河与人口稠密的伦敦;里斯本与塔霍河也被劫掠了。859年,维京人到达了意大利。袭击甚至远达俄罗斯,但这一次的掳掠者不是丹麦人与挪威人,而是瑞典人,他们于865年劫掠了诺夫哥罗德与基辅,并向君士坦丁堡推进。

至少是西方人知晓的维京人第一次远航实际上是劫掠性的袭击,但商业与移居性的殖民活动很快成为新的因素。

在维京人袭击与移民的因素中,人口因素位列榜首。斯堪的纳维亚人口中出现的净增长迫使部分农民寻找新的土地,南部挪威更是特别明显。在这些事件中,政治因素也可能混杂其中,例如查理曼大帝攻击德国的北部威胁了诸如丹麦的斯堪的纳维亚农村的安全,这与卡罗林王朝征服弗里西亚(Frisia)引起北部海洋与商业因素的失衡一模一样。当然,某些维京酋长的私人野心与冒险冲动也被认为是一个重要的因素。

维京人的航海艺术

维京人进攻的最大动力来自北部地区造船业与航海技术的发展。为了理解造船技术的发展,我们特别应该提及两个因素:首先,挪威铁工业的超常发展意味着航船的舵柄轴可以用铁制造,其他的大量工具也可以用这一金属制造。第二,斯堪的纳维亚森林可以提供充足的木料,这是一笔在实际中几乎可以得到无限供应的财富,而它非常有利于航海的发展。

配备有中间桅杆与横帆的科克斯塔德船从 8 世纪开始就得以使用,它也展示了达卡尔船式的巨大规模:24 米多长,5 米多宽,中间桅杆的地方厚度达 2.13 米[41]。它使用的材料是橡木,其木板在装配的时候可以重叠,一块叠一块并最终形成厚板子。一根很厚的龙骨与高的桅杆可以确保其稳定:在船的后面,也装备了一块船尾甲板。这种船最主要的特色是其超常的轻快性与柔韧性。它的建造过程使得它基本上不会出现破裂的危险。推进力有时由船桨提供,有时由风帆提供。每边都有 16 个船桨,每一支船桨长约 5.5 米,这确保了其稳定的可操纵性,由于侧面的方向舵配备了一个垂直的轴并可以充作第二根龙骨,其安全性与准确性得到加强。

这种船在 8 世纪末由于使用哈夫凯普船而得到了进一步改善,哈夫凯普船是一种比达卡尔船与朗斯凯普船(langskip)短一些但更适于运送货物的船,与此同时,它仍然保留了轻便的特征。不过如果他们不是同时成为航海的主人,仅仅可以支配这一优良的航海工具是不够的。某些人试图通过吸纳第六感因素来解释维京人的航海成就,诸如可以完美地注意到潮汐、海风、洋流以及飞鸟的飞行路线,他们是其他大西洋发现活动的先驱者,这些水手的勇敢特别值得一提。对保罗·亚当来说,我们必须考虑维京人航海者对呈现在面前的地理现实的观察[42]。北大西洋在挪威、冰岛与格陵兰岛这些高纬度地区之间的距离要比墨卡托的计算更短,而墨卡托地图夸大了北部维度地区的表面距离。在真实的地图中,从卑尔根到设得兰群岛,再到法罗群岛与冰岛,它们之间由一些停靠点组成,这些停靠点之间的距离不超过——320—500 公里——地中海在梅诺卡(Minorca)、撒丁岛、克里特岛与亚历山大港之间的停靠距离。如果在延绵的北纬 62°附近观察太阳与星星,一个人可能远远地穿过冰岛南部而没有看见高山与冰川。岛上的乌云、冰岛大陆高原南部的鱼群与鲸群,这些都成为维京人非常熟悉的参考地点。其后,一直到看到格陵兰岛的高山,他们必须笔直向前。

然而,我们必须强调船的质量。坚固的龙骨使得哈夫凯普船非常稳固,它配备的横帆使其在强风中跑得飞快;桁端可以降低风帆,而船员也可以在恶劣的天气中收帆以限制风的肆虐。这使得从卑尔根出海后大约三周就可以到达冰岛。这种船确立了维京人的航海技巧。正像它从来没有引起恐惧一样,它也从来没有因为这种威望使得朗斯凯普船或者达卡尔船在欧洲海岸发动一场破坏性的袭击。它是一艘长长的战船,一个令人惊悚的龙头装在它的艏柱上,战船长长的侧面都有护罩保护。然而,达卡尔船从来没有跨过西部海域;斯堪的纳维亚的英勇水手驾驭的哈夫凯普船或者克纳尔船才跨越了法罗群岛与格陵兰岛东部海岸某一点超过1 000海里的广袤大西洋,而格陵兰岛的这一点离费尔韦尔角(Farewell)大约60英里。这次远航代表着斯堪的纳维亚人航海成就的顶点,正如神庙代表希腊一样,我们也可以说他们驾驭的船只而不是他们破坏性的袭击代表了维京人[43]。

格陵兰岛的发现

对维京人红毛埃里克来说,启程前往格陵兰岛意味着逃脱对其情有可原的弑亲行为的追捕,也同样是一个与其同伴创造殖民地的机会。根据移民的因素,维京人的远航很早就是一种殖民事业,虽然它早期曾伴随着掳掠性的袭击。8世纪末期,挪威人于793年与795年发动了对诺森伯兰郡的霍达兰(Hordaland)(抢掠林第斯法纳岛[Lindisfarne])与爱尔兰(抢掠靠近都柏林的兰贝[Lambay]修道院)的袭击。几年之后,在9世纪初,挪威南部的卑尔根西南的阿格德尔(Agder)与罗加兰(Rogaland)的农民兵不血刃地占领了苏格兰北部的奥克尼群岛。同一世纪中期维京人登上了设得兰群岛与法罗群岛,874年,维京人在冰岛殖民。

在挪威的弗洛克·维尔格达森之前不久,瑞典的戈达勒·斯瓦瓦尔森在冒险心理的推动与东风的帮助下第一个登上了他称之为加尔达尔(Gardarr)岛的北部。维尔格达森停靠在冰岛西部的布莱德哈峡湾(Breidhafjörd),而他早先放飞的乌鸦已经在他登陆之前到达了这里。

他登上高山巡视陆地的形势,看到的尽是漂浮的冰块,他给了这个岛一个权威性的名字——冰岛,表示它是一块漂浮着冰块的土地。在 870 年代中期,维京人开始在冰岛殖民。这是一个由家庭成员组成的真正的探险,女人与孩子沿着那些带有武器与牲畜的挪威战士的足迹前进,而这些战士也许是为了摆脱"有着漂亮头发"的哈罗德的专制统治[44]。探险队停泊在冰岛西南的小岛上。他们的首领弗里霍夫·阿纳森没有忘记在登陆之前搞一个神圣的仪式:在看到海岸时,他把那些标记着自己身居要职的信件扔到大海里,让上帝来决定他们应该定居的地方。上帝选择了雷克雅未克(Reykjavik)这一"蒸汽湾",而这是根据它充沛的沸泉命名的。

这一殖民地在 9 世纪末达到了最大版图。大约在公元 900 年,其移民达到顶峰,2 000 名移民中的大部分都已经在此定居。一艘哈夫凯普战船把移民与货物带到了这里,货物中不仅有牲畜与物资供应,也包括建造房子的木料。来自挪威西南海岸地区的卑尔根附近的绝大多数斯堪的纳维亚人成了冰岛人。然而,跟他们一起来的也有来自爱尔兰、苏格兰、设得兰群岛、奥克尼群岛的克尔特人。然而我们最应该感激维京人酋长的情妇,以及在先前的袭击或者是远航停靠站掳掠的奴隶,这些奴隶后来都获得了自由。一些女人也能够充当维京人远航的首领:因此,来自赫布里底群岛的智者艾于德与"大海的伟大君王"结婚了,他们的儿子成为苏格兰的维京人国王;她带着大约 20 个奴隶与自由人启程前往冰岛。维京人先前在爱尔兰与苏格兰的殖民经历在为向更远地区的航行提供劳力方面证明有重大的贡献。

维京人 10 世纪末发现格陵兰岛并在此殖民是我们已经或多或少知晓的他们航海活动的最远边界。

冰岛有这样一个传说,10 世纪初,一位叫贡比尤纳·尤弗森的水手在恶劣天气的驱使下到达了通向西部的一个群岛,从这个地方向西,他看到了一个未知的海岸。然而,他并没有试图到达那个地方,而是又回到了冰岛。因此,这个传说把首先发现格陵兰岛(的功绩)归功于冰岛人,但是我们同样可以想到北极的海市蜃楼。

当贡比尤纳·尤弗森的孩子仍旧生活在冰岛的伊萨尔峡湾(Isalfjord)时,一伙带着家庭的挪威新殖民者来到此地。托马斯·奥斯瓦尔德森(Thomas Asvaldsson)来自斯塔万格(Stanvanger)地区,在他启程之后,他的儿子埃里克·罗迪(即红毛埃里克)被指责犯有杀人罪。因为适合生存的好地方都被占据了,他第一个居住在冰岛那些不适宜居住的地区,埃里克到达的地区是哈姆卡达尔(Hemkadal),这儿有可供牲畜利用的优良牧场,但是在他卷入了与其邻居的争吵后,他被这个地方驱逐了出去。他在哈旺斯峡湾(Hvansfjord)入口的小岛又找到了一个避难所,但是又一次被驱逐与流放了三年。埃里克·罗迪可能知道贡比尤纳·尤弗森关于一个未知的西部土地的描述,这激起了他的第一次远航,他这一次到达了格陵兰岛的东部海岸,这儿的高山与陡峭的悬崖被冰川林立的深海湾隔断。穿过了费尔韦尔海角后,南部地区有良好的牧场,因而更加受人欢迎。正是在这个地方,埃里克·罗迪于985年或者是986年开始了真正的殖民远航。为了吸引他的同伴,他把这块新的土地命名为绿色国度。这次探险有14艘船与400个船员,牲畜与工具大概也是同样的数量,他们离开冰岛向一个大约800公里而又未被探测的海域航行。

随后的殖民者霸占了从埃里克斯峡湾(Eiriksfjord)到维斯特伯格德(Vestribygd)的格陵兰岛西南的整个地区,它变成一个可以养羊、养牛与捕鱼的充满活力的地区。加尔达尔的肥沃峡谷更是提供了优良的牧场,它比现在有更温和的天气条件,每个牧场可以喂养10—20头牛,以及更大的羊群[45]。

埃里克·罗迪的儿子利夫·埃里克森在999—1000年完成了跨越大西洋的第一次真正的远航,也就是直接从挪威到达格陵兰岛。对马库斯来说,发现美洲(的功绩)在很长的时间内被错误地归功于利夫·埃里克森,实际上是这次的远航而不是发现美洲才是利夫·埃里克森的主要成就。他航行的路线就是赫尔南(Hernar)平面,这是离挪威海岸卑尔根大约48公里地方的一组岛屿。为了避开冰岛南部的危险海岸,他走的是更南的地方。跨越大西洋北部的最大海域(超过1 800公里)

证明了维京人船只的优良性能,也证明了他们是当之无愧的航海主人。

维京人与文兰

然而,利夫·埃里克森的名声主要来自他领导维京人到达北美海岸文兰的荣誉。

如果幸运的利夫·埃里克森和公元 1000 年的其他发现者从来没有登上过新英格兰地区这块有葡萄树的土地文兰,以及哈得孙河更靠南的地方,怀疑发现美洲海岸的实际情况是不可能发生的,至少纽芬兰岛与拉布拉多是如此。格伦丁格(Groenlendinga)传奇描述了第一次发现美洲(的情况),并把它归功于冰岛人比亚德尼·赫耶法森而不是利夫·埃里克森,但是它留下了被发现的土地位于何处这一巨大的不确定因素。实际上,比亚德尼与其同伴在从冰岛启程通向格陵兰岛的过程中曾经看到一个由浓郁森林覆盖着众多小山丘的土地,这并不像多山的格陵兰岛[46]。由于比亚德尼只想到达格陵兰岛这一主要目的地,他并不想在此登陆。然而,他本来可以是这块离格陵兰岛很远的未知土地的发现者,虽然维京人其实已经知晓这一地区,但是要在另外一次机会中才能到达这里。

听到过这次远航的故事,埃里克·罗迪的儿子利夫·埃里克森追溯着比亚德尼的船只航行并雇用了 34 名船员。接着,他离开了布拉特里德(Brattahlid)和父亲的土地,沿着比亚德尼走过的路线向西南航行。他经过的第一块陆地几乎完全是单调的、多岩的、荒凉的地区,利夫把它称为赫卢兰(Helluland),表示这是一块扁平石头的土地。再次驶入大海后,他到达了另外一块看起来很不相同的土地:仍旧不高,海滨由白沙组成的巨大沙滩构成,它缓慢地驶入海湾,上面是浓密的森林。因为有森林覆盖,利夫把它称为马克兰,表示这是遍布森林的土地。这块土地与比亚德尼看到的土地非常相似。在继续航行了两天之后,他发现的第三块土地更是完全不同:船沿着一条河流溯流而上到达了一个大湖,他们在这里登陆。在探索这块迷人的土地时,他们发现了许多葡萄树并很容易地就砍伐了一些树。这儿没有雾,河流中有丰富的鲑鱼。

对利夫与其同伴来说，它是文兰，即天堂的土地。

我们承认格陵兰岛人不顾风险继续航行到了西部地区。在随后到文兰的几次远航中，他们遇到了当地人，并带着木料、皮货甚至葡萄回程。

与圣布伦达岛不同，马克兰、文兰并不是传说中的岛屿。在大约写于1075年的《汉堡故事》(Gesta Hamburgensis)中，不来梅的亚当精确地描述了来自丹麦国王斯文·艾斯特里德森(Svein Estridsson)的一条消息：

> 除了冰岛，大西洋中还有许多其他岛屿，其中格陵兰岛并不是最小的；它位于海洋的更深处；此外，他[丹麦国王]说许多人在这片海域中发现了一块岛屿，它叫作文兰，因为这个地方的葡萄树很稠密并结有优良的葡萄。此外，充沛的籽粒可以自我播种[47]。

然而，传奇的叙述并不总是能得到考古发现的支持，文兰更是如此。像明尼苏达的金斯敦石头一样，我们已经发现罗德岛的新港口塔(Newport Tower)是9世纪的仿制品，耶鲁大学1966年获得的文兰地图的价值也不大。唯一真实的遗物位于纽芬兰岛的兰塞奥兹草原(l'anse aux Meadows)。这儿发现的8匹维京马遗迹、锻造炉与船棚表明可以把斯堪的纳维亚的殖民者追溯到10世纪末期或者是11世纪初期[48]。

格陵兰岛人偶尔冒着风险到达马克兰是很有可能的，特别是在中世纪末期，但他们在文兰的出现则不太确定。首先，与挪威或者冰岛人采取的相似的殖民远航是不存在的。当冰岛的造船业与人力资源可以胜任向格陵兰岛殖民的时候，格陵兰岛人并不适于向文兰殖民。

无疑，出于想象而不是真凭实据的现实让利夫与他的同伴从格陵兰岛扬帆远航，他们甚至到达极南的科德角(cape Cod)以及它的外部。在这些发现活动的过程中充满了难以计数的障碍，而它本来应该在斯堪的纳维亚人真正殖民后就结束的。纽芬兰岛航海条件艰难，经常性的浓雾阻挡了依赖于观察太阳与星星的航海。定位技术非常复杂而且花费大量的时间,而维京人无疑在这一点上也没有太多的办法[49]。到文兰的探险活动不久沿着向格陵兰岛殖民活动的方向前进,这一过程仅仅延续了一代人的时间,而幸运的利夫是其组成部分。格陵兰岛殖民者终其一生都抱有的征服文兰的梦想大大改变了维京人向西航行的传统路线。为了到达科德角,他必须离开北纬 60°线并穿越不同的纬度。一个组织不够完善的探险是很难出现奇迹的。

发现传说中天堂般的文兰背后隐藏着一个更难评价的现实。虽然它可能掩饰大西洋集中在渔业或者贸易上的日常生活现实,然而,如果维京人的航海成就能够带来更明显的安慰,它也只能这样做。由于从海盗活动中获得的战利品,维京人已经在欧洲海洋上增加了商业利润,他们在北大西洋继续这样做。

渔业和贸易仍然与勇气和航海的现实感受纠缠在一起。然而,我们不能毫无保留地过早庆祝这些"海洋王"的开拓活动,因为维京人不得不考虑数不清的、由于各种条件强加在他们身上的限制,航海在这些条件下是很困难的;除此之外,他们并不总是成功的。

维京人的贸易路线

从 11 世纪开始建立的这种关系的规律化异乎寻常地维持了下来,它不仅存在于挪威、法罗群岛、冰岛之间,也存在于挪威与格陵兰岛之间。当然,到达格陵兰岛需要花费大大超过不来梅的亚当曾经暗示的跨越卑尔根到冰岛的 3 周时间,或者是到达法罗群岛的 8 天时间。克纳尔船并不是跨海速度不够快的原因,它比达卡尔船稳定且具有高度可操控性。当然,9 世纪快速帆船的速度是其他船只不能相比的:设计为 9 节的巡航速度最大可以达到 16 节。克纳尔船的平均速度是 5—6 节,最高达 8.5—10 节。虽然最大速度也很重要,但 7 月份漫长的白天也使得航行的距离进一步扩大。根据保罗·亚当的估计,假定航行的距离足够长,而且也有适宜的海风推动,一艘航行在海上装载不太重的维京船的速度即使不超过,也一定能达到 10 节的速度。有这样一个故事,在西风肆虐的情况下,从格陵兰岛回到挪威的平均速度超过了 8 节,也就是说每天 192 英里[50]。在公海与正常的天气下,5—6 节的速度是更为可能的。如果有必要,向格陵兰岛的进发与回程也可以在夏季进行,但是在冬季航行是更为合适的。

在勘定海岸的时候,格陵兰岛的工作特别困难,冰岛也是如此,因为它南部海岸极其危险,只有西部海岸才比较容易进入。事实上,经常可以在近海的浅滩上发现失事船只,这主要是由于对经度估计不准确而造成的。传说中的故事讲过许多船员在完全失去方向感时会变得迷惑,甚至很不安。他们明白,当自己不能定位的时候哈夫维兰(Hafvilla)恶魔就掌控了大海。传奇故事也谈到当可依赖的海风不再继续的时候,风帆垂下,船只不再前进,这时必须等待海风,然而这样一种等待很可能延续许多个漫长的白天[51]。一个传说讲某一个船员在这种情况下等待了 14 天。"在那个夏天,他们必须面对很多恶劣的天气、很多的雾、小而不规则的海风;他们漂流了很远并到达了广袤的海洋中。"计算航线变得不再现实。这就是第一个发现文兰的比亚德尼与其船员面对的情况,当他们面临不利的北风、特别是浓雾的时候:"他们不再知道自己向哪里前进。"上述的浓雾可能意味着他们进入了哈夫维兰。浓雾几天不散,维京人航海的主要工具——准确的计算完全不可能实现了。哈夫维兰并不必然导致船只失事,但它总是大大延长了航行(的时间),最重要的是,一个人可能错过自己的目的地,这样到达的就是格陵兰岛而不再是冰岛。

尽管这些真实的困难是存在的,贸易路线相对而言还是有规律的。在格陵兰岛,它一直到 14 世纪也没有被打断。然而,也是在这一世纪,由于天气变冷航海变得更加艰难了:东部海岸的冰域插入大海,这变得越来越危险;此外,也出现了冰山,甚至出现了被浮冰困住的航船。

格陵兰岛的加尔达尔教区的历任主教提供了格陵兰岛与挪威之间一系列良好而有规律的关系。他们通常是在挪威的特隆赫姆(Trondheim)大教堂被授予主教职位。他们的记载包括 12、13、14 世纪的绝大部分内容。第一个主教的报告写于 1126 年,最后的主教报告

第一章 伊比利亚人发现大西洋之前的传说与现实

则是写于1368年。

对冰岛与挪威来说,特隆赫姆是首要的贸易港口。从13世纪开始,卑尔根变得更加重要。卑尔根是一个国际性港口,来到此地的有冰岛的、英国的(14世纪挪威与冰岛和英格兰东部海岸的港口建立了更为紧密的联系,特别是利恩)、德国的、丹麦的与瑞典的商人。汉萨同盟的商人控制了卑尔根的交通,卑尔根也成为他们在斯堪的纳维亚北部的主要贸易据点,他们也控制了波罗的海与北海的交通。

对冰岛的海洋贸易路线来说,我们可以继续提供一些数据。1340年代,从卑尔根的启航是很有规则的:1340年是11艘船,1341年则只有6艘船驶向斯特拉尔峡湾(Stralfjord)港口,1345年是11艘,1346年是12艘,1347年是18艘。船主则是挪威的国王、尼德罗斯(Nidaros)的大主教、教会成员、特隆赫姆与卑尔根的商人。贸易的急剧衰落在1350年变得非常明显,这主要归结于挪威黑死病的冲击[52]。在世纪之末,贸易再次恢复到一定程度:1381年,卑尔根有10艘准备驶向赫瓦尔峡湾(Hvalfjord)的船;1389年,11艘船准备驶向冰岛,1390年是7艘,1391年是11艘,1394年则只有2艘。当众多的英国商人出现在冰岛的时候,挪威人在北大西洋贸易路线上的衰落已经不可避免。

格陵兰岛的贸易情况由于缺乏可靠的海事活动数据而变得更加困难。然而,我们可以使用海豹皮,特别是海象皮,以及从海象獠牙中获得的具有极高价值的象牙这些进入挪威与欧洲的西方进口物品(来衡量)。这样,1327年,罗马教皇使节从加尔达尔教区收到了250根象牙作为圣战的什一税以及罗马教皇的年金。在科隆的贸易集市上,这些象牙与皮货都供不应求。他们使用海象皮制造一种非常坚固的索具,而这种索具以耐力著称。另外一种从西部进口的很受欢迎的物品是格陵兰岛的白色猎鹰。它被当作一种献给大人物的礼物或者赎金被介绍进来(例如,1396年,一位勃艮第公爵用12只格陵兰岛的猎鹰把自己的儿子从阿拉伯人那里赎了回来)[53]。

在从冰岛进口的物品中,库存鱼例如干鱼是最重要的,而且主要是进口到挪威的鳕鱼需求量很大，它们也通过欧洲实现再出口。海象与海狸皮，以及一些其他的皮货也榜上有名。在 14 世纪，这些产品与俄罗斯的皮货，特别是从汉萨同盟与英国商人进口的皮货形成激烈的竞争。冰岛的猎鹰与格陵兰岛的众多货物一样出名：1262 年，突尼斯的苏丹接受了一只冰岛猎鹰作为礼物[54]。

在冰岛与欧洲商业关系的背后，隐藏着人员交往的关系。冰岛的商人在挪威逗留，冰岛的儿童被送到欧洲接受教育，主教从冰岛的斯卡拉霍特村(Skalaholt)、霍拉(Holar)到挪威旅游。跨越海洋已经成为每日发生的事情。这在 14 世纪中期之前达到了顶峰，14 世纪末，挪威的衰落使得贸易路线成为牺牲品。对 G.J.马库斯来说，仅仅是"英格兰商人非常幸运地来临才拯救了冰岛免于沦落到挪威在格陵兰岛殖民地那样的命运"[55]。

在冰岛人之后，斯堪的纳维亚人也能够启动北大西洋的航线，但是北欧人在中世纪末期似乎销声匿迹了。不管是对新大陆的发现，还是对商业活动来说，首创(活动)将要传递到那些地中海与西北欧的水手与商人手中。

第二章　新大西洋：15—16世纪初

在前一阶段的大西洋,腓尼基人与迦太基人已经开发了摩洛哥海岸丰富的谷物,以及一些稀缺产品,例如摩加多尔的紫红虫与非洲的黄金。罗马人与安达卢西亚的阿拉伯人延续了这一繁荣。从15世纪开始,一个新的大西洋开始发展,它把控制权延伸到海洋中最遥远的地方并打开了一个新的世界。

从14世纪开始,意大利人,特别是热那亚人水手与热钱的到来使得重新发现地中海大西洋上的群岛成为可能:加那利群岛、马德拉群岛与亚速尔群岛。了解大西洋航线的活动得到了一位王子的大力支持,他就是航海家亨利,他把最好的水手聚集在一起。1434年后,通向南部的博哈多尔海角成为一道不可逾越的障碍,而向几内亚湾的航行却变得极有可能。探寻黄金与奴隶(的动机)把葡萄牙人的热情推动到比开采马德拉群岛、加那利群岛和圣多美的糖更加热情的程度。选择这条南下的航线给了葡萄牙人几年的优势,因为它让葡萄牙人垄断了使用获取印度香料的路线。接着就是哥伦布与美洲大发现的时代:西班牙的基督教王国扩展到了西部,从此海洋不再是"永恒的黑暗之海",也不再设置令人恐惧的障碍。甚至在其生命终结之际,哥伦布仍然相信自己到达了印度,(不管怎样)他把地中海的贸易范围向远处拓展了。不过,把新旧大陆隔离开来的大西洋图景的真正展开是哥伦布大发现活动之后 20 多年的事情，1513 年，瓦斯科·努涅斯·德巴尔沃亚到达了南海，七年后麦哲伦把它称为太平洋，这才纠正了哥伦布的根本性错误。

新的地中海大西洋

直布罗陀海峡之外：大西洋近海航行的延续与发展

沿着欧洲与北非的海岸，规模庞大的大西洋近海航行从来没有停止。它从古代开始就已经变得非常重要，10—13 世纪，安达卢西亚的水手也推动了它，他们在安达卢西亚与马格里布的商业开发中扮演着重要的角色，虽然他们在这些地方已经面临着加利西亚与葡萄牙水手与渔民的挑战。在 13 世纪初，特别是在 14 世纪，一些野心勃勃的新水手与新商人介入进来并开始承担自己的角色。正如米歇尔·莫拉所形象描绘的，"慢慢地，灯塔从波罗的海转移到了直布罗陀"[1]。

汉萨与热那亚这两支最大的中世纪船队给大西洋航行添加了活力。1150 年与 1250 年之间，在那些沿海国家开始提供咸鳕鱼、木料与矿物的时期，在吕贝克的领导下，德国的波罗的海团体把自己组织成了一个商业同盟，即汉萨同盟。汉萨同盟能够在内陆地区为自己建立更广大的网络，例如萨克森的不伦瑞克（Brunswick）与威斯特伐利亚的科隆。在地中海，热那亚人把自己的商业网络扩展到更大的程度："众多的热那亚人分散在世界各地，他们无处不在，新热那亚已经牢牢扎根了"[2]。

起初，他们沿着穆斯林在地中海盆地北部的贸易路线穿越黑海，在 13 与 14 世纪沿着陷落的君士坦丁堡与土耳其市场继续前进，之后，为了主宰诸如罗马明矾通向佛兰德尔的贸易路线，热那亚人开始掉头向西。同时，通过与伊比利亚人联盟，热那亚人从亚速尔群岛、加那利群岛转向了"地中海大西洋"。

德国汉萨同盟已经向北推进到了维京人的斯堪的纳维亚的卑尔根地区，在他们的控制下，开放的第一个信息是汉萨同盟的商船从波罗的海出发并进入北海与英国人竞争，接着，他们克服了重重困难，打开了布列塔尼海岸,到达了西班牙海滨。在西欧并不隔离的情况下,汉萨同盟得到布里多尼与巴斯克水手的帮助。后者显示了自己是高超的航海实践者而不是沿着前人脚步亦步亦趋的修理工[3]。汉萨同盟开始希望获得南欧的利润,但当他们进入布鲁日的时候却遭到了抵制,他们在这里遇到了意大利的商人。1277年后任何一年都有一艘热那亚的船向伦敦与布鲁日这样的西部地区航行,他们在这里遭遇了汉萨同盟在德国地区、斯拉夫地区、斯堪的纳维亚地区的水手。14世纪初,汉萨同盟已经进抵里斯本,大约在一个世纪后的1415年,一艘德国船参与了葡萄牙人收复休达的行动。

法国与伊比利亚的食盐被运输到北方,一直到1300年,汉萨商船运送的大西洋食盐一直可以满足北海的渔业需要[4]。护送食盐的船队每年都从卢瓦尔河南部的布尔讷夫湾(Bourgneuf)回程。此外,运输的货物中也有葡萄酒、明矾与彩色蜡笔。1152年,阿基坦的埃莱亚诺(Alienor d'Aquitaine)嫁给了金雀花王朝的亨利,亨利在两年后成为英国的国王,他们拥有这一块公爵领地达三个世纪,这使得英国人很快熟悉了从阿基坦出发的葡萄酒航线。14世纪初,在葡萄收获期之后的秋季,100—200艘的船队在波尔多装载古耶纳与摩因-加隆(Moyenne-Garonne)的葡萄酒,它们在春季驶向布里斯托尔、南安普顿与伦敦,在这儿,部分货物又被运送到低地国家。在1308—1309年,超过9 000万升(葡萄酒)通过这种方式进行出口。这些船的1/5是布里多尼人的,1/10是巴约纳人的,而大约半数是英国的[5]。然而,像巴斯克人那样,布里多尼人也运载意大利明矾以交换西北欧的纺织产品。对让·德吕莫来说,从奇维塔韦基亚(Civitavecchia)运送这种产品的最大份额非巴斯克人莫属[6]。在同一时期,驶向佛兰德尔的船队满载着卡斯蒂利亚的羊毛。

大西洋海岛的重见天日与热那亚人的首创性

超越了其他人,他们对大西洋与非洲有更多的经验[7]。

对热那亚人来说,摩洛哥与安达卢西亚构成了一个核心市场,他们自己的商人在此运走小麦、食用油、蜡与鱼。这复兴了安达卢斯的贸易航线,且把它扩展到了更大的程度。从13世纪开始,热那亚人的侵略性变得日益明显,也日益严重。当威尼斯人激烈地保护自己在东部地中海的地位时,热那亚人被迫缩减了自己在黑海的活动,但是他们在直布罗陀海峡西部得到了更大的弥补。对热那亚人来说,马格里布港口是他们从伦敦与布鲁日回航的中途停靠站。他们从摩洛哥进口小麦并输入到伊比利亚基督徒与穆斯林的城市。然而,除了谷物这些传统的货物外,南部航线使得众多国家转向黄金与奴隶(贸易),而热那亚人很快就熟悉了这一点。13世纪末,在布鲁日延续了大约20年后,热那亚的船队停靠伦敦。1291年,热那亚的维瓦尔迪兄弟从自己的城市动身探索一条新的大西洋航线。实际上,他们沿着迦太基的汉诺曾经远航的线路前进,沿着非洲海岸一直航行到几内亚湾,他们在那里迷失了方向,无疑是被搁浅在浅滩上了。

正如古德费奥(Vitorino Magalhaes Godhiño)清楚地表述的,沿着非洲海岸向南航行的动机是经济因素[8]。搜寻黄金,伊比利亚地区缺乏谷物,对糖与生产糖的奴隶的需求,对树脂(龙的血液)的需求,以及对纺织品色料的需求;由于布里多尼与巴斯克的竞争而导致对一个更大的渔业区的需求:所有这些原因逼迫着伊比利亚人与其热那亚伙伴去面对那些传说中的障碍。

虽然大西洋的群岛(马德拉群岛、加那利群岛、亚速尔群岛)面积有限,但它的12 000平方公里的面积被揭示出来还是至关重要的,对它们的发现或者探索活动所需要的航海经验是如此,对满足经济需求的能量也一样如此。而且,至少前两个群岛提供了天堂景象,古人与他们的想象使得这两个岛屿获得幸运岛的名称。温和的气候与肥沃的土壤非常适宜于种植谷物与甘蔗,与加那利群岛和亚速尔群岛相比,马德拉群岛更是如此,因为前两者位于适宜种植甘蔗的气候的边缘。因为加那利群岛的关切人口在很早以前就难以控制,它开始为甘蔗种植园提供奴隶劳力并补充葡萄牙的奴隶。

热那亚人是第一批到达亚速尔群岛的人。由于有中世纪地图的帮助,我们可以获得他们在大西洋极北地区群岛远航的一些信息。在里斯本的纬度上,圣米格尔(San Miguel)是最东部的群岛,它离航海者启航的拉各斯大约1 400公里。一份1399年的热那亚地图显示了亚速尔群岛的两个岛屿。这一次,诸如帕萨格纳(Passagna)这样的热那亚人已经为葡萄牙王室服务。1351年,一份热那亚的航海图描绘了亚速尔群岛的四个小岛。之后,地理探测工作得到进一步改善:我们在1370年的梅第奇(Medici)地图上找到7个岛屿,1385年的索勒尔(Soler)地图上是8个。热那亚人是根据航位推测法进行航行并到达这些群岛的,而航海经历的确定性再度与传说纠缠在一起。1375年,一份由巴塞罗那的克里斯克(Cresques)设计的加泰罗尼亚地图标注了亚速尔群岛的10座小岛,然而,它暗示说这些岛屿无疑正是传说中的幸运岛,而塞维利亚的伊西多尔(Isidore)在普林尼之后也引用过这些内容[9]。

1339年,安杰利诺·杜尔塞特第一次绘制了加那利群岛准确轮廓的地图。大约在27年前的1312年,热那亚人已经到达了加那利群岛,在1339年的平面图中,热那亚人兰扎罗托·马洛塞罗用自己的名字为其中的一座小岛命名,它现在仍然保留此名:兰萨罗特岛。1341年,在葡萄牙国王的庇护下,其他的一些热那亚人动身去探索加那利群岛。它与尤比角的距离只有115公里,富埃特文图拉岛(Fuerteventura)是离非洲海岸最近的岛屿,迦太基人与腓尼基人可能已经知晓了这一群岛,他们可能从利克苏斯殖民地出发对摩加多尔的紫红虫进行开发。然而,拥有这些财富的岛屿位于比加那利群岛更靠北的纬度上。无疑,汉诺在远航中已经在加那利群岛发现了一个重要的中途停靠站。这些岛屿离伊比利亚海岸大约1 150公里,它们位于由于强烈海风而使得回程更加可能的有规律航行的边缘[10]。它也暗示为了到达公海采取西-北-西方式才能发现最合适的海风,同时也可以避免被涌向南部的近海洋流阻挠。葡萄牙的航海者已经可以在自己的发现活动中利用朝向亚速尔群岛的转向规律(volta)。它把发现加那利群岛与发现其他群岛绑在一起,因为马德拉群岛位于通向亚速尔群岛的航线上,离加那利群岛大约只有600公里。

在14世纪的大部分时间里,传说与政治活动为位于更远处的加那利群岛创造历史。1344年,卡斯蒂利亚的一位王子被加那利群岛的王冠吸引,教皇授予他幸运王子的称号,他开始宣称自己是兰萨罗特、大西洋与赫斯珀里得斯群岛的主人。实际上,教皇克莱门特六世混淆了传说中的所有岛屿——七城岛、圣布伦达岛、魔鬼岛(Satana)等等,他在训令中勉强把加那利群岛的王冠授予卡斯蒂利亚的王子路易斯·德·拉塞尔达(Luis de la Cerda)。卡斯蒂利亚的这些要求引起了葡萄牙国王的反对,他已经探索过加那利群岛并希望为自己保留征服这些地方的权利。在其后的很长时间内,伊比利亚两个王国在这一群岛(的归属权)上矛盾重重,一直到15世纪之前都是如此。

探险性发现活动的时间还没有来临,甚至连野心勃勃的热那亚人也是如此。从他们首先对马德拉群岛、再到对加那利群岛建立蔗糖经济感兴趣的时间为止,这中间几乎经历了一个世纪。这段时间之内,诺曼·贝当古(Norman Béthencourt)的短期探险者经常访问这些岛屿[11]。此外更重要的情况是,他们把加那利群岛的拥有权归还给了卡斯蒂利亚国王,因为卡斯蒂利亚已经预付了必要的酬金。从1420年到1434年,葡萄牙人徒劳地试图再次获得加那利群岛,但1431年,威尼斯人教皇尤金四世确认了卡斯蒂利亚对这一群岛的主权。

马德拉群岛蔗糖时代的肇始(1452—1498)

正如热那亚人熟悉亚速尔群岛一样,他们也极可能熟悉马德拉群岛。他们于1312年到达了加那利群岛,利用西风带的西风探索可以使他们回到加那利群岛与非洲海岸。同时,由于缺乏适宜逆风行进的船只,已经开始使用热那亚的航海与金融服务的葡萄牙人在整个14世纪只与地中海大西洋维持了松散的关系,而这一地中海大西洋由一直通向东部的非洲海岸,以及西部的加那利群岛、马德拉群岛与亚速尔群岛组成。西欧在15世纪初创造的经济条件好像打开了其他的领域:14

世纪人口下降以及物价与工资反弹后,贸易净量的恢复使得人们可以期待一种新的经济冒险活动[12]。

1420 年,葡萄牙人若昂·贡萨利斯·扎尔科与特里斯坦·瓦斯·特谢拉登上了废弃的马德拉群岛。一份 1351 年的威尼斯地图标注了它的存在,把它称为木材岛(Isla de Legname)、圣港岛(Porto Santo)、塞尔瓦任斯岛(Salvagens)与德塞塔群岛(Desertas)。航海者亨利王子于 1430 年代开始在加那利群岛进行殖民活动并探索非洲海岸,在这一过程中,这一岛屿提供了一个中途停靠站,新鲜的物资可以得到供应。1425 年它被永久占领[13],但其发展仍然非常缓慢,一直到 1450 年代开始种植甘蔗都是如此。对小麦、甘蔗与葡萄树这三种农作物来说,热那亚资本的引入是非常重要的,而这三种农作物将使得这一岛屿财源滚滚。

15 世纪初,热那亚人已经把甘蔗引入了葡萄牙的阿尔加维[14]。热那亚人接着从东部地区撤出资本,因为土耳其人已经在这些地方日益威胁他们在黑海的贸易据点,之后他们在巴伦西亚、马拉加(Malaga)与阿尔加维投资甘蔗种植园。佛罗伦萨与威尼斯的资本也青睐于甘蔗种植园,因而这一种植园将要在地中海大西洋建立一个新的产区。

我们认为在地中海大西洋建立蔗糖经济不是一蹴而就的事情。在 15 世纪中期,马德拉群岛仍然处于谷物经济时期。这片岛屿的主人航海者亨利把葡萄牙殖民者以及外国的意大利人、西班牙人、佛兰德人和法国人引入这一地方,小麦就成为这些殖民者首先清除的庄稼。而小麦既是生产食物的庄稼,也是出口到那些缺乏谷物的大都市的庄稼。1455 年威尼斯人莫斯托·恰达(Ca' da Mosto)观察到马德拉群岛的资源中,小麦地位显赫,它实际上在 1450 年至 1460 年达到了顶峰。

然而,对莫斯托·恰达来说,蔗糖已经成为岛屿中最重要的一种资源,超过了使岛屿得名的木料的出口价值。蔗糖的产量是 400 坎塔尔,大约 23 吨[15]。当然,访问者也注意到蜡、蜂蜜以及"最好的葡萄酒"的出现,但这些产品在短期内都无法与蔗糖相比。直到后来的 16 世纪,当巴西的糖业开始发展并与马德拉群岛形成激烈的竞争后,葡萄酒才开始成为这一岛屿的主要资源。

实际上,在1452年,航海者亨利已经与迪奥戈·德泰亚签订了关于蔗糖生产的第一份合同,他们得到许可建造一座水磨坊:"这一新的引擎加速了产量的提升。"[16]

半个世纪后的1498年,马德拉群岛的蔗糖出口达到了1 700吨(12万阿罗瓦)。马德拉群岛已经成为佛兰德尔(大约有563吨出口到安特卫普)、意大利(183吨出口到热那亚,211吨到威尼斯,85吨到托斯卡纳的里窝那,29吨到罗马)、葡萄牙与英格兰(99吨运抵里斯本,到伦敦的大概一样多)蔗糖的主要提供者;在法国,鲁昂与拉罗谢尔分别进口了85吨与28吨,布列塔尼14吨,普罗旺斯(埃格-莫尔特[Aigues-Mortes])85吨。甚至土耳其帝国也从马德拉群岛得到供应(211吨运抵君士坦丁堡与希俄斯岛[Chios])[17]。至于种植园与80座蔗糖磨坊的劳力的供应,葡萄牙人开始从加那利群岛与非洲进口奴隶,在15世纪末期几乎达到2 000人。

外部参与这种经济是毫无争议的。马德拉岛是这块群岛的珍宝,以航海者亨利的养子也是继承人身份掌管这块岛屿领地的是多姆·费尔南德王子,在1461年回应岛民出口食物的要求时,他特别指定犹太人与热那亚人可以购买上述的葡萄酒、蔗糖、木材、种子与面粉——也允许他们租借土地。马德拉群岛的第一批货物在1468年到达布鲁日,但为了与那些老的货物中心(西西里、墨西拿)进行竞争,它以非常低的价格出售。多姆·费尔南德希望通过殖民者与商人订立协议的方式为出口建立一种价格控制系统,而热那亚人在这些商人中举足轻重。他们显示了自己能够实现从意大利人与佛兰德尔人进口地中海蔗糖向从马德拉群岛进口蔗糖实行转变[18]。颇为相似的是,热那亚人传授给了葡萄牙人一直没有掌握的销售方法,因为他们同时拥有商业渠道与资本。让·迈耶(Jean Meyer)把这一协作模式的出现称为"销售卡特尔",葡萄牙王子很清楚这一市场的国际特性,以及热那亚人与佛兰德人在贸易中不可替代的角色:

第二章 新大西洋：15—16世纪初

我应该让你们知道[蔗糖]价格的急剧下降已经发生了。我们实际上应该找到一种解决这一问题的方式，对我来说，当价格以这一方式下跌的时候，某一些人正在经历严重的困难……我已经向几个颇谙这类事务的专家寻求建议，我从中得出的结论是：如果不是因为船员与其他人向佛兰德尔与其他国家大规模输入食物，并且在这些地区以极不合理的价格进行销售，这样的价格下跌是不可能发生的。除了你我携起手来统合整个蔗糖市场外，别无他策。我已经和里斯本的一些专业商人谈过话，他们认为我的计划是可行的。由于他们从我这里带走你我的蔗糖，并且在里斯本以合理和担保过的价格进行生产，这一点变得日益明显了[19]。

在里斯本的这些专业商人中，热那亚人位居榜首。克里斯托弗·哥伦布的例子显示了他们对贸易的控制，他于1478年在马德拉群岛购买了一船蔗糖并等待路易吉·琴图廖内结账，他是海军武器与热那亚贸易中最大的玩家[20]。洛梅里尼(Lomellini)、其他热那亚商人也是里斯本商人中的大腕：在15世纪中期，他们出口葡萄牙的软木，开发马德拉群岛的蔗糖，甚至在伦敦也可以发现他们的身影[21]。

在大西洋世界，像马德拉群岛这样的蔗糖经济的例子是极为特殊的，因为到1480年为止，西班牙人是唯一被引入加那利群岛蔗糖经济的人，这时他们已经从黎凡特那里熟悉了这些内容。这种农作物的命运与即将来临的国际市场的发展紧紧地联系在一起。在超过三个世纪的漫长时间内，它在大西洋的经济中一直如此。在15世纪的最后三年，马德拉群岛证明了自己在热带大西洋甘蔗种植园方面绝对的首创性。充满活力的贸易、奴隶的提供、控制出口与价格主导着这一经济。

然而，当葡萄牙人同一时期为寻求其他目标而勘察非洲海岸时，大西洋的第一个蔗糖世纪实现了。他们当然能够找到种植园需要的奴隶，但是就探寻新的香料航线与黄金而言，奴隶寻求无疑是第二位的。而这将展示大西洋的真实内容。

向非洲大西洋探险

葡萄牙的新资源

100年来,我们都晓得葡萄牙国王……已经在外海扬帆远航[22]。

葡萄牙人于1430年代初期获得了探索大西洋非洲海岸的新活力。他们已经从14世纪开始就从地中海大西洋的热那亚资本中获得益处,同时,他们从拉各斯的轻快帆船中发现了一种特别有效的航海工具。

虽然有轴式方向舵固定在艉柱上,汉萨的船只科格并不能很好地适应逆风航行,因为它配备的横帆使它只能使用从船尾吹来的海风,汉萨的科格船拥有适于经济繁荣时期的大量货仓[23],因而热那亚人根据大型帆船对其进行了改装。在另外一个例子中,在把种子运抵安达卢西亚、北非、加泰罗尼亚与意大利之时,北欧的商人更喜欢在里斯本把它们转运到葡萄牙船上,其目的是获得葡萄牙的食盐、葡萄酒以及东方与意大利的软木与明矾。

巴约纳的科克船(coque),或者是斯凯夫小船可能更适应于在非洲海岸航行。这些小船航行在汹涌澎湃的海中,这一圆圆的、比较短的拥有甲板的小船在船尾配备有方形船舱,在船首三角形的平台上也配备有水手舱[24]。这些船配备有巴约纳的舵柄,在艉柱上配备了一个轴式方向舵以及一个更大的横帆,在后桅上则有一个大的三角帆,这使得科克在抢风航行中比科格更容易航行。1304年后,根据乔瓦尼·维拉尼的《编年史》记载,科克已经穿越了"塞维利亚海峡"并被热那亚人、威尼斯人与加泰罗尼亚人使用。葡萄牙人从这种船中学到了很多东西,他们15世纪早期的小吨位轻快帆船也能够勇敢地面对外海并被准备顶风航行。它是新的掌握航海的工具,它广泛地出现在摩洛哥的大西洋海岸、远达亚速尔群岛与伊比利亚海岸的地中海大西洋,而探索非洲大西洋的成功依赖于这种技术优势。这一探险显然在相当早的时期就出现了,当热那亚与葡萄牙的船员根据航位推测法在14世纪到达亚速尔群岛时,有规律地对非洲大西洋进行的探险活动在其后的岁月就出现了。沃尔特推动了从里斯本远达亚速尔群岛的环绕非洲的航行,这样可以避免信风并赶上西风带的西风。对慢慢传入的罗盘的使用在这种情况下可能是根据纬度有效确认航线的一种方式。

最后,另外一个强烈的动机也出现在15世纪。基督徒寻找一个非洲或者亚洲同盟来对抗伊斯兰的理想对船员来说是一个强有力的诱惑,这在伊比利亚人东征马格里布的成功、1415年收复摩洛哥西北地区的休达后更是如此,虽然这些情况是真实的,但主要的刺激因素是搜寻立即可以利用的资源,特别是黄金与奴隶。通过海路直接获得西非黄金可能是通过撒哈拉沙漠获取黄金效果的两倍,而奴隶则可以在甘蔗种植园中使用。

然而,正如13世纪末维瓦尔迪已经设想过的那样,当从阿拉伯处学习的地理知识压倒了根深蒂固的传说,创造一条通向东方航线的前景变得更加明朗。不久,托勒密关于大洋孤立的理论在意大利遭到挑战。在阿拉伯地理学家(11世纪的阿巴尔尼[al-Beronni])的帮助下,大西洋与印度洋互相联系的事实得到承认[25]。位于托勒密奥克曼南部的潮热而不可穿越的地区并引起强烈恐惧感的教条消失了,至少从14世纪初开始印度洋已经是如此。由于抛弃了无法居住的理论,热带地区成为中世纪宇宙学范式的突破,它打开了在非洲大西洋进行探险活动的大门。这样,1484年,在迪亚士完成了环绕非洲的航行后,罗马大学的一位占星学家洛伦佐·博宁孔特罗教授为这一知识的转变提供了证据:

> 托勒密认为他不晓得到自己的时代为止赤道之外的地区还有可以居住的地方。然而,最近葡萄牙国王、阿拉贡的亨利(指的当然就是航海者亨利)派自己的船队探索了这些地区,而且发现这里有人居住;我们现在知道某些地区人口众多,而其他一些地方则没有人烟[26]。

在很长的时间内经院学者头脑中弥漫的思想被水手的经验打破了。离托勒密时代更近的是,一份标注为1457年的热那亚世界地图显示奥克曼完全被海洋包围;印度洋不再如大湖一样是封闭的,非洲变得可以环航。非常明显的是,托勒密思想的影响仍然很大,它深刻地印在皮埃尔·达阿伊(Pierre d'ailly)的《世界图景》中,而这是克里斯托弗·哥伦布最喜欢的读物,这使得哥伦布更喜欢对子午线有缺陷地测算,它实际上比埃拉托色尼精确的测算(估计有39 690公里)要少1/4,这使得大西洋看起来相对狭窄:"水从一极流向另一极的海洋盆地,从西班牙地区延伸到印度开始的地方,中间的宽度并非让人恐惧的那样大。"[27]

相反,埃拉托色尼关于地球规模更大的测算被阿拉伯的地理学家接受,也被里斯本占统治地位的热那亚人与加泰罗尼亚人接受,以致他们足够理性地拒绝进行跨海航行,他们的探险向东方的亚洲进行,希望从南部的有利位置抵达亚洲。里斯本反对克里斯托弗·哥伦布向西部远航的建议,这一拒绝的部分原因是葡萄牙在15世纪前半期获得的准确知识与经验的进展[28]。实际上,我们可以提出经验反驳哥伦布的观点:在他的时代,一艘船通过熟悉的航线在公海上跨洋航行的最大距离小于800海里,根据最有利的估计,哥伦布在自己选定的维度上至少有6 000海里至6 700海里需要跨越[29]。要到达印度,除了环绕非洲外别无他途。

探险与交易

穿越位于加那利群岛纬度的西非海岸的"令人恐惧的博哈多尔海角"标志着恐惧与不确定时代的终结。1455年,一个名叫乌索迪摩尔的热那亚人甚至写道,"虽然只是某种程度,但是海洋在这里终结了"[30]。这里是船只摆脱沿着摩洛哥的大西洋海岸南下的洋流的地方,它在这里遇到了相反的洋流。此外,回程的风只有在更靠外的海上才能找到。1434年8月,在离海岸约30英里的地方,吉尔·埃亚内斯在乘坐的一艘轻舟上找到了大西洋上的西风,这为葡萄牙人打开了沃尔特的路线,他当时正在与阻止他找到迦太基人汉诺曾经航行的路线的信风搏斗。这次特殊的远航打开了通向南部的航线。

这是多姆·亨里克王子不懈努力的结果,航海者亨利的名号(这是他的现代名字,这一名字也更为人熟悉)对这一王子的描述似乎不妥,他仅仅有过两次短途的海上航行[31]。拉各斯是葡萄牙人启航的地方,这里一位名叫吉尔·埃亚内斯的水手"颇具耐心地"加入了王子派去探索非洲海岸的船长行列。在发现博哈多尔海角的前一年,他已经走过了同一条航线与其他的航线,他也同样被恐惧攫取。最后,他也去过加那利群岛并从该地带回来一些俘虏。这一功绩也揭示了这一群岛长期以来扮演的带有否定意味的角色。由于比较容易到达那里,航海家对此非常着迷,他们可以在此找到奴隶并在里斯本销售,之后他们也在马德拉群岛销售。加那利群岛也可以用作继续探索撒哈拉地区黄金的基地,这是一个被航海者亨利日益养肥的工程,他同时也希望在这个群岛上为自己建立一个王国。

黄金与奴隶贸易公司长期占据支配地位,一直到15世纪后半期,特别是1470年至1480年之间它达到顶峰之前都是如此。1441年,在穿越了博哈多尔海角之后的几年内,努诺·特里斯坦从西非海岸带回了第一批摩尔人奴隶,它超过了战争与掠夺的价值。1443年后,它变成了"葡萄牙所有大发现与殖民活动的支柱"[32],每一个航海者都要得到亨利的授权才能进入非洲海岸,而航海者亨利也希望驾驭基于市场追逐黄金与奴隶的有利可图的探险活动。实际上,阿诺托·贡萨利斯于同一年在奥罗河发现了黄金:"除了奴隶……他们也送给他黄金粉,虽然数量不多。而商人在这一地区正是用这种黄金进行交易的。"[33]葡萄牙人首次从奥罗河发动了向马格里布回程的黄金车队的袭击,他们之后开始转向贸易。

实际上,在非洲海岸对黄金与奴隶的搜寻中夹杂着从简单的掳掠袭击到商业活动的痕迹。1440年代,为了在1444年与1445年为拉各斯与里斯本市场提供第一批大的货物,攫取俘虏就意味着卷入"猎人"行动。1445年,攫取奴隶的探险行动规模很大:26艘帆船从拉各斯出发驶向非洲海岸,船队停靠的基地是奥罗河南部的阿尔金(Arguin)湾。为了保护自己的贸易活动,葡萄牙人不得不建造军事堡垒。

在1445年到1447年的大航海时代,航海开始成为家常便饭。1434年穿越博哈多尔海角成为神话般的奇迹时,由于葡萄牙人的"航海革命",沿着海岸线向阿尔金湾,其后是塞内加尔河口的稳步前进意味着采取一条大家都熟悉的航线[34]。航海者亨利被称为"通过海路把货物从米底(Midi)带到黑人土地的创始人"[35]。当他开始雇用专业的水手,特别是热那亚人取代他在萨格雷斯(Sagres)与拉各斯的私人圈子中进行排他性的征召时[36],更深入的步伐出现于1450年代。同时,通过暴力抓获、从贫穷渔村捕获奴隶被阿拉伯与几内亚商人买卖的奴隶取代。贸易的概念取代了战争的概念。

1448年,探险活动的基本极限是塞内加尔西面的佛得角群岛。7年后,热那亚人乌索迪摩尔航行到了更靠南的冈比亚航线,与马里帝国的关系也得以再次建立。在航海者亨利去世之前,同一个热那亚人于1456年抵达非洲海岸的最后一个停靠站卡萨芒斯(Casamance),这一次他有威尼斯人莫斯托·恰达的陪同。

葡萄牙人从事的寻找黄金的努力引起了更多的发现奴隶的机会。寻找活动是在塞内加尔上游地区的班布克(Bambouk)地区以及几内亚上游地区的布雷地区(Boure)进行的,人们可以从冈比亚的贸易据点进入后一个地区。在这里,其他的宝贵资源与黄金一起被开发:在西非的商业中,下冈比亚地区是很有价值的获得海盐的地区,这里也有通向内陆的商业路线。热那亚人与葡萄牙人在这里发现了一个已经在发挥作用的贸易网络,它一直穿越热带非洲。这一线路是用来把诸如棕榈油、可乐豆、纺织品、铁器——也有奴隶——转运到内陆的,而非洲社会的大部分地区都把战争中的囚犯当作奴隶。虽然奴隶也被运送到马格里布,但它并不是主要的出口物品,因为黄金与象牙更加重要[37]。

探索性与贸易性的航海活动在航海者亨利去世后急剧衰落,但1469年的航海活动在一位名叫费尔南·戈梅斯的里斯本商人的倡议下开始重拾活力——他得到了进行探险的授权。在帕尔马海角外,从印度通向东方的航线好像沿着几内亚湾打开了,费尔南·戈梅斯指导的探险队探索了大约 5 000 公里的海岸线[38]。同时,这一事业的利润由于从几内亚而来的诸如象牙、孔雀石、胡椒粉等资源提升了,探险者可以通过从现在被称为加纳的黄金海岸进入拥有黄金资源的阿克拉地区。通过把奴隶销售给阿克拉部族,利润不菲的贸易开始建立起来。葡萄牙人在这里的卷入程度比原先在冈比亚的有效交易网络卷入得更深——由于 15 世纪初达亚拉(Dyala)商人在贝格霍(Begho,位于加纳)建立了一个商业贸易据点,西非的所有物品都涌向了这里。葡萄牙人与他们展开竞争,作为两者代理的阿克拉人则用自己的黄金来获得劳力[39]。

无疑,里斯本的王室为了在几内亚湾与那些不可靠的卡斯蒂利亚商人进行竞争,它于 1475 年打破了费尔南·戈梅斯的垄断权力。环绕西非的航海成为皇室长子多姆·若昂(Dom Joao)王子的责任。在 1481 年继承王位后,他一视同仁地赋予探险与商业以同样的活力。他采用了领海原则,非洲大西洋因而变成葡萄牙的海洋,他也采取任何必要的方式来保护黄金与奴隶这一硕果丰盛的贸易活动[40]。1482 年,几内亚的统治者约翰二世想要在与贝宁王国进行贸易的十字路口建立圣乔治·达米娜(Sao Jorge da Mina)堡垒,因为贝宁地区的奴隶贸易已经超过了靠近沃尔特河口的阿克拉黄金。1472 年探索到的圣多美离这里大约 1 000 公里,它见证了 1483 年开始的从马德拉群岛带过来的甘蔗种植的复兴。同时,这一赤道岛屿变成从海滨获取奴隶的聚集点,它与佛得角群岛展开了竞争,而这里聚集的是塞内加尔与冈比亚的奴隶。

由于黄金与奴隶因素,航海活动的利润增加了,约翰二世把向南的探险活动扩大到了极限。1483 年,迪奥戈·卡奥出现在刚果,他一直沿着海岸线进行探索直到 1485 年到达南纬 22°线上。1487 年夏季,他的接任者变成巴托洛梅乌·迪亚士,在离开里斯本的时候,他的使命就是找到一条绕过非洲的航线。在极大的勇气支撑下,迪亚士从卡奥航线向南纬 27°或者 28°线前进,由于信风阻止他驶向西南,他向西部前进并探寻适宜的海风以到达 40°线的中部纬度,他赶上了西风带的西风,这让他到达离好望角东部 500 公里的坚实土地。南大西洋的沃尔特航线启动了,这就打开了通向印度的航线。

西部海洋与伊比利亚人的新世界

葡萄牙人拥有通向海洋的任何东西。在进行了一些非洲发现活动之后,1487年迪亚士发现了印度与非洲南部的通路,这样,南半球的大西洋扩展到了最大限度。然而,它要留给卡斯蒂利亚人来证明,"地中海"大西洋群岛西部的海洋并不是一个自古就令人害怕的"永恒的黑暗之海",它实际上是一块可以被开发的地方。毕竟,在这些同时代人(克里斯托弗·哥伦布在其中位居榜首)的眼中,通过采取一条比葡萄牙沿着非洲海岸行进的漫长路线更加短的线路,西部海洋应该更加容易直接到达亚洲并获得其财富。

实际上,大发现活动已经迅速扩展到了大西洋的这些地区。舍纳1520年的世界地图曾经混淆了西部海域的加勒比海[41],由于葡萄牙人卡布拉尔的发现,舍纳眼中的西部海洋在1500年已经增加了赤道南部(坎蒂诺1502年的热那亚地图)与巴西搭界的南部大西洋的内容,而1513年的瓦尔德西穆勒(Waldseemuller)仍然把这一新的世界称为不可知的世界。在北部,葡萄牙人加斯帕·科尔特·雷亚尔1500年驶向亚速尔群岛中部的特尔塞拉岛,这一次远航也扩展了西部海洋的边界。虽然科尔特·雷亚尔的航海发生在意大利人卡伯特1497年的远航之后,服务于布里斯托尔商人与英格兰国王亨利八世的科尔特·雷亚尔却发现了纽芬兰岛并继续航海。与发现巴西的活动相比,这一发现并没有使葡萄牙人在新世界建立自己的领地。不管怎么说,坎蒂诺1502年的地图显示西班牙与葡萄牙已经分割了这一海域,在他的同时代人看来,葡萄牙的优势得到了确认,因为他们已经在这里建立了大量的捕鱼区,并且在纽芬兰岛的大岩礁地区的渔业活动中拥有排他性的权利。

哥伦布与西部大西洋:卡斯蒂利亚人的新世界

哥伦布邂逅大西洋

虽然卡斯蒂利亚也支持坎塔布连(Cantabrian)海岸的探索活动,

但一直到 15 世纪末期哥伦布的发现为安达卢西亚与巴斯克港口打开新的视野为止,卡斯蒂利亚一直都没有进入航海强国的阵营。当然,从 15 世纪初开始,卡斯蒂利亚人就把注意力转向了地中海大西洋,保卫自己对加那利群岛的权利并反对航海者亨利的要求。然而,在一度挑战葡萄牙人在几内亚湾的地位后,在 1479 年的《阿尔卡巴萨条约》(Treaty of Alcobaca)中,西班牙被迫承认葡萄牙对博哈多尔海角南部非洲海岸的垄断权利。真实的情况是,卡斯蒂利亚人把所有的精力都投入了收复失地运动中,并不得不花费大量的金钱以支撑反对格拉纳达摩尔人的代价高昂的战争。

不管怎么说,卡斯蒂利亚人与大西洋的冒险活动并不是风马牛不相及。意大利人已经在塞维利亚发展了贸易航线,卡斯蒂利亚人也在这里进入了航海事业的核心。正如在里斯本一样,热那亚人主导了这一地方,但佛罗伦萨人也在此处,著名的人物是梅第奇子公司的主管阿梅里科·韦斯普奇,他后来变成了哥伦布的朋友,也篡夺了哥伦布的一些荣誉[42]。在塞维利亚的一位热那亚银行家弗朗西斯科·皮内利承担了哥伦布第一次远航的绝大部分资金。此外,财政大臣阿隆索·德金塔尼利亚创制了一个被热那亚资本支持的财团以支持卡斯蒂利亚征服加那利群岛的第一次大西洋冒险[43]。最后,对发现西部的大航海来说,卡斯蒂利亚并不想看着葡萄牙人挑战自己的野心,因为葡萄牙人已经试图继续探索非洲,迪亚士也已经打开了通向印度的大门,而且他们也有非洲沿海贸易做自己的经济支柱。

同时,1480 年代,甚至对探索大西洋西部的探险来说,我们也千万不能完全忽视葡萄牙的野心。1486 年,葡萄牙约翰二世同意了佛兰德尔的费迪南·范·奥尔梅(Ferdinand Van Olmen)的探险,这个人的卢西塔尼亚名字是费尔南·达乌尔莫,他也是亚速尔群岛的首领。费尔南从事的工作就是在群岛西部地区进行探险活动,但由于他在 1487 年冬季放弃任务而没有被提及[44]。另外,亚速尔群岛的渔民计划寻找一个比亚速尔群岛海域渔业更为丰富的渔业区,他们在 1480 年代也极可能试图驶进北大西洋。然而,仅仅在 1500—1502 年,在科尔特·雷亚尔兄弟的帮助下,葡萄牙发现纽芬兰岛海岸的活动才得以发生。

哥伦布:传统、想象与直觉

热那亚的克里斯托弗·哥伦布也试图利用自己同胞在卡斯蒂利亚获得的影响力,但不管怎样,他的行为建立在他深信可以通过自己的努力来追求在西部海域的发现活动。无可争议的情况是,哥伦布从古已流传的神话中获得了灵感,他根据自己对《圣经》的解读作了修改:"这个岛是塔希斯岛,它是俄斐(Ophir)与古日本,我们已经称呼它为伊斯帕尼奥拉。"[45]

在1502年给教皇亚历山大六世的信中,哥伦布雄辩地陈述了必须求助于俄斐的黄金,而他已经在伊斯帕尼奥拉岛看到了这些黄金,只有《圣经》中的这些黄金才可能建造耶路撒冷神庙。"岛屿升腾,正像蘑菇在黑暗之海的想象中孕育一样。"[46]哥伦布在这些神话岛屿创造的想象中茁壮成长。马德拉群岛东北部圣港岛的西部洋流载着竹子与雕刻过的木头,这些精确的证据证实了这些岛屿的传言,它于1480年代在里斯本与其他地方广为流传[47]。像其他人一样,哥伦布把这些岛屿或新的陆地与中世纪在西部寻找的早期伊甸园混在一起:

> 宗教神学家和明智的哲学家认为早期伊甸园位于东边,因为它是一个气候温和的地方;现在他(哥伦布)发现的土地刚好被发现在东方的尽头。
>
> 《哥伦布船志》,1493年2月21日[48]

哥伦布熟识的马丁·贝海姆在1492年的全球地图中则把安提利亚(Antillia)和七城岛混淆在一起,把它放在大西洋的中部。

然而,哥伦布岛国神话的基础是他的读物皮埃尔·达阿伊的《世界图景》或者《马可波罗行记》,我们通过他到处使用这个岛国神话发现了哥伦布真实的野心。对他而言,必须通过西部航线发现印度,他甚至进一步缩减了要穿越的那条相对狭窄的溪流,从而到达一个估计严重错误的扩展到东部的亚洲。根据哥伦布的想象,加那利群岛到亚洲海滨的岛屿古日本(Cipangu)的距离只有 2 080 英里,然而现实中的距离却是 12 000 英里。

哥伦布确信自己已经在古巴发现了古日本,因为它与马丁·贝海姆 1492 年设想的大西洋地图极为吻合。在马丁·贝海姆的地图上,古日本正好位于大西洋的中部与加勒比地区的东部,而中国在古巴的北部一点。我们可以理解哥伦布是怎样把新世界当作亚洲一部分的(马可波罗曾描述过古日本,认为它位于中国海岸 1 500 英里外的地方)。

探险者对这些矛盾并不陌生。虽然他仍然确信自己到达了自己想象中的土地,但哥伦布至少在 1498 年的第三次航海中已经认识到他到达的是"另一个世界",在这一次航行中他大胆地探索了从特立尼达到奥里诺科河(Orinoco)河口的南美洲北部海岸。"我认为它是'另外一个世界',而且迄今无人知晓。"[49]

当看到奥里诺科河瀑布并震惊于这一大河的巨大流量时,哥伦布显示自己意识到了另一个世界,他仍然认为这个世界并不大,但最主要的是,这些新地区靠近亚洲。

哥伦布是一个痴迷于神话的探险者,虽然大量的错误证实这些神话与葡萄牙的内行看法并不匹配,他仍然是一个受直觉引导的水手。

哥伦布在研究北大西洋风力系统的时候最明显地展示了自己的天才。实际上,他在 1477 年到冰岛的航行中获得了这一系统的经历[50]。他在这里已经听到对后来证明是纽芬兰岛的某一海岛的谈话,冰岛的渔民很有可能知晓它。15 世纪末,哥伦布之前已经有过跨越位于西风带地区的西部海洋的活动,西风在这里吹向亚速尔群岛。由于逆风航行,航海家确信自己可以在另一边回到港口,而这个想法与航海发现同样重要。从加那利群岛或者马德拉群岛回程从而完成"地中海大西洋"航行的沃尔特水手都非常清楚亚速尔群岛的风力系统造成的有利条件。在最西点,亚速尔群岛延伸到处于里斯本纬度,也就是西经 31°的大西洋,并继续延伸到大西洋群岛的北部地区,这对科尔沃·弗洛雷斯来说更是如此,这两个岛屿位于大西洋的更深处,也是最后被发现的。在这些纬度,在 38°或者 39°线的水平线上,一个人有望更快到达新大陆。我们也能够设想的情况是，在哥伦布完成冰岛航行后，他可能遇到布里斯托尔的水手，而这些人在1480年已经准备组织发现巴西(其实是纽芬兰岛)的探险。

不管怎么说，强大的西风为从亚速尔群岛出发的企图设置了一个障碍：在哥伦布探险的五年前，费尔南·达乌尔莫1487年末的探险以失败告终。

哥伦布是不是在更早的发现活动[51]中就已经获得了利用西风带的优势对回程进行选择的可靠直觉呢？在更早的发现活动中，割让圣菲的文本隐隐约约地提到了这一点。拉斯卡萨斯(Las Casas)认为那些匿名的领航员的"传说"在1500年前后的圣多明各已经是一个"常识"，这些正是哥伦布远航的坚实基础并能够赢得马丁·平松的帮助。从大西洋中部西进的航线不会遇到西风带的阻碍，以致那些从几内亚回程或者从西部加那利群岛航行在沃尔特路线的一艘葡萄牙或者西班牙船只可以(在西风的推动下)西进到某个未知的岛屿。哥伦布的想法是从加那利群岛出发，因为亚速尔群岛强劲的西风为任何(远航)都设置了障碍，而加那利群岛比亚速尔群岛更靠南。在加那利群岛附近，他能够利用信风，当他回来的时候也有望发现西风。

哥伦布的探险

1492年10月11日至12日凌晨两点，先是特丽安(Rodrigo de Triana)，接着是品塔(Pinta)帆船上的一个瞭望员瞥见正前方一个小岛的白色沙滩，即瓜纳哈尼，它位于今天的巴哈马群岛上。在这一天的几个小时后，圣玛丽亚号(Santa Maria)、品塔号、尼娜号(Nina)这三艘舰船的舰队司令克里斯托弗·哥伦布驶向沙滩，想要在此插上卡斯蒂利亚与阿拉贡国王的旗帜。

虽然1492年秋天的这个日子在其后的事件中意味着更多的内容，哥伦布跨越大西洋中部的航线把"旧世界"与迄今隔离的"新世界"联系在了一起，但对哥伦布的同代人来说，这一航线在欧洲人生活的文化与政治环境中的重要程度是有限的；此外，对支持这一探险的君主与金融家而言，它也可能是欺骗性的。除了一个岛屿世界外没有别的意义，这里美味的蔬菜与自然资源不能掩饰居民的相对贫困。马可波罗曾经描述的富庶的亚洲几乎不可能在伊斯帕尼奥拉岛或者伊莎贝拉地区(古巴)出现。最有价值的大西洋贸易路线仍然是从马德拉群岛、加那利群岛、圣多美到安特卫普的蔗糖路线,1488年后,葡萄牙更偏爱布鲁日,而且正如迪亚士曾经展示的,非洲海岸的黄金与奴隶打开了另一扇海洋与印度的大门。

很长时间以来,人们已经接受了对这位热那亚水手评价不高的发现活动。它看起来只不过是欧洲海洋前线扩张的一个台阶,它在伊比利亚与意大利半岛外的欧洲几乎没有反应[52],塞巴斯蒂安·布兰特(Sebastian Brant)是一个著名的人文主义者与律师,他于1494年出版的《愚人船》也广泛流传到巴塞尔、纽伦堡、奥格斯堡、罗伊特林根(Reutlingen),这本书证明了布兰特对发现新大陆活动的认识:

> 他们在葡萄牙发现了
> 正如在西班牙的任何地方
> 金色的岛屿与赤裸的人们
> 关于这些,甚至在昨天
> 还没有什么可以解释

同样是塞巴斯蒂安·布兰特出版了《克里斯托弗·哥伦布书信》的第2版,此前一年(1494)已经在巴塞尔以书名《新发现的岛屿》面世了。我们可以把这一反应与另外一种更加热情的反应加以比较,后一种反应来自杰罗姆·闵采尔,他在纽伦堡以药学家与宇宙学家闻名,他也是非常著名的1493年《世界编年史》的作者哈特曼·舍德尔的朋友。杰罗姆·闵采尔在1494—1495年游历过法国、西班牙和葡萄牙,他高度赞赏了基督教王国的王室:

> 我们已经发现直到我们这个世纪还无所知晓的新人类,他们被从新近发现的印度岛屿上运送了过来,他们就在你的国度。啊!

多么不可思议的事情,而许多人还不知道它……基督教的城堡正在毁灭之中[53]。

就他们的时代相对而言,这些反应是例外的,它不能隐藏对认识发现新大陆意义的缓慢事实。正如巴托洛梅·本纳萨尔所强调的,"我们必须在发现它与对其的最模糊理解之间等 10 到 12 年"[54]。了解真实大陆的知识是必要的,以至于人们逐渐放弃了亚洲岛屿的神话。正如其后的探险者那样,哥伦布的航海并没有在加勒比地区找到通向亚洲的航道,也没有表现出让人通过海路继续西进的特征。1513 年,巴尔沃亚穿过巴拿马地峡并发现了南海,他通过这样做找到了从大西洋到太平洋的最快航线。最后,我们可以通过 1520 年代末期贡萨洛·费尔南多·德奥维耶多的观点对现实获得一种认识:

和其他许多人一样,我的观点是它(新大陆)并不是亚洲的一部分,它和古宇宙学家眼中的亚洲也没有任何关联。我们甚至可以得出进一步的结论:这个印第安人的封闭世界是世界的另一部分[55]。

德奥维耶多的写作时间发生在麦哲伦航海与其发现南美大陆的南部通道以及科尔特·雷亚尔兄弟寻找北部通道失败后。

因此,我们可以接受的事实是,对哥伦布同时代的大多数人来说,哥伦布的航海不过是在大西洋发现了一些新的岛屿。哈特曼·舍德尔于 1493 年在纽伦堡出版的《世界编年史》列举了葡萄牙在大西洋以及非洲西海岸的发现活动:亚速尔群岛、马德拉群岛、佛得角群岛、几内亚群岛。在这之前的前一年,马丁·贝海姆仍然把古日本定位在大西洋的中部,和哥伦布持有相同的错误。

在从加那利群岛出发后大约 34 天,哥伦布与其同伴于 1492 年 10 月 12 日在瓜尼亚哈尼沙滩出现。哥伦布在为远航作准备时面临的困难,以及他在加那利群岛改装船只使其适合在大西洋更远地区航行的谨慎准备工作展示了这一水手的能量与天才,而他与那些旧时商人为寻找必要的支持具有的能量一样大。

由于他的家庭与他过去作为一名商人都是与葡萄牙人联系在一起的,哥伦布很自然地面见约翰二世国王并提出通过穿越大西洋的西部航线发现亚洲海岸的计划。国王于1480年代正全力寻找通过环绕非洲通向亚洲的通道,因而开始没有屈尊接见这位热那亚人。环航一直没有取得成功,1485年,国王要求他的顾问研究哥伦布的计划。这一严重低估大西洋宽度的计划被葡萄牙人拒绝了,因为他们对其真实大小有更为准确的知识。哥伦布在第一次被拒绝后于1488年回到里斯本,但里斯本已经知道迪亚士通过好望角发现了通向印度的大门;约翰二世接受哥伦布(计划)的时机已经过去了。哥伦布在英格兰与法国都没有得到支持,他们仍然沿袭大西洋中部(在布里斯托尔,英国人感兴趣的是北大西洋)的漫长航线,因此,哥伦布转向了欧洲西南部的西班牙与其大西洋沿岸。西班牙对大西洋兴趣很大:渔业资源、在加那利群岛殖民、进行航海试验。但是在哥伦布忐忑不安地等候了超过三年的时间后,他又被萨拉曼卡的天主教国王拒绝了。1490年末,也就是格拉纳达被攻克之前,以击败摩尔人而自豪的卡斯蒂利亚决定把天主教信仰带到另外的世界并寻找那些同意进行远航的人。

1492年4月17日与30日的放弃圣菲的条约使哥伦布成为被发现土地的卡斯蒂利亚王室代表,也确保了他对自己发现土地的权益。这是授予海军司令的非常高的特权,他拥有从带回来的货物提取10%的权利:

> 在封闭世界的所有岛屿,不管这些货物是什么,珍珠、宝石、黄金、白银、香料,或者任何其他类别的东西,不管它们怎么命名和描述,不管是通过买卖的、交换的或者被发现的,都在海军司令要求或者获得(的权利)的范围之内[56]。

哥伦布被任命为新世界的总督与管理者。

1492年夏天，在塞维利亚和包括加的斯在内的其他安达卢西亚港口，所有工作都服务于驱逐从格拉纳达王国到摩洛哥沿岸的摩尔人的活动，因为他们刚刚被卡斯蒂利亚人征服。因此，克里斯托弗·哥伦布在别人的劝导下转向西班牙阿尔加维的一个港口帕洛斯(palos)，在这里，这位热那亚人可以利用两个水手的经历，也就是马丁·阿隆索·平松与他的兄弟文森特·耶内斯。他们的贸易或者说是海盗活动是以损害停靠在几内亚或者加那利群岛的葡萄牙与英国船只为基础的。马丁·阿隆索·平松帮助哥伦布获得了必需的水手：帕洛斯、莫古尔(Moguer)、维尔瓦，或者是来自塞维利亚的安达卢西亚人，还有一些巴斯克人，也包括葡萄牙或者意大利这些外国人。马丁·阿隆索·平松可以给他进行远航的三艘船只征召90—100人，他向船员许诺的是"古日本堆满黄金的屋子"以及最诱人的财富[57]。他也在帕洛斯找到了两艘帆船：尼娜号与品塔号，一艘叫加拉加(Gallega)的导航船在靠近加的斯的圣玛丽亚港被重新命名为圣玛丽亚号，哥伦布成为船只的海军司令。圣玛丽亚号的装备把横帆、两个前桅杆以及船尾的一个三角帆混合在一起。圣玛丽亚号也进行了改装从而能够跑得更快，品塔号是在帕洛斯改装的，尼娜号则是在加那利群岛改装的：在主桅杆(前桅杆)升起一个横帆，三角帆被移到船尾。哥伦布也非常明智地装载了大量的供应品——6个月的水与15个月的食物；他也没有忘记带一些便宜而华丽的物品以备可能的交换活动。

1492年8月3日，哥伦布与其水手从帕洛斯动身向加那利群岛进发，他们于8月12日到达这里，也在这里完成了船只的装备并在戈梅拉(gomera)岛上维修了帆船。9月8日，西北的信风开始刮起，第二天，船队从这一群岛动身。哥伦布已经修改了帆船的装备，因为他希望沿着28°线前进从而可以利用这一群岛地区的风力。设置正西的航线显示他选择了可以利用信风的最直接的路线，同时他们可以在指南针的帮助下抢风航行，这样可以坚持西部方向。在一直延续到9月20日的不间断的风力推动下，他们每天的航行速度超过了180公里，9月25日，船长估计他们已经从戈梅拉航行了2 488公里。哥伦布宣称等待发现地区的距离是 4 147 公里,因此他们不相信他们这么快就已经到达了"印度门户的岛屿"[58]。尽管有成群的飞鸟与充足的草,尽管哥伦布给出令人高兴的暗示让他们相信陆地就在附近,他向船员解释说海水看起来"凝固"是因为他们已经穿越了马尾藻海(Sargasso Sea),但深深的焦虑还是攫取了水手的心灵。"回到卡斯蒂利亚"的要求到处出现。10 天后,局势变得更加激烈,因为他们从加那利群岛出发已经航行了 4 420 多公里,这已经超过了哥伦布预测的距离,然而他们仍然看不到陆地,他们认为已经超过了古日本但是实际上没有看到任何东西。10 月 9 日,品塔号与尼娜号的领航员估计他们的航行已经超过了 4 800 公里,叛乱在酝酿之中,哥伦布的船员要求他下令回航。然而,第二天,他们发现了鸟群、水上的漂浮物、日益青葱的树木与枝丫以及雕刻过的木头。在 10 月 11—12 日的晚上,品塔号船上的一个水手大声喊出久违了的呼喊——"陆地"。

在从伊斯帕尼奥拉岛出发向亚速尔群岛航行 36 天后(1493 年 1 月 10 日到 2 月 15 日),在风浪挟持哥伦布到达里斯本后,他于 3 月 15 日回到了帕洛斯。他为天主教君主带回一个航海发现,但是与沿着葡萄牙人已经开启的好望角航线前景相比,这一发现看起来是微不足道的。哥伦布固执地相信是亚洲世界一部分的圣多明各群岛与古巴(是)"东方的尽头",它因此象征着一个通向极力追寻的东部伊甸园的门户,但是并没有提供黄金以及更希望获得的香料。在哥伦布的眼中,这一岛屿离伊甸园很近的距离解释了这一国家的纯洁,伊斯帕尼奥拉岛屿上的泰诺族(Tainos)印第安人就生活在此地。

大约一年后,根据 1494 年的《托尔德西里亚斯条约》,卡斯蒂利亚与塞维利亚在新世界建立了自己的领地。教皇亚历山大六世确认卡斯蒂利亚对这些被发现的"通向印度"的岛屿的主权,前提条件是天主教国王必须在 1493 年 5 月 4 日前尽快把传教士派到这里。在同一天,教皇训令塞特拉(Inter Cetera)为葡萄牙与西班牙帝国设立了边界,即亚速尔群岛与佛得角群岛的西部与南部 100 里格(长度单位,1 里格相当于 4.8 公里)的地方。根据《托尔德西里亚斯条约》,边界线进一步向西部推进,它离佛得角群岛370里格,这为葡萄牙人几年后征服巴西提供了机会。

哥伦布的其他三次远航使我们发现西班牙在对抗印第安世界时的困难,他们从这里回来的时候只带那些能够隐藏的黄金或香料,此外,它只能以数量非常有限的黄金的形式存在。当然,在这些远航中,哥伦布在采取一条比第一次更南的线路以及更好地利用信风方面展示了他作为航海家的天赋。第二次与第四次远航(1493—1496年和1502年)以向风群岛、多米尼支和马提尼克岛为终点,第三次航海则出现在最接近赤道的北纬10°线上,登上了特立尼达,之后沿着南美的北部海岸航行,勘探了奥里诺科河的河口。哥伦布因此能够探索加勒比世界,最主要的是,虽然没有能够准确地界定其范围,但他已经发现了一个新的封闭的世界。

卡斯蒂利亚为第二次远航投入新的资源,这次哥伦布拥有7艘船并可以指挥1 200人,但是由此导致的失望情绪也是巨大的。风驰电掣的掠夺与以货易货的方式迅速掏空了这些岛屿世界的财富,它在满足西班牙希望方面是很不完美的。真正获得西班牙加勒比地区发生在1510年代,在1509年到1513年向古巴、波多黎各和牙买加的成功探险中,探险活动在伊斯帕尼奥拉岛的黄金资本支持下不断扩张,一些殖民者也在这些探险中开始变得富有。从1516年开始,古巴不得不以同样的方式支持攫取封闭世界的活动,这在埃尔南·科尔特斯征服墨西哥的阿兹特克帝国时达到了顶峰。作为回报,新西班牙的财富支持了1530年代在秘鲁的殖民活动。卡斯蒂利亚的资源净投资因此相应缩减,它只是在大发现活动之后的15年后才展示了自己的重要性。这些岛屿上黄金生产的利润为西班牙提供了丰厚的回报,也导致了新一轮的征服活动。大西洋的新世界已经孕育了自己的扩张活动。

南大西洋的伊比利亚人

巴西的卡布拉尔

15世纪末,迪亚士成功地完成环绕非洲的航行,此外,瓦斯科·

达·伽马绕过非洲到达了印度,其后葡萄牙人似乎更加注重开发"香料群岛",1502—1503年间,安特卫普第一次收到马拉巴尔(Malabar)的辣椒货物。另一方面,葡萄牙对亚速尔群岛渔业资源的兴趣使得里斯本在通向七城岛的北大西洋的未知地区探索新的捕鱼区,费尔南·达乌尔莫已经在1487年探测过这些地方,科尔特·雷亚尔兄弟1502年的远航则代表着探险活动的顶点。然而,在赤道南部的大西洋沃尔特河的航行——必须到达南半球的西风区并在好望角的纬度才能到达——将使得葡萄牙人在1500年发现巴西。

三年前,瓦斯科·达·伽马从里斯本动身向印度出发,他沿着迪亚士十年前走过的路线,操控着自己的四桅横帆船采取最直接的路线,而这种船最适合完全利用最活跃的顺风。他放弃了传统的沿着非洲海岸航行的路线,在绕着博哈多尔角与佛得角群岛航行之后,他在塞拉利昂的纬度设法利用赤道西部洋流使自己直接到达了西经20°线的地方,在阿森松岛的西边大约600公里。在觉察自己已经远远偏离了摩羯座的热带南部航线后,他发现了30°线附近的西风带。1497年11月8日,他到达了好望角的西部。由于抵达佛得角群岛后必须航行3个月,这次航海对船队与水手来说无疑是一重考验。由于南大西洋盛行的信风,这一漫长的沃尔特河航行是必要的,其后,船队将沿着葡萄牙到达印度的航线前进。

1500年,卡布拉尔(Cabral)尝试了一次不同的路线。从佛得角群岛出发后,他把信风当作侧风从而取代了赤道洋流,他从佛得角群岛出发后仅仅一个月后的4月22日就看到了巴西海岸。卡布拉尔于3月8日从里斯本动身,花了不到6周的时间就从葡萄牙到达了巴西海岸。卡布拉尔于5月2日再次向巴西出发,他在40°线的特里斯坦-达库尼亚(Tristan Da Cunha)附近采取了东南方向的航线,这是一条比瓦斯科·达·伽马走过的更靠南的线路。葡萄牙王室支持这一行动,设法从里斯本的佛罗伦萨商人处筹到了必要的资本,13艘船只也非常强大,船员达1 200人,装备豪华,"其装饰就像春天的花园"[59]。然而,卡布拉尔的探险并没有实现征服巴西的结果。卡布拉尔兴高采烈地在离里约热内卢北部500公里的韦拉克鲁斯(Vera Cruz)海岸抛了锚,他在港内待了10天后又离开了。葡萄牙人在大西洋西部发现陆地的机会似乎是5年前发生的那次失去机会的公平补偿,当时约翰二世打发了哥伦布,然而,在瓦斯科·达·伽马发现印度这样的商业机会面前,这次发现几乎没有什么意义。

卡布拉尔的副手利摩斯(Lemos)在1500年夏末带着巴西的信息回到了葡萄牙,葡萄牙王室迅速建立了对巴西木材贸易的专利权,这种染料资源在里斯本与其他地区价值很高。然而,葡萄牙王室等候了整整一代人的时间,直到1530年(在约翰三世的统治下)才发动了由德苏萨尔(de Sousal)兄弟领导的探险,而这一行动才确立了他们对这一地区的真正殖民[60]。

西班牙人出现在卡布拉尔之前还是之后?

我们绝不能认为法国人波尔米耶·德格内维尔1504年到达圣弗朗西斯科河是蓄意探索巴西海岸的结果。正如卡布拉尔一样,他也完全是由于偶然的原因到达此处的,因为这位翁弗勒尔(Honfleur)的水手走的是通向印度的贸易路线。在靠近特里斯坦-达库尼亚的40°线附近,咆哮的风浪把他们打晕了,风浪也曾掀翻了卡布拉尔的四艘船,他的勒斯珀号(l'espoir)船被直接带到了巴西。虽然其他的法国人也曾做过类似的事情,然而波尔米耶·德格内维尔开创了非法的海盗贸易传统,从而损害了葡萄牙人的利益。

另一方面,在哥伦布已经奠定的探索奥里诺科河河口的基础上,西班牙人对探险的兴趣很浓。卡斯蒂利亚宣称自己的水手已经在卡布拉尔之前到达了巴西的说法看起来有一定的根据。哥伦布的同伴,也是帕洛斯最优秀的航海家文森特·耶内斯·平松实际上在1499年11月8日曾经从这一港口出发。他的四艘帆船借助海风绕过了佛得角群岛,沿着信风的南部边缘航行,在到达佛得角群岛的港口与1500年1月26日到达康索拉森海角(Cabo de Consolacion,现在的圣奥古斯丁海角)之间仅仅间隔了20天[61]。他以卡斯蒂利亚的名义庄严地接管了它。平松牢记着哥伦布的教导,希望在新世界的南部找到通向亚洲的航道,但他在西北方向做了大量工作,他沿着海岸一直到达他已经知道的亚马孙河口的工作花费了几乎5个月。面对着马拉尼翁河(Maranon),平松怀疑自己是不是发现了恒河[62];在西部寻找印度与亚洲的神话仍然停留于卡斯蒂利亚人的心中。由于西班牙人的殖民违反了《托尔德西里亚斯条约》的规定,这一发现没有导致任何殖民活动。平松再次向伊斯帕尼奥拉岛与西班牙出发。

也许阿隆索·韦莱斯·德门多萨比平松到达了更远的南部,他于公元1500年到达了圣弗朗西斯科河口。德门多萨从巴西海岸带着奴隶与染料木头回程了,而瓦斯科·达·伽马已经从印度带回了类似的木料,西班牙人也在安的列斯群岛发现了这些东西。

然而,佛罗伦萨人阿梅里科·韦斯普奇的发现活动最具争议。甚至在平松·卡布拉尔之前,一位塞维利亚商人韦斯普奇已经于1499年和哥伦布的一位旧时同伴阿隆索·德哈杰德(Alonso de Hojeda)一起勘探了亚马孙河和远达马拉开波(Maracaibo)海湾的封闭世界,并在回来的时候满载珍珠[63]。在1502年的另外一次远航中,韦斯普奇到达了瓜纳巴拉(Guanabara)湾。他于1月1日到达这里并把该地命名为里约热内卢。1506年,在佛罗伦萨,阿梅里科·韦斯普奇出版了自己的《有关新近发现岛屿的信件》一书。第二年圣戴(Saint-Die)用拉丁文对它再版,德国的宇宙学家瓦尔德西穆勒负责编辑,后者在文本中给这块大陆定名为"亚美利加"进行再版,他也于韦斯普奇之后宣称自己发现了这一地区。

最后一个完全了解南部大西洋与美洲海岸的水手是葡萄牙人麦哲伦。虽然麦哲伦对绕着好望角的香料路线比较熟悉,他还是于1519年企图找到一条通向亚洲及其财富的西部通道。由于遭到葡萄牙的拒绝,他到卡斯蒂利亚供职,查尔斯·昆塔斯同意给予支持。1519年11月15日在累西腓(Recife)登陆并抵达里奥港口后,麦哲伦用了整个夏天的时间勘探远达南纬45°的海岸,他最后到达了圣朱利安港。冬季阻碍了探险,直到抵达美洲大陆一年以后的1520年11月28日,麦哲伦在持续了7周的艰难探险后才穿越了南纬53°,后来以他的名字命名麦哲伦海峡，之后他出现在太平洋。对他而言，这次环绕地球的航行将在菲律宾的一个岛上产生悲剧结果，他于1521年4月27日在这里死于当地人的弓箭之下。他的副手胡安·塞巴斯蒂安·德尔·卡诺一直到1522年9月6日才到达了圣卢卡尔(San Lucar)，在265人的探险队中，回来的只有18个人。

实际上，伊比利亚人对南美的兴趣是在这些探险性的航海后慢慢地出现的。1526年，卡伯特兄弟在查理五世的支持下勘探了拉普拉塔河并宣称卡斯蒂利亚对巴拉圭拥有主权，但只是在对秘鲁殖民以及开发波托西矿山之后，西班牙才对海岸地区产生了兴趣，它将为安第斯地区的殖民活动打开方便之门。

欧洲人与北大西洋

北大西洋的传说与贸易

探寻连接欧洲与亚洲及其财富的通道、希望在北大西洋的深海处开发丰富的渔业资源是到达这一海域的水手的主要考虑。然而，对哥伦布与其他大多数发现者来说，北大西洋与传说和神话紧密相连。诸如圣布伦达这些大多数古代航海描述中展示的奇迹，以及冒险进入未知领域时旅行者面对的恐惧，它们在15世纪无疑为那些真实或者神奇的岛屿增添了吸引力。重新发现大西洋的岛屿，特别是马德拉群岛与亚速尔群岛，深化了更遥远地区存在岛屿的信仰，与此相关的是，许多人日益相信亚洲更深地插入东方，其间有一系列岛屿，而古日本只不过是其中最大的一座岛屿。同时，他们接受了欧洲与亚洲之间的距离是相对有限的观念。

15世纪的地图显示大量的岛屿神话在增长。在西部亚速尔群岛、科尔沃与弗洛雷斯被发现后，人们于15世纪中期在更北的地区寻找其他的岛屿。大约是1470年，葡萄牙与加泰罗尼亚地图把这些岛屿中提到最多的巴西放在亚速尔群岛的西北部；它们也混淆了七城岛与安提利亚："葡萄牙人现在居住在七城岛，西班牙水手说他们在这里的沙滩上发现了白银。"[64]1490年,地图制作者已经不再害怕揭开那些传说岛屿的面纱了。

然而,甚至是生机勃勃的经济活动也充斥着神话。在同一幅地图上,布里斯托尔在冰岛的贸易情况被精确地定义为:"好像货币一样,居民用自己的干鱼来交换英国人每年带过来的小麦、面粉和其他必要的物什。"马德拉群岛与亚速尔群岛由于土壤肥沃的原因已经使得自己非常具有吸引力。在更北部,探寻渔业区是探险的最大动力。在中世纪末期,许多法国人(巴斯克人与布里多尼人)与英国的渔民冒险穿过了爱尔兰西部的大陆高地的界限,他们也在此获得了海洋活动的经历。因此,在15世纪的前25年,英国人从利恩与波士顿以及西部的布里斯托尔出发到冰岛进行捕鱼的探险。英国人的布匹通过船只到达了冰岛,这种东西可以用来交换后者捕获的鱼,同时他们自己也进行捕鱼活动。

在整整一个世纪,通过这样的方式被创造的商业路线甚至将要延伸到里斯本、波尔图(Porto)与阿尔加维。葡萄牙人出现在布里斯托尔与爱尔兰,也出现在戈尔韦(Galway)与利默瑞克(Limerick)。戴维·奎因描述的一次航海活动揭示了人们对以这一方式完成的圈子的极大关注[65]。1479年12月11日,布里斯托尔的克里斯托弗号(Christopher)满载水果,特别是法罗群岛的无花果,从葡萄牙的阿尔加维出发到布里斯托尔。它于1480年2月14日又在这一港口运了一船货到冰岛。几个月后,这艘船穿越了65°纬线处的37°经线,从"地中海"大西洋的纬度向更北的大西洋航行,他们并不担心在到达冰岛的极北纬度航行。在葡萄牙与西非贸易的中心阿尔加维,托马斯·萨顿船长在知道葡萄牙在非洲的行动后也告知葡萄牙人冰岛的商业情况。这些船有规律地把冰岛的干鱼进口到里斯本,而葡萄牙的食盐也经过英格兰再出口到冰岛。

1480—1510年英国人与葡萄牙人的发现活动

1480年,葡萄牙人与布里斯托尔的商人与水手之间的联系扩大到了冰岛贸易与巴西岛的航运。英国人被迫探寻巴西——或者更合适的是,从 14 世纪开始就被这样称呼的岛屿——去发现新的捕鱼区,这是由于冰岛渔业的下降以及其后布里斯托尔与该岛贸易量的收缩引起的。相反,伴随着在大西洋群岛对蔗糖生产日益增长的开发以及与非洲海岸的贸易路线,葡萄牙商业的扩张要求增加向里斯本运送英国布匹。在很长的一段时间内,布里斯托尔拥有大量可以和葡萄牙人(或者西班牙人)交换的干鳕鱼和咸鳕鱼。现在局势变了,葡萄牙人也被迫增加自己在亚速尔群岛的渔业活动,他们也同样被迫去寻找岛屿并打开新的捕鱼区。

英国人已经非常熟悉葡萄牙人的大西洋岛屿,他们把自己的船派到这些地方。在英格兰也可以轻易得到的里斯本地图上,不管是未开发的还是将要被发现的所有岛屿都赫然列于其上:安提利亚、七城岛、巴西、萨塔纳(Satanaze)和绿岛(Green isle)[66]。他们也能够加入葡萄牙人的探索活动。

"准确的判断使布里斯托尔人在很早时候就发现并探索了传说中的陆地岬角[约翰·卡伯特(John Cabot)于 1494 年发现的纽芬兰岛],它被称为巴西岛。"[67]与此相似的是,在 1498 年初给"伟大的海军司令"(克里斯托弗·哥伦布)的一封信中,一位英国商人约翰·戴讲述了一位匿名的探险者从布里斯托尔出发跨越海洋寻访巴西的成功的航海故事。约翰·卡伯特成功地进行了 1497 年的航海,探索了纽芬兰岛海岸 600 公里的地区以及美洲大陆,但是信上也强调了一次"早先"发生过的航海活动。这一发现在 1481—1482 年完成,当时三名布里斯托尔商人和一位名叫托马斯·克罗夫特的海关职员进行了一次到巴西的探险,克罗夫特也成为一桩肆意参与贸易的法律案件的起诉对象。克罗夫特在为自己辩护的时候宣称这是一次探险事件而不是贸易事件。

1481 年后,布里斯托尔的活动陷入停滞状态,因为他们已经发现了可以取代日益下降的冰岛渔业的新渔区,并把它奉为秘密。

与此同时,在葡萄牙,从亚速尔群岛的中心岛屿特尔塞拉岛开始的探险活动增加了,其目标是双重的:一是寻访到亚洲(他们到达了尘世的伊甸园和古中国)的西部航线;二是找到亚速尔人可以利用的渔业区。根据查尔斯·韦尔兰当的记载,1486年7月24日卢西塔尼亚裔的佛兰德人斐迪南·范·奥尔梅寻找七城岛的探险活动是由王室组织的,但这一活动之前,已经有过"一系列航海活动,它已经进行了25年多的时间,深入到了亚速尔群岛西部的大西洋深处"[68]。1475年,亚速尔群岛的费尔南·特莱斯得到许可组织了一次探险活动,它与亚速尔群岛居民向冰岛方向的航海活动紧密相连。

随后,葡萄牙人与英国人得以利用北大西洋水域获得的丰富的航海经验,约翰·卡伯特于1497年完成了探险,三年后亚速尔人加斯帕·雷亚尔也这样做了。在1490年前后到达布里斯托尔之前,威尼斯人约翰·卡伯特竭尽全力也没有获得卡斯蒂利亚或葡萄牙对从西部发现亚洲航行的经济支持。他利用了布里斯托尔水手对大西洋的认识,向亨利七世国王提出海事政策。1496年3月3日,国王命令卡伯特负责探险的任务:从北边的英格兰与爱尔兰西部发现新的陆地,因为伊比利亚人在南部的权威应该得到尊重。卡伯特获得特权并以国王的名义管理这些地方,像葡萄牙王室的特许权一样,这一发现活动没有给主权国带来任何东西,至少直到确信这儿有一些东西可以被开发为止都是如此。

1496年的第一次航海失败了,但第二年成功了,一艘只有60吨的小船马太号(Matthew)在5月22日从布里斯托尔出发,向西南航行到达水手们认为可以找到岛屿的地区。他们根据东-北-东的海风航行,32天后他们已经可以从海上隐约看到纽芬兰岛的海滩。6月22日,他们到达了"波尔多河西部"地区;拉吉伦特河口位于北纬45°35′。两天后,卡伯特登上了新斯科舍省(Nova Scotia)或者布里多尼岛海角,他把海岸称为大汗(Great Khan,很久以来就是亚洲的海市蜃楼)的亚洲。实际上,卡伯特大约已经过时了100年,他认为蒙古人仍然统治中国,实际上蒙古人的统治在1368年就终结了。他竖立了一个标志教皇与英格兰国王权威的十字架和旗帜,代表英国的主权与教会的权域。那些跟随他的布里斯托尔水手也非常满足,因为他们发现了丰富的鳕鱼群。卡伯特于8月10日回到了伦敦,他从美洲到英格兰的航海花了不到15天——一个非常优异的成绩[69]。

在1498年5月的第三次航海中,卡伯特可以指挥5艘船:布里斯托尔的四艘,以及由国王与伦敦商人装备的一艘伦敦船。实际上,他希望拥有的是10—12艘的船组成的船队,这可以和哥伦布第二次航海时指挥的船队相媲美。然而,某些商业集团对下面两点仍然比较怀疑:首先是到达亚洲的机会,其次是卡伯特重复的关于哥伦布已经发现的岛屿非常接近"香料群岛"的看法。直到9月末都没有收到什么消息,这时船队中的一艘船回到爱尔兰,它由于暴风雨的袭击而千疮百孔,卡伯特的船在这次风浪中也不见了。1512年,波利多尔·弗吉尔报告了他认为已经发生在卡伯特身上的情况:

> 我们认为他不但没有发现新世界的任何物什,他和自己的船也沉到了海底,他本人成为海洋的牺牲品,因为在这次航海之后就再也没有人见过他。

1501年,三个亚速尔群岛的葡萄牙人来到了布里斯托尔。其中一位名叫若昂·费尔南德斯,他是特尔塞拉岛的一名农夫,他与同一座亚速尔岛屿上的阿格拉(Angra)领主加斯帕·雷亚尔处于同一时期,他于1499年10月28日得到皇家特许状去发现西部岛屿。若昂·费尔南德斯并没有成为科尔特·雷亚尔1500年探险的一分子。在后者成功后,他是不是比较失望呢?他只是人群中的普通一员,而科尔特·雷亚尔是一名绅士。正是若昂·费尔南德斯领导布里斯托尔人到达了一个被称为"拉布拉多"(Labrador)的地方。在1502年回程的时候,他的探险队带回了在纽芬兰岛抓获的3名俘虏,他们穿着兽皮并吃生肉,这些俘虏被呈给了亨利七世。不过这些并不是因纽特人,而是印第安人,他们也是第一批抵达英格兰的美洲印第安人。

在这次航行中,布里斯托尔与伦敦的商人、亚速尔群岛的葡萄牙人之间合作已经出现,但是这一话题主要说后者是叛徒,正如农夫若昂·

费尔南德斯的例子所展示的。布里斯托尔在1503、1504、1505年有了更多的航海活动。当他们认识到新发现的土地虽然拥有丰富的渔业区,然而很难进行贸易活动时,有人揭示了他们的欺瞒性。16世纪早期最后一次最伟大的英国航海活动是由卡伯特的儿子塞巴斯蒂安完成的,他于1508年出发寻找一条西北通道,希望揭开探险的新方向。由于确信没有到达亚洲,探险者致力在已经得到确认的美洲大陆的北部海岸进行环绕航行。卡伯特好像进入了哈得孙海峡,但是冰川逼迫他向南回航,为了从西风带地区回到英格兰,他在这里对直到35°线的海岸进行勘探。在他回来的时候,喜欢探险的亨利七世君主去世了,这使他从英格兰动身到了西班牙。

在葡萄牙方面,像卡伯特一样,科尔特·雷亚尔兄弟这样的发现者从亚速尔群岛到达了北大西洋海岸。1500年,加斯帕·科尔特·雷亚尔从特尔塞拉岛出发向北部航行;他发现了一个多山的岬角,1502年里斯本制作的坎蒂诺地图认为这是亚洲的地方。实际上,被讨论的地方是费尔韦尔海角,它位于北纬60°线上格陵兰岛的南部一角。科尔特·雷亚尔从这儿出发进一步西进到达了拉布拉多海岸。在他1501年的第二次航海中,他沿着拉布拉多航行,再次到达了格陵兰岛,他称其为贝尔德地区(Terra Verde),之后继续南进到达了海洋省(Maritime Provinces)和缅因州,他在这里询问怎样为自己的船队找到桅杆。他和印第安人有过一些接触,最后把50名美洲印第安人抓为奴隶。其中一艘船把他们带回了葡萄牙,这艘"适合于所有任务"的运人货船在葡萄牙引起了惊奇[70],而加斯帕·科尔特·雷亚尔本人与一艘船却失去了踪迹。在科尔特·雷亚尔三兄弟中,只有瓦斯科·安妮斯(Vasco Annes)是大发现活动的幸存者。1502年,他出发寻找加斯帕的圣米格尔,在勘探了拉布拉多与纽芬兰岛后也音讯全无。瓦斯科·安妮斯把葡萄牙人在纽芬兰岛的渔业发展到了顶峰。

在北大西洋发现未知岛屿的梦想并没有因此产生可以和伊比利亚人在大西洋中部与南部相媲美的成果。不管怎么说,我们不能忽视它带给英国从事大西洋海事活动的动力,它在伊丽莎白一世统治下将要繁荣昌盛。不久,北大西洋将要见证为法国国王服务的韦拉佐努(Verrazano)和卡蒂埃的大发现活动。由于航海活动带给了西北欧进行海洋活动的动力,它不久将要威胁伊比利亚人的野心,北大西洋在15世纪到16世纪初好像已经成为对抗的舞台了。然而,由于已经主宰了大西洋中部与南部海岸的广大区域,伊比利亚人将要用几十年的时间来收获他们发现新大陆的果实。

第三章　大西洋与伊比利亚人：16—17世纪

哥伦布的美洲梦与现实

1492年,哥伦布与其同伴被到达古日本和古中国的希望以及马可波罗为欧洲人热情描述的财富所激励。在发现者第一次接触到一个伊甸园的土地以及令人惊奇的慷慨的居民时,一个非常天真的奇思妙想攫取了他们的心灵。然而,这并不能阻碍其主要目标,追逐可以获得的财富、大量的黄金是航海的真实动力。在从美洲回程时,哥伦布给为自己探险提供经济支持的管理者路易斯·德桑塔安吉尔(Luis de Santangel)写信说,在"伊斯帕尼奥拉岛奇迹"的内陆,大量的黄金与其他金属矿山将会被发现。

首先产生的这种幻想发生在对下面内容有了更多了解之后:加勒比的现状;资源有限的岛屿,这里有时居住着爱好和平的阿拉瓦人,有时候是加勒比的勇士,但他们离石器时代都不会太远。他们肯定比那些奥里诺科河盆地最原始的狩猎-采集部落先进,在哥伦布第三次航海碰见他们时,这些部落已经能够耕作树薯粉,并进行海洋捕鱼活动(加勒比的独木船能够在加勒比海航行很远的距离)。不管怎么说,征服者对印第安人非常失望:西班牙人虽然被食物困扰,但对马里奥的木薯几乎没有任何兴趣,不可否认这种蛋糕拥有营养价值,但把它从植物的有害成分中提取出来是非常麻烦的。他们更偏爱从亚速尔群岛或者西班牙进口小麦,并用黄金付款。最重要的是,在西瓦的黄金资源被证明非常有限。

更重要的是,它是通向墨西哥和秘鲁这些已经非常成熟的帝国的门户,这些地方已经掌握了可以装饰庙宇的冶铜技术。此外,他们的农业团体在墨西哥高地上有规律地收割玉米,从陡峭的秘鲁峡谷获得玉米与番茄,这在西班牙人的心中创造了"遍布黄金与白银"的印度景象。美洲印第安高原上的财富和他们的土著招致了征服与移民活动。欧洲经济对贵金属的需求(为征服)创造了有利的条件。

除了物质财富的吸引力外,我们也需要考虑仍然充斥在塞维利亚人心中的想和十字军东征精神媲美的野心。美洲印第安人比非洲的穆斯林更容易接受基督教的福音。教会与王室为哥伦布的报告中已经初露苗头的征服事业提供了正当理由。

无疑,由瓜尼亚哈尼和巴哈马其他岛屿的当地人开始的传说欺骗了哥伦布,这些传说认为伊斯帕尼奥拉岛北部海岸和该岛的多山地区西瓦已经发现了大量的黄金,而哥伦布对这些岛屿仍然抱有幻想。辛昆托山(Oro Sin Cuento)的黄金数不胜数,香料与奴隶也一样多。1492年10月14日从瓜尼亚哈尼启航时,哥伦布建议把带到船上的印第安人当作岛上的奴隶,"在让他们做自己想做的事情时[……]他们非常善于做交给他们做的事情,因此他们可以被使用进行工作、播种以及任何其他必要的事情"[1]。从一开始,掳掠或者抢劫的探险在该岛和西班牙美洲大陆就急剧上升,中间也交织着商业与以货易货行为,之后就出现了征服活动。当1519年科尔特登陆墨西哥时,卡斯蒂利亚人收复失地运动的一些特征在大西洋的另一边也出现了:在十字架的名义下进行抢劫、袭击、奴役、开采;但它们缺乏收复失地运动的另一个因素:移民与殖民。

当地人口数量的灾难性减少、可以从更西部获得的黄金储备与亚麻使这个岛国社会成为探险精神的牺牲品,这一探险是在与外界隔绝的西班牙美洲大陆一个接一个地寻找岛屿。这些掠夺者更关心抢劫而不是获得土地[2]。"没有移民就没有很好的征服,而如果没有对地区的征服,其居民就不可能改宗。一个征服者的信条必然是'移民'。"(埃尔南·科尔特斯)[3]

实际上,最初的征服方式与这样一个目标是冲突的。从经济上看,它是靠已经开发的当地资源进行维持的。通过这样一种方式,谎言以及其后新西班牙从经济上先后支持了对秘鲁、智利的征服。那些在这一事业中承担有限部分的资本与风险的商人与金融家协会是这一事业的共事者,热那亚人与德国人在其中处于主要也是核心地位,他们要求投入的资金迅速获得回报。对征服几乎没有回报的边远地区,例如墨西哥的北部与智利的南部,国家的支持是必不可少的。

墨西哥高地与安第斯平原的主要资源白银成为殖民经济在大发现初期最好的"发动机"[4]。它强化了大西洋的贸易路线,从16世纪中期开始,它甚至比西印度出口价值的一半还要多一点。由于以万卡韦利卡(huancavelica,离利马300公里)的秘鲁水银取代了更昂贵的阿尔马登(Almaden)的西班牙水银并使用到矿石汞合金,冶矿工作大为改善,塞维利亚的进口达到了壮观的高潮。1571—1575年还只有1 190万比索,1581—1585年就已经上升到2 930万比索了[5]。

西印度的卡雷拉:贸易与港口

美洲生产白银并向塞维利亚进口的繁荣景象也使大西洋航海方面取得了同样引人注目的发展,因为运送这些财富是必需的。据统计,1506—1510年西班牙的大西洋航线上出发与回程的航行有225次;一个世纪后的1606—1610年,其数量是原先的4倍还多,达到965次[6]。然而,这一证据可能有点问题,因为它隐藏了运输能量方面更快速的增长:皮埃尔·肖尼估计这一路线上总商船吨位数在1511—1515年为20 000吨,1606—1610年达到275 000吨,几乎是原先的14倍。然而,这一变化在16世纪的前半期已经显示了出来,以至于1506年到1550年期间,当交通量从35艘船增加到215艘船时,其总量从3 300吨增加到32 000吨。仅仅在几年之后,当墨西哥的萨卡特卡斯和秘鲁的波托西矿藏开始得到开采时,1550年的吨位数已经远远超过年均吨位,据估计,1504年到1560年整个时期的平均吨位数大概是25 546吨。从1610年开始,每年回到美洲的航行次数整体下降这一点是真实的。这一吨位数也远远超过18世纪加西亚·巴克罗(Garcia Baquero)所能接受的水平,他认为从1717年到1778年每年的平均吨位数是12 346吨[7]。

正如哥伦布早先在加那利群岛遇到过的情况一样,帆船在开向印第安群岛的航程中停靠在早期的中途停靠站是有必要的,它们在这里可以获得淡水与其他供应。平均下来,船队大约花费12—15天才能走完塞维利亚和加那利群岛之间的地中海大西洋900海里的距离。在离开摩洛哥海岸后,洋流把他们带到加那利群岛,在夏季,西北向的信风让船顺风北上一直到亚速尔群岛。在6月份,信风的频度很大,大约是90%—95%,而在冬季,低气压扩大到大西洋,1月份信风的频度很难高于50%[8]。这样我们可以理解皮埃尔·肖尼把相对于夏季频繁活动的1月到3月的大西洋航海称为"沉默的冬季",因为这一时期信风不太明显。

加那利群岛港口的配角地位

护航体系很快确保了航海的安全性。1530年代,航段分期的制度建立起来,这与新西班牙到美洲大陆进行护航转向一样严格。新西班牙的船队6月份离开塞维利亚并有望在7月初到达加那利群岛;这些西班牙美洲大陆和巴拿马地峡的船队从5月出发也有望在6月初穿过加那利群岛。这种连续性使得充足而高质量的新鲜食物得到有效供给,这也比从西班牙进行买卖更有优势,因为加那利群岛人口非常稀少,所以拥有大量多余的种子、水果和葡萄酒。加那利群岛因此变成了"营养"港,它对从大西洋海湾到安的列斯群岛进行跨海航行的安全变得非常必要。当有信风的时候,这一航海相对比较快,平均时间大约为30天,但是延误将会变得非常危险,要冒淡水与供应物品不足的风险。

就重要性而言,1550年加那利群岛港口的表现是:兰萨罗特(33%),戈梅拉(33%),大加那利(12%),特内里费(5%)。在秋末与冬季,这一群岛由于海洋的热带低气压而极为湿润。南风带来大量的降雨,特别是在群岛最西边的戈梅拉与大加那利。在群岛的西北部,最东边的兰萨罗特受益较少,甚至看起来有点贫瘠[9]。兰萨罗特较少的降雨量由于农业技术得到了弥补,这一技术可以使得土壤湿润。但我们仍然可以在群岛的西部地区找到最好的条件。

甘蔗种植园在特内里费发展最好,它对护航的再供应证明是一种威胁,但是这一世纪后半期与巴西的竞争,当然还有先的马德拉群岛和圣多美(的竞争)使其规模缩减了。此外,由于缺乏充沛的降雨,它也不能扩展到兰萨罗特和其他的东部岛屿。卡雷拉船上两种最基本的供应物小麦与葡萄酒将要为加那利群岛港口创造财富。除了提供船员外,这一群岛也向安的列斯群岛和西班牙美洲大陆殖民地发货。然而,葡萄树侵入谷物或者蔬菜种植的国家产生的不平衡在下一个世纪开始显现,在18世纪更为明显。在18世纪后半期,当持续的干旱使得许多农场工人从兰萨罗特与富埃特文图拉移民到大加那利与特内里费时,谷物甚至变得不再充足。

虽然农业的扩张使得他们失去大量青葱的林木,但是这一群岛,特别是西部仍然可以为船只提供运载的木料,这些木料也可以在造船厂的维修工作中得到使用。船员在补充了新鲜的供应后精神大振,得病的人在医院得到照顾:在特内里费,仅拉古娜港口在16世纪初就有三所医院。

跨洋航行与卡雷拉的港口

对那些准备良好的船与人来说,跨越大西洋不会出现任何问题。在特立尼达和多巴哥的北部,信风一年要吹300天,这使得从加那利群岛到美洲岛屿的航程相对较快。一旦穿越了安的列斯弧线,船队必须在巨蟹星座的热带与赤道地区(大约北纬10°附近)跨过加勒比海。船只在这里必须航行巨大的范围,大约是190万平方公里,如果我们把墨西哥湾包括在内,其地域将是原先的两倍还多,达到460万平方公里。由于夏季(赤道则是冬季)美洲热带雨季与冬季的存在,以及7月到9月的雨季带来危险的飓风,跨海航行是非常困难的。在安的列斯地区、尤卡坦半岛以至到墨西哥湾发生的事故是家喻户晓,虽然加勒比海的南岸地区,即圭亚那到哥伦比亚并不熟悉这些内容。

北部赤道洋流从圭亚那向北流经马提尼克岛地区,它在这里与信风因素混合在一起,改变方向并向西流去,之后又向西南部流动,它在这里以加勒比洋流的名字而广为人知,它最后到达牙买加与古巴的南部海岸。信风规定了护航的路线。真实的情况是,这一可喜的趋向在7月到10月消失了,这时信风时不时让位于南风或者西风,水手在这一段时间面临最危险的困难,因为暖流以及可以回流到大西洋的赤道水域。

然而,护航队可以充分利用一系列有利条件,有规律地沿着风向或者洋流规定的路线前进。通向新西班牙的航线穿过小安的列斯港口,更经常地停留在马提尼克岛与瓜德罗普岛之间的牙买加地区,为了向北穿越安的列斯弧线,它穿过圣多明各和古巴的南部海岸,到达坎佩切湾基地的韦拉克鲁斯。从特立尼达到西班牙美洲大陆和巴拿马地峡的航线沿着加勒比海的南部海岸前进,在停靠卡塔赫纳港口后,它最后到达巴拿马地峡的农布雷-德迪奥斯港口。对前一条航线来说,最合适的风向发生在7月,它从东南吹向西北,而在冬季的1月份,风向改变为从西北吹向东南,这把船赶进坎佩切湾的荒凉海岸。

最重要的是到达农布雷-德迪奥斯或者韦拉克鲁斯的日期。除了花费在跨越加那利群岛与安的列斯群岛之间的海湾时很少超过30天的相对少的时间外,我们也要把花费在穿越更加困难的"美洲地中海地区"的时间计算在内。实际上,这是一个庞大的区域,而7月到10月改变的风向将减慢航行的速度。在一个被过度拉长的航行过程中,船队有时必须面对飓风,这一起源于大西洋东部的飓风更多的是吹向北部,到达安的列斯弧线,也可能远达尤卡坦半岛。因此,为了到达韦拉克鲁斯,航行的条件比西班牙美洲大陆海岸与巴拿马地峡的条件更具限定性。

然而,到达农布雷-德迪奥斯也有自己的问题,医疗方面是一个因素,因为大部分护航队在7月的前两个星期停靠于此,其后肆虐于巴拿马地峡的雨季对健康最为不利[10]。平均下来,护航队要花费75天(包括停顿)才能到达农布雷-德迪奥斯,而这一航行的时间和塞维利亚与韦拉克鲁斯之间的航行时间相当。

农布雷·德迪奥斯和秘鲁的商业

1540年代后,护航队开始处理秘鲁在农布雷-德迪奥斯的贸易问题。费拉亚(Feria)港口见证了波托西的白银运送,它经大西洋的卡雷拉进口到巴拿马,之后由骡子运送穿越巴拿马地峡到达大西洋的农布雷-德迪奥斯。贫穷的农布雷-德迪奥斯海岸并不能为停港提供良好的条件,1598年,巴拿马贝罗港(porto Bello)这个更加合适的"前部港口"取代了它。然而,从16世纪中期到目前为止,农布雷-德迪奥斯一直是卡雷拉最重要的通道,从1540年到1650年的整个时期,它的价值表现在西班牙美洲大陆与旧世界贸易的55%—60%都经过此处[11]。

在农布雷-德迪奥斯港口的生活是危险的,因为它依赖于从塞维利亚到西班牙美洲大陆的舰队,也依赖于从秘鲁到护航体系中枢巴拿马舰队的到来,它控制着赋予大西洋海岸活力的交通,这一海岸离夺去许多人生命的水陆两条路线大约100公里。大西洋卡雷拉船的最大港口与新世界在太平洋的第二大港口直接相连,形成了一个独特的复合体。一直到17世纪末,南大西洋与太平洋之间都没有联系,因此这一复合体垄断着巴拿马地峡的情势。一般而言,在农布雷-德迪奥斯,两艘舰船一艘来自太平洋,另一艘来自大西洋,它们几乎同时到达,根据皮埃尔·肖尼的看法,这大概是每两年一次[12]。

然而,农布雷-德迪奥斯只是一个非常简陋的港口,伸向公海而没有任何掩护,也没有一个交通方便的、稳定的贸易据点。水手们每次在热带美洲雨季的停留都被延长了,他们都被暴露在卡伦塔拉(Calentura)可怕的攻击下,这是一种破坏性的黄热病,它逐渐侵蚀了卡雷拉船的活力。如果天气太糟糕,或者某个敌人变得害怕了,他们就退回卡塔赫纳,这是通向巴拿马地峡的军械库与军事港口,靠近哥伦比亚海岸。在农布雷-德迪奥斯,当舰队到达公海的时候,这里只有不超过150—200座适合居住的房屋,而当舰队离开的时候,所有的房屋都被放弃,就是说,每年大约平均空置10个月。同时,巴拿马的利麦努斯(limenos)机构也在这里比较活跃,那些舰队中有名的客人在护航队在费拉亚休息的时候也寄居在此。这里的卫生条件极为糟糕:正如卡雷拉停靠的其他港口一样,没有饮用水,也没有新鲜物品的供应。死亡率高达6%—7.5%,在总数为4 000—5 000的护航队员中,每年大约300人死于农布雷-德迪奥斯的湿地中[13]。

这一港口也暴露在敌人的袭击中(1570—1580年德雷克的袭击)。16世纪末,由于从海岸航行到卡塔赫纳的商品运输日益增加,英国与法国降低了攻击的次数。这一运输情况于1596年到1600年间在交换中获得特殊的地位,从农布雷-德迪奥斯到贝罗港之间450公里财富的巨大防卫能力弥补了巴拿马地峡的脆弱性。

进入巴拿马地峡港口,呈现出清晰的季节规律。平均下来,来自巴拿马、秘鲁和哥伦比亚的物品供应与贵金属的流入超过了西班牙每月最快到达的货船的速度。供应物品被积聚以满足船员与商人的需要,原材料以延误最少的方式进行装载。在美洲热带雨季末,从9月初到11月初,最大的淡季时期开始了,其后,从11月末到1月份,海事活动再次出现复兴景象,接着又是春天的新淡季,之后在热带美洲雨季的夏季岁月(赤道的冬季)活动量又变得惊人。

这一地峡通过巴拿马吸引西班牙贸易的核心——秘鲁白银,但是利马也向巴拿马地峡出口同样多的供应物品,它对农布雷-德迪奥斯到贝罗港的费拉亚商人的人口定居是必要的。最快也是最安全的陆地运输线是从巴拿马到农布雷-德迪奥斯的路线,它需要赶驴人领导的骡子队的护航;大约850头骡子被用来运送贵重的物品,而带到萨格雷河(Rio Sagre)的笨重物品则从大西洋远远送达库鲁斯(Cruces)。骡子护航队要冒许多风险,森林中有大量的爬虫与野生动物,护航队使用的劳动力奴隶总是试图与锡马龙达成妥协,这些人是脱离了主人的控制并敢于攻击富裕护航队的亡命之徒,他们是16—18世纪海盗最好的仆人。

在早先的1533年,为了保护自己不被海盗攻击,西班牙人在哥伦比亚的海岸卡塔赫纳配备了一座令人恐惧的军械库。在从巴拿马地峡出发后,护航队被强制要求在穿越加勒比海向圣多明各出发时必须停靠这里进行修理并补充供应,从这一世纪中期开始向哈瓦那出发的船也被要求这样做,而哈瓦那是运宝船再次向塞维利亚出发之前的聚集地。皮萨罗夺取秘鲁已经要求加强在西班牙美洲大陆巴拿马地峡的军事力量。卡塔赫纳港口在抵制恶劣天气方面有很好的条件,更重要的是,它对1530年开始在加勒比出现的海盗船方面也同样如此。向新格拉纳达、波哥大与安提奥基亚省(Antioquia)的新领域也开放了,然而它们的交通不能跟运过地峡到秘鲁的交通等量齐观。这一运输的最重要内容是布里提卡(Buritica)的黄金,然而它的运送并没有规律,在大西洋的塞维利亚,卡塔赫纳的运输量只占到秘鲁运输量的25%到30%[14]。

卡塔赫纳通过维持一个强大的快速军舰群来保护地峡的海岸地区。整体而言,昂贵的防务是成功的,尽管仍然有英国诸如德雷克在1586年2月的袭击,之后又有17世纪的荷兰人定居在加拉加斯(Caracas),这一定居点位于西班牙美洲大陆海岸的中途,在特立尼达与卡塔赫纳之间。他们可以从这里出发进行抢劫,但最重要的是大量进行的走私活动,而对塞维利亚垄断构成威胁的是,他们开始为西班牙提供奴隶与价值颇高的商品。

韦拉克鲁斯:新西班牙的通道

在哈瓦那,巴拿马地峡的护航队遇到了来自墨西哥韦拉克鲁斯的舰队。在科尔特的征服后,从新西班牙出发的航运集中在这一港口。在穿过与向风群岛平行的安的列斯弧线后,由于有加勒比洋流与可喜的信风帮助,从韦拉克鲁斯出发的护航队很容易进入圣多明各南部的海岸。圣多明各位于信风的通道上,但是从16世纪中期开始,它已经成为卡雷拉通向古巴与坎佩切湾的主要航线。圣多明各之后在财富运输方面就丧失了重要性,它的黄金储量于1510年后开始枯竭,与此同时,蔗糖与皮货的运输也在下降。1550年后,哈瓦那完全取代了圣多明各的角色并成为美洲的中心[15]。

船队在穿过古巴与大陆之间的尤卡坦海峡后进入墨西哥湾。它的南部坎佩切湾的航行并不具备最有利的条件。最大的风险并不是集中在7月到9月的频繁的飓风,而是从北部过来的频繁而暴烈的海风,它可以把航船吹向墨西哥的海岸。韦拉克鲁斯海岸附近海域损失的数量远远超过巴拿马地峡附近的损失,虽然这里的交通量也非常少。然而,另一方面,海洋的极度危险也给了坎佩切湾更多的保护,但巴拿马地峡却暴露在敌人的抢劫之下。

此外,气候条件更为糟糕。布满沼泽的、被发热病频频袭击的低地海岸是长约600公里的荒漠,韦拉克鲁斯位于低地平原消失与高原展开的地方。然而,港口位置也不是没有风险。船只必须穿越安提瓜河的边缘,因为只有在河口才能发现港口,由于河口是淤塞的,船只必须冒搁浅的风险。此外,船只经常在西班牙人设立堡垒的圣胡安港(San Juan de Ulua)下锚,一些小的往返船只负责为其卸载货物。这里缺乏饮用水,它必须从邻近的有咸味的礁湖获得。1600年,一个新的港口在更南部的有良好水源供应的地方建立,它更靠近圣胡安,而且有防卫力量对其进行保护。

正如在农布雷-德迪奥斯一样,进行装载与卸载的危险方式是令人震惊的:港口不超过600个黑人,当舰队到达时,往返小船证明了并不充足。从1585年4月到6月这样一个非常繁荣的时期,18艘船只从韦拉克鲁斯出发;从7月到9月,有37艘船只进站,其中也有来自安哥拉的葡萄牙贩卖黑人的船只。20年后的1605年,在和法国与英格兰实现和平之后的"短暂的繁荣"时期,1月到3月有15艘船只进港,7月到9月有38艘船到达,10月到12月有34艘船出发[16]。这样的舰队大约有2 000到4 000人,它超过了港口的常住人口。当他们到来时,一支骡子卫队从阿纳瓦克(Anahuac)高地下来,承担着港口的活动并运输穿越墨西哥的货物。城市的人口不久增加到原先的三倍。在殖民活动开始时,韦拉克鲁斯从塞维利亚接受葡萄酒、食用油和小麦;西班牙阿尔马登水银也汇集于此,它是萨卡特卡斯(Zacatecas)银矿加工的必需内容,此外还有铁器,以及诸如布匹、书籍和珠宝等珍贵商品。

当然,这一港口也把财物与胭脂虫送回去,韦拉克鲁斯几乎垄断了胭脂虫的运输,它比同时卸载的皮货有更大的价值。除了这些驶向塞维利亚的货船外,来自回程中最重要的港口哈瓦那的货物以及为护航队作补充的供应也被同时运送。骡子队用卡斯蒂利亚卡车的运输方式把它们从高地带下来。它们在普埃布拉(Puebla)的中途停靠站汇集在一起,这个地方位于韦拉克鲁斯与墨西哥之间,是一个富裕的农业地区的核心。

哈瓦那:加勒比海的十字路口

在回到塞维利亚之前,卡雷拉船的最后一个港口是哈瓦那。两支舰队在夏季抵达,同时在西印度度过冬季。1月份,舰队从地峡出发,舰队向西北挺进直达哈瓦那;2月份,新西班牙的帆船从韦拉克鲁斯出发,逆着信风到达哈瓦那,到3月份,早先从更南的洪都拉斯出发的大型帆船与它们碰面。然而,到达哈瓦那的船只可能稍微迟一点:这样,在1585年,最大的护航队在4月与6月到达,其中18艘船来自韦拉克鲁斯,6艘船来自洪都拉斯,还有原先曾在卡塔赫纳抵港的5艘船来自农布雷-德迪奥斯。

集中在哈瓦那的舰队让这座港口显赫一时,而圣多明各的光环却大为褪色。哈瓦那是一个重要而坚固的港口,在保护它的岛屿与海岸之间,可以容纳500到1 000艘船;港口由于一系列工事而得到了很好的防卫,而且1590年代末期防卫工作又得到加强。哈瓦那之后就变成了加勒比的"锁钥",就像卡塔赫纳在巴拿马地峡航线上的地位一样,或者如圣胡安在波多黎各的位置,它处于塞维利亚的护航队到来的地点。尚普兰曾在1599年1月跟随新西班牙舰队从哈瓦那出发,他赞赏它是最美的港口之一,由于入口如此狭窄以致一条铁链就可以限制船只通行。哈瓦那是"美洲所有财富储存的大仓库,西班牙人不辞辛劳对其加固"[17]。在几年后的1625年,英国裔多米尼加人托马斯·盖奇宣称西班牙人把哈瓦那与安特卫普、米兰和潘普洛纳(Pamplona)这些大本营等量齐观:"十二位门徒",也就是十二门巨炮使得哈瓦那的堡垒——摩罗的军械库令人望而生畏[18]。哈瓦那军事据点的发展几乎为护航队提供了所有的安全工作,至少在美洲的大西洋沿岸都是如此,唯一的一次例外是荷兰人皮特·海恩于1628年在靠近哈瓦那的地方成功狙击了韦拉克鲁斯开出的一艘护航船,它位于马坦萨斯(Matanzas)湾的古巴海岸。

哈瓦那有优良的造船厂与修理厂。在热带海洋长期的游弋严重损害了船只:被虫蛀的船壳开始散架。紧急的修理开始进行,同时这些船坞也能够建造卡雷拉大船上的"克列奥"(Creole)船,这些船坞16世纪末期在西班牙大西洋的地位仅次于北部西班牙。皮埃尔·肖尼强调了努斯塔-塞诺拉-德尔-皮拉尔(Nuestra Senora del Pilar)的个例,它是一艘可以装载640吨重的重型帆船,它于1610年从古巴船坞出发,13年后在韦拉克鲁斯遭到破坏。它是归航速度最快的船只之一,在第一次航行的时候就在一年内完成了出航与回程的工作[19]。到17世纪中期,哈瓦那的船坞已经可以与巴斯克地区和坎塔布连海岸的船坞并驾齐驱了。从1640年到1650年,北部西班牙与古巴的船坞在卡雷拉的建造上各占整个资源的40%。

在哈瓦那港口做了必要的停留后,舰队于7月末到9月份从古巴向塞维利亚出发,穿过巴哈马海峡到达离哈瓦那1 650公里的百慕大群岛。在此处,船只可以全力利用湾流强大的流动性(每秒1米到1.5米),但是如果延误了出发的日期,如8月末到10月也同样会遭受由安的列斯吹向佛罗里达的飓风的影响。比如,1622年,安达卢西亚一艘载重116吨的普通帆船努斯塔-塞诺拉-德-拉康塞普西翁号(Nuestra Senora de la Conception)在百慕大地区丧失了所有的雇员与货物,"在8月末被飓风消灭了"[20]。这艘船刚完成从塞维利亚到韦拉克鲁斯的单程航行,在回程的时候就消失了。就损失的程度而言,百慕大与哈瓦那或者韦拉克鲁斯一样高,虽然这两个港口有不同的(损失)方式。然而它高于地峡(的损失),而巴拿马海峡的几次损失也应该计算在地峡损失之内。

一旦穿越了北纬 30°线的百慕大，船只就可以发现比较规律的西风带，也可以利用海湾的北大西洋洋流到达亚速尔群岛，而这是到达塞维利亚前的最后一站。从哈瓦那到亚速尔群岛大概耗时 60 到 65 天。在度过了漫长的海上生活后，亚速尔群岛使船只得到修复，水手得到休整。在此地，桅杆与船壳经常得到修理，劳累的水手最后也可以得到充足的食物与淡水。亚速尔群岛是一个好的去处，也是一个谷物种植的地区，由于大多处于北半球，蔗糖经济从来都不是非常成功。对这一港口的使用是非常惊人的，因为除了马德里王室与里斯本王室合并的短暂时间外，它于 1580 年到 1640 年保持在葡萄牙人手里。虽然没人愿意，伊比利亚地区的合作对开发大西洋仍然是必需的。

在完成了跨海航行的最后一段航程后，船只可以卸载那些负荷很重并影响防卫的货物。实际上，从西部或者从巴巴利海岸（Barbary Coast）来的海盗在圣文森特海角附近海域的活动是很频繁的。不管是充足的还是严重下降的财宝质量都可以在亚速尔群岛得到评估，一艘从该群岛派出的快船在护航队之前为塞维利亚带来新的消息，这里的市场也开始活跃。当亚速尔群岛的重要性在 17 世纪前半期下降时，在此寻求庇护的财富越来越少，哈瓦那成为穿越大西洋之前最主要的避风港。

塞维利亚：国际港口

在狭长的地中海式船只穿越了亚速尔群岛与伊比利亚海岸之间（大约需要 20 天，经常要冒暴风雨打击并招致损失的风险；甚至哥伦布在第一次航行时也几乎沦为其牺牲品）经常是很难通行的通道后，重型帆船最后穿越瓜达尔基维尔海峡。它们必须溯河而上 90 公里，因为塞维利亚位于沿海而上的最高点。因此，它的港口提供了最大程度的安全性，而且也容易进入富裕的内地。在西印度卡雷拉船的生命中，塞维利亚位于"两个世界汇合之处"，经历了大都市所有的繁荣。

人口的显著增长也显示了财富的增长：1530 年，塞维利亚的居民有 5 万多人，1560 年代初超过了 10 万人，1590 年左右达到了 13 万人[21]。国内与国外的移民才使得这一增长成为可能。半岛各个部分的商人为塞维利亚的贸易量所吸引并来到此地：布尔戈斯来的人有长期的经验与强大的商业网络，他们交易的内容是输向佛兰德斯与意大利的纺织品，许多巴斯克人做的是银行与比斯开湾地区的铁器贸易，而这对新世界的采矿活动是必不可少的。佛兰德尔人、葡萄牙人、热那亚人，之后是意大利人、法国人和英国人使这一地方显示出世界大都市的特征。热那亚人对下面的内容给予了经济支持：出口到美洲的种子与布匹，出口到北欧的安达卢西亚商品，黑奴贸易，而最重要的当然是银行。1566年后，他们获得了从美洲出口白银的执照，之后就致力于银行业的活动。同样在塞维利亚定居了很长时间的佛兰德人购买葡萄酒、皮货和船帆，那些和北欧人维持良好关系的安特卫普人为美洲提供西班牙人不能生产的商品，他们同时对美洲诸如胭脂虫和靛青的染料产品与皮货一样兴趣浓厚。在这一世纪末期，塞维利亚大约有200户佛兰德人家庭[22]。葡萄牙人倾向于垄断奴隶贸易，而他们的同胞从15世纪开始就在非洲海岸控制了这一领域。

西印度的卡雷拉和大西洋经济

塞维利亚的垄断地位

对西班牙人来说，通向美洲的航线扮演了核心的角色。卡雷拉为君主查理五世与菲利普二世带来了主导欧洲政治的工具，因为它能够动员墨西哥与秘鲁发现的财富，而16世纪的贸易继续增长。在1504年创立贸易署之后，塞维利亚成为通向卡雷拉的中途停靠站，它先后把黄金与白银转运到欧洲的热那亚、威尼斯以及最重要的安特卫普这些地区。

在哥伦布于1492年和1493年第一次启航后，塞维利亚宣称它对西班牙大西洋拥有垄断的权力，特别是1503年2月14日的王室计划确认了卡雷拉开创性的成功并建立了它的特权。塞维利亚有自己不可缺少的地理优势。与从塞维利亚或者加的斯出发的航海相比，从加利西亚(Galicia)地区出发将使得欧洲与美洲的航行时间延长15%，而从巴斯克地区出发延长将近20%的时间,花费也同样增加20%—25%。

贸易署在为塞维利亚控制航运并提供一批船长队伍方面提供了不可缺少的管理与海军工具。即使在马德里建立了控制行政管理与殖民地政治的印第安委员会后,塞维利亚仍然有一个商人咨询团(Consulado),这一商业论坛在保卫其垄断方面扮演了重要角色。

不管怎么说,这一垄断要求建立在非常虚弱的基础上。40天才能到达小安的列斯,60天左右到达古巴,大约75天到达韦拉克鲁斯和农布雷-德迪奥斯,虽然这一航行时间很长,但是时间——距离关系绝不能隐藏真实的商业圈的大小,这对帆船时代而言更是如此。当它受益于积聚在一起的额外因素影响时,商业圈可能在18个月内才能完成,而恶劣的天气或者战争意味着它花费的时间可能是5年[23]。当然,护航队归航的时间短一些,但是在最好的条件下仍然要花费14到15个月。闲适的时间——装载或者卸载,等候风向——占8个半月到10个月的时间,而实际的航行时间只有5个半月。在长期的战争中,无所事事的时间就更长了;成本增加了,由于蛀虫在温暖海水中侵蚀固定不动的船壳,船只也颇受伤害,以至于它们必须要在卡塔赫纳或者哈瓦那进行维修。

不管怎么说,成功是非常引人注目的,尽管有英国人、荷兰人与法国人的抢劫活动,卡雷拉还是保持了自己活动的持续性。荷兰人1628年与英国人1656年的掠取财富只是偶然事件。交货速度下降发生在17世纪中期(1646—1656),这比人们期待它们发生的时间要慢很多,而且它主要是走私飙升而不是直接攻击的结果[24]。塞维利亚大西洋从来没有出现过贵金属的短缺现象,因而它对世界经济变得愈发重要。把白银从美洲带到欧洲的巨大的自西向东的流动从来没有被打断,由新世界的白银铸造的西班牙比索不论在欧洲或者亚洲、不论印度或者中国都是重要的国际支付工具,因为印度与中国卖给欧洲的物品要远远超过欧洲卖给它们的物品,所以欧洲受到这些贵金属的控制。

塞维利亚的成功因此与大西洋其他主要地区的繁荣是不可分割的,我们一定不能忽略16世纪的安特卫普在其中的地位。斯凯尔特河地区的成功由于作为主要的世界市场的角色得到了确认：

> 安特卫普嫁接了北方与南方；从但泽、莱比锡以及威尼斯、里斯本或者伦敦来到此处的人一样多；不论是外国人还是本地人，所有的商人都在做生意，这一活动难以置信又非常了不起，在交换以及储存商品方面都是如此[25]。

在这里，殖民地的产品与英国的布匹或者德国的金属混杂在一起。由于伊比利亚的君主需要安特卫普的巨大生意产生的服务与资本，从美洲流入的贵金属再次流向安特卫普。这一地区的经济由于直接与西印度地区的交通联系在一起而受到刺激。

在16世纪末期，由于低地国家反对菲利普二世的叛乱，安特卫普的市场被破坏了，其他的中途停靠站开始出现，白银护航队从地中海、意大利或者阿尔卑斯地区转向了，阿姆斯特丹开始跃居首位。然而，塞维利亚维持了自己的重要性：这一地区的大西洋交通在1606—1610年达到破纪录的水平。只是在17世纪，两个新的大西洋国家——荷兰与英国——才宣称自己在欧洲经济中扮演了更重要的角色，在某种程度上，塞维利亚的大西洋却受到损害。不管怎么说，它们仍然严重依赖塞维利亚，掠夺或者控制财富的欲望仍然是西北欧海权政治的核心成分。

重归富足

美洲贵金属的影响在大西洋的经济中日益扩大了。在16世纪的前25年，在伊斯帕尼奥拉、波多黎各、古巴、西班牙美洲大陆、金色卡斯蒂利亚的大西洋群岛中，塞维利亚最重要的进口物就是黄金。1530年后，这一进口超越了葡萄牙从非洲进口的黄金。一直到1560年代后期，大约100吨黄金到达塞维利亚，虽然1550年后黄金的份额大大缩减，只能占到塞维利亚进口的13%—15%，但是由于1545年在秘鲁发现了波托西银矿，西班牙的白银进口却翻了一番：1541年到1550年，超过177吨白银抵达塞维利亚。当汞合金与水银,以及万卡韦利卡的水银矿地与波托西的白银矿地引入了米塔(Mita)体系的强迫劳动后,秘鲁变成了首要的生产者。在其高峰时期,塞维利亚于1591年到1600年进口了2 700吨白银,其价值超过1亿比索[26]。此后,进口开始下降:1601年到1660年,大约是5.5亿比索的黄金与白银,就是说,每年进口900万比索;1660年到1700年,其垄断性的进口是5.8亿比索,即每年1 450万比索,这显示流入量有重大增长,它在18世纪被完全证实,从1730年到这一世纪末,西班牙从美洲大陆进口的贵金属是原先的三倍。从1730年到1745年,每年的进口量是1 200万比索,这一增长在18世纪后半期变得分外明显,1790年至1795年,由于墨西哥白银生产的大幅提升,西班牙大约进口了1.5亿比索[27]。

为了确定从美洲进口的金属的真实价值,有必要考虑当时流行的损害垄断权利的欺诈行为。在16世纪初,当卡斯蒂利亚王室在塞维利亚创设印度群岛贸易馆时,控制卡雷拉的贸易是极其重要的。1717年,垄断系统从塞维利亚蔓延至加的斯,波旁王朝1765年贸易自由化的前夕,只有塞维利亚和加的斯才能够和新世界做生意,而在美洲,货物港口也只有韦拉克鲁斯与贝罗港。

从理论上讲,马斯提奥斯·德普拉特(Maestrios de Plata)为了向管理机构报告已经对这些港口装载的白银价值进行了仔细的记录。在塞维利亚,外国的商人与领事也收到了护航队运送白银的价值的精确信息,这些护航队通过预警船在从亚速尔群岛出发时就已经把信息送了出去,大约一个月后,阿姆斯特丹的报纸也公布了货物的总量。这些运输的记录是欺骗的主要内容,另外欺诈也发生在有关产量的记录中。在16世纪中期的墨西哥以及其后1735年的秘鲁,王室把征收金属价值1/5的税收奎托(Quinto)有效地缩减到1/10。实际上,1789年的皮拉诺(Mercurio Peruano)估计为逃避税收,被隐瞒的总产量占比达2/3。在利马城作的这一观察计算了大约一个世纪以来发生在波托西的欺诈数额。而万卡韦利卡水银(这是汞合金必需的物质)的生产记录也有欺诈行为,秘鲁这一与白银生产并驾齐驱的市场每年大约能够销售13万吨白银①。阻碍对塞维利亚进口进行准确考虑的最后一个因素是从墨西哥阿卡普尔科(Acapulco)驶向马尼拉的太平洋领域的白银出口,以及用于西班牙殖民地在宗教或者市政建设上进行奢侈品装饰的贵金属。

不管是垄断还是欺骗行为,带来的贵金属并没有仅仅限于西班牙,这些财富就像一个"共用"的通货一样流向所有的国家。西班牙在整个欧洲购买了小麦、金属、黑色火药以及作家的手稿;德国和意大利在西班牙活动的银行家,外国在此工作的船员,以及墨西哥或者利马富裕的殖民者购买纺织品或者珠宝。所有这些意味着贵金属在整个欧洲流通。我们也可以把它应用到其他国家,法国人弗朗索瓦·克鲁泽形象地把西班牙比喻为"金融吸血鬼":在三个多世纪的时间内,由于商业平衡的盈余,欧洲国家从西班牙获取了大量白色金属[28]。

由于战争或者钱币流向亚洲而导致供应下降,16到17世纪日益增长的人口使得王室或者军队的需求增加了,这引起了16世纪长期的通货膨胀。它很快从塞维利亚蔓延到整个欧洲。实际上,由于美洲贵金属的流入而出现的日益增加的金属总量对价格或者商业活动产生了深远的影响。1566年,马雷斯托(Malestroit)勋爵惊奇地发现,"我们日常看到的物品的价格都在令人惊奇地增长,不管每个人有多少钱,不管是多是少,我们都可以通过他的钱袋得以感知"[29]。之后,当欧洲的所有事件越来越快地使得通货膨胀成倍上升时,我们可以相信新世界在这一现象的推动力方面扮演了唯一的角色[30]。然而,16世纪末到18世纪,阿姆斯特丹、伦敦以及法国的大西洋港口这些新的商业地区贸易发展产生了吸引力,它与美洲贵金属生产产生的压力共同创造了大西洋繁荣的洪流。最主要的是,它诱使商人从伊比利亚的财富中获取尽可能多的利润。掠夺那些装载着多到难以置信的财富的船,以及梦想源泉——拥有自己的殖民地,这些吸引着低地国家与位于伦敦的列强的注意力,这些内容也激起了广为流传的想象。要这样做,就必须挑战

---

① 此数据似有误,原文如此。——译者注

塞维利亚的垄断地位,并在加勒比地区进行战争与掠夺。

伊比利亚大西洋向外国开放

对垄断的首次挑衅

到被诸如法国的弗朗西斯一世国王这些国家的君主挑战为止,西班牙的垄断地位在1530年代之前的很长时间内几乎没有遭到直接的攻击。在这之前,出现在西班牙美洲大陆的唯一的外国人是法国的水手与商人,他们在巴西海岸寻找可以用作布匹染料的"巴西木料",在他们离开此地后,他们在法国与西班牙战争期间冒险进入了加勒比地区。对巴西葡萄牙人的抢劫性探险很早就开始了,因为这一王国顽固地维护自己在东印度贸易中对香料的垄断地位,在美洲属地的防卫方面是比较薄弱的:由于便于航行的信风使得向巴西的航行非常容易,法国人特别喜欢在这里经营非法的贸易;1500年代为了进行奴隶贸易而频频出入于圭亚那海岸的"海盗"船不久就出现在巴西海岸。这样,诺曼底的波尔米耶·德格内维尔乘着勒斯珀号船驶出了翁弗勒尔,靠了"海洋的好运",他于1504年1月抵达了巴西海岸。在他的旅行日记中,清楚地表达了这些内容,"尽管有这次的经历,好多年之前,迪耶普与圣马洛等地的人已经与其他的诺曼底人和布里多尼人一起在此地寻找可以制作红色染料的木料,以及棉花、猴子和鹦鹉"[31]。

10年后,巴拿马的新总督得到授权攻击并惩罚在西印度地区碰见的法国人。1522年,法国人攻击了圣多明各。1528年,西班牙美洲大陆海岸附近盛产珍珠的玛格丽塔群岛成为拉罗谢尔人抢劫的目标。法国的海盗表现得愈发大胆:波多黎各与圣胡安城在同一年被洗劫一空,而伊斯帕尼奥拉的两座城市普拉塔港口与亚古阿纳在1539年和1543年也遭到攻击;在古巴,巴拉科亚(Baracoa)和平静的哈瓦那在1539年和1546年也经历了同样的命运。

这些船从诺曼底的迪耶普与翁弗勒尔、圣东日(Saintonge)的拉罗谢尔、巴斯克地区的巴约纳与圣·让·德卢斯(Saint Jean de Luz)出发,

1526年到1550年使法国人成功地出现在加勒比海。他们的活动并不限于袭击和抢劫,因为他们也参与贸易:在圭亚那,他们装载"黑色黄金",即黑奴,因而侵犯了里斯本的垄断权,他们也为西班牙美洲大陆海岸的殖民者提供奴隶。在1494年到1559年间,法国与西班牙的战争状态基本没有间断,不过他们仍然进行活动;他们的活动同时也是私人事业,在无法攻击财宝船的时候,他们就抢劫西班牙的殖民点,或者掳掠他们的海岸居民。

英国人还没有与法国人并肩作战,因为英格兰亨利八世仍然希望与西班牙维持联盟来反对法国。在西班牙主宰的低地国家,英国的商业利益也非常重要,一直到宗教改革时期,海峡两岸的舆论都攻击法国海盗行为的贪婪性远胜于西班牙人。在塞维利亚,希望从卡雷拉的财富中获益的英国商人数不胜数。因此,在美洲从事袭击活动是没有理由的。普利茅斯、南安普顿和布里斯托尔这些西部地区的商人做着伊比利亚殖民地产品的生意,也和西班牙的商人维持联系。因此,英国从布里斯托尔获得的利益远远超过地中海大西洋群岛:加那利群岛、马德拉群岛以及亚速尔群岛。在英格兰与西班牙于1489年签订《坎波条约》后,英国的商人也可以在西班牙和加那利群岛这样的大西洋群岛进行贸易,英国的商人已经在群岛地区驻扎下来,他们特别喜欢购买蔗糖与葡萄酒。

然而,从1530年到1540年,宗教的紧张关系开始加剧。亨利八世在1532年与罗马决裂,英格兰的舆论开始转而攻击天主教的西班牙。英国在塞维利亚的合法商业面临威胁;英国的海盗开始在英吉利海峡掳掠佛兰德人的船只,一些掠夺成性的商人甚至公开敌视西班牙人,他们发动了几次攻击西班牙的抢劫性探险:罗伯特·雷内热抢劫了从西印度回程的白银船只,他被认为是德雷克或者霍金斯的先驱[32]。然而,就海盗活动而言,他们还谈不上是先驱者思想的代表;西部地区的大部分商人都没有参加这些活动,此外,伦敦的商人也完全不参与其中,因为在16世纪中期,他们仍然与安特卫普有紧密的联系,而安特卫普是伊比利亚产品最大的中心,它控制着地中海与北欧的贸易,而伦敦的商人仍然冒险向这里出口英国的纺织品。

奴隶贸易的航海活动与英国的非法商业活动

正如几年前的法国人一样,由于非洲和奴隶贸易的存在,普利茅斯、南安普顿和布里斯托尔的商人对伊比利亚人的大西洋产生了越来越大的兴趣。大约在1540年,葡萄牙人发现自己要被迫从摩洛哥撤退,而从15世纪开始,他们就宣称自己在这一地方有商业垄断权。里斯本的撤退为英国提供了销售纺织品并获得购买蔗糖的新市场的机会。1551年,一位伦敦的船主把自己的船只派到了萨菲与阿加迪尔。几年后,在巴巴利海岸与几内亚地区的贸易得到莫斯科公司(Muscovy Company)商人的支持,他们在1550年代末对一些奴隶贸易的探险很感兴趣。除了奴隶,英国人也从几内亚进口黄金、象牙与几内亚胡椒(Malaguetta)。这些航海活动是以暴力为特色的。1553年,托马斯·温德姆在首次航海中接受了葡萄牙变节者的帮助,他们引导英国人穿过了埃尔米纳海岸。黄热病使水手的数量急剧下降,温德姆也危在旦夕。在其三艘探险船上,只有两个人回到了普利茅斯,140人中只有40人可以启程。

这一非洲地区将要为英国16世纪最伟大的掠夺者之一约翰·霍金斯建立最初的名声。他的父亲威廉·霍金斯是曾在西班牙港口与加那利群岛活动的英国西部地区商人的一员。

> 约翰·霍金斯船长已经到过加那利群岛几次,在那里,他诚恳的方式赢得了人们的喜欢,他勤奋地从他们身上学习安的列斯群岛的情况,他的父亲也曾经指导过他与此相关的一些情况。在其他事件中,由于完全确信黑人是伊斯帕尼奥拉的一种最好商品,而且他能够在几内亚海岸轻易地获得他们,霍金斯决定进行探险并和他的伦敦朋友形成联盟[33]。

在16世纪末期庆祝自己著作《英语国家的主要航海活动》中的英

雄时，哈克路特（Hakluyt）揭示了霍金斯成功的一些原因。在1562年第一次奴隶贸易的探险中，霍金斯已经能够让伦敦的商人与伊丽莎白王室的几位显赫人物支持自己的事业。

从16世纪初开始，黑人就被引进了西班牙的殖民地（第一批"黑色黄金"货物于1503年在伊斯帕尼奥拉卸载），伊斯帕尼奥拉岛成为贸易的主要场所，而葡萄牙人几乎垄断了这一贸易。西班牙占领伊斯帕尼奥拉后的前30年实际上见证了这一地区人口的急剧下降。克里斯托弗·哥伦布发现这一岛屿的时候该地区大约有80万阿拉瓦人，但是到1510年已经不足6万人，1520年的时候几乎完全消失了。大约50年后，当霍金斯决定进行航海时，甘蔗种植园需要这些黑人劳动者，1562年，接近2万个黑人分散在伊斯帕尼奥拉的30个种植园内。奴隶中的大多数生活在首都圣多明各，但是其他岛屿也需要他们，例如从库马纳到卡塔赫纳、巴拿马地峡、秘鲁、墨西哥的整个西班牙美洲大陆海岸。

为了逃避葡萄牙对非洲的垄断权利，大部分船只来自加那利群岛，西班牙人也在此与葡萄牙人、意大利人、佛兰德人、英国人以及法国人进行自由贸易。西班牙的垄断也被规避了，因为买卖奴隶活动必须拥有执照或者基于从塞维利亚出发的卡雷拉船协定（Asiento）。由于充分利用了日益增长的价格压力，许多葡萄牙的商人从圣多美非法地为西班牙美洲大陆提供补给。

由于英格兰与西班牙弥漫着和平的氛围，在他的第一次冒险中，约翰·霍金斯并不想成为一名海盗。不管怎么说，他的分别是120吨、100吨与40吨的三艘低吨位船只武装得很好。在加那利群岛，他获得了与其父亲已经有联系的商人颇有价值的支持。佩德罗·德庞特为他提供了领航员，在通向安的列斯群岛时给霍金斯助手提供了建议。在塞拉利昂，霍金斯获得了300个黑人。看起来他的货船无法容纳高品质的纺织物，例如亚麻以及在殖民地价值昂贵的鲁昂棉花，而诺曼底人或者布里多尼人在加勒比地区对这些物品进行欺诈性销售[34]。在伊斯帕尼奥拉的北部海岸销售奴隶是毫无困难的，霍金斯也从这里装载皮货，其后也装载这一岛屿诸如生姜、食糖和珍珠等主要产品。他的冒险活动甚至使他能够租借另外的两艘船,他把它们租给了塞维利亚的一名英国商人。虽然这一货船能够把丰厚的利润带回普利茅斯,但是当他租借的船只被没收的时候,这一行动还是招致了挫折。贸易署的当政者并没有接受掳掠的暴力行为,因为它触犯了西班牙的垄断权,而殖民地的管理者认为对此事的处理措施非常得当。

约翰·霍金斯于 1564—1565 年进行的第二次航海条件与第一次是不同的。英国与西班牙的关系开始恶化:在英吉利海峡,海盗船从事反对西班牙船只的海盗活动,而英国的船只在西班牙港口被捕获,西班牙在审理中对几名海员采取了暴力行动。两个国家之间的贸易甚至一度中断,最后,两个国家进入了日益加剧的宗教敌对时期。此外,虽然 1562 年的航海不能与法国在安的列斯群岛的抢劫性攻击相提并论,派克点(pike-point)①地区的贸易暴力特性已经为霍金斯的新航行标注了底色。由于从母邦得到的供给很少,西班牙的殖民者,至少是这一群岛与西班牙美洲大陆的殖民者展示了他们不断购买奴隶以及其他产品的欲望。

霍金斯当然不可能像法国海盗弗兰索瓦·勒克莱尔(François le Clerc)那样行事,这个人在 1555 年焚烧了伊斯帕尼奥拉的拉亚瓜纳(Layaguana),他甚至敢于攻击哈瓦那。勒克莱尔是亨利二世与西班牙处于战争状态时进行这些活动的,1540 年代法国人在西班牙美洲大陆海岸地区的袭击与抢劫成倍增加。尽管有战争存在,大量的军力也参与了这些活动。与其先驱相比,探险在这一时期的优势是火力更猛,并且得到了女王的支持,也得到了王室中几位高级人员与伦敦商人的支持。从吕贝克出发的耶稣号是由王室武装的,它的运载能力是 700 吨,同时伴航的还有 3 艘小船。在加那利群岛,与西班牙人的关系网仍然为商业与船队提供了必要的支持:佩德罗·德庞特为霍金斯找到了领航员并确保了他的供应。在塞拉利昂,运载的黑人有 400 人,探险活

---

① 西布伦·蒙哥马利(Zebulon Montgomery)是美国陆军军官和探险者,因征服从阿肯色河到洛基山的地区(1806—1807)而闻名,派克峰(pike peak)是为纪念他而命名的。——译者注

动到达了加勒比地区的多米尼克。霍金斯操控着船只驶向西班牙美洲大陆海岸,而这一地区的商业繁荣程度远胜于伊斯帕尼奥拉地区,尤其重要的是,这一地区有靠近特立尼达的玛格丽塔群岛,其富庶的珍珠海岸更具吸引力。

然而,与两年前相比,伊斯帕尼奥拉的当政者并没有变得更加好客。玛格丽塔群岛的总督通知圣多明各的群众有些路德教徒已经来到此地,西班牙美洲大陆的城市收到指示拒绝(与他们)进行任何贸易。烟草贸易是 16 世纪末期委内瑞拉在可可之前最主要的资源,现在,被称为加拉加斯的西北的布尔布拉特港口开始卷入烟草贸易,这样一个既让人欣慰又让人担忧的贸易也在派克点地区发生了。霍金斯认为自己必须忽略当政者的反对,甚至要求获得执照进行贸易,他坚持说自己应该销售奴隶并从殖民地购买产品。同时他也表明了自己的立场:"如果这一请求没有得到批准,我将会以自己的方式解决问题。"[35]

为了使这一城市更容易接受自己,霍金斯使用了紧急避难权,宣称由于船只受损他不得不进入布尔布拉特——"我被反方向的海风吹向这一海岸,一旦我找到合适的港口,我将会修理船只。"霍金斯赢得了这一回合的斗争,他甚至逃过了西班牙人要求支付的增值税——销售一个奴隶必须交付 30 达克特硬币。同样真实的情况是,通过部署 100 名武装人员穿过该城他也展示了自己的实力。虽然销售的价格比葡萄牙商人低一点,他还是成功地销售了奴隶。通过采取与派克点地区相同的商业方式,这位"维持和平、不对任何人施加伤害"的英国人停靠在里奥阿查(Rio de la Hacha)港,即珍珠之港,并在此销售了自己的奴隶。由于成功地在西班牙美洲大陆海岸进行了销售,霍金斯仍在梦乡的同伴逐渐发现回报率大大超过出发时设想的 60%。

有人要求继续恢复这样的航海:1566 年,霍金斯把一艘船委托给约翰·洛厄尔,洛厄尔指挥着奴隶贸易的探险队到达了玛格丽塔群岛,他在此邂逅了著名的法国奴隶贸易商让·邦当的船只。布尔布拉特港口已经爆发了暴力事件,为了获得贸易执照,洛厄尔没有逃避西班牙的扣押。发生了这些事情,洛厄尔不得不满足于销售数量有限的黑人,在里奥阿查地区更为糟糕,他不得不让 92 个老弱病残的黑人登陆,他最后没有获益。根据安德鲁斯(Andrews)的看法,这次航海失败了。

霍金斯的名声源于 1567 年的航海,而这一次与先前几次也非常不同。这次探险比前几次更加重要,他召集了 6 艘船,总吨位达 1 333 吨。耶稣号与米格农号(Mignon)是皇家战舰。他得到了王室与一些伦敦商人的支持。在出发之前,他希望通过要求停靠在普利茅斯的西班牙战船向英国国旗致敬的方式羞辱他们,因而约翰·霍金斯给人的印象是他在保护英国的尊严。

航海的初始阶段平安地完成了,正如往常一样,在佛得角群岛与塞拉利昂停留的三个月内抓获了 500 名奴隶,他之后停靠在加那利群岛的港口,其他三艘船也加入了他的船队,之后,霍金斯得以到达他早先就拜访过的西班牙美洲大陆。他在布尔布拉特停留了一个月,虽然这个地方的官方禁止所有的商业活动,这个英国人还是在晚上销售了自己的奴隶。"当地人看到我们都非常高兴,自愿首先开始贸易",这是霍金斯在自己的船志上记载的。相似的走私场景也发生在圣玛丽亚号和里奥阿查地区,然而,这里发生的暴力事件、朝城区开火、抢劫以及掠夺人质表明这次活动是"派克点贸易"。霍金斯放弃了向卡塔赫纳附近前进的想法,因为卡雷拉船的弹药库防卫良好,而城镇居民卡皮杜(Cabildo)抱怨海盗掠夺了一些装满财富的船只。船队离开西班牙美洲大陆后到达佛罗里达海峡,经过亚速尔群岛,在强劲西风的帮助下回到欧洲,这时船队堆满了珍珠、烟草甚至达克特银币。这样做就必须横跨整个加勒比海大约 1 600 公里的地区,在海上漂流约 25 天而不得靠港。当他们准备绕过圣安东尼奥岬角附近的古巴西部一点时,船只遭到暴风雨的打击,因为到此时为止正是美洲热带雨季的时令,它的飓风也令人恐惧。由于船壳与装备遭到严重损害,必须对船只进行修理,霍金斯决定在圣胡安·德乌卢阿寻找一个避风港,因为它是韦拉克鲁斯的前部港口,也是最近的抛锚地点。他于 1568 年 9 月 15 日到达该地,这一事件简直就是奇迹,因为它位于财富通道的核心。

然而,到目前为止一直保护霍金斯与其船员的好运在圣胡安消失了。只是由于当地居民的一个错误,当地人把英国的船帆当作韦拉克鲁斯出发的大帆船的一部分,霍金斯才得以进入这一港口。因此。在 9 月 16 日早上,当西班牙船队出现的时候,霍金斯不再能够利用殖民者对走私的渴望,当权者也不再接受贿赂,而且,即将出现的是随队到达的新西班牙总督以及弗朗西斯科·德卢桑将军先生,他们并不是克里奥尔西班牙人,而是母邦人,他们的事业取决于尊重垄断权,如果不是生活的话。在一次战斗中,菲利普二世的水手由于数量优势而轻易击败了这一英国人,船队中只有三艘得以重返英格兰。

尽管销售了珍珠与白银,1567—1568 年的探险演变成金融灾难。但是由于展示了西班牙人的背信弃义,这一远近闻名的探险也获得一些价值。霍金斯徒劳地试图与总督谈判,因为英格兰与西班牙之间还没有处于战争状态。侮辱招致了报复,其后对伊丽莎白"海狗"的剥削得以合法化。

同时,在很短的一段时间,它标志着英国奴隶贸易与在美洲进行非法商业探险的终结。在非洲(与势力强大的葡萄牙商人相比),购买奴隶缺乏必要的资金,在加勒比地区,英国人也无法提供高质量的纺织品,例如鲁昂的棉花,或者优质亚麻,而法国人却可以通过向殖民者销售这些东西换取皮货或者烟草。同时,1568—1572 年之间是一个政治转折点:长期的和平结束了,一直延续到 17 世纪初的暴力时期开始了。一直到 1585 年,英格兰与西班牙并没有爆发公开的战争,但是掳掠商船的探险成倍增加,这类行为在 1570 年到 1577 年的 8 年间不下 30 次。

政治与宗教这些重要因素加速了两个国家之间的冲突。1568 年 5 月,玛丽·斯图亚特(Mary Stuart)逃到英格兰使得这个国家反革命活动露出苗头,而西班牙与法国都是她的支持者。在低地国家,阿尔巴公爵(Duke of Alba)击败了叛乱者,在法国,第三次内战使英国获得以武器与白银支持拉罗谢尔的机会。英国水手加入了法国胡格诺教徒组成的海盗行列并攻击西班牙、法国、佛兰德以及葡萄牙的天主教舰队。在英格兰的南部海岸,为阿尔巴公爵军队运送白银的船只发现自己的货物被没收了。这是一场英国人反对欧洲西班牙人以及美洲西班牙人的冷战,而巴拿马就是他们在美洲发生冲突的舞台。

英国袭击巴拿马

在1567年的第三次航海中,洛厄尔的一名水手弗兰西斯·德雷克已经开始指挥朱迪思号(Judith)。他充满热情的新教信仰使他在1570、1571、1572年三次驶向巴拿马地峡报复圣胡安·德乌卢阿的失败,他的目标就是这一财富通道的核心。在前两次装备很差的航海中(1570年是两艘船,1571年只有一艘船),德雷克设法攻击了农布雷-德迪奥斯附近的萨格雷河河口,他获得的战利品包括白银与珍贵纺织品。然而,最重要的是,他大体知晓了财富运输的情况,例如从秘鲁携带白银的熙熙攘攘的人群什么时候出现在地峡,在西班牙船队到来之前它们被储存在朝向大西洋的巴拿马地区。他因此知晓运输路线上有锡马龙的存在,也有总是仇视西班牙人的黑人逃亡奴隶。1572年,德雷克也许得到了勒阿弗尔的法国海盗纪尧姆·勒泰斯蒂(Guillaume le Testu)的建议,这个法国海盗得到了科利尼(Coligny)的保护并参与了维拉格农(Villegaignon)驶向里约热内卢的探险,还加入了英国人的行列。德雷克因此认识到这是巴拿马当权者最坏的梦魇:一个白人海盗与黑人强盗之间的联盟。

由于有霍金斯与伦敦商人的支持,1572—1573年的探险队达到73人的规模,以及承重70吨的逾越号(Pascha)与承重25吨的天鹅号(Swan)两艘船。他们在1572年5月末从普利茅斯出发。然而,袭击农布雷-德迪奥斯的行动在开始就失败了,海盗想要抢劫财富,但是西班牙船队已经离开了。离开此地后,德雷克不得不沿着西班牙美洲大陆漫长的海岸线航行,这大约花费了6个月的时间,他的船员被高烧折磨得疲惫不堪。1573年1月,他只能指挥大约30个人,但是由于和锡马龙建立联系使他获得了最后的成功。实际上,从这一年开始,黑人已经把秘鲁出发的西班牙船队来到巴拿马的消息告知了英国人。由于有他们的引导,德雷克的手下令人惊讶地攻击了向大西洋海岸运送财富的骡子队。在跨越地峡的中途文塔·德库鲁斯(Venta de Cruces),银锭已经被抢走了;然而,海盗已经难以引起西班牙人的惊奇了,那些仍然忠诚的黑人已经警告过西班牙人,因此海盗获得的战利品数量很少。3月份,在胡格诺教徒纪尧姆·勒泰斯蒂的帮助下,袭击获得了极大的成功:20名法国人、15名英国人与大约40名黑人袭击了从文塔·德库鲁斯出发的护航队,以及从农布雷-德迪奥斯出发的两支船队。

海盗与内陆的锡马龙强盗关系友好并与他们结成了联盟,这些人大概有3 000人,他们帮助海盗并为海盗担任向导。他们已经掠夺了超过15万比索的黄金与白银。

农布雷-德迪奥斯的卡皮杜严厉地指责德雷克过于放肆。然而,西班牙人的反应是粗暴的:士兵到达农布雷-德迪奥斯并迫使海盗回到他们的船上。

德雷克于1573年8月带着财宝回到了普利茅斯,但是代价也非常沉重:他的两个兄弟和半数船员成为西班牙炮弹与黄热病的受害者,现在已经危在旦夕。不管怎么说,卡雷拉的脆弱得到彰显,与锡马龙的结盟为其后掠夺的成功打下了基础。德雷克于1577、1585、1595年的所有其他活动都是这种欲望的体现,他们依赖反叛黑人的支持,而他们的目的是攻陷秘鲁的门户巴拿马。

然而,真实的情况是,在这次掠夺之后的三年,英国人满足于在西班牙美洲大陆沿岸的加勒比地区进行掠夺。但在1576年,德雷克的一个昔日伙伴奥根翰姆继续在黑人的支持下采取攻击巴拿马及其财富的活动。依靠罕见勇气的鼓舞,奥克斯纳姆放弃了对西班牙已经加强防护的货运通道的正面攻击,他制订出到达太平洋海岸的新计划并攻击从秘鲁向巴拿马出发的船只。在科迪勒拉山的心脏地带,在覆盖了大陆两岸的大西洋与太平洋斜坡的浓郁的丛林中,他发现了锡马龙的村庄,并开始设计"每侧有12支船桨划动"的轻舟,这种渔船使得英国人能够登陆在巴拿马湾的入口处的珍珠群岛。在1577年8月15日,被恐惧笼罩的巴拿马要人描述了这次袭击：

> 50个既不怕上帝也不怕君主的英国人跨越了阿克拉（Acla）湾到达圣米格尔湾。[……]他们到达珍珠群岛,他们在此顺手牵羊掠取了大量的珍珠与黄金白银饰品,付给在获取珍珠与贸易中使用过的70位奴隶与10个锡马龙,其中包括妇女与儿童。让人体会更真切的是他们表现了缺乏尊敬圣人与敬仰上帝：他们打碎神像与十字架,颠覆祭坛,把白色亚麻圣职衣服与十字褡当作炒菜的围裙,并做了许多其他的恶行[36]。

然而,西班牙人很快恢复过来,在大西洋海岸摧毁了正要把海盗带回英格兰的船只,更重要的是,他们清除了丛林中的锡马龙匪徒。其匪窟瓦拉诺（Vallano）也被攻陷,1577年末西班牙人抓获了奥根翰姆,并在巴拿马将他绳之以法。实际上,奥根翰姆是单独行动,也没有得到女王的支持,因为女王不想让巴拿马与西班牙处于公开的战争状态。正像安德鲁斯强调过的,伊丽莎白是一个现实主义者,而不是一个帝国主义者[37]。

卡雷拉的防卫被加固了：为了在远达特立尼达的西班牙美洲大陆的海岸巡逻,两艘大帆船被派到卡塔赫纳,它们的行动是非常有效的,以至于1578年就有6到7艘法国船只被俘获。在到达地峡的通路上,海盗再也没有恢复原先的直接攻击。德雷克1585—1586年在圣多明各与卡塔赫纳尝试的攻击也同样令人失望。最后决定与西班牙进行战争的伊丽莎白希望通过掠取加勒比门户卡塔赫纳来搞垮护航队。在女王的支持下,由弗朗西斯·德雷克领导的17艘船只与2 000人组成的舰队的探险行动于1585年9月12日从普利茅斯出发。然而,进程证明是非常艰难的：在从加那利群岛到多米尼克持续3个月的航行途中,200人死于坏血病。在伊斯帕尼奥拉,掠夺仅仅取得很少的收获。更加引人注目的是1586年2月发动的攻击卡塔赫纳的掠夺,但是,由于提前获悉英国人来临的消息,该城市有充足的时间转移大量的财富,以致掠夺也没有取得德雷克预料的成就。通过向大教堂、奥古斯丁教徒与多米尼克人的修道院以及属于社会名流的一些住宅开火,德雷克设法获得了107 000达克特的赎金。效果仍然非常有限,因为尽管有这些抢掠活动,财富通道并没有被终止,大约10个月后,在1586年11月5日,德古兹曼(Don Juan de Guzman)带领从新西班牙出发的大帆船到达塞维利亚,他带回的是这一世纪末最大的一笔财富。

西班牙方面的反应是不再继续等待。马德里派出更多的大帆船来保护大西洋的船队。装备良好的三帆快速战舰被用来运送白银,1588年,当两艘大帆船分别驶向圣多明各、卡塔赫纳、哈瓦那时,一位名叫安东尼利(Antonelli)的工程师加固了哈瓦那、卡塔赫纳以及加勒比地区门户的胡安德波多黎各(Juan de puerto Rico)。实际上,虽然财富得到了很好的保护,但是保护加勒比地区商业活动的防卫工作开始变得不足。他们不得不建立适合于消除骚扰加勒比地区海盗的当地舰队。当然,卡塔赫纳与哈瓦那东部的整个加勒比地区并没有太大的战略价值,在商业上也没有什么吸引力,很难得到防卫。伊斯帕尼奥拉的甘蔗种植园急速滑坡,玛格丽塔群岛的珍珠生产也失去了价值。牙买加、伊斯帕尼奥拉、波多黎各与委内瑞拉离对其贵金属特别感兴趣的墨西哥和秘鲁帝国太遥远了。西班牙没有占领的、仅仅由加勒比人居住的小安的列斯群岛被放弃了。

与德雷克1585年或者霍金斯1595年声势浩大的活动相似的行为变得不再常见,而且这种活动也往往经受沉重的损失。更经常的情况是由一到两艘船组成的掳掠活动,这并不适于掳掠大量财富,也不适合攻城略地,但是它在颠覆贸易路线上有重要的累积效应。1585年到1603年发生在英国海岸的由183艘船组成的74次冒险活动给殖民地之间的商业联系造成了严重的打击,甚至威胁到哈瓦那与卡塔赫纳地区,大帆船在这些地方缺少白银,而那些很少出海的水手普遍经验不足。

无敌舰队与大西洋战役

1585年,伊丽莎白与其大臣同意了与西班牙进行公开决战。虽然美洲的财富通道并没有被切断,不管怎么说,他们相信,他们可以通过占据亚速尔群岛在几年时间之内对塞维利亚的美洲造成致命打击,因为亚速尔群岛的港口对回程的大帆船是非常重要的。另一方面,英国人也希望通过首先威胁对方的海洋供应路线来遏制西班牙在低地国家的战争机器。然而,女王的目标并没有得到大臣的完全支持,这些新教绅士的目的是获取荣誉而不是为了在海上获利。拉尔夫·戴维斯展示了英国人心态的改变:1540年,绅士们寻求荣誉的地方是法国,但到了1580年,它将在大西洋得以发现。然而,雷利(Raleigh)希望搞垮西班牙帝国,伊丽莎白致力于在欧洲为英国谋取利益:在面对天主教法国时,天主教联盟仍然是一个威胁,最好的方式是帮助新教徒限制法国的野心。此外,对仍然非常脆弱的英格兰来说,全面战争的代价将是灾难性的。

不管怎么说,通过1585年派德雷克到加勒比地区支持荷兰的反叛者,伊丽莎白只能引发菲利普二世消灭英格兰的想法。因此,当1586年伊丽莎白仍然试图谈判的时候,由一支"不可战胜的"舰队进行的冒险活动计划已经在酝酿之中了。西班牙国王致力于荡平大海:经过加斯科涅湾和北海到达佛兰德的西班牙方式比经过陆地的方式花费更少,但是,1560年代英国人、荷兰人与法国胡格诺教水手的联盟已经主宰了大西洋上从北到南的交通。

实现这一目的必须和西班牙政治的其他方面进行协调,通过为其重要中途停靠站亚速尔群岛提供所有的安全措施,这一目的将强化卡雷拉的地位。1557年夏季,这一保卫财富通道的计划最后成功了,(西班牙)以最快的速度把一支舰队派到了亚速尔群岛。在1580年兼并葡萄牙之后,西班牙的海军实力由于葡萄牙适宜远航船只的加入得到加强。在舰队出发之前,菲利普二世在里斯本盘点的船只总数是300艘,载重量则超过了57 000吨。1 000万达克特的花销让人印象深刻,它是英国王室6年的收入,但是这一武装不得不冒后勤供应脆弱性的风险:不充足的供应,弱小的炮兵(这是他们面对英国人的主要障碍),缺乏海军整修的船坞,以及出发之前由于动员时间太长而导致船员糟糕的健康状态。

英国人可以动员的对抗力量是 140 艘船只；舰队的核心由女王的 34 艘船只组成，更重要的是，他们有可以任意使用的诸如查塔姆(Chatham)这样优良的舰队整修船坞，而在普利茅斯，他们拥有进入英吉利海峡的巨大基地。

1588 年 7 月 12 日从拉科鲁拉(la Coruna)出发后，麦地那·西多尼亚(Medina Sidonia)领导的 7 000 名水手与 17 000 名士兵组成的 130 艘船只将与来自佛兰德的拥有登陆船只的帕尔马部队会合。穿越加来海峡浅滩是极端困难的，在格拉沃利讷(Gravelines)海战中，西班牙舰队由于炮兵不足而招致惨败。通过英吉利海峡回到基地的计划也难以实现，敌军已经阻断了这一通道，而且由于逆风因素，船队必须回到北大西洋并绕道爱尔兰回程，这里的一场暴风雨撕碎了许多船只。

然而，我们绝不能夸大这次失败的程度。实际上，英国人利用这次战果的想法也面临着巨大的困难。1589 年，德雷克提出攻击里斯本与塞维利亚，之后是亚速尔群岛的冒险活动。伦敦商人希望通过绞杀塞维利亚从葡萄牙在印度与巴西的帝国获取新的利润。与此同时，女王致力于摧毁桑塔德(Santander)与圣塞巴斯蒂安(San Sebastian)，因为无敌舰队的残留船只可以在此获得庇护，她认为只有完成这些事情之后才能采取攻击里斯本与亚速尔群岛的行动。结果是非常悲惨的：正如在里斯本一样，英国人在拉科鲁拉被击败了，他们无法到达亚速尔群岛。同样可惜的是，伊丽莎白的国家缺乏必要的资源形成主导性的海洋强国，为了获取资本与海军，它不得不严重依赖私人贸易。

1590 年和 1591 年，亚速尔群岛成为英国人进一步冒险的目标，但是没有取得决定性的成果。从西印度驶来的大帆船与卡拉克大帆船继续跨洋航行。最重要的是，西班牙的舰队在阿朗索·德巴赞(Alonso de Bazan)的领导下得以重建：大约 20 艘大帆船在亚速尔群岛设法击败了英国人。西班牙看起来又一次成为威胁。当然，当 1595 年德雷克和霍金斯在地峡通道的波多黎各遭受灾难打击时，埃塞克斯成功地击沉了加的斯的大帆船，但是他没有攻击里斯本，也没有摧毁从西印度驶来的舰队。尽管1596年10月西班牙再一次蒙受羞辱,它的大帆船在菲尼斯特雷(Finisterre)岬角海岸附近被一次暴风雨撕碎了,英国人攻击其在坎塔布连山脉或者亚速尔群岛港口的冒险活动仍然以失败告终。

对英国人来说,唯一现实的选择是以一个缩小的规模进行掳掠商船的活动,然而,对摧毁敌人与其在大西洋与加勒比地区的贸易活动来说,这一活动的代价慢慢证明了非常高昂。1590年代,英国人的海洋攻击行动达到了顶峰。新教徒战胜天主教徒无敌舰队而进行庆祝的塑像或者小册子变得非常流行,当哈克路特出版了自己《击败无敌舰队之后英国民族主要的航海活动》时,他已经给出了海洋帝国主义的信息。

16世纪末期新来的荷兰人

在削弱伊比利亚人的大西洋方面,荷兰人在加勒比地区的掳掠商船与非法贸易活动是核心部分。第一个阶段与1609年西班牙与联合省共和国签订休战条约之前的反叛活动联系在一起,第二个阶段发生在荷兰西印度公司成立之后,它于1621年成立后以公开战争的方式来反对大西洋上的伊比利亚人。荷兰商人设法在葡萄牙的巴西建立了殖民地,并在加勒比地区的库拉索与圣尤斯特歇斯建立了从事非法贸易的中心据点,在非洲的埃尔米纳(Elmina)也建立了一个奴隶贸易的据点。

在第一个时期,荷兰人为了获取全球商业优势而清理出一条通道,荷兰由于一直到1580年还占据着塞维利亚大西洋地区而受益匪浅。他们为卡雷拉提供了自己的一些船只,他们的商人在伊比利亚半岛的港口非常活跃,在北欧与地中海地区再次分配美洲的产品,同时也搜寻殖民者非常珍视的日用商品。1585年,当西班牙再次夺取安特卫普后,西班牙发现由于荷兰人控制斯凯尔特河河口从而封锁了自己的船队,菲利普二世为了摧毁反叛者的抵抗决定对西班牙与葡萄牙的荷兰船只与商品实行禁运。伊比利亚与波罗的海之间的贸易以引人注目的方式崩溃了,在此之前,荷兰人已经超过汉萨商人夺取了这一地区的贸易权(1584年,93艘荷兰船只从伊比利亚半岛启程驶向波罗的海,与之相对的汉萨船只有51艘)[38]。1586年荷兰人的航行只有22次,1587年是12次,1588年是4次,1589年是3次,一部分贸易落入汉萨城市手中,众多的商人从安特卫普来到汉萨,为了获取利润而参与了新的商业活动。

然而,由于1590年代初期伊比利亚的收成非常糟糕,菲利普二世在为半岛提供供应方面面临严重的困难,由于无法指望从汉萨集团获得充足的海军供应与谷物,他决定在1590年放弃禁运。在这一年,荷兰人完成了从伊比利亚半岛到波罗的海的101次航行,1591年则是169次。之后,由于封锁荷兰反叛者维持的佛兰德海岸阻碍了安特卫普继续扮演伊比利亚殖民贸易的中心角色,荷兰与泽兰成为伊比利亚美洲与东印度地区转口贸易在欧洲的巨大中心。

1598年,国王菲利普三世决定对伊比利亚半岛的荷兰船只与商品实行新的禁运,这导致了灾难性的影响[39]。荷兰人从伊比利亚半岛到波罗的海的直航从1598年的107次降到1599年的12次,1600年则是26次,而他们从阿姆斯特丹驶向伊比利亚半岛的次数从1598年的201次降到1599年的15次。通过把伊比利亚或者伊比利亚美洲到达低地国家的产品缩减到严格控制的点滴数额,马德里认为自己可以把荷兰从欧洲的商业中排除出去。然而,关闭通向伊比利亚半岛的船只迫使联合省共和国寻求直接进入殖民地财富的通道。

安特卫普来的移居商人,例如巴尔塔萨·德穆什龙、雅克·德维拉以及冯·德穆伦兄弟是圭亚那进行奴隶贸易的创始者[40]。之后诸如贝克兄弟的荷兰人加入了他们的队伍。他们进行贸易的第一个阶段致力于交易黄金、象牙、橡胶,以及圣多美的蔗糖,因为禁运政策阻碍了他们把这些东西运输到里斯本。虽然荷兰人越来越多(1599年到1608年,超过200艘荷兰船只驶向非洲海岸),但他们对奴隶贸易的兴趣是逐步兴起来的。直到比较晚的1593年到1595年,他们并没有出现在加勒比地区的贸易活动中。1596年,米德尔堡的伟大商人巴尔塔萨·德穆什龙派两艘船只到达委内瑞拉海岸;其他船只则被派到伊斯帕尼奥拉,他们在这里与葡萄牙新的基督徒建立了联系,这些人是犹太人后裔,现在移民到西班牙美洲大陆并参与了非法贸易。

1598年的禁运政策对荷兰人加强在加勒比地区的贸易有决定性的影响。因为荷兰人不再能够进入伊比利亚半岛,他们不得不通过寻找新的市场继续寻获诸如渔业活动的食盐这些必要的产品。因此,在1596年从荷恩(Hoorn)出发的船只为了获取食盐驶向佛得角群岛,但是三年后,当荷兰人的舰船出现在库马纳与玛格丽塔群岛的德阿拉亚角(punta de araya)之间的西班牙美洲大陆海岸时,一个新的港口得以开放。从1599年夏季到1605年末,768艘船只为获取食盐驶向德阿拉亚角;每十艘中就有一艘满载马拉开波、里奥阿查与加拉加斯的殖民者购买的贵重物品,其他的则当作压舱物。

销售违禁品的高额价值弥补了运送货物相对少的数量:在运送的贵重织物中,优质布料销售给了来自特立尼达瓜伊拉山(Guaira Mountains)地区的新安达卢西亚的殖民者,进行交换的对象则是靠近库马纳地区新埃西哈(Nueva Ecija)的富裕种植园的烟草或者玛格丽塔群岛的珍珠。根据西班牙人阿玛亚(Suarez de Amaya)的看法,在1603年,新埃西哈每一个居民都是一个救援者(Rescatador),他们与外国人自由地进行贸易[41]。然而,这一贸易仍然以暴力为特征,有时,走私的捕鱼船毫不犹豫地参与攻击卡塔赫纳或者甚至是大安的列斯群岛的海岸居民。

荷兰人也出现在伊斯帕尼奥拉、古巴和波多黎各,从17世纪初开始,他们每年都在这里使用20艘船只销售亚麻布、织物、纸张以及葡萄酒,交换的对象则是这些岛屿仍然在生产的皮货。走私的路线与法国人和英国人的相似:把他们的船只抛锚在远离西班牙在哈瓦那、圣多明各和圣胡安、波多黎各驻军的一些小港,他们可以在这里获得白银、珍珠以及一些烟草。

然而,通过1600年代重组自己的海军,西班牙的反应是非常有力的:1605年9月,塞维利亚派出18艘大帆船到达委内瑞拉,攻击了荷兰在德阿拉亚角的船队,俘获了一些船,焚烧了其他船,草率地通过程序把大量的水手绳之以法，这些人包括著名的丹尼尔·德穆什龙（Daniel de Moucheron）与伟大的弗拉门科海盗（el grand corsairo Flamenco），他们都被当地设立的绞刑架绞死了。库马纳地区的烟草种植也被禁止，新埃西哈的侨民被强制流放。伊斯帕尼奥拉的西北部分也为西班牙人的出现扫清了道路，它的殖民者被分散居住。这是坚壁清野的政策，它最终对西班牙在安的列斯地区的经济造成了毁灭性的打击。

虽然联合省共和国的一些人希望把迄今为止相对和平的探险转变为通过建立西印度公司攻击伊比利亚殖民地的具有决定作用的侵略活动，1609年西班牙与联合省共和国的休战协定终止了这一时期的这些活动。加勒比附近的遥远的食盐路线变得无用了，伊比利亚的港口重新开放，许多商人恢复了他们通过塞维利亚和里斯本与伊比利亚美洲的商业联系。1621年，随着休战协定的破裂，西班牙再度确立了对荷兰的禁运政策，荷兰人也再次被推动侵略伊比利亚的美洲，荷兰人这一次创立了荷兰西印度公司。到这一时刻为止，走私品是介入加勒比地区的主要形式，现在它被掠取财富和建立殖民地或者为自己的商业建立巨大的转口贸易这些行为取代了。

皮特·海恩于1628年在古巴的马坦萨斯攻击了韦拉克鲁斯附近的大帆船，获取了超过1 500万弗罗林的战利品，这与从巴西获得的战利品一样多，而西印度公司由于在巴西起初的失败而设法介入了葡萄牙在累西腓与伯南布哥（Pernambuco）的蔗糖种植园，虽然荷兰人宣称自己在上述地区的美洲享有优先权。实际上，在17世纪的前半期，一个属于米德尔堡和阿姆斯特丹商人的新的大西洋已经形成了。商业革命的推动，以及在这一世纪的后半期复辟的斯图亚特王朝统治下英国贸易的突破，这些内容将要把大西洋转变成西北欧海洋强国重要的财富基地之一。

第四章　大西洋与海洋大国的成长：17世纪

17世纪，大西洋不再是伊比利亚人排他性的预留地。正如在非洲一样，西北欧人正在新世界展示主宰贸易与建立自己殖民地的野心。西班牙卡雷拉大帆船时代大西洋的贵金属在16世纪一度非常繁荣，但它将要被大西洋的烟草与其后的甘蔗种植园取代，甘蔗种植园将使得奴隶制度生根发芽，而奴隶贸易将在伊比利亚美洲的更大范围出现。另一种意义的大西洋在17世纪也开始形成，这就是建立殖民地并向北美移民，其范围一直从大陆的法属加拿大到英国殖民地。大西洋的种植园激起了北欧向新世界的第一次移民运动。由于与欧洲的文化结构非常相似，它也直接起源于开发纽芬兰岛以及远达格陵兰岛与斯匹次卑尔根的整个北美的海洋财富。

英格兰与法国的商业与殖民帝国将在这样一个大西洋时代崭露头角，在1713年《乌得勒支条约》确立了英国的优势之前，这两个国家将走向激烈的竞争。也是从这一时期开始，英国开始统治大海，而且在大约两个世纪内，英国实际上统治了海洋。然而，如果不是因为荷兰在第一阶段令人震惊的扩张，也就是17世纪前半期及其后的扩张，英法的成就是难以想象的，或者说这一新时代的进展将因此减缓很多。也正是荷兰的扩张为大西洋贸易强有力的扩张立下了汗马功劳,它有利于建立种植园体系,并将在欧洲创立一个极其重要的商业网络。

荷兰野心的提前发育与范围

就寄生链条的位置而言,或者说是那些希望挑战16世纪伊比利亚帝国的掠食者而言,西班牙由于1580年兼并葡萄牙使得力量进一步增强,而西北欧人直到17世纪初一直满足于发动袭击与进行海盗性攻击。他们起初活动的范围是大西洋的地中海地区与非洲海岸,接着是加勒比地区。然而,尽管一些人抱有野心,例如伊丽莎白时代英格兰的雷利或者吉尔伯特,或者法国瓦卢瓦(Valois)地区的科利尼,他们并不敢大言不惭地宣称可以在新世界建立挑战西班牙垄断性的殖民帝国。尽管有霍金斯或者德雷克闪电式的攻击,他们的活动太微弱而不能动摇卡雷拉的地位,西班牙的力量由于在加勒比、卡塔赫纳、哈瓦那以及圣胡安波多黎各拥有军械库而得到巩固。在同一时期,西班牙在继续把白银运往塞维利亚方面仍然具有一些活力,在16世纪末期与17世纪初期,贵金属的进口再次创造了新的纪录。

米德尔堡与阿姆斯特丹的"暴发户"商人利用了安特卫普或者里斯本的一些人已经获得的经历,首先在西班牙新大陆(委内瑞拉与哥伦比亚海岸)为自己的非法贸易正名,其次要求建立殖民地。与马德里王室的残酷战争使他们相信这一计划会取得成功——一方面是巴西西北部的伯南布哥,另一方面是加勒比与非洲的库拉索、圣尤斯特歇斯、埃尔米纳、罗安达(Luanda)的贸易中心。

荷兰也可以利用集中在大西洋贸易上的北欧的一部分财富,这一贸易并没有经历危机,至少到17世纪中期是如此。与此相反,地中海与西班牙塞维利亚的大西洋殖民帝国在同一时期经历了人口的下降与经济的衰落。同时,由于贵金属生产量引人注目地飙升,塞维利亚的贸易刺激了经济活动但自己却成为一个例外,它更乐意做的是利用秘鲁与墨西哥矿产而不是真正发展欧洲的经济。与此相反,荷兰人的航海活动从控制波罗的海重型商品的运输中获得了第一桶金,而阿姆斯特丹与其他低地国家港口的商人在很早的时候就获得了对下面这些商品的控制权：种子、木料、树脂、碳酸钾、大麻。这一贸易支撑了其他的贸易，以至于它总是需要更多的船只与水手，非常便宜的运输协议使得荷兰能够控制波罗的海，而其他商人都成为荷兰优势的受害者。为了交换这些北欧的产品，它们向这里供应大西洋海岸、法国、葡萄牙、西班牙的食盐，以及法国的葡萄酒。最后，在15世纪中期以后，鲱鱼、荷兰北海渔业的大宗产品的销售也为荷兰、泽兰、佛兰德的众多港口聚集财富立下了汗马功劳。

从1560年代开始，仅仅是荷兰的这些贸易就使用了大约1 800艘船与3万名水手[1]，它们不仅仅来自阿姆斯特丹与米德尔堡，也来自弗雷西亚(Fresia)、荷兰与泽兰的众多港口。但是为荷兰在欧洲建立巨大商业公司的转口贸易的发展却出现得比较慢。直到1585年西班牙攻陷了安特卫普，荷兰与泽兰仍然缺乏维持自己商业的两个核心因素：一是其网络与资本能够支持大贸易公司的出现；二是可以刺激运输的工业生产，尤其是纺织业。在安特卫普陷落前夕，它已经拥有了这些资源，而且这些活动的大部分内容也都开始出现。1585年以后，通向北部低地国家的商业航行，以及由于纺织工人向莱顿(Leiden)与哈勒姆(Haarlem)移民而使这里出现的强大工业为荷兰国际转口贸易的建立创造了合适的条件。之后，北欧与南欧通过荷兰船队交换重型商品的情况很快转向了轻型的高价值的商品，这在17世纪前半期荷兰的"突破"中扮演了决定性的角色[2]。

正如伊斯雷尔(Jonathan Israel)非常强调的情况一样，这一转变在16世纪末期由于两种因素的活动而部分地被藏匿起来：首先，1590年代地中海欧洲出现了严重的谷物短缺，这有利于加强从波罗的海南下的种子贸易；同时，西班牙向荷兰关闭伊比利亚港口的禁运政策的政治行为引起了高价值产品贸易的停滞，联合省共和国的商人很早就在黎凡特以及西班牙影响下的国家做这些高价值商品的买卖。然而，在这一世纪的最后10年，荷兰的新商人对罕见而贵重的商品交易产生了兴趣——俄罗斯的皮货和鱼子酱，黎凡特的香料、尖椒与丝绸。联合省共和国在地中海贸易中的优势缓慢发展：阿勒颇是黎凡特最大的市场之一，荷兰1604年在这里的销售以及白银汇款仍然远远低于威尼斯、法国甚至对手英国[3]。与西班牙的战争构成了另外一个障碍，在休战条约刚刚签订后，联合省共和国在黎凡特的贸易就增加了：在1613年的阿勒颇，荷兰人的销售总额是英国人销售额的两倍(50万达克特对25万达克特)。

当英国与法国使自己投入加勒比、弗吉尼亚、新英格兰与加拿大的殖民冒险时，联合省共和国跨越了新的门槛并主导了全球的商业。为了使自己新殖民地的每日需求得到供应并把它们导向全球市场，伦敦与巴黎不得不把开发这些殖民地商业的很大一部分交给荷兰人。这两个国家不得不这样做，因为直到17世纪中期它们几乎完全被自己国内的政治与宗教冲突缠身。然而，它们也直接受制于荷兰人在海洋与商业技术上占据的优势地位，荷兰人利用了自己众多装载量不大的船只的巨大装载能力的所有优点，也利用了获取充沛资本的丰富网络。

荷兰人将在北大西洋渔业上获得自己的地位，甚至在从冰岛到纽芬兰岛的巨大鳕鱼产地也是如此，他们在这里根本不打算挑战英国人、西班牙人、法国的巴斯克人或者布里多尼人；实际上，他们在苏格兰北海海岸附近对鲱鱼的准垄断地位使他们把鳕鱼船队派到了纽芬兰岛。荷兰人在17世纪的很早时期就显示了其在捕鲸业上的野心，而其目的是获得油料，这是日常生活必不可少的用品，欧洲人用它来点亮油灯并制作纺织品。在这一世纪中期的斯匹次卑尔根群岛(Spitsbergen)，荷兰的北方公司(Compagnie du Nord)与私掠船已经占据了核心位置，1620年代以后，它们极大地缩减了自己的对手英国莫斯科公司(Muscovy Company)的营业收入。

在大西洋的这次繁荣中，荷兰扮演了主要的角色，但与它的繁荣相对应的却是地中海经济的低迷。联合省共和国的阿姆斯特丹与其他城市商人的财富(阿姆斯特丹迄当时为止并不代表这个国家全部的财富)在这一世纪中期以后继续支持它。与此同时，直到1650—1660年为止，荷兰在北欧的贸易一直依赖地中海的贸易，或者是由于荷兰北欧贸易在此时的缩减,或者是由于他们的英国与法国对手在海洋新的殖民野心,荷兰人不得不与他人共享大西洋的战利品。但是直到此时为止,他们仍然占据主导地位。英国与法国为保护自己的运输与贸易而采取的措施(英国 1651 年与 1660 年的航海条例,让-巴蒂斯特·科尔贝(Jean-Baptiste Colbert)于 1664、1667、1674 年采取的关税清单与条例)产生了深远的影响。海军冲突的结果也产生了影响,特别是1652—1654 年的第一次英荷战争,英国至少俘获敌船 1 000 艘,因为英国商船直到这一时期仍被指责处于较低的水平,这使得英国的商船能够迅速扩大。

联合省共和国的经济活动由于严重依赖大西洋而出现了难以匹敌的高度,路易十四的法国与联合省共和国 1672 年爆发的战争恶化了国际冲突,在这一过程中,联合省共和国发现自己的增长在 1650 年到 1672 年减缓下来。荷兰人的汉萨与英国对手(前者在冲突爆发时保持中立地位,后者在 1674 年采取了同样的态度)迅速利用了荷兰的困难。联合省共和国经济霸主的时代正在瓦解。

如果荷兰的大西洋从来没有经历过"世俗倾向的反转"(布罗代尔)却在 1650 年代之后维持了繁荣,那么英国与法国在大西洋的经济环境就不可能出现突然的好转。权力的交替发生了,在 17 世纪末期,如果说不是大西洋的殖民地的话,那么大西洋的海务已经被英国主宰,当英国意识到基于两个核心因素的商业革命时,它就走完了自己的学徒时期,这两个核心因素是向欧洲出口的显著增长以及资本日益增长的流动,而这些资本经常来自外国(荷兰),也是商业发展的必需内容。

荷兰 1609—1621 年参与到伊比利亚人的大西洋

在西班牙与联合省共和国签订十二年休战协定之前不到两年的时间内,创制荷兰西印度公司的计划被提了出来。米德尔堡、阿姆斯特丹、鹿特丹的商人为了使其成为新世界的战争机构而支持了它,他们也希望发展与几内亚以及伊比利亚美洲的贸易。泽兰的边界贸易站于同一时期出现在圭亚那海岸与亚马孙河的河口。荷兰与泽兰的一些省收到要它们向这些殖民地派送一支军队与装备的请求。米德尔堡的泽兰人在诉诸战争方面是最为热衷的,他们从 1590 年代开始在巴西与西班牙美洲大陆的海岸充分利用了私掠船与非法贸易活动。他们的代言人是威廉·于塞林克斯(William Usselinx),当他出版了《低地国家与西印度地区保持自由贸易的必要、有用、有利的示威》的小册子时,他正在挑战伊比利亚的垄断权,同时吹嘘公司作为海外扩张机构的优点,它不仅能够保护联合省共和国在欧洲的贸易,也更能够确保共和国的经济发展,而欧洲贸易在敌人攻击面前太过脆弱(西班牙在敦刻尔克的海盗船是令人恐惧的)。

然而,这些计划随着休战的出现而放弃了。实际上,联合省共和国首领同意停止攻击西班牙的要塞、海洋运输与贸易。许多住在阿姆斯特丹、鹿特丹、代夫特(Delft)、乌得勒支、米德尔堡的几内亚公司的主管抗议说他们关于黄金、橡胶、象牙的贸易正在被摧毁。荷兰的海洋贸易由于 1598 年腓力二世的禁运政策而受到严重打击,随着敌意活动的停止,在伊比利亚港口以及这一半岛与波罗的海之间的贸易再度起飞,在汉萨人对后者控制了很长的时间后,它现在又回到了荷兰人的手中。据统计,从 1608 年到 1620 年,在每年来往于伊比利亚半岛与波罗的海的 156 艘船只中,荷兰的船只是 118 艘,汉萨的船只是 34 艘,它们都满载着橄榄油、杏仁、葡萄,当然最主要的还是西班牙与葡萄牙大西洋海岸的食盐[4]。在这一海洋运输中,从葡萄牙的塞图巴尔(Setubal)到但泽或者里加(Riga)的航行次数迅速增加。通过缩减日用品的运费,荷兰的船主可以控制那些对北欧渔业至关重要的大部分食盐运输。实际上,日用品的运费在 17 世纪初期已经处于非常低的水平了。正如他们运输谷物一样,他们也同样运输诸如木料、金属、大麻、焦油这些北欧的海军供应物品。1630 年左右大约是联合省共和国的黄金时期,荷兰人的心中仍然自豪地保留着这一早期繁荣的回忆:"在休战时期,我们通过熟练的技术与良好的管理,从大海上扫荡了所有的国家,我们几乎接管了其他地区的所有贸易,我们的船只服务了整个欧洲。"[5]

这一繁荣激起的激情驱使格劳修斯(Grotius)在 1614 年的《海洋

自由论》(*Mare Liberum*)中要求实现大西洋的自由,但是他却没有在印度洋要求同样的自由,因为这里的自由对荷兰人不利。荷兰人不久就控制了波罗的海入口处桑德水域(Sund)2/3 的贸易:在 1608 年从桑德驶过的 6 000 多艘船只中,超过 4 500 艘属于荷兰[6],受到损害的却是他们的汉萨、英国、丹麦的竞争者。为了确保运输的安全,在与马德里政府刚刚缔结休战协定时,联合省共和国毫不犹豫地在北海与波罗的海的水域执行尼德兰治下的和平,他们在 1613—1614 年与吕贝克和瑞典订立联盟反对丹麦人,逼迫他们在桑德地区缩减关税。

这一无可争议的繁荣使得荷兰人以地中海的高价值商品交换东方产品,大量的纺织品、尖椒、香料通过荷兰东印度公司的船只到达阿姆斯特丹市场,同时塞维利亚也为这一市场提供了卡斯蒂利亚高品质的商品。费尔南德·布罗代尔努力展示了财富的联系是怎样加强荷兰利益的,而这一联系由于西班牙与联合省共和国的休战得到了增强。对他而言,阿姆斯特丹"蛀虫"的秘密在于耐心地榨取西班牙的比索,这些比索在意大利或者黎凡特地区用以交换丝绸与其他精致的纺织品。胭脂虫与靛青是欧洲纺织品不可缺少的染料,作为这些商品的买主,荷兰人为西班牙美洲大陆创造了巨额财富。尤其由于荷兰商业的推动刺激了欧洲的需求,西班牙中美洲的主要资源尼加拉瓜或者危地马拉的靛青增加了向塞维利亚的进口[7]。此外,大规模的走私活动也出现了,而这些走私产品的进口远远大于墨西哥胭脂虫的进口规模。

然而,这些成功已经开始走下坡路。在加勒比水域,荷恩的食盐船队不再在德阿拉亚角装载货物了,委内瑞拉的埃西哈地区优质烟草的贸易也消失了,而马德里政府强迫国人尊重这些垄断权。驶向巴西的里斯本贸易中心已经承担了全部的角色,进口巴西木料的阿姆斯特丹商人成为替代垄断权利条约者(Asientistas)的运输人:里斯本的农夫与享有垄断权的销售员。重要的非法贸易继续进行,荷兰也成功地把巴西大约一半到 2/3 的蔗糖产品运输到了阿姆斯特丹[8],虽然这一点是真实无疑的,但是荷兰在直接利用新世界资源的事业上出现了某种程度的停滞。这使得某些商人准备采取计划退回到侵略性的荷兰西印度公司,因为这一公司使荷兰拥有从美洲到欧洲进行自由航行的权利。

荷兰西印度公司与大西洋的宏伟计划

虽然荷兰准备通过建立西印度公司振兴在大西洋进行斗争的能力,但塞维利亚的垄断权在签订休战条约前夕已经实现了创纪录的白银进口水平,直到1621年初发现"贸易方向的重要扭转"为止它一直维持了白银交易的高点[9]。大帆船1608年的吨位数达到了7万吨,在1630年代末期缩减到4万吨,到1640年代又继续缩减到3万吨。西班牙与新世界的跨大西洋商业开始进入长期的衰退状态。然而,资料显示白银生产的下降并没有原先认为的那样剧烈,而走私贸易的发展将要弥补通过卡雷拉运输到塞维利亚的日益下降的白银水平。同时一个普遍承认的事实是,西班牙大西洋航海由于某种程度的规律性而得以维持[10]。

在同一时期,欧洲大陆经济显示北欧向西方发送的谷物出现了令人印象深刻的下降:1618年它超过11万拉(last),但是到1624年它已经下降到不足4万拉,在1630年则降到只有1.2万拉的谷底。这反映了北欧收成不好的直接结果,也反映了30年战争的影响,因为它在很长的时间内破坏了贸易。从更长的时期来看,虽然1640年代末期进口再度出现繁荣,但是由于大西洋西部收成比较糟糕,北欧的谷物贸易从1650年开始进入长期的衰退阶段,大西洋西部由于农业生产率变得更高而降低了需求。然而,整个16世纪长期的扩张在整个北欧地区一直延续到17世纪中期,纺织工业品、亚麻、大麻的贸易将要弥补谷物衰退的影响。

对联合省共和国来说,欧洲商业的波动在阻碍贸易方面的作用并没有那么大,真正起作用的是1621年与西班牙的重开战端。荷兰航行的相对不安全——更多是由于敦刻尔克的私掠船而不是西班牙的舰队——使得他们的汉萨与英国竞争者的贸易增长了。我们也不能轻视西班牙菲力普二世制定的雄心勃勃的禁运政策的后果,因为这一后果是非常明显的:在休战时期荷兰每年抵达伊比利亚港口的船只是400

艘到 500 艘,现在每年只有 20 艘到 25 艘[11],而汉萨人最大程度地代替了荷兰人。从 1621 年到 1641 年,每年从伊比利亚半岛驶向波罗的海的荷兰船只不足 13 艘,而汉萨人每年在这条海路上航行的船只是 29 艘,它是自己的竞争者(荷兰)的两倍还多。1624 年在马德里创立阿玛兰塔(Almirantazzo)是不安全继续增长的重要门槛:它预示着没收中立国船只与货物的阴影,与此同时,商船航行的国旗原则由于敦刻尔克与佛兰德地区之间大量私掠船的出现而不再得到承认:从 1627 年到 1635 年,荷兰的 413 艘商船与渔船被击沉,佛兰德海军中队与俘获的私掠船还有 1 606 艘[12]。只是在 1639 年特龙普(Tromp)在英格兰东南部高地(Downs)获得胜利之后情况才出现了改变,1641 年到 1646 年之间只有 495 艘船被俘获。

荷兰船队的重要性使得有效保护变得非常艰难:1636 年,单是荷兰国家可以统计的船只就有 1 750 艘船与 600 艘渔船[13]。1647 年和约签订之前法国征服敦刻尔克使得情况最终出现了可喜的改善。与此同时,荷兰人在波罗的海立即采取了一些令人印象深刻的活动,例如 1645 年的海军演习,在演习中,47 艘战舰与 4 300 名船员的海军中队为大量的商船进行护航。

在这些困难面前,新世界与亚洲的海外扩张出现了显著的差别。荷兰人抱有很大的期望,他们认为西班牙与葡萄牙在印度地区的统治出现崩溃是可能的。然而,在这一事件中,至少在美洲地区,(荷兰的)扩张是非常困难的,原因也可能是因为新近建立的西印度公司,它是在其创议计划出现超过 15 年之后在 1621 年休战协定结束之后开始创立的。此外,诸如荷恩的这些弗雷西亚港口控制着加勒比地区的食盐贸易并使得垄断经营毫无成功的希望,由于它们的抵制,西印度公司只是在 1623 年才开始准备行动。

为了吸引股东参与,西印度公司的主管展示了由于荷兰贸易是欧洲海域的受害者而遭遇的大量困难。波罗的海的谷物贸易刚刚瘫痪,马德里政府的禁运政策又缩减了自己的运输。他们拿这些内容与殖民贸易的所有优势进行对比,这些殖民贸易建立在密切防卫的贸易港口与种植园的基础上，通过扩张荷兰的市场，商业的稳定是可以期待的。

这一宣传仅仅取得了部分成功，因而公司在开创阶段征募的股份资金非常少。最大的投资者是那些在加勒比、巴西、几内亚进行第一波扩张中扮演主要角色的一些商人：巴塔尔迪（Bartholotti）提供的资金高达10万弗罗林（Florin），而凯曼斯（Balthasar Coymans）提供了2万弗罗林——这两个人都属于安特卫普的移民并属于给予荷兰贸易以新活力的商人集团。董事的寡头统治是最有利的管理方式，然而它并没有宣称对投资进行垄断，或者甚至这样去做。尤其是，阿姆斯特丹的股份根据自己城市的重要性显得并不高，在总数超过660万弗罗林的股份中它的总量只是170万弗罗林。在远离海洋的某些内陆城镇，宗教和政治狂热提升了反对西班牙的战争程度（西印度公司也是反对伊比利亚人的侵略机构），我们也可以在这些地区发现最活跃的参与者。莱顿与乌得勒支分别贡献了27万弗罗林与21.5万弗罗林，格罗宁根（Groningen）则是40万弗罗林。

为反对葡萄牙巴西而设计的行动可以根据禁运之前荷兰商人在与里斯本进行贸易时获得的利益得到说明：从1609年到1621年，巴西的大部分蔗糖是通过荷兰商人的船只运输的。此外，在休战之前，他们已经采取了海盗袭击的方式攻击富裕的甘蔗种植园的核心地带伯南布哥，1587年攻击了累西腓，1595年则攻击了英国的兰开斯特；1604年，7艘荷兰船只强行进入巴伊亚港，俘获了一艘满载货物的船只并烧毁了另一艘船。巴西的财富也吸引了以巴西的木料与蔗糖为贸易对象的法国人，但是1615年法国人拉巴瓦迪埃尔（Ia Bavardière）在圣路易斯·德马拉洪（San Luis de Maranhon）的投降标志着法国活动的最终失败。

1623年，在巴西俘虏了70艘葡萄牙的商船后，西印度公司试图以暴力方式夺取巴伊亚（Bahia），它于1624年5月迅速地向这一港口派出23艘大船与一些小型号的船只。夺取这一城市收获了3 900箱食糖以及巴西木料的战利品，但是当荷兰船只7月末启航之后，西班牙迅速在加的斯的奥利瓦勒斯（Olivarès）集结的一支战斗队列使他们于

1625年4月重新夺回了巴伊亚。在同一年,荷兰人在大安的列斯地区的波多黎各与几内亚的埃尔米纳遭到了严重的失败。公司直到1630年都无法在巴西确立自己的地位,1627年在巴伊亚附近经历更大的失败后,皮特·海恩不得不满足于收获2700箱食糖的袭击活动。

这些失败难以掩盖它们已经取得的巨大成功。它们首先在非洲发展了贸易,在1623年到1636年期间它们进口了1 200万弗罗林的黄金,更不必提橡胶与象牙的贸易了。最主要的是,皮特·海恩在1628年发动了著名的攻击行动,在这次行动中,他在靠近哈瓦那的马坦萨斯海湾俘获了新西班牙白银运输队的大部分货物:他的手下俘获了1 500万弗罗林的白银。除此之外,西班牙还损失了最重要的货物,也就是整整一年的危地马拉的靛青与墨西哥的胭脂虫的出口物品,此外还有大帆船运输的贵金属。在攫取了这笔财富后,一波疯狂的浪潮攫取了阿姆斯特丹,也进一步促进了在巴西进行的冒险活动,但是他们的资金并不充足。这些成功的例子一定要放在数量众多的俘获行动中才能理解,1623年到1636年间有大约547艘船只;仅仅是食糖货物的价值就大约达到800万弗罗林。

接受必要的巨大投资是更加重要的:仅仅是支付水手与军队的工资一项,西印度公司在1621年到1636年的13年间就必须支付1 800万弗罗林,这与联合省共和国反对西班牙战争一年半多的时间内花费的资金相同[14]。在这一相同的时间段内,公司购买的船只大约是220艘,同时还有枪支与弹药。

不管怎么说,1639年的所有希望都瞄准了巴西。一支给人印象深刻的舰队被派到这里,它由35艘船以及3 780名水手与3 500名士兵组成;这些船只配备的火力提高到了1 170门加农炮。荷兰的战争机器终结了累西腓的抵制活动,包括42艘船与4 000名士兵的增援部队在四年后匆忙赶到这里,扩大了这一殖民地的范围。在新总督让·莫里斯·德纳索(Jean Maurice de Nassau)于1637年到达之后,蔗糖生产的重新启动使得靠近累西腓的伯南布哥成为世界最大的生产商之一,这使得荷兰巴西的前景更加诱人。阿姆斯特丹对这里的征服使得他们主宰欧洲的市场达许多年：私营的商人与西印度公司的总进口数量实际上从1638年的5 687箱上升到1641年的14 542箱,其后,它的再度下降也成为真实的情况,但是这一下降进程是缓慢的,因为1642年与1643年它仍然维持了10 739箱与10 772箱,在1644年与1645年则是8 598箱与7 279箱[15]。

1646年以后,真实的衰退开始出现了。它可以根据葡萄牙在巴西恢复抵制活动的结果与仍然控制在葡萄牙手中的巴西生产的显著发展的结果加以解释,葡萄牙控制的这些地区主要在巴伊亚与里约热内卢附近。来自葡萄牙的蔗糖在欧洲市场的竞争开始变得激烈：1641年,里斯本接收了2万箱；1645年,根据马洛(Frederic Mauro)的统计,它的进口数量攀升到大约4万箱[16]。

葡萄牙经济优势的恢复最终使得西印度公司的股东破产；但另一方面,它有利于某些荷兰商人的利益。葡萄牙1640年宣布独立使得荷兰的船只可以有效地恢复向里斯本的自由航行,从而逃脱了西班牙的禁运政策。在1643年进入塔霍河(Tagus)的98艘外国船只中,荷兰船只为54艘,汉萨船只16艘,英国船只22艘；在1647年的107艘船只中,荷兰船只有49艘,汉萨19艘,英国34艘。荷兰在大西洋航线上的竞争者开始出现在里斯本,实际上,这与它们出现在巴西是一模一样的。热那亚人、吕贝克与汉堡的德国人都到亚速尔群岛以求把移民运送到巴伊亚与里约热内卢。然而,荷兰商人仍然是势力最大的。

毫无疑问,国际网络与食糖工业仍然是欧洲最重要的内容,它维持着荷兰人的活动。除了海军建设外,精炼蔗糖在这一世纪中期吸纳了最多的资本,因为联合省共和国的商人向整个欧洲出口这一产品：法国、英国、波兰、瑞典、丹麦、波希米亚、奥地利、摩拉维亚、德国。在阿姆斯特丹,来自里斯本的犹太移民在这一工业与食糖贸易中扮演了主要的角色。

在征服巴西之前,荷兰已经在奴隶贸易中确立了自己的地位,虽然它更多地是在巴西海岸附近夺取葡萄牙商人的货物而不是在非洲进行贸易,荷兰人还是于同一时期在蔗糖经济中发展了这一贸易。向伯南布哥蔗糖磨坊提供劳动力是非常必要的,西班牙美洲大陆的(奴隶)需求也必须通过非法贸易得到满足。在莫里斯·德纳索到达累西腓之后的第二年,葡萄牙在埃尔米纳的贸易据点转入荷兰人手中,荷兰人同时在安哥拉的罗安达建立据点,船只在圣多美岛上补充给养或者在埃尔米纳与几内亚的其他贸易据点"更新"装载的货物。从1636年到1645年,仅仅是安哥拉向巴西运送的奴隶总数就大约为24 000人,也就是每年超过2 500名奴隶。他们是由西印度公司的船只运送的,在蔗糖贸易向私营商人开放时,公司垄断了奴隶贸易。向库拉索运送的奴隶数量变得越来越多,在1634年荷兰夺取了这一岛屿后,荷兰在靠近西班牙美洲大陆的委内瑞拉与哥伦比亚海岸有了优良的海港,而这些地方的商人也希望为自己的商品获得新的销路。

与此同时,葡萄牙在累西腓的种植园主马拉多罗斯(Moradores)欠下西印度公司巨额债务,他开始停止购买奴隶并于1646年后开始了公开的叛乱,而埃尔米纳的商人像库拉索岛的商人一样在销售大宗货物时遭受了巨大的困难。库拉索离危地马拉、尼加拉瓜与韦拉克鲁斯的靛青种植园太过遥远,它过去本来能够接收奴隶并满足墨西哥矿场的人力需求,但现在也不能满足奴隶贸易商的要求。这些困难将逼迫荷兰人在安的列斯种植园中寻找可以运送奴隶并发展新的蔗糖经济的市场。实际上,荷兰占据的巴西正在出现的衰退加速了,1654年1月,累西腓被放弃了。对公司来说,它的经济已经在殖民活动中耗尽了,而灾难在更早的时候就已经开始了。1647年与西班牙的和约也消除了它存在的理由,反对伊比利亚人美洲的战争已经结束了。

新的大西洋时代:安的列斯地区的种植园

荷兰已经可以利用伊比利亚人美洲的巨大资源,以损害里斯本与塞维利亚的份额为基础,它以有利于阿姆斯特丹的方式对原材料的份额进行了重新分配,然而无论如何,荷兰仍然难以超越中等国家的地位并成为一个真正的殖民强国。在巴西的失败与难以在库拉索找到必要的西班牙美洲大陆市场使得他们把贸易转向了加勒比地区。他们从来没有拥有过种植园,因为他们虽然在奴隶贸易与商品交易上非常优秀,但是库拉索岛与圣尤斯特歇斯的岩石不能为种植园提供合适的土壤。然而,对西北欧人的新种植园殖民地来说,他们并不是这一服务必不可少的提供者:巴巴多斯与背风群岛上有英国人;马提尼克岛与瓜德罗普岛上有法国人。那些待在里斯本与安特卫普的马拉诺(Marrano)犹太人(新教徒)过去在整个北欧重新分配殖民地的农产品方面一直扮演主要的角色,他们现在也在阿姆斯特丹定居下来,而他们在商业与蔗糖精炼方面的经验变得非常重要[17]。他们也在荷兰的巴西地区定居,在从累西腓退却后,有些犹太人在欧洲的荷兰与英国寻求庇护,而其他人则从巴西动身到达加勒比地区,他们在这里建立了庞大的网络,不管是库拉索岛还是巴巴多斯与背风群岛都处于他们的控制之下,在1650年代他们又出现在马提尼克岛与瓜德罗普岛。他们也向这里传入蔗糖培育与精炼技术。马拉诺的犹太人与荷兰人在建立由蔗糖经济发展起来的加勒比大西洋经济方面是最重要的代理人。

当西班牙与葡萄牙在中南美洲日暮途穷之时,英格兰与法国在北美建立殖民地并向这里迁移人口,这使得他们可以发展自给自足的农业,因而不必再求助于至关重要的日用品的进口。他们得以发展自己的商业网络,至少英国的大陆殖民地是如此,即使在南部殖民地,切萨皮克的烟草也变成严重依赖欧洲市场的可以出口的经济作物。殖民地的这一特性一直维持下来,它们的居民在人口增长与移民增加的情况下逐渐增长。

在安的列斯地区的种植园,欧洲人难以靠自己本身的资源长久生存。一种特别的经济被创造出来,经常是来自外国的投资资本在非常专业化的生产中扮演了一种支配性的角色,它期望对市场的需求作出有效的反应。为了控制生产与运输,它继续出现在伊比利亚大西洋的经济中。同样在这一经济中存在的是荷兰人、热那亚人、佛罗伦萨人与德国人,他们也在这里投资,但是他们只在奴隶与商品的运输成本不是很高的殖民地附近发展大规模的种植园农业。与此相似的是,西班牙在中美洲的尼加拉瓜与危地马拉尽管在可可与靛青种植方面具有有利条件,但是却没有出现可以与安的列斯的对手相媲美的充满活力的种植园。在伊比利亚大西洋,只有马德拉群岛与加那利群岛的地中海大西洋以及巴西才出现了大规模的甘蔗种植园。

因此,我们有必要区分"近"大西洋——东部或者地中海大西洋的群岛——与包括巴西与安的列斯这些地方的"远"大西洋,在远大西洋,仅有矿业经济才能吸引资本,而财宝的高额价值也弥补了高额的运输成本。然而,与马德拉群岛或者巴西大为不同的是,安的列斯甘蔗种植园从开始就发展了某种"野蛮的资本主义"[18],从甘蔗种植园产生伊始,通过不断适应国际市场的要求从而获取最大额度利润的行为就出现了。当然,作为殖民条约防卫者的克伦威尔与科尔贝试图把安的列斯地区的原材料仅仅保留给国内市场,并把这些殖民附属地变成自己的保护市场,根据排他权利的法律把外国人排除在殖民贸易之外。然而,对这一法律的冒犯随即导致了几次战争,而且这些岛屿的地理位置也使它们向非法贸易敞开大门——它们层次参差的海岸为走私活动提供了大量的庇护地,而外国的殖民地也靠近它们。为欧洲市场发展出来的种植园,例如烟草或者甘蔗种植园严格限制供应品的生产,这使得加勒比地区完全依赖于国内地区或者是更为有利可图的北美殖民地的食品供应。从很早的时候开始,"新英格兰人"就紧紧维持着供应食物、面粉、鱼与木料的互相联系的网络,他们同时也购买食糖或者精炼过程中的副产品糖蜜——它是加工朗姆酒的必备产品。

英国人出现在大西洋

甘蔗种植园在很长的时间内处于荷兰人的商业霸权之下,甚至在英属安的列斯地区也是如此,其后,英属地区而不是法属地区更早地开始变得自由。实际上,荷兰人的优势逐渐遭到侵蚀,一方面是其他国家采取严厉的措施保护国内的贸易,另一方面,海军战争的结果是英国与法国争相反对联合省共和国。

英国人的大西洋航海

在英国与法国政策中占据统治地位的重商主义信条是由那些最强

大的政府采取的，一个是英国内战之后宗教改革时期克伦威尔的英格兰，一个是投石党运动（Fronde）之后路易十四国王统治的法国。英国1651年和1660年的航海条例与法国1664年和1673年条例的目标是把荷兰人从这两个国家在美洲殖民地贸易中排除出去。这些措施是在种植园主的反对声中进行的，他们只是想以最有利的价格运输自己的产品，而荷兰人直到这一时刻在这些事情上做得非常好。然而，英国在摆脱荷兰人中介地位方面取得了最为迅速的成功。这一事实的一个简单原因是，在英国反对荷兰的三场战争中，英国人俘获了大量的船只，因而英国商船队规模显著增加。1652—1654年的第一次战争尤其能体现这一点，靠了海军与私掠船的活动，他们在战争中最少俘获了1 000艘船只。根据拉尔夫·戴维斯的看法，英国在后来俘获的荷兰船只的吨位数可能与整个英国商船的吨位数相等[19]。除此之外，这些船只质量很好而且适合于所有的运输任务，以至于那些很小的船员都可以操纵它们并装载重型货物。俘获这些东西使得英国商业在北欧与地中海欧洲的贸易中拥有了新的竞争力，这也确保了通过对加勒比种植园的农产品进行再出口从而维持跨大西洋商业中最好的销路。

英国的商船队在1629年仍然只有11.5万吨，但是在宗教改革末期已经攀升到34万吨[20]，而服务海外殖民地所需要的船只吨位数在1663年是12.6万吨，但是在1686年已经超过了19万吨。1664年，伦敦有45艘船只向美洲岛屿出发；1686年，它们的数量是原先的4倍，其中大部分的运输内容当然是安的列斯地区的种植园刺激的结果，因为在同一时期，从伦敦向英属大陆殖民地出发的船只数量增加不到2倍[21]。英国的船只非常乐意开往纽芬兰岛，因为在内战之前他们的鳕鱼捕捞船队在这里的活动达到了顶峰，他们从新英格兰的捕鱼船收取鳕鱼。冰岛在1615年吸引了英国1/4的船只，它现在整体上处于衰落的态势，斯匹次卑尔根现在由荷兰的捕鲸活动支配，英国的渔业从1660年代在这里已经完全衰退。

英国在加勒比的贸易成功与局限性

从斯图亚特王朝复辟到光荣革命之后,英国的船队规模出现显著增长,这使得英格兰在美洲农产品的出口方面经历了巨大的繁荣,这些农产品既包括英属加勒比地区的种植园(巴巴多斯、背风群岛、牙买加),也包括商人进行走私活动的西班牙美洲大陆属地。在这一方面,英格兰拥有商业革命的基础,这一革命是由在紧密联系的商业网络帮助下新开放的市场引起的。

建立在伦敦的商业公司的活动在17世纪后半期获取了巨大的财富,它们成为商业革命成功最重要的武器。航海条例创造的贸易保护主义环境无疑促进了经济的增长,但是不管怎么说它们还是承认已经存在的也并非自己创造的贸易,这些商人根据自己的利益需求毫不犹豫地突破了这些限制。

实际上,这些公司不仅控制了殖民地向英格兰的产品进口,而且控制了它们在整个欧洲的再次分配。在宗教改革初期,它们在用自己的贸易取代荷兰的网络方面取得了部分成功。它们在安的列斯世界的权力划分中得到确认。为了先后在巴巴多斯、背风群岛与牙买加建立大规模的甘蔗种植农业,它们实际上需要来自荷兰的资本。当然,在最开始的开创阶段,甘蔗培育仍然混合着其他的农作物。种植园需要肥沃的土地,而这些农作物可以使土地变得肥沃。这样,巴巴多斯出现了同时致力于烟草、靛青、棉花与蔗糖的小规模扩张活动,而小规模的磨坊意味着加工蔗糖需要更长的时间。在1658年到巴巴多斯的旅行中,法国人查尔斯·德罗什福尔(Charles de Rochefort)对这些同时被改造以适应于相近的中等规模地区的磨坊的小规模程度感到震惊:

> 许多居民仍然没有足够的锅炉,或者使自己获得那些磨制蔗糖的大机器,他们有的只是由两个到三个人,或者是由一匹马操纵的小型圆柱形磨坊……拥有一个或者两个锅炉设备,它们对获得的汁液进行净化并制造优质食糖[22]。

然而,这些财产与磨坊的规模迅速发展。1647年,当理查德·利根(Richard Ligon)访问巴巴多斯一位名叫希利亚德(Hilliard)的上校的种植园时,他承认了巨大的巴西蔗糖磨坊的模式:土地超过了200公顷,负责种植的黑人奴隶有100人。甘蔗种植的面积稍微超过100公顷,烟草、棉花、生姜的种植面积12公顷,食物——薯树粉、玉米、土豆——的面积大约是30公顷,其他土地是为牲畜保留的牧场,这些牲畜是进行磨坊工作或者收获庄稼的大车所必需的,最后是为锅炉提供燃料的森林地区。土地的价格也迅速攀升:1642年,希利亚德购买200公顷的土地支付了400英镑,而5年后,塞缪尔·莫迪福德(Samuel Modyford)支付的价格大约是希利亚德的20倍——7000英镑——而土地面积不到前者面积的半数。

土地的价格以及购买奴隶的成本是很大的,种植园主焦急地等待第一桶金。当然,殖民者为便利获得资本而形成了许多联盟,但是这些联盟时常为欧洲商人的利益服务。在提供贷款的联盟中最显赫的地区是阿姆斯特丹,至少到1660年代是如此。对它们来说,为了让自己原先放出去的资本回到自己的属地,等待一年半的时间甚至是更长的时间不是问题,在绝大多数情况下,它们甚至不要利益。实际上,借钱的成本是非常高昂的,因为种植园主在发现自己因为欧洲商品与奴隶而欠的账单变得日益昂贵之时必须调整预付款。在这一世纪中期写作的《巴巴多斯图景》中,约翰·斯科特(John Scot)把荷兰人描述成:

(他们是)种植园的巨大帮手,因为他们向居民发放了巨额贷款,在英格兰灾难性的内战时期,他们管理着西部殖民地的所有贸易,为这些岛屿提供黑奴、制桶工人、锅炉以及许多其他物什[23]。

1651年与1660年通过的航海条例使得一部分商人把已经非常成功的荷兰商人从安的列斯地区排除出去的政治意愿与想法合法化。1651年的航海条例是在克伦威尔时期通过的,这一条例保护了国内利益,虽然难以完全保护。实际上,它规定任何殖民地的产品如果不是通过英国的船只则不能进口到英格兰或者爱尔兰,或者是任何其他殖民地,而欧洲的商品只能通过生产这些商品的国家的船只或者航班输送到殖民地。然而,因为殖民地的贸易不仅仅限制在英格兰,它们也可以向欧洲大陆运输产品,而同时也为这些地区提供殖民地生产的商品。

查理二世统治初期通过的1660年航海条例更加具有限制性。它要求对某些"指定的"殖民地产品在再出口到外国市场之前必须先进口到英格兰,这些指定商品包括食糖、烟草、棉花、靛青、生姜与染色的木料,外国市场也不再能够直接接受这些商品。虽然外国的产品并没有从殖民地排除出去,但是它们只能通过英格兰才能进入殖民地,而为了保护英国的利益,英格兰实行贸易保护主义法律。这一相同的法律也影响了其他欧洲国家殖民地的商品向英格兰的进口。

然而,在实际应用中,这一机制在起初几年显示了某种局限性。一方面,它引起了种植园主的愤怒,他们直到此时仍然与荷兰的商业紧密地绑在一起。1664年,背风群岛的安提瓜、蒙特塞拉特岛(Montserrat)与圣克里斯托夫岛(Saint Christopher)的种植园主要求重新实行自由贸易,因为他们在进行交易时正在承担"难以承受的困难"[24]。圣尤斯特歇斯与萨巴(Saba)群岛离背风群岛不过几英里,荷兰人在这里为殖民者迫切需要的奴隶与欧洲商品提供了充足的供应,以至于荷兰的贸易中心与英国(以及法国)的种植园之间一直维持着不合法的关系。1671年,尼维斯岛与安提瓜的大部分农产品是通过荷兰船只运输到圣尤斯特歇斯的,继而运输到阿姆斯特丹,而食糖在阿姆斯特丹就被称为"圣尤斯特歇斯食糖"。通过这样一种方式,种植园主既没有破坏伦敦对他们产品进入英格兰时所设置的法律,同时又可以得到自己想要的商品。与外国必要的联系,尤其是与巴西的西班牙裔犹太人的联系在英属殖民地非常普遍。

这些岛屿上的总督并非没有意识到众多的压力,他们许多时候成为贪污的目标并经常被腐败征服,因而实施条例的时候就没有那么严厉。甚至在巴巴多斯这样离荷兰的贸易中心大约300英里的地方,总督威洛比(Willoughby)于1666年写道:"所有殖民地的生存都取决于自由贸易"[25]。他虽然这样说,但事实上英格兰从事反对荷兰的第二场战争已经有两年多了,它也把荷兰从争议中的殖民地排除了出去。在1667年实现了和平之后,安提瓜的总督允准荷兰人与法国人进入自己的岛屿。至于尼维斯岛(Nevis)、圣克里斯托夫与蒙特塞拉特岛、安提瓜的海岸线过于曲折,充满了庇护性的小港口,这为走私者提供了福地,以至于外国人可以不受惩罚地为种植园主供应物品并确保它们的销路。

1673年,伦敦对许多破坏航海条例的行为作了回应,打击了自己在美洲大陆的殖民者,因为他们成为最猖狂的走私者。从这一时刻开始,他们开始把法律适用于从一个殖民地向另外一个殖民地运输的所有的"指定"商品。它们的目标是波士顿、塞伦(Salem)、纽约、费城的"新英国"商人,这些人把食糖与其他殖民地的产品直接运输到欧洲而没有在英国停留。在1676年的请愿书中,伦敦的商人显示了这一贸易的重要性:

> 欧洲生产的各种商品直接进口到新英格兰,然后从这里运输到英王在美洲的所有殖民地,这比把它们运输到英格兰要便宜很多。作为交换,他们把殖民地的商品不经过英国就直接运输到欧洲。这极大地损害了我们国家的航海,降低了英王的收入,造成了贸易的衰退并使得英国政府的许多目标难以实现[26]。

英国的商人与欧洲

另一方面,甚至在航海条例实行的时候,它们产生的难以预料的后果也开始变得明显,至少在初期阶段是如此。在1669年的《贸易新论》中,伦敦的商人乔赛亚·蔡尔德(Josiah Child)爵士骄傲地强调在欧洲市场自己的国家把葡萄牙的食糖排挤了出去,也缩减了里斯本精炼食糖的价格。根据他的看法,巴西船队以往运输到里斯本的食糖是10万到12万箱,而现在只有3万箱,这增加了巴巴多斯种植园主的利润[27]。

第四章　大西洋与海洋大国的成长：17世纪

从这一殖民地进口到伦敦的食糖实际上从1655年的7 061吨上升到1699—1701年间的年均超过1万吨,而在牙买加与背风群岛,这一时期中期最低的进口数量在同一时期也上升到年均超过1.2万吨。1682—1683年间,英属岛屿向市场输出了大约1.9万吨,这大大超过了法国殖民地,因为它们的产量不足1万吨（虽然它们的交易量在不到10年的时间内已经翻了一番）,但最主要的是,英属岛屿超过了荷兰苏里南(Surinam)的产量,它的食糖出口不超过2 524吨[28]。虽然巴西的出口在1650年仍然有2.9万吨,但它已经开始崩溃,在这一世纪末期,它的出口不超过1.7万吨。

这一"繁盛的"创造财富的行为在这一世纪中期已经出现在巴巴多斯,其后从1670年代开始也出现在牙买加,然而,它于光荣革命前夕出现了重要的衰退,因为英国进入欧洲市场的大量食糖引起了价格明显的下降。此外,关税的沉重负担以及再出口的成本使得伦敦的公司在国外以越来越低的价格进行交易时不再处于特别有利的位置。

然而,这一不稳定的、"野蛮的"竞争情况使得增加挑战市场的机会最为强烈,这使得美洲种植园开始建立新的商业结构,我们必须说明的是,这使得种植园主开始屈服于贸易的主导地位。

1660—1670年间查尔斯·马雷斯科(Charles Marescoe)的情况是这些设法主宰市场的商人中一个极好的例子。马雷斯科最初来源于西班牙尼德兰的利雷(Lille),他22岁的时候就与来自汉堡的伦敦商人建立了联盟,其目的是进入斯堪的纳维亚、伊比利亚国家以及地中海之间的贸易,他同时与汉萨的根据地维持紧密的联系[29]。由于他是伦敦的胡格诺教徒侨民,马雷斯科得以形成家庭联盟,这使得他得到大商人的支持：他的姐夫皮特·杰伊(Peter Joye)是皇家非洲公司的一名主管,同时也是海军部的一名供应商。他通过把汉堡放到一个特权地位而发展了自己的商业网络,因为伦敦的商人可以在汉堡找到向欧洲扩大再出口的必要的贸易中心,同时由于战争,他们也可以在这里与阿姆斯特丹以及荷兰其他港口与城市有效地进行竞争。

从易北河的巨大港口可以进入广袤的内陆,殖民地、地中海以及亚洲的商品在这里进行重新分配。与汉堡维持的关系极大地便利了1660年代英格兰在世界市场上的地位提升。汉堡从马雷斯科这里接受了克桑西(Xanthi)与马拉加的葡萄,尤其是安的列斯地区的食糖,而背风群岛与巴巴多斯的食糖生产量已经超过了葡萄牙的巴西。1668年,马雷斯科让汉堡承担了食糖运输的1/3,虽然他在阿姆斯特丹运输的稍微少一些[30]。由于没有殖民属地,而且在整个世纪的海洋战争中维持中立地位,汉堡成为几个海洋强国的商人残酷竞争的市场。它的人口只有伦敦的1/10、阿姆斯特丹的1/4,但是它聚集了世界四个地区商人的贸易,也集中了荷兰、佛兰德、葡萄牙、英国的大量知识与经验。作为国际支付中的专家,他们尤其在使这一城市在交易信函的流通中扮演了主要的角色。

然而,市场正在经历这样一个阶段,其中巴巴多斯与其他的安的列斯岛屿以及巴西、塞浦路斯、危地马拉出产的食糖、棉花、靛青出现了过量的供应。价格开始下降,除了从英国港口与荷兰港口有规律到来的船只之外,不少不尊重航海条例、直接来自黎凡特或者安的列斯地区并直接到达汉堡的众多船只也在运输非法商品,它们的货物甚至改变了市场的贸易情况。这样,从巴巴多斯与牙买加开来的英国船只并不关注从英国贸易中心经过。此外,汉堡也同样直接从阿姆斯特丹获取里斯本的食糖、士麦那(Smyrna)与塞浦路斯的棉花、危地马拉的靛青。

伦敦通过查尔斯·马雷斯科这样的商人经过再出口获取的利润并不因此不用经历这些竞争。与此同时,1674年以后,英国在法国反对联合省共和国的海洋战争中为了自己的利益使自己的国家保持中立地位,伦敦的胜利很快就得到确认。在1667—1668年间,阿姆斯特丹进口的食糖不足3 262吨;在同一时期,伦敦获取的只比9 000吨少一点[31]。伦敦的再出口商人希望尽快地摆脱"造成贸易困境、几乎使所有商人没有销售量"的战争,虽然他们在1673年已经发现自己的交易量下降,但现在他们在汉堡市场重新获得了主动权。当他们在做这些事情的时候,伦敦正受到长期衰退的影响,同时伦敦的殖民地日用品供应开始变得严重供过于求。然而,一些人知道如何适应这些困难,当对现在与未来的政治事件进行投机时他们同时下订单与购买货物，1675年英格兰与法国即将出现的战争就是真实的例子，一年前法国人弗兰索瓦·德斯坦（François D'Estaing）攻击荷兰岛屿的杰出的海军活动也是如此。

伦敦的成功

经常是冒险性的，也总是耐心的贸易工作解释了伦敦再次获得成功的事实，一直到这一世纪末期，它对殖民地日用品进行再出口并于同一时期进口这些产品。来自加勒比的船只使得伦敦在光荣革命前夕成为英国驶向安的列斯的最大港口：1686年，225艘船只来自英属岛屿的布里斯托尔港口，这是安的列斯地区第二大港口，它在1687年接纳了42艘船[32]。在启程向安的列斯出发的船只中，1686年有161艘轮船从伦敦出发，1687年56艘从布里斯托尔出发，这使得伦敦与布里斯托尔处于相同的位置[33]。这一交易量高于北美的交易量，但是切萨皮克进口的烟草地位非常重要：伦敦1686年从弗吉尼亚、马里兰、纽芬兰岛、新英格兰接受了110箱，而从（北美的）布里斯托尔接受了31箱。

这一活动依赖于对超过总量一半的进口食糖进行再出口，直到1680年代，它们一直被运输到汉堡、荷兰与法国。其后，由于内部消费的增长以及法国从马提尼克岛与瓜德罗普岛实现了进口，再出口数量开始下降。

在欧洲市场活跃的同一批商人在安的列斯地区建立了一种原创性的授权贸易体系。在汉堡与其他地方，价格最低的食糖往往比较容易胜出，这使得商业公司开始转向这一贸易。为了避免运输欧洲农业品货物并以损害殖民地的产品为代价进行运输，他们把食糖这样的产品当作种植园主与安的列斯商人的抵押品，他们也自己寻找市场，与远地的商务联系人进行谈判并为他们提供必要的贷款以购买诸如磨坊水车、锅炉、奴隶、食物储备之类的补给物品。把这些中间商与种植园主长期联系在一起的合约体系使得种植园主可以确保农作物的销售并购买英国与欧洲的商品。这一商业氛围非常有利于伦敦商人的利益，这使得他们实际上建立了一种垄断权。为了维持它的运行,他们需要大量的金融储备以弥补必要的预付款,而只有伦敦才拥有这种资金。伦敦通过与安的列斯种植园的联系已经获取了进入西印度群岛与东印度之间的商业、与皇家非洲公司以及黎凡特进行奴隶贸易的特权,它也发现在未来的几年并直到这一世纪末期如何减缓诸如布里斯托尔这些独立小港的方式。布里斯托尔港口的商人与其后利物浦与格拉斯哥的商人一样实际上几乎完全被挤出了这一委托贸易领域,他们在极其艰难的条件下以自己的资金通过雇用殖民地的代理机构进行贸易,这些代理机构在殖民地购买商品并以委托给自己的欧洲商品与其他商品进行交易。

贷款网络与交易网络使商业革命成为可能,作为这些网络核心的伦敦摆脱了阿姆斯特丹的监护,它在这一世纪末期已经成为欧洲殖民地最重要的贸易中心。它的一部分商人毫不犹豫地向安的列斯地区的种植园进行投资,著名的乔赛亚·蔡尔德爵士正是这样一个例子,当食糖经济在牙买加达到顶峰时,他于1672年与罗亚尔港口(Port Royal)商人建立联盟以处理一个规模很大的种植园的问题——超过550公顷——条件是由他提供奴隶、技术装备、物资储备[34]。牙买加在这一时期刚刚度过海盗时期,因为这一岛屿在许多年的时间内是以利用海盗船而不是开发种植园出名的,它的第一任总督托马斯·莫迪福德(Thomas Modyford)喜欢粗暴的海盗袭击而不是对蔗糖精炼进行投资。这一岛屿处于墨西哥湾与中美洲的有利位置,它可以严重危害西班牙的殖民地。这儿甘蔗种植园的胜利标志着伦敦贸易的新胜利。除了这一世纪末期由于战争造成的众多困难外,而且虽然种植园在许多时候也利用了海盗的资本(摩根把自己袭击的战利品投资在巴拿马以及贝罗港),种植园还是达到了顶峰,这暴露了英国在加勒比势力发展的新方向[35]。

在同一时期,当英属安的列斯地区在这一世纪末期变成美国主要的食糖生产商时(1700年的2.4万吨对1683年的1.8万吨),伦敦也发现它对染料产品,尤其是靛青与胭脂虫的进口开始增长,1663—1669

年间到 1699—1701 年间,每年进口的价值超过了 3 000 英镑(在后一时期,英格兰的进口达到 8.5 万英镑)。这一顶峰之所以实现是因为西班牙美洲大陆的进口是由英国船只运输的,在同一时期,英国在塞维利亚与里斯本不再购买这些产品,而荷兰进口的增长也非常缓慢。这一增长满足了英国纺织工业的需要与从印度对靛青运输的下降。作为交换并基于非法贸易的联系,英国从牙买加带来了西班牙种植园需要的奴隶。然而,在这一方面,他们与荷兰在库拉索的商人产生了竞争,1701 年以后,当西班牙的贸易向法国让步时,海洋强国之间的残酷竞争变得更加尖锐。路易十四的国度在与伊比利亚人的美洲和加勒比地区的殖民活动中展示了更大的野心。

来自法国的挑战:从纽芬兰岛到安的列斯地区

法国国王弗兰西斯一世是挑战伊比利亚垄断权的最早的国王之一,通过 1517 年建立大阿弗尔(Havre de grace)的新港口,他开始对查尔斯·昆塔斯的西班牙与亨利八世的英格兰构成了挑战。几年之后,他甚至把佛罗伦萨人维拉佐诺(Verrazzano)派到了北美海岸,而支持的资金来自诺曼底人与里昂人。他反对西班牙人对新发现的西部土地进行独自统治的要求,这一意愿使他于 1534 年支持了对北美的官方探险活动。圣马洛的雅克·卡蒂埃(Jacques Cartier)接受了向"新大陆"扬帆远航的命令,目的是弄清"某些据说找到了大量黄金的岛屿与国家"的位置。然而,当卡蒂埃在现在的魁北克过冬时,加拿大气候的残酷性与消灭了卡蒂埃许多船员的坏血病的破坏性后果不可能继续鼓励这样的探险活动。在继续向南部延伸的热带地区,让·里博(Jean Ribaut)领导的一些法国新教徒于 1562 年在佛罗里达建立了一个短期居住的查尔斯福德(Charlesfort)定居点,但是 3 年后,它被西班牙人门多萨·德阿维莱斯(Menendez de Aviles)残酷地破坏了。我们必须再等待 50 多年的时间才能发现法国重新而且是更为持久地进行殖民活动,这次是向南延伸的加勒比地区,与此同时,1608 年塞缪尔·尚普兰(Samuel Champlain)领导人们再次沿着圣劳伦斯河的河口前进。

法国16世纪后半期的内战与宗教战争不利于殖民扩张活动。在这一世纪初期的海盗探险活动中,迪耶普、翁弗勒尔、圣马洛与拉罗谢尔的许多人向葡萄牙巴西或者秘鲁以及西班牙在加勒比地区的岛屿与海岸线涌进,但是这种活动也开始减缓下来。实际上,他们依赖于法国西部胡格诺教徒集中的港口的能量,他们在宗教战争中遭到了削弱而不是强化。

法国的北大西洋港口

与此同时,北大西洋的贸易以及纽芬兰岛附近的渔业仍然吸引了从鲁昂到巴约纳的法国大西洋港口的众多船只。每年夏天,日益增长的船只跨越大西洋到达圣劳伦斯河河口附近的大岩礁(Great Reef)与纽芬兰岛附近进行捕鱼,为了把新鲜的活鱼与咸鱼带回法国大西洋海岸的港口,他们在这里尽可能快地进行劳作活动。

我们能够想象布里多尼人与巴斯克人在很早的时候就参与了跨越北大西洋到拉布拉多与纽芬兰岛的鳕鱼群的"完全根据经验"的捕鱼路线的建设工作,而卡伯特(Cabot)与科尔特·雷亚尔兄弟从15世纪后半期开始就已经在拉布拉多地区进行了正式的殖民活动。然而,到16世纪初为止,纽芬兰岛附近的运输变得更加重要。大多数布列塔尼海滨的小港口,特别是从圣波德利昂(Saint pol de Leon)到圣马洛的北部海岸,为它们进行大规模捕鱼活动进行装备的狂热竞争分裂了这些港口。到这一世纪中期,它们的数量遭到缩减,而这样的事业开始成为比尼奇(Binic)、圣马洛与南特这三个主要港口排他性的保留地,其中南特与伊比利亚国家的贸易已经是非常红火,它也可以获得广德(Gueande)沼泽地出产而由勒克鲁瓦西克(le Croisic)出口的食盐。1517年,一名由南特港口提供装备的纽芬兰岛人在波尔多的拉吉伦特港口完成了第一笔交易[36],然而,拉吉伦特港口好像在1530年以前并不为大规模的渔船提供装备。布列塔尼的运输优势同样只能在更靠南的巴约纳才有用武之地,即巴斯克的探险活动。

根据可以获得的资料,1510年代末期由官方倡导的行为是一种新的航海活动。根据圣·让·德卢斯或者西伯尔(Ciboure)的看法,如果他们可以使装备适应于捕捞鳕鱼(以及捕鲸)的特殊需要,贸易的多样化将使得商人在大规模的捕鱼航海与通向西班牙加利西亚港口,或者甚至是葡萄牙的港口、诺曼底港口的欧洲海岸进行长距离的航行。装载树脂与软木的货船从巴约纳出发去交换比斯开湾的铁器、卡斯蒂利亚与里斯本的羊毛与棉花、巴西的木料与生姜[37]。

布列塔尼的资源集中很有利于南特与圣马洛,这种资源集中似乎也出现在法国的西南部,这同样对巴约讷、波尔多、拉罗谢尔是非常有利的。在这一世纪中期,大约20艘捕捞鳕鱼的船只在巴约讷得到装备;波尔多在1560年向纽芬兰岛派出了多达60艘左右的船只,而拉罗谢尔在前一年派出了49艘船。四年后,鲁昂已经能够装备94艘捕捞鳕鱼的船只[38],1565年,在宗教战争开始之前,这三个港口已经能够为大规模的捕鱼活动配备156艘船只,但是它只是自用的,而不是1578年英国航海家潘克赫斯特(Pankhurst)曾经估计的那样。潘克赫斯特调查了那些准备建立纽芬兰公司的伦敦商人,他估计1560年代欧洲在纽芬兰岛存在的船只数量大约为350艘,而法国的船只就占到150艘。他不久认为西班牙在纽芬兰岛活动的船只是100艘,葡萄牙的大约是50艘(15世纪以后,亚速尔群岛的装备船坞变得特别重要),英国船只大约是50艘。然而,他对英国的船只似乎估计过低,实际上,他对法国船只的估计同样如此。

捕捞鳕鱼的活动呈现出强烈的国际特性,以至于即使在1600年西班牙人、葡萄牙人仍然与英国人、法国人在纽芬兰岛礁附近的鳕鱼问题上存有争端。与此同时,葡萄牙人开始让英国人为马德拉群岛与巴伊亚地区、大西洋岛屿、巴西地区提供供应与奴隶,他们对鳕鱼的需求很大,因为这对他们来说是物美价廉的食物。在17世纪,西班牙市场已经在很大程度上向英国船只开放,但是这些船只很少利用自己的渔业,而是从新英格兰与缅因的渔民处购买鳕鱼。通过这样一种方式,这些麻袋船(Sack ships)向卡塔赫纳、阿利坎特(Alicante)、塔拉戈纳(Tarragona)与巴塞罗那提供物品,同时从这里带走葡萄酒、橄榄油、水果与钱币。从17世纪初开始，与英国对手一样，在这一市场与英国展开竞争的法国人也发现它是北大西洋繁盛"三角"贸易的基础，这一三角贸易是登记地的港口、纽芬兰岛与伊比利亚港口。法国的鳕鱼船队在1580年前后已经达到300—400艘船，而销路在17世纪后半期将实现更大程度的开放，圣马洛的巨大财富也通过这样的方式建立起来，因而如果没有丰富的销路，法国鳕鱼船队的重要性将无法得以说明。

对法国来说，一个决定性的优势是布列塔尼南部拥有南特与波尔多这样巨大的、合适的码头，以及使他们能够为鳕鱼船只提供供应的食盐储备基地。国内需求其实也很大，路易十三与路易十四时代反宗教改革需要的天主教仪式也刺激了这种需求，因为这一仪式限制使用肉类。绿色鳕鱼、船上腌制的新鲜鳕鱼在南特进行销售，之后经过奥尔良、奥夫涅（Auvergne）与鲁昂送到巴黎。事实证明，英国与法国的捕鱼方式在这一方面是截然不同的。

为了在地中海欧洲市场销售自己捕获的鱼类产品，英国人风干所有捕获的鱼，用的盐也比较少。这使得1660年宗教改革时期的列强不再把鳕鱼列于"指定的"产品之中，而这些指定的产品在再出口之前必须回到英国的贸易中心。鱼类直接从纽芬兰岛运输到西班牙与意大利的港口，而食糖、靛青与烟草在再次出售之前必须先回到英国的中途停靠站。对纽芬兰岛的英国人来说，风干的工作必须在陆地上进行，而仍然新鲜的鱼就被挂在沙滩上设立的"架子上"。他们的渔民因此在海岸地区与纽芬兰岛南部的大岩礁地区进行捕鱼活动。法国人总是迅速回到自己的港口并销售大量的"绿色"鳕鱼。他们在更大的地区捕鱼，包括纽芬兰岛的西部与南部、布列塔尼海角的海滨地区、圣劳伦斯河湾。只是在后来的17世纪，他们为了满足地中海的需求才模仿英国人的行为，以至于他们也开始风干自己的鱼类产品。他们因此与纽芬兰岛地区隔离开来，甚至在卡蒂埃到来之前，他们受到引导深深渗透到圣劳伦斯河湾，为了在这里进行皮货贸易，他们也与这里的印第安人建立了联系。

在亨利三世与亨利四世统治时期，法国精英开始追捧海狸皮帽的时尚,它对这种皮货贸易提出了要求。参与这一活动的吉伦特省商人在波尔多的锡布尔(Ciboure)配备了在"巨大的纽芬兰岛海湾"捕捞鳕鱼与猎鲸的一艘巴斯克船,他们在探险中也进行皮货贸易:当鱼类产品被风干(船只并不到这里捕捞绿色的鳕鱼)以及鲸油得到熔炼后,船长将"拿它们与大海湾(Great Bay)海岸地区的蛮族进行交易或者进行贸易活动"。在1586年的《岛屿与近岸航行的大著作》中,安德烈·泰韦(Andre Thevet)甚至这样预测皮货贸易:

> 巨大的贸易每年主要集中于大量的[鲸鱼]而且主要是在萨格尼(Sagueney)河上[圣劳伦斯河的一条支流]进行,鲸鱼的脂肪也得到熔炼,但是卷入贸易的商人不可能仅仅限于鲸鱼自身;他们也与蛮族交易优质而美丽的皮货,然后用它来交换外国的其他商品[39]。

因此,皮货贸易是与捕捞鳕鱼、猎鲸活动紧密联系在一起的,几乎从波尔多出发的任何一艘巴斯克捕鲸船都从事这一活动:1584年到1600年大约有15艘。皮货贸易的垄断地位在路易十三统治时期得以建立,而巴斯克人则被排挤出这一行业,然而这并没有阻止巴斯克人继续在这里捕杀鲸鱼,他们甚至到达了塔杜萨克(Tadoussac)附近地区。在1637年的报告中,保罗·勒热纳(Paul Lejeune)神父发现这些人全力"捕获从魁北克经过的数不清的海豚与白鲸鱼"。

正如英国西部地区的港口那样,渔业贸易为大西洋航海活动上了特殊的教育课。1584年,皇家海军条例第一条使得法国在这一海域维持了大约一个世纪的贸易陷于崩溃,它也为深入诸如纽芬兰岛这样遥远的目的地作了规定,它要求船只结队航行,"只有在非常必要的情况下才可以放弃某一艘船",它的目的是避免同时发生海洋危险与众多欧洲舰队的海军挑战。这一条例也对连接几内亚海岸与西印度地区的船只作了相同的规定。实际上,在这一点上,虽然法国的大西洋港口,甚至包括波尔多已经越来越适应在欧洲漫长海岸线的航海贸易,但是它

137

们也为驶向非洲与美洲的私掠船提供装备。

派克点的海盗与贸易

毫无疑问，鲁昂人、迪耶普人、翁弗勒尔人以及后来的拉罗谢尔人、夏朗德省人以及胡格诺教徒的诺曼底人是第一批参与在几内亚、巴西与"秘鲁"岛屿（安的列斯地区）探险活动的人。布里多尼人与诺曼底人为了获取巴西的木料而经常拜访巴西海岸；从1521年到1550年，任何一年都可以发现那些从迪耶普、翁弗勒尔、鲁昂或者从圣马洛启航的船只。到加勒比地区的私掠活动从1520年代开始出现，在1530年之后翻了一番，其目的是俘获伊比利亚的小帆船，抢劫并烧毁城镇，他们也在古巴到波多黎各的加勒比北部地区与西班牙美洲大陆到南部的海岸地区进行袭击活动。

无疑，波尔多港口的商人虽然比较少见但是一样勇敢，他们对新世界的兴趣不大，而是主要把自己的事业集中在几内亚、巴西与安的列斯附近地区的探险活动上。1544—1545年间，圣·让·德卢斯的一艘名叫浸信会教友号的船只到波尔多寻求经济支持并进行装备，其航行的目的是几内亚海岸与它们的玛尼桂特（Maneguette），这是一种像尖椒一样的东西。船主是波尔多的一位商人，这一城市的另外一名商人已经为他们支付了款项；1579年，拉罗谢尔的一艘船被派去进行奴隶贸易；在随后的两年中，同样是从波尔多出发的另外两艘船到几内亚与众多岛屿之间进行贸易[40]。贸易与海盗行为仍然难以分割地纠缠在一起，对此加以证明的一个例子是，1572年，当一艘船刚刚在波多黎各进行了海盗袭击行动之后，它又从拉罗谢尔向菲坎普（Fecamp）出发，目的是"做食人岛[小安的列斯群岛]居民的被褥、帆布、刀器、匕首、五金器皿的生意"[41]。

黎塞留时期法国的第一块安的列斯属地

这些16世纪的探险活动并没有带来殖民计划，因为派克点的海盗与贸易活动构成了那些敢于投资这种冒险活动商人的唯一目标。在

17世纪,黎塞留与科尔贝将要为安的列斯计划带来新的内容。在1626年12月,贸易与航海组织的主席、长官、总负责人黎塞留向大法官马里拉克(Marillac)提交了一份海事议案,它不仅包括海军运输方面,也包括商业航行、海外贸易与建立殖民地的内容。他甚至希望打翻连科尔贝都信守的商业信条的根基:向外国人销售尽可能多的货物而向他们购买尽可能少的货物。正如外国的成功给科尔贝以深刻印象一样,它也使黎塞留着迷:"对黎塞留来说,只有岩石可以提供的热那亚是意大利最富裕的城市;荷兰除了黄油与奶酪以外不生产任何东西,但是它向欧洲所有国家提供这些地区需要的大多数产品。"法国只能通过出口自己众多的产品,并把遥远地区向自己提供的产品进行出口而获取利益[42]。

1629年的《米绍法令》(Michau Code)与1631年的《大航海条例》(Great Marine Ordinance)为在大海上自由航行并保护商船与大规模渔业的海军提出了它们应该遵守的原则。这又是一个航海条例,法国舰队的垄断权在理论上得到承认:外国人不能在法国的港口装载"任何食物、货物,以及任何商品,食盐是唯一的例外产品";虽然上面的内容还有下面的一些附录:"除非来到这些港口的是属于法国国王臣民的船只。"

美洲岛屿也宣布了这些排他的原则,但它实际上是非常不同的:第一批种植园的主要作物是烟草,它们在阿姆斯特丹而不是法国的市场进行销售;荷兰在安的列斯地区的贸易中心库拉索与圣尤斯特歇斯为殖民地采购货物,因为圣克里斯托夫公司以及美洲岛屿其后派出的船只变得非常稀少。黎塞留的重商主义看法使他在安的列斯地区有效地构思了殖民地计划,它们非常靠近1621年荷兰[西印度]公司创立的根基地区。攻击新世界的西班牙人成为一个问题:这些岛屿是"西印度地区的偏远通道,是进入秘鲁的关口",一个人可以从这里摧毁西班牙的属地。在马里拉克向名人会议提交议案的三个月前,黎塞留与一名海盗船长进行了会晤,是不是这次会晤使他支持了1627年志在进行海盗活动与殖民事业的驶向圣克里斯托夫岛的探险活动呢?

在 1620 年代初期，一个名叫贝兰·德埃斯南巴（Belain D'Esnambuc）的家势衰败的绅士在人人都可以参加十字军活动的情况下选择成为一名海盗。他于 1626 年 10 月与黎塞留进行了会面，这建立了圣克里斯托夫公司的根基，其中作为红衣主教随从的一些金融家占据了公司的某些要职。侵略西班牙殖民地的计划在两者联盟的议程之中，但是主要的目标还是商业：从烟草销售中获利，当时烟草仍然是罕见的，但是从亨利四世时期开始享用烟草的时尚已经得到发展。

> 过了一段时间后，我们从这些异邦国度运输了大量的皮当（petun）或者说是烟草，而没有支付任何的进口税……我们的国民由于烟草价格低廉而每天吸食烟草，这造成了巨大的损失，他们的健康情况也开始改变。

国王自己也非常希望从这一时尚中获取一部分利润，他决定对每磅外国烟草征收 30 苏的税额，但是却豁免了圣克里斯托夫运进来的农产品。

公司规定勒阿弗尔是船只到达与启程的港口，贝兰·德埃斯南巴也有了进一步殖民的计划；天主教号（Catholic）、红衣主教号（Cardinal）、胜利号（Victory）上有 530 人。在 1627 年 2 月 24 日，船队已经作好了准备，它们在跨洋航行 60 多天后在 5 月 8 日看见了圣克里斯托夫，因为它们在加那利群岛进行常规性的停靠而使得时间延长了。授予德埃斯南巴的委任状明确地列出了他的航线：

> 他们将报告自己俘获，或者从海盗与其他名声不好的人那里夺取的所有物品，包括海盗扣押的法国商人，之后继续在北回归线以外以及西海岸附近伊索雷斯（Essores）的第一子午线之外的南部海岸进行航行[43]。

这样做已经违反了伊比利亚人的垄断权，然而他们自己也致力于种植烟草,而英国人瓦纳(Warner)在这一岛上建立的殖民地从事这种作物已经延续了大约一年的时间。

与此同时,困难开始大量涌现,1627年秋季,德埃斯南巴的同伴于尔班·杜·鲁瓦西(Urbain du Roissey)回到法国寻求物资供应。他得到的援助很不充足,尽管有黎塞留的重商主义思想,这一殖民地在没有荷兰商人帮助的情况下无法存活下来。这样,由两个中队、12艘荷兰船只组成的"佛兰德人"船队从邻近岛屿圣马丁(St Martin)的海岸装载食盐之后回到此处,向这里的岛民提供干肉、面粉、奶酪,同时也装载第一批烟草作物。德埃斯南巴与英国人在圣克里斯托夫的划界问题上达成了谅解,英国人得到的供应非常充足,因为从弗吉尼亚回程的船只在这一岛屿上进行中途停靠。

1629年,当托莱多(Don Fabrique de Toledo)的17艘大帆船把这些殖民者从圣克里斯托夫驱逐出去时,圣马丁的荷兰人对流亡在背风群岛上的逃亡者给予了援助。随后的再殖民——因为西班牙的反击是短命的——在更加艰难的条件下展开。物资供应再度变得缺乏,更严重的问题是,弗吉尼亚与巴巴多斯日益增加了烟草进口,殖民地要想进入市场已经不可能了,伦敦的烟草开始下降。殖民地的产品质量并不高,而准备弗吉尼亚的"维里纳斯皮当"(Verinas petun)需要巨大的耐心,从特立尼达进口的口感非常冲的"亚马孙皮当"(Amazon petun)必须培育一年到两年,这使得居民在销售压力下进行投资变得无法进行。安的列斯的烟草遭到很多人的批评;约翰·温思罗普(John Winthrop)是马萨诸塞州殖民地开创者的长子,他发现自己从巴巴多斯购买的、用来送给定居在这一殖民地的兄弟的烟草"准备很差,尽是烟叶子,味道恶劣,颜色也很差劲"。伦敦城的商人也拒绝接受安的列斯的烟草,他们开始喜欢弗吉尼亚的烟草,因为这些烟草好评如潮。只有荷兰人还继续购买安的列斯的一些货种。

然而,这些困难的条件并没有阻止黎塞留在安的列斯进行殖民的计划。1635年,他决定继续发动反对西班牙的公开战争,他的一个目标是阻止伊比利亚人对被称为"第二个秘鲁"的岛屿的主权要求。实际上，尽管他得到像德法耶特（d'Effiat）与富凯（Fouquet）这些实力雄厚的金融家的支持，欧洲战争的沉重负担还是阻止了国王采取有效控制安的列斯的措施。当鲁昂在1630年代主宰了法国的国际贸易时，由巴黎与鲁昂的资本支持的迪耶普商人为利埃纳尔·德勒奥利弗（Lienart de l'Olive）向马提尼克岛的远航提供了召集船只与人员的方式。迪耶普在16世纪已经非常活跃，在1620年代的初期，它从事绝大多数海外生意活动，在魁北克，它的商人在新法国地区的贸易中更是享有实际的垄断权[44]。然而，1627年，黎塞留建立了号称有100个联盟成员的加拿大贸易公司（Canadian Trade Company），它通过禁止迪耶普的商人在新法国地区进行贸易而废除了他们的权利。

1635年6月25日，利埃纳尔·德勒奥利弗在唱《王旗向前进》（Vexilla Regis）的赞美诗时在马提尼克岛圣皮埃尔与法兰西堡（Fort de France）之间的西海岸竖立了一个十字架并立起鸢尾式的国旗。然而，由于认为这一岛屿山峰林立而且基本没有什么资源，他与船员重新登船并向瓜德罗普岛出发。后来，德埃斯南巴从圣基茨（St Kitts）出发将在马提尼克岛重新开始殖民活动。当然，德埃斯南巴到1635年为止已经从勒阿弗尔与翁弗勒尔得到大约16艘船只，这使他在马提尼克岛与瓜德罗普岛进行殖民活动时能够拥有必要的补给站。对迪耶普来说，除了勒阿弗尔，瓜德罗普岛的港口、圣克里斯托夫的港口、马提尼克岛以及其他港口都已经为向安的列斯地区的航行作好了准备[45]。

1629年，南特的一些商人为了从圣克里斯托夫回到"卢瓦尔河"而租借了德奥龙（Sables d'Olonnes）的一艘船，由于南特一直到1645年维持了与圣克里斯托夫排他性的联系，它的商人为了向这里发送船只而加入了迪耶普人的部队。从这一世纪中期开始，马提尼克岛开始接受南特的船只。在定居在南特的外国商人中，葡萄牙人与荷兰人最为活跃，虽然经常有人抱怨这些外国商人的存在，但他们还是刺激了贸易，而商人精英集团已经知晓安的列斯地区的重要性。为了交换烟草，在南特的生意中处于中心地位的拉福斯（la Fosse）商人是向殖民者提供肉类、帆布的主要供应商，最主要的是白人奴隶劳动力，而白人奴隶是比黑人奴隶更早出现在种植园中的工人。某一份破碎的公证档案文件无疑与现实隔了一代,盖伊·索潘(Guy Saupin)在这一文件中注意到1643年与1647年间有16份契约奴合同,商人的中介人见证了这些内容。为了实现最大额度的利润,这些船只合并了欧洲沿岸的海洋通道与穿越热带大西洋的远洋航路。这样,装载量大约为250吨的大货船——伟大的阿曼德(Grand Armand)——在1646年末进入马提尼克岛的码头,第二年向英格兰与爱尔兰回航,随船运输的是关兰德(Guerande)的食盐与安的列斯地区的烟草。这样,在1640年左右,也许是为了回应"恬不知耻的荷兰商人"的主导地位,南特开始向安的列斯地区谨慎转向。这一转向在科尔贝统治之下得到了承认[46]。

诸如棉花,特别是靛青这些新式农作物的出现弥补了烟草价格下降而导致的日益明显的衰弱[47],即使这样鼓励了重新殖民,马提尼克岛与瓜德罗普岛在1664年前后仍然只有8 000名白人居民,然而,从1640年开始,巴巴多斯的白人已经达到了1万人,这在人口比例上已经与马萨诸塞州与弗吉尼亚地区一样了。与此同时,尽管出现了限制烟草种植的规定,烟草的生产还是继续进行,荷兰的船只仍然过来采购这一货物,然而,法国港口的贸易仍然是比较有限的:在1654年到1664年的10年间,迪耶普与拉罗谢尔只启动了通向马提尼克岛的65次航行与49艘船只[48]。在路易十六统治的初期,安的列斯贸易中阿姆斯特丹商人占据的压倒性地位产生的流言蜚语刺激了法国的舆论。然而,种植园主仍然与这些商人的服务紧密联系在一起,因此,美洲岛屿"法国化"的进程是非常慢的,这可能更多是由于贸易与耕作的习惯而不是由于缺乏任何真正的资源。

法国港口转向安的列斯地区

1664年,科尔贝在重新建立自己的舰队之前组织了一次海事调查,当他责备马扎荣(Mazarin)忽视了海洋的时候,情况并不是像人们想象的那样糟糕。法国的商船队在这一时期几乎可以与英国的商业船队并驾齐驱,而英国的船队在最后一次英荷战争时承受了被抓获的灾难,而且也还没有到宗教改革时期强劲的贸易改造英国船队的时刻。法国拥有接近15万吨位的船只,其中一大部分是小船,科尔贝的调查只统计那些超过100吨位的重型货船,这使它表现出严重的赤字[49]。由于这些小吨位的船只非常适合跨大西洋航行,勒阿弗尔、迪耶普、鲁昂、南特直到这一世纪中期的大多数航行都是由不足100吨位甚至不足50吨位的船只完成的。1664年,圣马洛、南特、勒阿弗尔、拉罗谢尔、巴约讷、波尔多、敦刻尔克与马赛只有208艘重型货船,甚至加上其他诸如迪耶普港口的船只,我们也只能发现329艘船只。

实际上,诺曼底人、布里多尼人与夏朗德省的船主更喜欢运送契约奴——对船长来说,运送他们获利更大——而不是运送商品,因为运送契约奴的方式与19世纪奴隶或者移民经历的条件几乎没有什么不同。此外,科尔贝1664年建立的西印度公司证明难以控制仍然掌握在荷兰人手中的贸易。他观念的改变可能要比时人想象的更剧烈。1669年6月,科尔贝决定撤销公司向安的列斯群岛出发的人颁发护照的特权,1671年,在与荷兰开战前夕,他甚至采取财政措施豁免了向这些岛屿出口的税收并降低了回程货物的关税,这些决定将使得殖民地的港口向外国人关闭。此外,科尔贝还通过为海军建设提供补助并赞助购买国外船只的方式来鼓励船队的发展。

尽管发生了战争,但是在1670年代的整个10年,特别是1680年代的早期,许多港口开始转向安的列斯地区。1686年,1664年调查中涉及的港口已经装备了大约591艘船只。不管这一港口在路易十四统治时期把注意力转向安的列斯地区是如何的不怀好意,它的例子是非常明显的。到1671年为止,波尔多只装备了13艘远洋航行的船只;然而,在大约15年后,它装备的船只已经达到49艘。

这一岛上发生的食糖革命很有利于引起这些进步,而且烟草以及其他诸如棉花、生姜、靛青这些作物的时代并没有完全终结。马提尼克岛与瓜德罗普岛向蔗糖培育的转变发生的时间要比巴巴多斯稍微迟一点,也更加缓慢,因为巴巴多斯是在这一世纪中期完成这一转变的。这样,1671年的马提尼克岛有大约1/5的可耕土地是种植烟草的,与此同时,绝大多数可耕土地——大约 67%——用来培育甘蔗[50]。与巴巴多斯不同,马提尼克岛的农作物并不仅仅建立在甘蔗的种植上,它把甘蔗的种植与供应物资和烟草的种植结合在一起。

然而,它的成本与适合于小种植园主的烟草"地产"是非常不同的。甚至对一个拥有约 20 名奴隶的中等规模的种植园来说,购买奴隶、磨制蔗糖的磨坊、烹制维索酒(Vesou)的烤箱、等待种植时间超过 18 个月的作物的成熟这些内容都增加了投资的数量。

在马提尼克岛,1671 年有 111 座甘蔗种植园与 6 382 名奴隶,到 1685 年,种植园上升为 172 座,奴隶数量达到 10 343 人。到这一时期为止,法属岛屿的生产率大约增加了一倍,从大约 5 000 吨上升到 1 万吨不到点,当然,这仍然与英属岛屿的生产率有不少差距。实现这一目标的必要而且非常重要的因素是获取可以承担严酷劳动而又相对比较便宜的劳动力的可能性:黑奴从 15 世纪末期开始出现在安达卢西亚与葡萄牙的阿尔加维,之后出现在巴西的大西洋群岛,他们是甘蔗种植实现革命的工具,而雇佣白人奴隶适应于烟草时代。契约奴是非常昂贵的;他们在法属岛屿的合约期只有三年,甚至在这一时间之前就必须替换那些死于流行病或者体力耗尽的白人奴隶。1650 年之前奴隶的价格还非常高,但是当荷兰商人由于失去了巴西市场而卸载他们的奴隶时,奴隶的价格开始暴跌。尽管科尔贝计划发展法国的贸易,但是绝大部分奴隶仍然是由荷兰商人提供的。

1670 年在瓜德罗普岛,总督德巴思(de Baas)向科尔贝强调种植园主为了从食糖中获取财富必须为自己找到可以利用的奴隶与资本:

> 清理与培育土地的任务只能根据居民的力量与能力完成。这也就是说,强势的人就是那些拥有许多可以耕作并收获甘蔗而且不停转动压榨机的黑奴、马匹或者耕牛;而没有这些东西的人只能种植一点点烟草或者靛青[51]。

10 年后,马提尼克岛的另一位总督布列纳克作了一次首创性的财产评估：所有的"干净而宽敞的"土地都被想当然地用来种植甘蔗。至于剩下来的土地，也就是那些离摩恩山（Mornes）或者小土丘太远而很难从事耕作的斜坡，由于把食糖运送到海上的花费太大，没有一个人愿意做这些事情[52]。土地与奴隶日益集中在那些最富有者的手上，特别是那些参与进口贸易的富人。然而，一个稳定的因素介入了法国与英国的种植园：大西洋港口上主导性的贸易权力。这一权力从烟草时代就已经变得非常明显了，它更有利于荷兰，它在蔗糖时代变得更加明显。雅克·帕蒂-让·罗热（Jacques Petit-Jean Roget）是这样理解的，在1650—1670年间的马提尼克岛，势力庞大的迪耶普商人正在控制"一部分善良的旧小伙销售的地产，他们刚刚建立了一个美丽的所有供应物品与烟草的种植园，然后就卖给了新来者"[53]。

圣多明各的影响

圣多明各岛西半部分的殖民活动将要达到新的阶段。西班牙在大安的列斯地区的存在首先是开采贵金属的矿业活动，其次是饲养牲畜，而这些牲畜既可以用来进行皮货贸易，也可以为种植园劳作（甘蔗在16世纪就已经开始种植了），法国向这里的渗透与英国在牙买加的渗透是比较相似的。在现实中，从海盗活动中获取的利润要超过从种植园获得的利润。正如牙买加一样，这一岛屿也非常适合袭击哈瓦那与韦拉克鲁斯，因为它们正好位于通向西班牙美洲大陆的南部加勒比地区。在北部海岸的托尔图加岛（Ile de la Tortue），来自欧洲不同地区的一些混杂的人群从1630年代开始就发动攻击西班牙船只与城市的活动。这一岛上的优势因素是英国人，但是几乎完全来自圣克里斯托夫的法国人基本上都是新教徒，他们因此被驱除出了这一殖民地，他们开始与英国人竞争，英国人被迫退到朝向洪都拉斯海岸的普罗维登斯岛（Isla de Providencia）。在一段时间之内，这些海盗的首领拉托尔图（le Vasseur la Tortue）建立了一个胡格诺海盗共和国，他的许多同伴都从事海盗活动，偷猎牲畜并过着一种野性的生活，而圣多明各内陆那些人口比较稀少的西班牙种植园往往是袭击的目标。

第四章　大西洋与海洋大国的成长：17世纪

在科尔贝去世的时候,圣多明各海盗代表的海军力量开始变得引人注目,大约17艘船与大约2 000人的船员,他们主要的基地是拉托尔图。伯特兰·德奥热龙(Bertrand d'Ogeron)是科尔贝于1664年任命的圣多明各法属部分的总督,他通过用烟草种植取代海盗活动妥善安排了一部分海盗。然而,他继续依赖反对西班牙与荷兰的海盗袭击活动,至少直到尼麦格(Nimegue)和约签订的时候都是如此,1678年库马纳攻击西班牙美洲大陆的冒险或者1683年攻击韦拉克鲁斯的活动都是明证。

在圣多明各,烟草种植面对的是富饶的土地与非常节俭的居民,这些居民因为太幸福而不愿参加烟草的种植。1674年,皇家烟草垄断权的建立标志着灾难性结果的转折点。为了对消费者的口味作出回应,安的列斯地区实际上前去购买英国大陆殖民地弗吉尼亚与马里兰以及巴西的烟草。大量的烟草在奥格斯堡同盟战争时期出现在市场上,以至于英国人购买的烟草也得以销售。圣多明各烟草的销路开始关闭,殖民者再度被引诱从事海盗活动。但是烟草实际上造成了殖民地的第一次扩张,这一殖民地在1665年只有1 500名白人,10年后已经达到5 000人。向风群岛的许多小种植园主来到马提尼克岛与瓜德罗普岛,蔗糖经济在这里的启动造成了土地价格的上涨与财产的集中。

圣多明各向大规模的甘蔗种植园时代的迈进标志着新的增长时期。这一岛屿的面积有2.6万平方公里,是英国在安的列斯地区最大岛屿牙买加的两倍还多,这一庞大的面积提供了肥沃的土壤。虽然西班牙的《赖西克条约》在1697年正式把它割让给了法国,但是圣多明各的卡斯托(Coste)实际上并不生产蔗糖,而且奥格斯堡同盟战争时期由于烟草出口的崩溃它甚至处于危机之中。大约到1714年,尽管战争还在进行,圣多明各的生产量已经达到大约7 000吨,在1720年则超过了1万吨。种植甘蔗所必需的奴隶也从1686年的3 400人上升到1720年的47 000人,圣多明各开始成为英属安的列斯最危险的竞争者。

17世纪末期(1695年),法国作出了放弃马提尼克岛与瓜德罗普岛

（蔗糖）精炼工业的决定，这刺激了国内仍然需要蔗糖原料的精炼活动的开展。然而，由于采取黏化的过程从而使得加工蔗糖的技术得到了提高，他们越来越频繁地对食糖进行加工，因为种植园主对发送黑砂糖有浓厚的兴趣，它们运输途中在从桶中渗出这一点上要比生蔗糖更少丢失水分，而且它们在货舱中也占据更小的地方。但是为它们配备必要的锅炉与陶器模具花费的价格相对比较昂贵，这一因素有利于财产的集中以及来自贸易港口的资本援助。

与圣多明各的发展相对应的是，17世纪最后几年法国与安的列斯地区有关的港口的网络化带来了变化。虽然迪耶普、勒阿弗尔、翁弗勒尔、拉罗谢尔的船坞在烟草的时代就经历了早期的扩张，南特以及程度差一点的波尔多、圣马洛（Saint-Malo）以及马赛在蔗糖经济出现最后的突破时变得富裕起来。按照科尔贝的愿望，那些准备在大西洋的食糖贸易以及与其相关的奴隶贸易上进行风险投资的人是喜欢冒险而又拥有巨大资本的商业精英，他们将会主导贸易。对欧洲市场的需求还在增长：到1673年，在圣多明各或者牙买加的蔗糖革命之前，巴西与安的列斯地区整个美洲的食糖产业大约出产5万吨；1700年，它已经达到8万吨。为了扩大市场，降价是必须采取的措施，这一生产量的增长正是对降价的回应：在阿姆斯特丹的市场上，巴西的白糖在1655—1690年间下降了2/3[54]。

为了在价格下降后继续进行活动，种植园主不得不降低生产成本，他们通过推广使用温顺的黑人劳力而做到了这一点。1713年，法属岛屿拥有7.5万名奴隶，而在英属岛屿上进行劳作的奴隶有13.3万人，它大约是前者使用数量的两倍。对英国来说，从非洲进口的奴隶数量众多：贸易商贩入了26.3万人，而法国贩入的是15.6万人。然而，在整整一个世纪的时间内，巴西是最主要的进口者，大约是56万名奴隶，西班牙帝国的进口数量位居亚军，为29.2万人[55]。与英国、法国集中在1670年到1700年间的进口相比，伊比利亚人的进口却显得更加步履艰难。这并不是对大规模甘蔗种植园增长的回应，种植园需要奴隶完成比伊比利亚殖民地更高的产出，虽然其产出蒙受了更大的损失。向风群岛、背风群岛与大安的列斯地区大规模种植园的胜利几乎不超过一代人的时间,它要求在人力成本增长的时代实现更多的进口。

尽管路易十四统治末期战争频仍,法属群岛还是实现了某种扩张,然而尽管科尔贝采取了重商主义的措施而且殖民船队也有了一定的发展,如果没有外部的合作,这一扩张是不可能出现的,至少不可能出现这样的速度。在很长的时间内,荷兰向他们伸出了援手,这一角色后来日益被英国北美大陆殖民地的商人替代,他们18世纪在法属安的列斯地区将承担更大的角色,虽然他们在17世纪就已经开始这样做了。

新英国人与安的列斯群岛

安的列斯种植园启动以来,英国北美大陆的殖民地港口就与加勒比众多岛屿建立了联系。跨越大西洋所必须采取的路线又非常独特地有利于这一关系。将波士顿港口与波尔多港口到达安的列斯弧形区域的轨道进行对比能清楚地展示这一点:波士顿与圣多明各的距离不超过2 600公里,而从波尔多出发在最大的信风帮助下到达加勒比东部地区的向风群岛、马提尼克岛与瓜德罗普岛却超过了7 000公里;从加勒比海回到圣多明各需要再增加1 000公里。如果是外出的航行,北美的船只并不能得到有利条件的支持,直到他们回程的时候才会好一点,从巴哈马海峡出发的墨西哥洋流会有利于他们的北上。

从1630年代末期开始,新英格兰变成巴巴多斯蔗糖精炼的副产品——糖蜜,这是生产朗姆酒必备的材料——的市场。其后,运送这种"神奇"饮料的墨西哥洋流一刻也不停留地奔赴纽芬兰岛,而这儿的渔民从洋流中获得勇气去从事那些非常艰难的任务。其后,朗姆酒被新英格兰、纽约、费城的奴隶船只运输到遥远的几内亚,它尤其促成了与印第安人之间维持的皮货贸易,因为苦味朗姆酒(Guildives)或者"杀鬼朗姆酒"(kill-devil)的因素:消灭魔鬼的饮料,大部分印度安人都是"愚蠢的"。

科尔贝的禁令禁止殖民地之间进行任何贸易,而路易十四与英国斯图亚特王朝的国王詹姆斯二世的协议重申了这一禁令,尽管有这一禁令,英国北美大陆殖民地还是向法属安的列斯地区提供了工厂运作必不可少的物品,例如奴隶、大渔场的鳕鱼、宾夕法尼亚或者纽约殖民地的面粉、制桶或者建设用的木料,同时他们也换取糖蜜。直到18世纪初期,法属殖民地仍然从扮演中间商的英属安的列斯地区购买北美的产品,并支付殖民地或者欧洲的产品以及此类商品。由于从英属岛屿进口糖蜜的税收以及官方禁止从法属安的列斯地区进口糖蜜,高频度的走私活动使这一贸易非常活跃。17世纪末期马提尼克岛与瓜德罗普岛出现了食糖黏化技术,后来圣多明各也出现了这一技术,不管怎么说,它开始为种植园主提供可以销售或者蒸馏成朗姆酒的糖蜜。殖民者不可能向国内出口糖蜜,因为1713年2月24日的皇家宣言禁止用法国的任何一滴水生产葡萄酒之外的产品。除了发展非常糟糕的非洲市场外,法国没有任何其他市场,这样我们就比较容易理解北美市场的巨大引力。在大西洋殖民地,在重商主义的统治下,因为海军战争限制了法国与其殖民地之间的贸易,英属北美大陆与法属加勒比殖民地之间的南北贸易就日益变得有利。这样,18世纪使得北欧的海军强国丧失了原本只为自己利益服务的大西洋经济,至少部分如此。

法国科尔贝首先挑战荷兰,因为它羡慕荷兰的财富,之后法国也对英国发动了挑战,它由于损害联合省共和国而使得自己的海军更加强大,但是也部分遭到了抵制。

当然,科尔贝商业政治的一个核心工具是垄断公司,它日益变成一个障碍。1670年黎凡特公司破产了,从1669年开始北方公司也出现了大灾难,1674年则废除了西印度公司。科尔贝的措施无疑刺激了商人的首创性,这推动了扩张并构成了真正具有挑战性的力量。安的列斯地区采取的首创行动标志着新的方向,而且它在1670年代的10年间也取得了显著的效果:1678年8月16日,本杰明·布泽林(Beuzelin)在给查尔斯·马雷斯科的一份信中特意提到了伦敦在鲁昂的公司:

> 因为法属美洲地产向我们提供了大量的食糖,在几天之内,我们把其当作商品以每22吨1里弗尔进行销售,虽然平均价格比较低;这样,巴巴多斯以22苏6丹尼尔进行销售的食糖就无力回天了。

与英属岛屿的食糖相比,法属岛屿的食糖在法国市场还是很有竞争力的。

法国与西班牙的西印度

同样的首创性支持着法国与西班牙美洲大陆的贸易,它在这里与其他的欧洲人进行激烈的竞争,但是这一次是在开放而不是在政策保护下排他性的市场进行,安的列斯群岛就是这样一个例子。从西印度地区的船只身上获取利润是最大胆的投机行为的目标,诸如圣马洛这样的港口加速把自己最好的护卫舰派到加的斯,它通过交换奢侈产品而获得美洲的比索,美洲殖民地高度认同的最优质的纺织品在奢侈品中占据特殊地位。1670年初期,大约有26艘船只是通过这样的方式派出去的,当这些商人获知西班牙船队进入加的斯时,他们的兴奋之情达到了顶点:1670年2月21日,一位名叫罗伯特·乌塞尔(Robert Oursel)的鲁昂商人宣称

> 我们从马德里获得了西印度船队将要到来的消息,这已经是这个月的第五封信,仅停靠圣卢卡尔的大约就有17艘船。上帝庇佑!这是一条好消息,它将使得这一城市的商人欣喜若狂[56]。

鲁昂的商人从16世纪开始就积极参与了西班牙美洲大陆的贸易,他们在这一幸福而又长期等待的事件中剩下的只能是自我祝贺了,但是他们还是意识到威胁法国增长的激烈的竞争。罗伯特·乌塞尔知晓"在你们[伦敦]地区,以及荷兰地区的西班牙舰队的影响"正在展现,但

是又自我安慰说"这一国家期待同样大的数目,这将使得我们的生意维持平衡"。

实际上,1686年在进口美洲比索方面已经创造了纪录,它超过了1595年的顶峰状态(3 500万比索),法国首先到达了加的斯,大约实现了1 700万里弗尔(livres)的销售,而圣马洛的份额大约占到总量的半数。这一成功使得法国大约占到经过加的斯到达西班牙美洲大陆的欧洲船运的40%,这已经超过了第二大出口商——热那亚航行(730万里弗尔)的2倍,大约是第三大出口商——英格兰(620万里弗尔)的3倍。这是法国工业成功的明证,它在伊比利亚人的大西洋找到了最好的外部市场。

即使是那些看起来是联合省共和国或者汉堡的享有特权的产品,例如1670年代的(荷兰的捕鲸队不久就大约达到160艘船,而汉堡的船队在70艘左右)鲸油,法国也在自己的港口市场提供物品,而它在这一世纪中期还不能这样做:1679年6月,鲁昂的阿姆辛克(Amsincq)公司告知马雷斯科在伦敦的继承人让·戴维(Jean David),"巴黎不想要荷兰的油,因为它们有臭味,而巴斯克在海上生产或者烧制的油几乎没有什么味道",而巴斯克的油已经于上一个秋季供应了这里的商人[57]。

尽管垄断公司明显失败了,如果我们完全否定科尔贝在采取引导贸易活动获取利润方面的功绩,这还是言之过早了。许多商人也意识到了国王决定赋予他们的优势:

> 如果[你]发现严格来说你自己商品的价值在国内下降了,那么,当把它们从法国发运出去的时候,必须采取一些措施。国王在贸易中心授予商人的特权可以为此服务,也就是说,商品可以自由进入与出口,一般认为,它可以运输出国界却不必支付任何关税。我们的港口总是有向加的斯、阿利坎特与马赛出发的优良船只,它们总是在进行装载活动[58]。

1669年3月法令为了促进法国在黎凡特的贸易而豁免了马赛的关税,为了充分利用这一法令的条款,罗伯特·乌塞尔把伦敦的商人邀请到了鲁昂。在这一公司团体之外,法国的商人也希望利用有利于自己的特权。18世纪,为了与伦敦以及英国其他港口的商人分享正处于极大繁荣的大西洋商业的利润,他们采取的行为取得了更大的成功。

第五章　大西洋殖民的黄金时期：18世纪

英格兰与法国：两大巨人的竞争

他们相互挑战的环境

从乌得勒支到滑铁卢，法国野心与英国野心的竞争主宰了大西洋。在16世纪中期，大西洋仍然只有一个主宰，那就是伊比利亚，当然，它的权威很早就遭到荷兰、英格兰和法国的海盗与非法贸易的挑战。17世纪出现的西北欧人欲望的攀比包揽了大西洋，而在名义上，大西洋在这一世纪的大部分时间内仍然处于伊比利亚人的垄断之下。仅仅是在后来的1670年，当英西条约承认了英格兰占领牙买加，马德里的垄断地位才最后被撕裂，之后的1697年，根据《赖西克条约》，西班牙接受了把圣多明各的西部归还法国的内容。

在18世纪，安的列斯地区和英国北美切萨皮克种植园的财富赋予跨大西洋贸易以巨大的推动力。在许多方面，从加的斯到汉堡的欧洲港口把这种财富当作新扩张的隐秘标志，但是大英帝国与法国高度认可的仍然是巨大的贸易中心的交叉地带，而它的出口是免交任何税收的。前者扩张的基础证明了更加完整也更加持久。当然，它不仅仅依赖安的列斯的产品,也依赖英国北美殖民地的贸易,在北美殖民地,弗吉尼亚与马里兰的烟草、卡罗来纳的稻米、新英格兰水域的木料与海产品进行出口。

考虑到这两个国家殖民地日益增长的价值以及西班牙帝国富裕的矿产日益被外国人渗透,英国与法国在大西洋上的政治对抗将出现无情的竞争,虽然这一斗争只是在后来才动摇了英国对法国的优势。在英国,控制大西洋对抗态势的"蓝海"战略无疑得到了更好的理解,正如它在海上一样,因为英国比法国更聚焦在海上,而法国在很大程度上仍然是大陆性的,在荷兰 17 世纪末与 18 世纪初由于使其大耗元气的战争而被迫采取相对退却后,英国获益巨大。经济学家亚当·斯密的思索与皮特强有力的讲演背后的基本原理,大英帝国在七年战争中获得胜利后人们的偶像崇拜,他们得出的结论是相同的:这个国家的每一个人最迫切的愿望是看到自己的国家通过主宰商业与航海而独自控制大西洋——大不列颠统治大海。

转口贸易体系与英国的优势

在重商主义的世纪,诸如食糖、咖啡、烟草、茶叶和靛青这些外国商品的市场开放了,欧洲的国家通过贸易保护政治截断了英国与法国的手工制品,但是也因此取消了重要的跨洋商业活动,但它对美洲和亚洲商品的再出口仍然维持开放,而这些产品或者收税很低,或者根本就不上税。在这两个国家,转口贸易体系建立了起来,其特征是授予再出口的商人以关税优惠,而为了保护国内市场免于外国的竞争又采取高额的关税。与此同时,跨洋商业摆脱了垄断与有偏好的公司的限制。由于来自亚洲的贸易仍然得到国家权力资助的商业公司体系的支持,正如美洲大西洋的贸易一样,欧洲大西洋的贸易也摆脱了任何的公司特权。

同时,为了控制大西洋,大英帝国在政治与经济领域与法国展开角逐,但英国享有一个核心优势:它作为共用的半开放市场的领头人获得了无可比拟的交易价值[1]。在苏格兰 1707 年加入联合王国后,盖尔人的国家苏格兰与爱尔兰、英国在北美与安的列斯的殖民地都加入了一个大的贸易市场,然而,它在程度上仍然是不完整的,诸如美洲大陆殖民地的谷物、爱尔兰的一些农产品等在英格兰仍然遭到禁止。然而,根据英国出口商的偏好,实际上自由交换区仍然是存在的,这建立了一个能够接受"英国制造"的产品的保护市场。

在这一自由区,人口的扩张为建立一个强大的消费市场制造了另外一个有利因素。当然,在此处,它得到认可的速度也远远超过了在英国本土被认可的速度。从 1670 年到 1770 年,人口增长超过了 70%,英国安的列斯地区的居民从 9.6 万增加到 48 万,13 个殖民地的人口从 11.2 万增加到 214.8 万,而在爱尔兰,居民从 200 万增加到 360 万,其人口增长的速度超过了欧洲其他的所有国家。在英格兰与苏格兰,人口的增长却慢多了,分别从 530 万增加到 690 万和 100 万增加到 130 万。

虽然法国的人口也有重要的增长,从 1700 年的 2 200 万增加到 1750 年的 2 450 万,到 1800 年已经达到 2 900 万。但同样是在大西洋远处的安的列斯地区,增长更为迅速。1713 年,法国在圣多明各部分的居民少于 1 万人;到这一世纪的中期,它的人口已经达到 17.2 万人,比乌得勒支时期的 17 倍还要多,1789 年则达到 51.3 万人,与 1753 年相比这已经增加到原先的 3 倍。在这两个时期之间,每年的增长率是 25‰,这一增长率是这一时期世界其他地方难以想象的[2]。马提尼克岛与瓜德罗普岛地区的增长也是巨大的:在 1720 年时分别为 4.5 万人和 2.2 万人,到 1789 年,这两个殖民地的人口分别增加到 10.2 万和 11.7 万,前者地区增加到原先的 2 倍,而后一个地区则增加到原先的 4 倍。然而,安的列斯的这种增长是人为的,原因是非洲黑奴对贸易作出了巨大贡献,这在圣多明各特别明显,1789 年这里的奴隶数量已经超过了 46.5 万人。

这一进程为法国大西洋市场的非凡活力贡献良多,例如殖民地商品的生产与欧洲初级产品的消费,因为让奴隶吃饭与穿衣都是必需的。与此同时,大英帝国通过大陆殖民地获得了消费市场,而法国在美洲的消费市场无法与此相比,因为虽然安的列斯已经以令人注目的方式实现了增长,但法属加拿大远远没有达到可以和这一世纪中期圣多明各相比的程度,因为它的人口不到安的列斯殖民地人口总数的1/3。大约20年后,英属加拿大的人口为11万,仍然远远落后于其大陆殖民地的人口水平。在欧洲,特别是在北欧与中欧,法国贸易找到了一个可以消化其日益增加的国外产品的市场。日耳曼欧洲的人口增长在普鲁士或者萨克森地区是非常容易被发现的,它在1815年之后加速了,到18世纪后半期它们的人口已经变得数目惊人。

异国商品消费的增长

18世纪欧洲见证的是迄今为止消费国外商品的不平等的增长。烟草的消费——用来抽烟,做烛花或者咀嚼——已经增加了2倍还多;它从欧洲的进口已经从5 000万磅增加到1.25亿磅;其他商品的增长更加明显:茶叶的消费已经从100万磅增加到4 000万磅;关于巧克力,从200万磅增加到1 300万磅;关于咖啡,其增长很容易变得最明显,从200万磅增加到了1.2亿磅[3]。

食糖与新饮料

欧洲饮用通过兑糖而变甜的外国饮料的时尚赋予大西洋糖业贸易以史无前例的动力,它也解释了对这类产品日益增长的挑剔口味的现象,这一产品对大安的列斯地区由奴隶工作的种植园在大西洋经济中显著地位的确立功不可没。在甘蔗种植园落户牙买加不到一个世纪后,它们在法属圣多明各不到50年的发展时间内,食糖到1770年代为止已经成为贵族、中产阶级,甚至是平民的饮料、巧克力、咖啡和茶叶的须臾不可离的内容。巧克力主要是受到欧洲南部的西班牙和意大利的喜欢;咖啡则是荷兰、法国、日耳曼欧洲地区,而茶叶主要是英国的饮料。这些饮料不再是转瞬即逝的时尚,而逐渐变成日常生活的必需品,从早餐到家庭聚会或者下午的聚会。然而,大英帝国对食糖的消费增长最快,到这一世纪末已经成为欧洲消费程度最高的国家——1800年,其消费增加到每人每年大约10公斤,以至于它在市场上的销售超过了9.3万吨。

大英帝国饮用兑糖饮料的习惯在很大程度上来源于把糖加入葡萄酒,因而,他们至少在16世纪就熟悉了蔗糖。1617年,一位名叫摩格森(Morgson)的作者特别强调了某一精英集团使用兑糖饮料的习惯,"只有粗俗的人才饮用大量的啤酒与酒精度更高的淡色啤酒;绅士饮用的是兑糖的葡萄酒,实际上,它比任何其他国家都要更多"[4]。然而,一个更加明显的口味开始出现,普通英国人喜欢甜食的口味超过了任何其他欧洲人,他们要求用糖来甜化像咖啡、茶叶或者巧克力这些苦的饮料。然而,追溯这一习惯的精确日期是非常困难的。1657年,在克伦威尔时代初期,托马斯·加维(Thomas Garway)仍然推荐用"天然蜂蜜"而不是食糖来甜化茶[5]。在1680年代的瑞典王室,弗切林(Johan Fechlin)博士提出了相同的建议,但是这一次使用的是食糖,至少是武夷茶(bohea,红茶的一种)。1715年,法国王室与资产阶级的烹饪秘方与制作果酱的新配方都把用食糖甜化浓茶因素考虑在内,"都增加一点糖以调口味"[6]。从17世纪中期开始,巧克力也被用糖甜化,不久之后它也用到了咖啡上。其他的兑糖饮料也在酝酿之中,例如柠檬、茴香酒、兴奋剂以及冰冻果子露,这些东西是凯瑟琳·德梅第奇时期从意大利传入法国的[7]。

在英格兰,饮茶的时尚很快就离不开食糖了,由于饮食机制的革命,人们很快对此时尚乐此不疲,特别是吃早餐的习惯:人们从伴以酒精度较高的淡色啤酒或者一般啤酒的燕麦粥早餐转向一种伴有面包、牛奶、冷肉或者鸡蛋的热的兑糖的饮料[8]。除此之外还有家庭或者社会圈子中的下午茶。这解释了在进口印度茶叶方面引人注目的增长现象,从1720年到1726年每年进口320吨,到这一世纪末的1792年到1798年间已经攀升到1万吨[9]。

这一饮食方式的改变也传到欧洲大陆,法国和德国的早餐也开始使用食糖。在《调味生理学》(*Physiologie du Goût*)中,19世纪初的布里亚-萨伐仑(Brillat-Savarin)推荐把咖啡、牛奶与食糖混合,但是这一习俗一个世纪之前已经出现在奥尔良大公菲力浦摄政时期的巴黎,而德国早餐与英国而不是法国的风格更为接近。因为有人认为它们具有医学良效,饮用这些国外饮料的时尚变得非常出名,根据赛维尼(Madame de Sevigny)的看法,尤其是茶叶在1684年"明显复兴"了黑斯·卡塞尔(Hesse Cassel)的伯爵领地;根据里昂的一名书商让·格雷(Jean Gerin)一年前的论文所述,茶甚至可以治疗22种疾病[10]。

与此同时,在英格兰,爱好茶叶的习惯也引起了兑糖饮料消费的增长。到这一世纪末期,马尔萨斯(Malthus)已经可以断言说"农民为了获得茶叶与烟草被迫多工作几个小时,他们更喜欢休息而不是购买一匹新布"[11]。为了满足对国外产品的需要,消费者明显增长的口味使他们必须作出新的牺牲。这解释了大英帝国与爱尔兰在英美战争前夕几乎完全消化了英国进口食糖的事实,它大约达到了94%,剩余部分则出口到国外或者13个殖民地。在法国大革命时期,大英帝国在大陆封锁政策和法国停止进口时再次获得主要出口商的地位:在158 224吨的进口中,它出口了64 939吨,也就是说,进入这些地区港口食糖的41%[12],而这还没有考虑其消费的增长。就当代人而言,这一事实的原因是茶叶市场活跃的结果,它把茶叶广泛分配到整个社会阶层,而这一趋势很早就开始了:1724年,一名伦敦商人发现"茶叶与咖啡的广泛应用还在急剧增长,尤其是考虑到茶叶价格的优势,其消费将进一步扩大"[13]。这样,在几年之前的伦敦,有人认为每进口一磅茶叶就必须进口12到16磅食糖。到这一世纪中期的1744年,食糖已经不再与茶叶一起使用,有人也在苏格兰注意到了这一现象,在这里,食糖与水相兑以制造柠檬水、白兰地酒或者朗姆酒。

我们可以根据这些情况知晓大量糖业精炼厂在英国出现的原因,这当然是为了满足国内市场日益增长的需要。法国也同样出现了精炼厂增加的现象,它与通过原料的再出口从而满足国外需求有重要的联系,而英国的这些机构主要集中在伦敦,大约有80座,或者是布里斯托尔这样的西部港口,大约有20座,它们都在自己的势力范围内进行销售。1751年,爱丁堡建立了一座精炼厂,公司在开幕仪式上宣称"爱丁堡市与其近郊对食糖的消费有了巨大的增长"[14],贸易商补充说离苏格兰省会最近的利斯港与英国在美洲的蔗糖殖民地之间的贸易已经得到发展，以至于内部贸易或者蔗糖生产将会获益巨大。在同一时期，爱尔兰也配备了自己的精炼厂，1766年拥有大约40座，到1780年，仅都柏林就拥有22座[15]。

　　在英吉利海峡两岸，日常生活习惯的改变可能带来对饮料的新喜好，它不仅仅表现在家庭的氛围中，也表现在更大的范围内：茶、咖啡和巧克力在日益时尚的法国咖啡馆与英国咖啡屋这些公共机构中越来越多地得到使用。在和善女王安妮（good Queen Anne）统治下，伦敦的咖啡屋达到500个，每一个有名望的伦敦人都有自己最钟爱的咖啡屋，以至于他的朋友和委托人知晓可以在特定的时间在此地找到他。在光荣革命时期，伦敦最著名的一个机构属于爱德华·劳埃德，它不久就变成所有与大西洋航海有生意来往人群的聚会场所：船长、船主、贸易商与保险代理商。保险代理商成为劳埃德最好的委托人，命中注定要成为世界上最大的保险公司组织就诞生在他们中间。

　　欧洲海外贸易的扩张是通过这些产品以及它们处于其中的社会环境进行的，它在大英帝国与欧洲大陆都是文化的一个主要部分。在咖啡屋里，一个人可以服用除了茶与咖啡之外的其他饮料，一些危害较小的其他饮料也可以在这里得以发现，例如威士忌酒或者朗姆酒，或者是布里斯托尔或者巴思地区出产的所谓矿泉水。提供诸如糖制果品、柑橘或者是食糖与葡萄混合制成的糕点等美味也是可以的。然而，最重要的是，咖啡屋是受人尊敬的场所，它比那些小酒吧或者小酒馆明显地位更高。在家庭与社会消费茶的活动中，女人与家庭的女主人担任了主要的角色。除此之外，咖啡屋是为男客户保留的，这与近东地区的咖啡馆过去的习惯是一样的，男人为了商业或者寻求休息来到此处，以至于这些地方到了后来天然地表现出俱乐部具有的令人尊敬的特性。

烟草嗜好

　　在18世纪末期，不管是在大英帝国还是欧洲大陆，兑糖的茶叶与咖啡为许多人提供了获取热量的便宜资源，包括英吉利海峡另一边最穷困的人，它可以消除身体的饥饿感同时又维持健康而轻松的外表。

然而,烟草才是第一种异国产品,通过大规模的扩散,它对欧洲的口味产生了深远的影响。自斯图亚特王朝复辟之后,英格兰已经发生了这一现象,其形式是抽吸烟草,根据古德曼(Goodman)的看法,成人中大约有1/4的人使用它,频率大概是每天一根[16]。在法国,大众消费在稍后的时间才开始出现,大概是到了18世纪中期。

欧洲在大西洋的扩张便利了烟草向欧洲的传播,这是美洲的种植园成功的最好例子,首先是在加勒比世界,之后是产量与商业化程度更高的英国北美大陆殖民地。

美洲印第安社会在前哥伦布时期就已经大规模地消费这一产品,范围从加拿大的森林到阿根廷的南部。只是在后来16世纪末期,当旧世界认识到它在社会生活中具有医学特性时,欧洲人才开始在新大陆种植烟草。西班牙的殖民者开始从委内瑞拉的印第安人生产者手中购买烟草,在16世纪末期的时候,他们转向于把它变成欧洲,尤其是荷兰商人高度评价的商品,虽然这严重损害了伊比利亚人的垄断权。然而,欧洲在1620年代的弗吉尼亚发现了可以满足对烟草日益增长的需求方式,也就是把切萨皮克的种植园发展到比同时期巴巴多斯与其后的圣克里斯托弗这些安的列斯岛屿更大规模的程度。在18世纪初期,弗吉尼亚为欧洲市场供应了绝大部分产品——欧洲80%的消费由这里提供,剩余部分则由巴西供应[17]。

与茶、咖啡和巧克力相比,烟草的消费在某一文化或者社会环境中获得了忠诚遵守的仪式。对这一产品的消费已经被欧洲化了,其形式就是烟斗和雪茄,以及咀嚼烟草和用鼻子吸。起初,欧洲人进行模仿,之后把它变成印第安人的仪式,因为在绝大多数国家他们起初与小酒馆文化结合在一起,在这些地方人们可以把它与酒精饮料一起进行消费。印第安人在仪式和萨满教这些宗教方面的应用以及把它们提供给客人使用的社会内容完全被改变了,宗教内容得以消除而社会方面的内容得到保留。根据佛兰德人画家大卫·泰尼尔(David Tenier)的描述,这一环境与17世纪的形象是非常接近的,他展示了小酒馆里一个衣着优雅的女人正要点燃一根她的同伴已经填满的烟斗。阿尔努

161

(Arnoult)18世纪的作品《充满魔力的抽烟室》也同样安静。在其中，阿尔努显示了三个优雅的女人围坐在一张桌子边，两个人正在抽吸烟斗而第三个人正在准备烟草[18]。然而，更受欢迎的消费方式可能是很不同的，荷兰水手或者汉萨捕鲸船员、17世纪许多纽卡斯尔运煤船员在伦敦的小酒馆和真正的吸烟室采取的方式成为巨大的商业港口的完整部分。虽然并不常见，抽烟斗可能是水手抵制港口诱惑的一种方式，沉迷于狂欢可能使他们在扬帆出海之前忘记生活的艰辛。当然，在波尔多到伦敦、阿姆斯特丹、汉堡的港口城市，船主与贸易商的高档区域的住处可能配备有充满魅力而安静的抽烟厅，这与为那些进来疯狂花销自己挣的收入的水手所保留的小酒馆大为不同。

　　无疑，在富裕的资产阶级商人的沙龙以及西北欧城市贵族的沙龙上，用鼻子抽烟的消费方式开始成为18世纪的伟大时尚。在17世纪初，西班牙与葡萄牙已经开始用鼻子抽吸烟草。在法国，这种消费方式在18世纪迅速扩张，1789年，农业机构生产烟草的80%都是鼻吸烟草（出产的1 500万磅中就有1 200万磅）。相同的消费方式也传到荷兰与大英帝国，而烟斗在这些地方却下降了。鼻吸烟草时尚的发展可能解释了个人消费相对停滞的现象，因为鼻吸需求量要小于抽烟斗的需求量[19]。在18世纪末期，大英帝国的每个居民每年消费1.5磅；法国则是1磅。烟草的应用已经扩大了，虽然它还是不能与20世纪末的强烈程度相比，法国每人的消费量已经达到3磅，联合王国是4.5磅，美国则是7.5磅。

　　贫穷与沉重的烟草税可能解释了其消费量相对缓慢的增长。然而，我们也有必要考虑走私现象，这在每一个国家都非常普遍，法国与英格兰更是如此。虽然我们也不应该忘记农村人口的文化孤立，因为鼻吸烟草首先是一种城市现象。女人最容易抽吸这种烟草，鼻吸也能够在工作中进行——那些吸烟是危险或者不可接受的地区。鼻吸烟草拥有精致的仪式：消费者经常要准备烟草，因此配备研磨工具的鼻吸盒子是不可缺少的部分。鼻吸盒子是真正的艺术品，由象牙、优良瓷器甚至是黄金制成；它们在贵族与资产阶级客户中"风行一时"。在《巴黎图景》中,塞巴斯蒂安·麦谢尔(Sebastien Mercier)显示了它的使用方式如何由于季节得以改变:"下面是每一季节都在使用的盒子:冬季盒子笨重,夏季的轻便……当一个人拥有 300 个用以鼻吸的盒子时,他可能会请求别人原谅自己没有一个图书馆或者自然历史收藏室。"[20] 玛丽亚-安东尼达(Marie-Antoniette)由于结婚获得了 52 个黄金鼻吸盒子的礼物。鼻烟盒子有许多不同的品质。在英格兰,这一世纪末期可以达到 200 种花样。烟草也能够用糖、橘花、茉莉或者香柠檬进行甜化,虽然大众市场并不重视最香的烟草。

烟草时尚的胜利解释了西欧消费的增长,它在 1710 年已经接近 7 000 万磅,但是到 1800 年已经达到 1.2 亿磅。然而,城市与农村地区的增长是不平衡的,为了准确评估,欧洲的人口繁荣也应该考虑在内,1750—1800 年的半个世纪内,其人口从 1.62 亿增加到 2 亿。这一时尚,特别是时常是痴迷的鼻烟情况使得大西洋贸易找到了在国外销售产品的最好市场,英格兰与苏格兰尤其如此。

扩张的市场

英国的成功

市场需求解释了对国外产品的新口味,以市场需求为支撑,大西洋的贸易活动依赖于可通融的贷方链条,因为这保证了商业活动须臾不可分的筹集资金活动。在这一领域,英国的优势从 18 世纪开始变得非常明显,在进口殖民地商品以及在国内市场进行销售或者是再出口方面都是如此。不管怎么说,法国的贸易商也利用了同样的信用体系。

在这一点上,伦敦因为银行家、经纪人和"资本家"的出现而拥有巨大的优势,他们可以筹措必要的资本进行贸易。另一方面,正如西印度商人没有在工业上继续投资一样——克鲁泽(Franvcis Crouzet)已经发现"殖民"资本在新兴大工业的直接投资是相对少见的[21]——大量的资本准备交予商业中心。尤其是银行,它很自然地发现把自己的储备投资到政府的有价证券方面非常有吸引力,他们特别喜欢通过收取回扣、提供固定资金、提供暂时的预付款来为商业筹措资金,也同样喜欢让从殖民地购买的产品与国内出口的物品保持平衡。实际上,信用扮演了重要的角色:丹尼尔·笛福是雅各布·M.普里斯(Jacob M.Price)引用过的一个例子,他清楚地显示了伦敦"批发商"扮演的角色,他们向外省商人甚至是港口的贸易商提供贷款,通过这样一种方式,国内与国外的商业在很大程度上根据经纪人和零售商的资本情况进行运转[22]。对海外的探险活动而言,信用时间经常超过12—18个月,但是国内贸易的储备资金却不会超过6—8个月。

成功贸易的案例:切萨皮克的烟草贸易

我们有理由把切萨皮克的烟草贸易以及殖民地烟草种植园的发展列入英国大西洋贸易最成功的行列。以欧洲的消费模式为支撑,烟草的再出口也从法国、西班牙、葡萄牙、哈布斯堡帝国以及为数众多的日耳曼和意大利小邦国建立的垄断机制中获益匪浅。从1763年到1789年,这些垄断领域的财政收入在法国的税收中的占比从6.4%上升到了7.3%,在同一时期,它达到了西班牙的25%。

当然,切萨皮克的种植园在生产方面并没有垄断权:

> 巴西的巴伊亚地区的产量是非常重要的,它不仅仅面向葡萄牙市场,也面向欧洲甚至是非洲市场,它在非洲与奴隶进行交换。把巴西烟草运输到非洲的远航从16世纪末期开始,在17世纪末期,巴西黄金的发现增加了奴隶的需求,贸易再次扩张,同时,葡萄牙、荷兰、法国与英国的所有奴隶贸易商都吸食巴西的烟草。

西班牙拥有国家垄断权,因而可以先后依赖委内瑞拉与古巴殖民地的农作物。委内瑞拉的烟草以维瑞拉(Verina)烟草得名,它在欧洲受到热捧,它在欧洲的价格是弗吉尼亚烟草价格的两倍。荷兰人从库拉索走私烟草,在17世纪,阿姆斯特丹比加的斯和塞维利亚接受了更多的烟草。除了1730年代末期外,走私一直持续到18世纪,当时实行地区垄断的加拉加斯新公司扩大了向西班牙运输的份额,但是1739年的英西战争打断了这一贸易[23]。18世纪,西班牙决定增加向古巴的运输,因为古巴更接近欧洲,而且它是从墨西哥韦拉克鲁斯地区出发的西班牙船队的中途停靠站。在其雪茄变得举世闻名之前,古巴的烟草也以其认真挑选的叶子而闻名,这种叶子非常适于鼻吸方式,而启蒙时代的欧洲非常流行这一时尚。烟草是古巴最主要的出口物,它被走私到法国、英国与荷兰的安的列斯地区,然后再出口到欧洲,它在这里的最大市场是汉堡与阿姆斯特丹。然而,整个18世纪的垄断加强了对它的控制,以至于西班牙在 1740—1761 年间每年成功地多接受 2 000 万磅[24]。然而,由于每年的需求大约是 3 500 万磅,西班牙也不得不绕道里斯本从委内瑞拉和巴西,甚至从切萨皮克地区进口烟草。大英帝国在 1729—1730 年向西班牙发送 1 200 万磅的烟草,在 1762—1768 年又多发送了 100 万磅。甚至七年战争也没有打断英国在马德里的销售,当时西班牙与法国站在一边。

与西班牙与法国不同,英国政府在垄断的框架中进入了烟草贸易行列。为了发展殖民地,它甘愿牺牲国家可以获得的最大收入。与此相反,为了把鼻吸和抽烟的烟草工业建立在主要从切萨皮克进口的基础上,正如在国内一样,法国放弃了在圣多明各殖民地的生产,负责垄断经营的、与此利害相关的农民阶层构成了一个最重要的压力集团[25]。在大英帝国,进口商要缴纳高额的关税——在18世纪末期达到产品价格的200%——但是作为交换,他们也鼓励再出口,因为从事这一生意的贸易商可以在海关确立的关税总量上得到削减,即每磅减少半便士。在 1720 年代,苏格兰人与伦敦商人开始了激烈的竞争,沃波尔(Walpole)同意放弃了这一半便士的要求。在欧洲市场,当它的价格比较低时(每磅从 2 到 2.5 丹尼尔),这一体系使得英国的价格比德国、荷兰和其他欧洲国家的价格更具竞争力。这解释了从 1720 年代初到 1770 年代初英国的烟草贸易增长 3 倍的现象。在 1770 年代初,再出口已经占到进口的 85%。

17 世纪末期后,法国的垄断者创造了最大的购买量。在 1690 年代的战争中,法国的海盗掳掠了许多满载弗吉尼亚烟草的船只,法国人偏爱这一口味,而抽烟斗者或者鼻吸者喜欢安的列斯地区的烟草,海盗们以非常便宜的价格把烟草卖给垄断者。1697年实现和平之后,烟草公司每年从英格兰购买100万磅以上,在整个18世纪也有规律地增加了购买量。在美国战争前夕,这已经攀升到每年2300多万磅,即使在七年战争中,颁发的执照仍然使他们每年能够接受大约1200万磅。法国购买量的增长是英国从切萨皮克、弗吉尼亚和马里兰实现进口繁荣的一个重要因素。在格拉斯哥,苏格兰在市场的扩张中比伦敦受益更大:1740年后,其进口增长的速度每年超过了4.5%,而英国购买的平均增长率不超过2.4%。1762年后,苏格兰占据了进口市场的40%,而伦敦则不到40%。这一世纪中期之后,法国更喜欢从格拉斯哥得到供应。到1775年,切萨皮克的商业成为大西洋最主要的活动极,雇用了330多条船和4000多名水手[26]。

谁收获了这一经济繁荣的成果,是种植园主还是贸易商?实际上,后者看起来受益更大。在烟草委托的体系中,种植园主把产品运送给伦敦的公司进行销售并为下一季的收获垫付资本。大种植园主参与大的委托体系,这样确保了他们可以从伦敦的贸易商获得贷款,从而控制了他们不太重要的邻居的产量。然而,1745年后,一种基于当地代理人直接购买的新的销售类型出现了,而且,由于它与前一体系的竞争作用使得价格飙升。主宰弗吉尼亚和马里兰当地代理人贸易的是苏格兰公司——主要是格拉斯哥——它的价格更高并尽其所能利用自己的船只,因为这比种植园主的交托装载更为快速。从切萨皮克到格拉斯哥的航行更为迅速,因为格拉斯哥要比伦敦更深入大西洋。许多小规模的种植园主对这一新的交易模式兴趣浓厚。伦敦的烟草商人——布坎南(Buchanan)、罗素(Russell)与莫里森(Molleson)——继续获得大种植园主的信任,而他们也向后者提供巨额贷款。到1733年,在市场趋势突然发生逆转后,伦敦的大贸易商损失惨重。这次危机也清楚地揭示了这一商业的投机性质,这是一个建立在信用体制上的贸易。七年战争造成的烟草天价提升了种植园主的购买能力,以伦敦为基础的代理机构把欧洲商品销售给这些种植园主,同时同意以烟草或者交易票据担保预付款,并给予债务人长达一年的贷款期限。到1770年,由于良好的收成,市场开始饱和,价格急剧下降;由于烟草已经可以保证种植园主债务的高额价格进行运输,授权的透支款项数额太大因而不能达到收支平衡,而伦敦运输到弗吉尼亚的货物销售情况也非常糟糕。巨大崩溃在1772年末期和1773年冲击着伦敦的公司。由于很少卷入这一信用链条,格拉斯哥较好地从这一商业中摆脱了出来。

通过烟草贸易,作为"奴隶市场"的切萨皮克比北美的任何其他市场对促进殖民贸易在大英帝国的重要性方面的贡献都大。虽然正如1773年的危机一样,种植园主的债务系统可能对国内商业风险极大,但是为了交换殖民地的货物,购买力的增长使得北美比大英帝国可以获得的其他任何出口市场有更大的重要性。北美的份额也因此从这一世纪初英国出口额的5.7%攀升到1772—1773年的25.3%,在美国独立之后,大英帝国也能够在冲突之后的几十年中迅速地恢复北美市场,到这一世纪末期,北美在英国出口中占25%—30%[27]。

大英帝国的加勒比市场

在与安的列斯有关的英国贸易中,我们在切萨皮克贸易中遇见过的投机性质也可以在这里得以发现。然而,这并不能贬损北美市场的巨大成功。当然,就英国进口的殖民地产品的价值而言,食糖位列榜首:1771—1775年,其价值达到240万英镑,而烟草却没有超过100万英镑,咖啡与靛青各占30万到50万英镑。在同一时期,糖业贸易用到459艘船只与5 500多名水手,西印度进口的总量超过300万英镑,而仍然处于低位的大陆殖民地进口也已经达到200万英镑。

然而,英国安的列斯的情况是不平衡的,因为某些岛屿的地力已被耗尽因而不能支持糖业生产,巴巴多斯就是这样的例子,1771—1775年其销售量下降到平均每年5 715吨,而背风群岛(蒙特塞拉特岛、圣基茨、尼维斯岛、安提瓜岛)在同一时期贡献了25 654吨,牙买加的贡献也超过了44 000吨。商业情况有利于市场保护的制度,从这一世纪初开始,英国从安的列斯的进口增长了3倍。安的列斯的"珍宝"是牙买加,它是后来才加入糖业经济的,从1670—1770年的100年间,种植园的数量增长了7倍,1768年在10万奴隶劳动下几乎达到648座种植园,生产了6万多吨生糖,每个奴隶每年大约生产0.6吨。牙买加大约出口其总产量的86%,而岛上的12 000个白人消费1 219吨,也就是说,每人超过100公斤,这远远超过同时期英国人均消费的数量[28]。

商业仍然受制于非常不规律的气候条件,干旱与飓风能够破坏收成并损害建筑物,而藤条容易沦为疾病的受害者。在开始于1月的"卷浪"季节结束后,远航在3月中旬开始成行。为了在伦敦、布里斯托尔或者利物浦卖到最好的价格,船只都试图第一批到达这里,而延误一到两天可能使自己的货物遭受沉重的损失,因为随着越来越多货物的到来销售会变得非常缓慢。第一批糖在5月末到达布里斯托尔,海事活动也在4月1日到7月末达到顶峰。在这些时间结束之时,飓风的风险使得远航停止了,因为保险公司的费用变成了天价。

实际上,牙买加的食糖并不是公认最好的食糖:伦敦的贸易商都指责其品质太差,远远差于巴巴多斯或者背风群岛的食糖。另一方面,牙买加生产的朗姆酒价格高昂。作为精炼生糖的副产品,糖蜜的绝大部分进入牙买加,用以蒸馏需求量很大的朗姆酒,牙买加生产的朗姆酒超过168万升。正如食糖一样,当地的消费量是相对高的,殖民地消费了朗姆酒生产量的28%,也就是说,超过了470万升。每一个白人每年饮用量高达117升,而每一个黑人成年男性在"巨大"胃口的驱动下每周饮用的有4.5升[29]。在伦敦,人们认为安的列斯人由于滥用朗姆酒而形成了与埃及木乃伊一样的身体。自由的黑人与黑白混血儿每人每年饮用90升;奴隶是13.5升。大英帝国与爱尔兰在朗姆酒市场中位列榜首,消费了其中的3/4。我们也注意到英国的大陆殖民地很少从牙买加获取供应,其860万升的绝大部分朗姆酒是从安的列斯的背风群岛和巴巴多斯进口。北美的消费者对质量远次于牙买加的进口朗姆酒也比较满足,但大陆殖民地利用国外安的列斯特别是法属群岛进口的糖蜜生产的朗姆酒也日益增多。

糖业生产主宰了西印度的经济,这远远超过了法属安的列斯地区的情况。到1770年,食糖与其副产品——糖蜜与朗姆酒——超过了牙

第五章　大西洋殖民的黄金时期：18世纪

买加出口总量的89％，咖啡所占的份额很低，仅仅在法国1763年割让的岛屿多米尼克与格林纳达上生产数量较大，但是从这一世纪中期开始，它的价格却一直在增长。

由于英国的价格比欧洲大陆更高，甘蔗种植园主在七年战争之后经历了一个黄金时期，他们成功地把战争期间英国占领的瓜德罗普岛与马提尼克岛这些竞争者从英国市场上排挤了出去，由于殖民地游说集团的压力，英国没有兼并这些地区。由于航海条例出现的改变，爱尔兰与苏格兰直接接受蔗糖，爱尔兰也从布里斯托尔与利物浦接受蔗糖，同时也扩张其到安的列斯地区的航海活动：1682—1683年价值35 000英镑，在1773—1774年其价值攀升到287 000英镑。通过把咸肉、黄油和亚麻运输到安的列斯群岛上，爱尔兰也在安的列斯贸易中实现了巨大的繁荣。

在西印度群岛，牙买加、西班牙美洲大陆和墨西哥之间的贸易关系增加了殖民地的重要性，殖民地从这些地方接受比索，作为交换，它们也把国内市场的工业品出口到这些市场。

正如在切萨皮克一样，贸易关系时常使种植园主靠国内市场的贸易来维持安的列斯的商业。由于委托购买体系，伦敦势力强大的公司控制了安的列斯商业的绝大部分。接受蔗糖与其他殖民地商品的委托者负责售货并从欧洲购买产品。更大的预付款授予种植园主，这些人的收成程度不等地受制于天气或者奴隶的价格，而战争可能阻碍非洲奴隶的进口。一旦种植园主不能归还先前授予自己的贷款，蔗糖风险中的不平等形式就会把他们推入可怕的困境。

持久的金融援助有时使得商人与种植园主发生直接联系。牙买加在17世纪末期为了收获庄稼获得的贷款只有9个月，而购买奴隶的贷款却可能达到两年的时间。欧洲向殖民地销售的商品价格上升为贷款买了单，在贷款中，利息时常都没有被扣除，以至于总是存在两种价格——现金与贷款——后者自然价格更高。这一体系围绕伦敦、布里斯托尔或者利物浦的委托人展开，他们购买供应物品与设备并销售安的列斯的商品。例如，在伦敦，最大的贸易商拉塞尔斯（Lascelles）从

17世纪开始在巴巴多斯已经非常活跃,他对种植园主抱有相对自由的态度,在财产上进行稳定的投资。然而,在布里斯托尔,佩尼(Pinny)希望得到更多的担保,也不太情愿授予贷款。

伦敦控制着市场,至少就布里斯托尔而言是这样。利物浦在国内市场发展了降低蔗糖价格的惯例,因而实际上相对独立于伦敦的费率。相反,为了固定价格,布里斯托尔焦急地等待伦敦市场的开放[30],在大宗货物进口的时候,伦敦价格的崩溃极大地影响布里斯托尔的市场,这里的精炼厂家因此可以等待港口贸易商降低价格,并希望以更具吸引力的价格从伦敦购买大量货物。摩根(Kenneth Morgan)注意到从安的列斯到达布里斯托尔的船队控制着市场:如此庞大的船只导致了市场的饱和,这也导致了更低的费率;相反,那些装载较少蔗糖的船只来到供应不足的市场会迎来一个更好的价格。收成的数量与品质的信息也构成了市场行为的一个重要因素,而牙买加在其中占据重要地位。

战争造成了一种完全不同的情况:在美国独立战争期间的1780—1781年,投机者把自己的钱财投入政府的有价债券而不是安的列斯的生意上。诸如圣托马斯和托尔托拉岛(Tortola)这些国外岛屿以非常有吸引力的价格提供蔗糖,这引起了英国安的列斯地区销量的崩溃。在1782年进行谈判的和平消息到来之时,它们向布里斯托尔的销售已经停止了,商业也遭受了沉重的损失。唯一的选择是迅速销售蔗糖或者储存大量的货物以等待价格的回升。种植园主倾向于前者,因为他们为了支付资金希望更快销售货物。总而言之,这是一场决战,竞争的贸易商、进口代理人、受托人一方与精炼厂主和代理人一方进行对垒。

如果考虑到这些环境中持久的低潮,国内港口的贸易图景无论如何维持了一种繁荣,这是商人在他们接受殖民地商品的委托并把欧洲的产品出口到美洲而实现的利润造成的。另一方面,我们也没有必要接受某些人提出的一种灰暗图景,他们没有考虑种植园主的抗议。在迈克尔·克拉顿(Michael Craton)与詹姆斯·沃夫温(James Walvin)对牙买加富裕的帕尔克(Park)种植园的研究中,他们发现1776—1796年(包括12年的战争与9年的和平时期)的平均税收与美国独立战争之前的水平相当,甚至有可能更高,与1750年之前的水平相比则翻番了,平均回报率是资本投资的15%—20%[31]。

"奴隶"市场与英国在美洲市场的出口繁荣

商业被有意地集中在享受帝国保护的大西洋市场上,因为某些欧洲国家的贸易保护政治在很大程度上缩减了他们自己市场吸收工业产品的能力。正如法国一样,英国的重商主义法律极大地支持了把产品出口到殖民地市场的倾向。当英国的商业与航海条例进入17世纪中期后,殖民贸易只不过是英国海外贸易的10%。正如雅各布·M.普里斯的著述所言,与下一世纪非凡的增长相比,"立法者"最奢侈的梦想证明还是比较温和的[32]。实际上,在爱尔兰、北美与安的列斯殖民地以及西非海岸,英国的出口从1669—1701年到1772—1774年增长了7倍,前一时期它不到总出口的1/5,而第二时期则几乎是其3/5。

在那些没有受到贸易保护的市场,出口商的任务显然更加困难。英国产品在欧洲南部的销售仅仅增长了50%,而在北欧和西北欧的销售甚至开始下降。英格兰从"海军商店"购买许多战略商品,诸如抛锚与起锚的铁器、索具、桅杆、用作缆与绳的纤维,在这一方面,英国1772—1774年的出口只占到进口的20%。为了降低赤字,他们必须依靠对殖民地商品进行再出口,以及从其他的商业地区实现贷款转移。殖民地的保护政策也证明可能部分地有害于出口大战略。1705年后,议会对从北美殖民地的海军商店实行进口补助的法律进行投票表决。到1740年,为了替代从中欧进口亚麻纺织品并为美洲种植园的奴隶服装需要而出口亚麻,伦敦试图补贴英国在苏格兰和爱尔兰的亚麻生产。而中欧则通过彻底削减对英国布匹的购买进行报复。

在欧洲采取重商主义政策而导致的困难面前,大英帝国日益转回到跨大西洋市场,在此地,除了原先的英国殖民地市场外,伊比利亚殖民地市场也非常诱人。在法国与英格兰之间的西班牙王位继承战争中,它们的发展成为争议的焦点。在《乌得勒支条约》中,马德里同意了伦敦的要求,满足了英国出口商把工业品与俘虏的非洲人卖给西班牙殖民地的欲望,根据协议英国每年只能运送一次货物。然而,查理三世的西班牙采取了相同的贸易保护政策,再到后来 1800 年代西班牙美洲殖民地的独立时代,贸易商的想法中可以包含新的梦想。乔治·坎宁继续夸耀说"正在产生的新世界将为旧世界建立新的平衡"[33]。

然而,在整个 18 世纪,英属美洲才是更好的代理人。1770 年殖民地从英国国内进口的货物大约 90% 都是工业品或者半工业品[34],对英国公司来说,维持殖民地的代理人成为它们长久关注的对象。它要求议会作出重大的财政牺牲,而为了使蔗糖的价格更具竞争力并获取新的客户,议会正在补助英国精炼厂对北美市场的蔗糖实行再出口。英格兰大约半数的铜业商品,以及铁器、陶器、棉花、亚麻以及丝绸纺织品都被出口到殖民地市场;当本杰明·富兰克林威胁要关闭这些市场的时候,他对自己的行为是非常清楚的。殖民地本来也可以生产自己进口的商品,但是英格兰制造的工业品有更好的品质,以至于口味与时尚主导了从大英帝国的购买行动。

我们也需要强调英国北美殖民地用以解决从英国购买产品可以利用的引人注目的条款。英国的商业公司同意了长期的贷款;由于缩减了运费的成本,运输的价格处于最低点;然而,最重要的是,由于与其他国家维持着合法或者非法的商业联系,殖民者拥有强大的购买力。

这一联系的一个极好例子是美洲对原产国外安的列斯、特别是法属群岛的糖蜜的进口[35]:1770 年,圣多明各生产了大约 4 046.84 万升糖蜜,其中超过 65% 得以出口。法国接收了 495 万升,数量相对较少;德国、意大利与荷兰用同样的糖蜜制造杜松子酒;但英国的北美是最好的客户,进口超过了 1 960 万升,或者原汁原味进行消费,或者用以制造朗姆酒。实际上,殖民地的餐桌上用食糖替代了糖蜜,销售情况也更加良好。在新英格兰,需求量很大的糖果由糖蜜组成,它在诸如感恩节这些节日以传统的方式得到使用。宾夕法尼亚的德国人喜欢苹果派,它可以与安的列斯的糖蜜一起烹饪;在圣诞节,许多孩子可以享用姜饼,糖蜜也在其中得以使用[36]。1728 年,一个 9 口人的中产阶级家庭每年使用 32 升糖蜜进行烹饪。

然而,用以制造朗姆酒的糖蜜进口一直处于增长之中。从 1713 年开始,法国市场禁止从事与葡萄酒无关的其他生产,但是从安的列斯群岛为了奴隶贸易而出口到非洲的数量是微不足道的。为了供应波士顿的 36 座、新港的 16 座、纽约的 17 座酿酒厂以及费城的酿酒厂,美国人也从瓜德罗普岛与马提尼克岛进口糖蜜;仅仅在马提尼克岛,大约 126 艘船装载了 258.75 万升,也就是说,每艘船大约装载两吨糖蜜。这些相同的船只也抵达荷兰的圭亚那,这里的糖蜜价格极低,而且这里在夏季的时候也没有飓风的危险。在丹麦的安的列斯群岛的圣克罗伊(Sainte-Croix),我们也能够发现大陆殖民地的船只装载着法国用以走私的糖蜜。整体而言,法属殖民地到目前为止仍然是最主要的供应商,它为美洲提供了进口糖蜜的 87% 还多。英国北美制造的朗姆酒品质极差,很难与牙买加的朗姆酒相比;它一方面缺乏其安的列斯对手的颜色与香味,另一方面价格还比它们高很多。1770 年,新英格兰占据了北美朗姆酒需求的 2/3。这使得朗姆酒的巨大消费得以维持。根据约翰·马卡斯科尔(John Mccusker)的看法,殖民地每年饮用的朗姆酒与现在美国人饮用的朗姆酒不相上下,这大约是其人口的 100 倍。大陆殖民地消费的总量超过 3 400 万升[37],也就是说,每人每年 14 升,而在同一时期——1770 年——英格兰与盖尔人国家消费的不超过 2.15 升。饮料为新英格兰的水手与渔民、宾夕法尼亚和纽约的捕猎手以及相同殖民地的伐木工人提供了必需的能量。

虽然也存在一定数量的跨洋出口——123.3 万升出口到纽芬兰岛,142.2 万升流入非洲贸易区——非洲市场就程度而言是相对弱小的。1770 年,不到 1/3 的大陆殖民地朗姆酒出口向这里运输[38]。实际上,这些殖民地在奴隶贸易中只占很小的成分:在《乌得勒支条约》与七年战争中,只有马萨诸塞与罗德岛派出了一些船。七年战争见证了大陆殖民地海洋贸易史无前例的扩张,尤其是新近卷入的奴隶贸易,他们把奴隶销售到英国占领的法属岛屿与西班牙岛屿(从 1759 年到 1763 年有 19 000 名奴隶被运送到瓜德罗普岛;从 1762 年 8 月到 1763 年 1 月向古巴运送了 11 000 名)。然而,交易量随后再次缩减,1770 年大陆殖民地只有 29 艘船驶向非洲海岸,每艘船装载有 44 000 升朗姆酒,而进口的奴隶数量只有4 400人,不到欧洲奴隶贸易总量的4.2%,是英国总量的7.4%(在欧洲人运送的104 761名奴隶中,其中的59 459名是由英国人运送的)[39]。

购买的安的列斯产品主要由北美的销售物品支付。当然,在1768—1772年,大英帝国与爱尔兰是最主要的客户——在总数为280万英镑的出口中,160万英镑货物的目的地是联合王国,占总量的57%。然而,英属安的列斯与外国安的列斯是第二个最重要的客户,接收了价值70万英镑的产品,超过了总出口的27%,而南欧购买了40万英镑,占总量的14%。当然,由于大量向国内购入商品,贸易的不平衡仍然是存在的,但是在1766年,本杰明·富兰克林清楚地阐明了解决这一问题的方法:

> 通过把我们的产品运输到安的列斯地区并在法国、西班牙、丹麦和荷兰的群岛上销售它们,同时也把它们运输到欧洲的西班牙、葡萄牙和意大利,平衡是可以达成的;在所有的这些地区,我们或者接受现钱、交易票据,或者接受很快就可以运输到大英帝国的产品,除此之外,我们在环线航行中的商人与水手也获取了一些利润;他们船只获取的货物在最后被运输到大英帝国,这样就恢复了平衡,也可以为我国各个地方使用的英国工业品或者我们商人销售给外国人的工业制品付账[40]。

美国独立战争前夕,在1768—1772年平均140万英镑的贸易失衡中,北美用以装备的场地就大约占60万英镑,其他"无形"的税收产出是20万英镑,也就是说贸易赤字的58%是由商人的利润买单的。除了这些,政府花费在殖民地的40万英镑也是一笔重要的资金。

1733年的糖蜜条例在进口国外糖蜜方面设置了令人望而却步的关税,同时又批准销售木料、牲畜和供应品,但是这一法令没有应用到现实中,尽管英国存在重商主义的措施,运输到安的列斯的供应品与木料成为日益增长的税收的源泉。1768—1772年,美洲在南欧与安的列斯销售的面粉一项就攀升到44 307吨,其中的20 653吨运送到了安的列斯的种植园。在这些货物的销售中,纽约与宾夕法尼亚是最为成功的,它们把15 014吨运输到了安的列斯地区。另一方面,在出口到安的列斯与南欧的咸鱼中,两地分别接受了9 826吨和5 854吨,马萨诸塞在这一出口中占据榜首,运送了13 363吨。

实际上,安的列斯的扩张加强了它们对北美大陆产品的需求,也提高了产品的价格并增加了13块殖民地的税收。对绝大多数美国产品而言,其价格在这一世纪的中期的上涨要比供给英国工业的产品价格上升得快:就小麦的既定数量而言,一个农场主可以购买更多的布匹或者金属产品。在1760年后,这一趋势反转了,但是当英国决定购买谷物而且葡萄牙的市场得到扩大时,种子与面粉的价格继续上升。

此外,英国国内与殖民地的商业活动经常包括以货易货的协议:用烟草交换亚麻布,用生铁交换五金器具。英国的供应商不得不购买烟草与铁器以使自己能够积累巨额资本并加速自己资金的流通。实际上,贷款仍然是大英帝国所有殖民事务的根本基础:在美国独立战争前夕,它在北美、安的列斯以及非洲的贷款链条中投资了900万英镑。实际上,大英帝国对大西洋贸易采取的灵活的经济支持方式意味着它可以此应付法国大西洋市场繁荣而对它构成的挑战。

法国巨大成功背后的脆弱性

法国18世纪初期在大西洋的境遇

在路易十四统治的末期,英国的发展使英法两个国家之间出现了明显的差距。正如同时代的某一观察家注意到的:

> 正如西班牙依赖邻国提供自己领土无法生产的物品一样,法国也依赖于英国,在这样一种情况下,我们的工业与我们的航运将消亡。英格兰由于臣民、商业和财富的发展将变得更加强大。

1714年,这一送到外务大臣德托尔西侯爵(Marquis de Torcy)的备忘录表达了整个18世纪绝大多数人持久的担忧[41]。然而,法国不仅仅缩短了这一差距,它甚至也证明了自己能够在大西洋的殖民贸易中击败其竞争者。

伦敦已经在前一年签订的《乌得勒支条约》中作出了重大的让步。受到羞辱的西班牙同意英国运输黑奴的协定——为西班牙美洲大陆供应非洲奴隶的权力落入英国奴隶贸易商的手中;它也获准——以"每年一船"而知名——载重为300吨的英国船每年都可以把英国商品运输到美洲印第安地区。然而,西班牙的衰落也可以看作是法国的衰落。实际上,真实的情况是,为建立和平进行谈判所造成的威胁在1711年就出现了,当时法国负责外交事务的一个皇家委员会要求拒绝英国"在南部海域要求的两次让步":

> 一定有人劝我们说它(智利海岸附近的胡安费尔南德岛屿)应该像现在这样被抛弃。如果它落入英格兰的手中,那么在几年之后,这儿就会有大量的人口,港口也将被建立,它很快会变成世界上出售欧洲与亚洲工业品的最大的贸易中心,英国将在这里为秘鲁与墨西哥王国提供物品……[用以交换]他们矿场每年出产的6 000万黄金与白银,而这就是它们工业的目标与结果;这个国家在商业上是如此娴熟,在船只上是如此强大,其所作的努力正是为了控制美洲的巨大税收[42]!

然而,这些恐惧将被证明并无根基。首先,每年一船的条款得到应用并没有带来想象的那么多收获。根据 J. H. 帕里(Parry)的看法,从1714年到1738年,贝罗港与韦拉克鲁斯每年的贸易事务只有八次[43]。实际上,英国通过非法贸易销售的英国产品才使得大英帝国介入了墨西哥比索的流动,但它们经常要面对仍然高度活跃的西班牙舰队;令人失望的贸易使得伦敦在1739年对西班牙再次开战。然而,通过利用1703年与葡萄牙订立的联盟条约,英国人已经扩大了对巴西海洋经济的控制:他们分享了巴西的黄金繁荣,他们在葡萄牙市场销售布匹和其他产品,这样创造的出口盈余只有通过巴西的黄金才能得到平衡。另一方面,在西班牙帝国,在超过半个世纪的时间里,法国设法扩大了贸易,它或者是通过法国殖民地的媒介地位,或者就是直接联系。

然而,从1715年看,英国的前进步伐看起来是无法阻挡的。从1652年到1674年,英国在17世纪后半期的连续三次战争中控制了荷兰,英国通过胜利获得了不少益处。正如在皮货和奴隶方面一样,它也设法打破了荷兰在蔗糖与烟草贸易上的优势。最重要的是,17世纪的危机打击了法国但却没有冲击英国:在"黑暗的17世纪",法国的经济如果不是受衰退之苦,至少也是受停滞之害,科尔贝扭转这一趋势的令人称赞的努力注定难以成功。这也可以解释两个国家之间的巨大鸿沟。法国经常爆发的经济与人口危机带来的是税收与消费的降低。相反,英国的经济虽然在内战时期与反对路易十四的战争时期经历了困难,但没有受到暴力危机的折磨,每个居民的平均收入都有所增长。英国的殖民扩张是早熟的,在1660年代,对国外产品的再出口成为英国海外贸易增长的主要因素,而法属殖民地之间的贸易在很长的时间内几乎可以忽略不计。1715年,英国的商业船队更加重要,积累的商业资本像贸易一样非常庞大。

不管怎么说,这一普遍的趋势不应该隐匿某些部门在法国经济中增长的现实,它在路易十四统治的末期是非常明显的。尽管战争造成了一定的反复,海外贸易还是经历了一定程度的扩张,和远部大西洋的贸易——西班牙殖民地与安的列斯地区——也在增长,而且法国与欧洲的贸易也持续了下来,它通过荷兰的媒介地位也到达了北部国家,这些地方可以接受其出口总量的1/3。由于路易十四统治末期进行了1713年的货币评估,皇家货币贬值政策为出口创造了有利的条件。《英法商业条约》是许多因素综合考虑的结果,当它进行谈判的时候,英国的大西洋商人表达了自己的恐惧:

> 战争已经降低了法国的交易费率,里弗尔的价值已经从18便士降低到了12便士,这使得法国商人拥有了优势……他们向我们

销售的工业品开始好转,如果我们只对他们的进口设置中等的关税,我们国家将会充斥法国产品[44]。

复兴的标志出现在大西洋,法国人已经控制了这里的安的列斯与西班牙美洲大陆的市场。在《赖西克条约》签订之后,法国的圣多明各开始出现蔗糖经济,这将使得它在这一世纪变得非常富裕。由于英国安的列斯群岛蔗糖经济的某种衰退,以及巴西产量的下降,1701年后的大安的列斯地区出现了蔗糖磨坊的狂热趋势:"52座转动的蔗糖工厂[用以加工藤条糖],其他30座也准备在三个月后运转,90座已经开始了。"根据总督德伽雷费特(de Gallifet)给庞切特朗(Pontchartrain)大臣的信件,殖民地正在进入奴隶种植园的大发展时期[45]。

法国18世纪的发展

正如弗朗索瓦·克鲁泽清晰地描述的,数据是一目了然的:法国的海外贸易从1716—1720年的平均2.15亿里弗尔上升到1784—1788年的10.6亿多一点,其价值增长了5倍。即使把物价上涨的因素考虑在内,它也至少增长了3倍。英国的海外贸易从1716—1720年的1 300万英镑(平均值)跃升到1784—1788年的3 100万英镑,因而比其法国对手的扩张速度更慢[46]。

这一动态增长在很大程度上来源于大西洋。在西班牙以及从加的斯经过的西班牙美洲大陆,法国维持了路易十四统治时期就已经获得的地位,法国在这些市场继续充当工业制品最重要的供应者。这一扩张的最大益处是贸易的"美洲化":从1716—1720年到1784—1788年,殖民地贸易量增长了10倍,而与非欧洲国家的贸易只占后一时期贸易总量的38%。

在圣多明各,蔗糖培育的扩张与咖啡一样"与闪电一样突然"[47],在这些新的土壤上,产品是以地板价生产的,与英国地力耗尽的岛屿的商品以及高昂的生产成本相比,圣多明各的产品在欧洲市场上很有竞争力,这构成了殖民地贸易繁荣的根基。之后,它的大西洋港口使得殖民地商品的再出口增长了8倍。这一繁荣甚至比英国的再出口更加引人注目,英国虽然在 1700 年仍然数量巨大,占到出口总量的半数,但是在 1720 年代之后急剧下降,至少就蔗糖而言是如此。

法国在大西洋的黄金时代在七年战争之前处于最好的年景,交易量在 1735 年到 1755 年实现了巨大的扩张,海外贸易的价值在不到 20 年的时间内翻了一番。七年战争的灾难性结果使得贸易衰退变得非常明显,由于英国海军从海上驱逐了法国船只,而求助于中立国的船只不能弥补敌方巡洋舰导致的结果。在其后的时间内,每年的平均贸易量很少超过先前年景的半数。在美国独立战争时期,贸易仍然急剧下降,从 1777 年的 7.25 亿里弗尔下降到 1779 年的 4.5 亿里弗尔。然而,同样真实的是,战争之前出现了明显的复兴,法国大革命前几年出现的新繁荣使得 1787—1788 年实现了平衡。

实际上,抛除战争的影响,贸易上的结构弱势也开始自我暴露。首先,贸易日益变得仅仅依赖于安的列斯地区:在 1780 年代,仅圣多明各就占了法国与殖民地贸易量的 3/4,它也是再出口方面的最大部分。当与大英帝国比较时,法国的另外一种弱势也表现出来:工业产品在法国再出口物品中的比例相对有限,从来就没有超过 2/5,而在英格兰,工业品占到了再出口总量的 2/3。处于法国贸易物品前列的是咖啡、蔗糖与葡萄酒,之后是纺织品与丝绸。法属大西洋的另外一个弱势是,与国内机构相比,特别是中产阶级与其更高的购买能力相比,法国的殖民地没有出现社会结构的变化。英国的 13 块殖民地拥有一个在生活水准上接近欧洲中产阶级的群体。在法属安的列斯地区,部分是由不上班的种植园主组成的白人少数集团难以充当这样一种角色。最后,也是法国方面至此最严重的缺陷,英国对海洋的控制从来没有遭到严峻的挑战——海权是大英帝国的特产。

"安的列斯群岛的珍珠"——圣多明各的成功

因此,如果脆弱的商业帝国前途有可以怀疑的严肃原因,法国的成功并不会给同时代人造成太强烈的印象,而它最独特的标志就是圣多明各厚颜无耻的财富。

在启蒙运动的时代,殖民地的城镇总是引起航行者赞赏性的惊奇:

圣多明各北部海岸的弗朗西斯角（Cap Francis，现在的海地角（cap Haitien））被称为"安的列斯地区的巴黎"，它最好地体现了种植园与贸易商的成功。1743年以后，马格莱特（Jusuit Margrat）显示海地角"在开始只不过是一些渔民的棚屋与装载货物商店的偶然的集合地，但现在已经变得相当可观了"。40年以后，在贸易的顶峰时期，穆梭·德圣梅里（Moreau de Saint Mery）清晰地总结了这一城市的活动：

> 这两个街道［穆梭刚刚显示政府大街（rue du government）"充斥了贸易商"，现在又加上了圣瓜斯大街］看到的长排的商店是让人惊奇的景观。每一港口的船只在这些港口炫耀着工业商品……也陈列着从外部港口带来的物品。每个商店前面是一张周长为三英尺的桌子，上面有将要在此进行销售的货物的详细目录，也有船长与其船只的名字。当一个人首先听到加斯科涅人的口音，之后是诺曼底人、普罗旺斯人与敦刻尔克人的口音时，他可能认为自己在短短的时间内已经碰到了所有的法国人[48]。

到此时为止，海地角的人口从这一世纪中期开始已经增长为3倍，几乎达到2万名居民。当然，并不是所有的人都从城市的繁荣中平等获益，穆梭·德圣梅里注意到每6个白人中就有一个没有财产，他们满足于"对不确定事件进行投机"。然而，海地角的财富来自控制着绝大部分贸易的一个港口，它的财富也是惊人的。在1788年，465艘船从法国的港口派到圣多明各；海地角几乎接受了其中的2/3，大约是320艘船。在这样巨大规模的贸易中，它的港口占驶向法属安的列斯地区的跨洋活动的40%多一点：1788年，783艘船从法国出发驶向加勒比地区。大约15年前，即1773年，从法国出发驶向美洲岛屿的570艘船中的296艘船在圣多明各受到接待。在这一时期，法国加勒比地区的航海在大西洋地位尊崇：英国安的列斯接纳459艘船，切萨皮克殖民地则是330艘。在跨越海洋获取烟草、蔗糖、咖啡、靛青和棉花的总量为1 359艘船的活动中，法国在安的列斯的交易量占据总量的大约42%。

海地港口活动的强度通过从法国到来的船长们热火朝天的装载与卸载活动得到体现。通过获得最有利的海风条件从而缩短停留的时间成为优势。由于这样一个原因,他们迅速租借了位置最好的商店并毫不犹豫地支付最昂贵的租金。在1784年,那些船长为了急于获得自己可以自由支配的最好商店而每月支付1 000—1 200里弗尔花销[49]。

更多品种的货物得以卸载:供应品,特别是面粉、葡萄酒以及肉类,它们仍然在引进的产品中占据最大份额,而经常拥有高额价值的"干货"也是货物中的一部分。除此之外,原料供应也应该加入进去,例如车轮以及蔗糖工厂用的鼓形圆桶,以及烹饪蔗糖汁液的维索酒铜壶,甚至有建筑材料,例如卢瓦尔河出产的板岩、拉吉伦特的石头,以及用在海地角街道建设上的巴锡(Barsac)的铺路石。在1780年代末期,尽管有来自费城或者纽约的美国供应商的有力竞争,波尔多的船只仅面粉就卸载了大约2万吨。根据穆梭·德圣梅里的陈述,海地角20名面包工人大约需要70桶面粉,也就是说,每天大约6吨面粉,这样可以为当地居民提供白面包,它有点类似于国内的面包。

然而,船长们小心翼翼地关注着他们销售物品中"干货"的价格与数额。无疑,出现在最新布匹上的时尚与欲望而不是生活环境激励了岛民的行为。购买更好的衬衣、妇女贴身内衣、丝袜或者花边马甲满足了克列奥尔人的虚荣心。与此同时,在法国国内,这些销售时不时刺激了肖莱市(Cholet)、瓦朗谢纳(Valenciennes)、冈日(Ganges)、里昂与圣埃蒂安(Saint-Etienne)地区奢侈商品制造的有力增长。1788年,出口到安的列斯的价值是7 500万里弗尔,其中纺织品超过了3 400万里弗尔,也就是说,它决定性地高出了供应品的价值(2 900万里弗尔)。在波尔多,仅仅是针织品的价值就足以达到出口价值的1 500万里弗尔,而最知名的物品——肖莱市的手绢在其中占据重要地位。对水手与他们的船只来说,这些产品构成了自己获取利益的"私自"活动的基础。船主或者其他贸易商送出的货物中不包括华而不实的货物(Pacotilles)。在绝大多数情况下,贸易建立在信用体系上,这些商品为那些缺乏方式参与货物份额的商人提供了首次参与岛屿事务的机会。

　　这些商品的价格是非常高昂的,那些华而不实的物品的价值经常是1万到1.2万里弗尔,甚至更高。有了这些金额,一个人可以确保获得诸如靛青这些殖民地最昂贵的商品,或者是更好的西班牙比索等。这些货币看起来在18世纪的安的列斯地区正在发生双重循环。一方面,比索经常在加的斯被卸载,在这里,马赛、巴约讷和波尔多的船只在跨越了大西洋聚在一起并把资金投入安的列斯的市场后,因为这里的市场经常遭受现金短缺之苦,"手里攥着银子"的船长以最低的价格购买殖民地的商品。然而,比索也从西班牙美洲大陆或者墨西哥流入圣多明各和马提尼克岛,用以和华而不实的物品进行非法交易。

　　一些葡萄牙裔犹太人已经在波尔多、弗朗西斯角或者太子港建立了公司,这些公司好像把殖民地与整个西班牙属地的贸易当作了自己的特权。葡萄牙在波尔多最大公司的创始人萨洛曼·拉巴（Salomon Raba）从这种贸易中获得了利润:"西班牙从我们手中购买质量最好的产品,例如丝绸、装饰品、天鹅绒、银线和金线,以及丝袜"[50],1765年建立在波尔多的公司在海地角建立子公司之前已经拥有8万里弗尔的资本,公司在不到20年的时间内控制的财产已经超过430万里弗尔。1780年代,波尔多大约有150个犹太人的公司,它们与阿姆斯特丹、伦敦与库拉索的团体维持着联系,这使得他们也归入这一系统。

　　圣多明各的种植园主与贸易商的财富使得他们可以炫耀服饰并展示让访问者惊奇的一系列奢侈品,他们通过销售种植园的产品使得财富进一步增长。从1740年代开始,圣多明各的种植园主主宰了北大西洋的蔗糖市场。他们控制了超过40%的市场,30年后他们也同样做到了这些事情[51],而英国的销售总量不超过市场的28%,它主要在大英帝国、爱尔兰与北美殖民地进行。根据德雷谢尔（Drescher）的看法,如果我们拿1745年左右圣多明各的产品与英国在整个安的列斯的产品比较,我们可以发现大安的列斯岛屿占到了出口总量的半数。实际上,从1720年到1740年,圣多明各在蔗糖的产量与出口方面超过了牙买加,因为英国蔗糖的再出口在 1734—1738 年最少下降了 10%,而法国的蔗糖至少获得了这一贸易量的 3/4。

七年战争给了英国扭转这一局面的机会。英国在战争中占据了瓜德罗普岛但是在和平之后却放弃了它,即使抛开它的重要性,法国割让给英国的岛屿——格林纳达、多米尼克和圣文森特——急剧增长了英国在安的列斯的总量:1787 年,它们生产的 18 630 吨蔗糖大约是它们总产量的 18%;英国在 1780 年代把大量货物再出口到北欧,在此与法国形成了竞争。相对而言,法国在美国独立战争之后获得的多巴哥与圣卢西亚(Santa Lucia)生产量接近 3 200 吨,对法属岛屿产量的增长只有微小的贡献,然而,它仍然比英属安的列斯的产量要高,巨人圣多明各的产量已经超过 8.6 万吨,而多巴哥与圣卢西亚跟随圣多明各的脚步前进,现在也增长到 12.5 万多吨。

在这一世纪后半期的战争中,大英帝国由于海军的成功实际上拥有优势;如果按照比例计算,法国在蔗糖经济上的优势不如这一世纪中期旧政权末期来得长。在这一时期,各地的地位正在趋于固定,即使在出口层面,牙买加也弥补了与圣多明各的一些差距。

在法国大革命前夕,咖啡而不是蔗糖是法属安的列斯最大岛屿的财富中最活跃的因素。它令人眩晕的繁荣在七年战争之后在新的土地上出现,这一新的土地集中在该岛北部与南部那些小山的斜坡上。尽管甘蔗种植园出现过扩张,但这种作物从来没有占据所有的土地。在1770 年前后,咖啡出口占据了法属安的列斯出口总量的 1/4,而它只占英属群岛出口总值的 11%。在圣多明各,在离那些平原与培育蔗糖或者靛青所必需的灌溉地区,那些大的山坡地区种植了数以千计的咖啡树。蔗糖殖民者在战争中遭受了巨大损失,由于价格突然暴跌,他们卖光了自己的田地并寻求新的土地。靠了巨大的、资本密集的生意的支持,咖啡领域也由于中小物主获益,而有色人种经常在这些机构中占据重要的职位。这解释了旧政权末期圣多明各在法国咖啡贸易中占据的地位:在法国 1788 年从安的列斯接受的 3.9 万吨咖啡中,3.4 万吨来自圣多明各[52]。

棉花是促进圣多明各发展的最后一种庄稼，欧洲的大量需求使得棉花开始扩张。由于英国重商主义体系的破产，棉花的生产开始获益，在当时的 1766 年，加勒比的多米尼克和牙买加岛屿的自由港开始开放。圣多明各与其他法属岛屿的棉花在英国找到了自己最好的市场，与蔗糖不同，棉花在这里并没有受到高额关税的阻碍。在美国独立战争之后，就奴隶劳动力引人注目的增长而言，圣多明各应该更多地归功于棉花的繁荣而不是蔗糖甚至咖啡。其后，殖民地进口的非洲人增长为两倍，他们有时由法国的奴隶商运送，有时由英国人从牙买加运送，而贸易商可以在牙买加使用它的自由港：1780 年代，任何一年大约都有 3 万名奴隶在圣多明各进行卸载。圣多明各的棉花出口在 1783 年到 1789 年间大约增长了 1/3，而蔗糖的出口仅仅增长了 1%。棉花出口的价值在后来超过了靛青的价值（1 670 万里弗尔对 1 040 万里弗尔）。波尔多这样的港口显示了英国需求在这些产品出口中的重要性：在 1785 年，7 艘装载棉花的船只驶向英国；1789 年，19 艘船被派送到英国市场，其中的 15 艘驶向利物浦。

然而，法国并不是唯一一把棉花再出口到大英帝国的欧洲大陆国家，因为它在英国进口的份额中接近 1/5。1789 年，在大英帝国进口的 3 200 万磅的棉花中，超过 1 000 万来自欧洲港口：巴西棉花从葡萄牙进口，德莫拉棉花（Demeraran）来自荷兰，圣多明各的棉花来自法国。

然而，对 1780 年代的人来说，圣多明各的名声更多基于它的蔗糖和咖啡而不是棉花：在 1788—1789 年，大安的列斯地区出口了超过 7 200 万磅的咖啡，这是 20 年前的 6 倍。在欧洲，消费繁荣也同样出现了，其中摩洛哥和近东地区咖啡价值在这一世纪中期之后显著下降，因为它在很长的时间内遭到了禁止。在旧政权的末期，甚至大英帝国的人们也认识到法属殖民地在欧洲与北美的咖啡市场击败了英国人，而在蔗糖市场上，西印度的种植园主弥补了 18 世纪中期就存在的差距。

圣多明各种植园主"传奇式"的成功似乎主宰了大西洋的经济。然而，它远远不是排外的，也不是终结的坏兆头。穆梭·德圣梅里在殖民地的财富中发现"欧洲列强在海外获得一个最伟大的成功"，但殖民地的赫拉克利斯弱点将揭示它离对事情过于罗曼蒂克式的描述图景仍然太过遥远。

法国大西洋遭受的威胁

把岛屿看作拥有丰富的蔬菜与令人陶醉的气候的想法已经在很长的时间内使得哥伦布沉迷于它的魅力。大约3世纪后,圣多明各也同样引诱了许多参观者。然而,这严重忽略了在欧洲人引入种植园后野蛮的安的列斯人就从来没有发生变化的事实,这些人的工作永远都在增加。

瑞士的吉罗德·德尚特朗(Girode de Chantrans)无疑比其他人更容易理解这些情况,但是他在谈到弗朗西斯角这一伟大港口的吵吵嚷嚷时也变得非常困难:"世界的财富是如此巨大,以至于虽然有烈日炙烤,街道也仍然充斥着来来往往的人们。"虽然他渴望乡村的安宁,但他在这里发现:

> 手推车推动农作物以及蔗糖工厂的混乱与吵闹引起了某种不太明显的震颤,除此之外,你也偶尔可以朦胧地听到鞭打动物与黑奴的声音。从烤箱与蒸锅的房间,你也能够看见浓浓的烟幕升到高高的天空然后再落向地面,或者以黑烟的方式升腾。

其他的旅行者则宣称自己被乡村欢乐的场景与肥沃的土地打动了,他们难以抑制地屈服于一种殖民地的浪漫主义图景。也许现实就处在这两种观点之间的某一个交叉地带。

安的列斯群岛的现实

不管观点是多么乐观或者悲观,自然环境的现实是难以回避的:这里的气候有巨大的反差,哥伦布在这里观察到的柔和的春天或者秋天远远不是持久的。在几个小时就可以摧毁种植园的自然灾害中,8月到10月的冬季岁月里的台风与飓风占据优势地位。虽然被描述为"埃及的布拉格",但是前面漫长的时间却是"大干旱"维持统治地位,它既折磨庄稼也折磨人类:河流的水位下降,藤条也可能被烤干。由于新近要种植咖啡矮树，随后发生的野蛮的砍伐森林活动加剧了恶劣天气的影响：森林被破坏了，土壤不再能够保持，仁慈的雨水变得稀少："雨水比过去变得少了。高山的侵蚀严重损害平原；他们清理出的地区越多，下的雨就越少。"[53] 当然，在旧政权的末年，为了弥补该岛某些部分持续 5 到 6 个月的干旱，法国已经作了大量的工作。使用流向低山地区河水的灌溉工程也建立了起来；但这还是远远不够。经常发生的事情是，渴盼了很久的雨水带着巨大的暴力来临。这些都是"吞食者"：茎条被打平了，住处的棚屋和蔗糖厂房也被突破堤岸的河流卷走了。

飓风影响到所有的岛屿。在 1780 年 10 月 12 日，仅一场飓风就先后摧毁了巴巴多斯与马提尼克岛。在巴巴多斯，超过 2 000 名奴隶与大约 700 名白人命在旦夕，布里奇敦（Bridgetown）的一些房子也被摧毁了；在马提尼克岛的圣皮埃尔（Saint-Pierre），海水冲走了住房，树木也被连根拔起。四年之前，波尔多的船主拒绝在瓜德罗普岛卸载自己的货物，因为这个地方刚刚遭到飓风的打击，船主担心种植园主不能为商品买单[54]，这些种植园主几乎损失了所有的庄稼。从 1780 年到 1785 年，牙买加经历了不下六场飓风。然而，在所有的安的列斯地区，由于圣多明各拥有巨大的财富，它的经济也因为这些灾害的不断而受到最大的损失。

自然灾害的破坏性影响可能由于人们的工作缺乏前瞻性而更为糟糕。吉罗德·德尚特朗清楚地表明了 1780 年代由于对圣多明各土地考虑不当的开发引起的危害：

  马木卢德（Marmelade）地区在 25 年的时间内都没有得到耕耘，这里的山坡上仍然覆盖着森林，咖啡矮树一直种植到山顶，几乎任何地方都有厚厚的泥土覆盖。早期被耕种的山坡地区就完全不同，它们的小山顶或者顶峰已经变得贫瘠而且被荒废了，地力已经耗尽，整个地区都光秃秃的，岩石像针一样地矗立着[55]。

在法属安的列斯，特别是圣多明各，由于时不时愚蠢地发展大西洋种植园经济,脆弱的自然环境在某种程度上面对着威胁。我们能不能同意那些对问题毫不敏感的种植园主的所有借口,让他们仅仅通过寻求最直接的利润从而危害到殖民地的前途呢?

吉罗德·德尚特朗再次清晰地说明了这一点。一种一成不变的常规统治着农业,它从一个人传到另外一个人,无所更正地应用于所有的土地类型。实际上,这就是用来反对种植园主的例子:

> (他们)总是抱有回到法国的思想并被一种陈旧的、有瑕疵的榜样引导,仅仅追求以尽可能低的成本尽快从自己的土地获取所有可以生产的东西,而毫不考虑接下来的几代人[56]。

这位国内来的观察者得出的结论对农业和种植园管理来说比较苛刻,它明显与现实有一定的距离,因为英格兰与法国都存在一种指责种植园依赖于奴隶劳动的强烈的倾向,而人文主义者极其反感这一行为。亚当·斯密是第一批强调工资劳动优于奴隶制的人,在这一世纪末期,由于日益增长的压力,殖民地种植园衰退的理论被自由主义理论(ecole liberale)吸纳了。

巨大利益与林立的种植园

在英国这一方面,这种衰落已经引起废除奴隶贸易以及奴隶制度(的声音)。西印度地区的种植园阶层在七年战争之后开始意识到这一问题,国家的经济利益要求放弃奴隶贸易与奴隶制度本身。工业资本主义的高潮削弱了种植园主的事业。虽然这一理论也可以应用到法属殖民地与圣多明各,英属安的列斯的"废弃状态"在经常是无效归纳的事实面前变得非常清晰,例如地力耗尽,不上班的种植园主的增加,这些都被认为是错误的。尤其是,后者已经把自己的土地交给经理人进行管理,这些经理人不管是在处理土地或者使用奴隶劳动力方面都肆无忌惮。

这一归纳看起来可能是有缺陷的,他们与那些研究当时的种植园的准确观察是自相矛盾的。在牙买加,迈克尔·克拉顿与詹姆斯·沃夫温认为富裕的帕尔克种植园在 1776 年到 1796 年间的平均收入如果不是超过至少也等同于这一世纪中期的收入；平均利润大约是资本的 15％ 到 20％[57]，在圣多明各的弗里奥(Fleuriau)种植园，雅克·德科纳(Jacques de Cauna)研究了种植园的收益率，他估计除了七年战争与 1770 年的地震这些艰难时期外，其他时间的结果是相当不错的，而且它们在美国独立战争之后得到了明显的改善，总收入增长了两倍，而且净利润超过 15％[58]。这使得靠近太子港的种植园处于上等阶层，根据吉罗德·德尚特朗的看法，这些地区能够带来超过 15％ 的净利润。当然，许多其他地区的收入比较低，但是正如德库纳(de Cuana)明智地发现的，商品的理论收入并不考虑非法贸易的补充利润以及走私获取利润的可能。在美国独立战争与法国大革命之间，经理人扮演的角色是非常活跃的，他们通过提高奴隶的购买力、建立农业新机构与整修建筑从而推动了种植园的现代化。

一个相似的准确分析确认了希利亚德(Hilliard d'auberteuil)著名的断言并消除了种植园主的愤怒：经营良好的蔗糖精炼厂每年产生 15％ 的净利，因而最少在七年之内就可以偿还资本。种植园主也唯一能做的事情就是抗议这样的观点，暗示说某种程度的财富增长其实没有同时考虑他们的损失，从而进一步为自己延迟归还贸易债务与国内债务找出正当的理由。缺席的地产所有者与经理人异口同声地进行抱怨，正如皮埃尔·普吕雄(Pierre Pluchon)正确地指出的：

> 缺席的所有者慢慢根据自己的倾向行事，与继续留在岛上的殖民者共谋以获取利益：一个殖民地不动产每年的平均收入仅仅增长 6％ 到 7％，或者实际上只是 5％[59]。

实际上，"殖民地秘密获取"的"谨慎"信件来往中提到的利润经常被拔高了。

不管怎么说，法国大西洋贸易中存在的真正问题，它发现自己面临着不可避免的变革，这一变革导致了转口贸易这一经济结构的变化，而

第五章　大西洋殖民的黄金时期：18世纪

法国的财富在超过一个世纪的时间内都是建立在转口贸易的经济基础上。这些结构包括尊重殖民地实行排他垄断权法律形成的市场保护结构。为了获取一些必需的欧洲产品并让自己的产品流入国内与国外的市场，它给予享有特权的法国港口与殖民地进行贸易的排他性权利。在后者的市场，贸易商通过转口贸易的关税机制发展了很有成效的出口贸易，以至于再出口的商品完全免除了关税。从这一世纪的中期开始，战争已经导致了这一机制的衰落：英国海军在大西洋令人惊奇的优势极大地削弱了法国港口与法国殖民地的海事关系，这些殖民地不得不求助于中立国的服务，殖民者也被迫把注意力集中在更靠近本土的地方，他们开始与英国在大西洋的13块殖民地进行贸易，从而打破了英国与法国的法律。在七年战争之后，为了软化其苛刻条款并同意与外国人建立某种联系，考虑到事情实际状态的修正内容被引入排他主义的法律系统；无论如何，它在美国独立战争之后已经发生了。当然，这一冲突造成的结果在某种程度上是崭新的，以至于已经变成独立美国的旧殖民地在表面上仍然被禁止与西印度进行贸易（1783年的航海条例），他们因此被迫转向安的列斯的其他市场。

毫无疑问，在圣多明各与其他法属岛屿的土地与水域上的"美洲的英国人"突然出现符合种植园主的利益，但这也是一种真正的威胁，它将摧毁殖民地获得商品的传统结构。"外国人被允许进行贸易的程度已经极大地缩小了我们自己的贸易，随后，我们的航海活动也遭到了同样的命运。"1785年1月这一马赛贸易商的痛苦思索也发生在许多其他贸易商身上，这仅仅发生在1784年8月建立有利于北美利益的瘦了身的排他性垄断法之后的几个月之内[60]。

其后，有悠久历史的种植园经济并没有"泄气"，也没有预示蔗糖岛屿在面对出现在诸如印度这些外国海岸的新力量面前衰落下去。路易斯·德尔米尼（Louis Dermigny）的观点并不符合在圣多明各观察到的现实[61]。相反，正在衰落的国内贸易商却注意到了殖民地市场结构的改变，这一改变应该得到仔细检查。我们也没有必要听那些功成名就的贸易商盲目抱怨的观点，他们确认了岛屿贸易对自身具有毁灭性影响,"它保护的仅仅是自己雇用的船只",实际上,有人已经注意到了商业账目中的赤字,欧洲商品在殖民地的销售并没有产生足以弥补向殖民地出口商品所损失的利润。美国独立战争末期已经发展的投机活动成为指责的对象;大量的船只被派送出去而承担的货物却很少,殖民地产品过分增长而国内商品一直"贬值"。波尔多的商业公会(Chamber of Commerce)公开抨击美洲商业"不知感恩",描绘出一幅非常悲观的图景:"自从和平达成之后,波尔多只有不到10位船主在贸易中获得了利润,其他人都或大或小受到损失。"[62]

负债的种植园主

在暴露出来的所有问题中,最严重的问题可能是种植园主在为奴隶或者国内产品付账方面的慢条斯理或者甚至是灾难性的延误,这将使得商业公司的保险箱变得枯竭。与波尔多一样,南特面临着相同的困难:在大革命前夕,南特的8个大船主在安的列斯的贷款超过了800万里弗尔(价值大约是1995年的1.6亿法郎)。1792年末,波尔多港口最大的运奴船主保罗·奈拉(Paul Nairac)的公司在1790—1791年的三次航海中欠下的钱款超过200万里弗尔[63]。增加透支款项的强烈趋势扩展到了种植园主:在七年战争期间,圣多明各亏欠南特奴隶贸易船主的债务是1 000万里弗尔,这显然已经远远超过了1789年的总量。

与此同时,船主在法属大西洋港口的奴隶销售构成了一个最重要的利润来源,因为奴隶工厂的成本在这一世纪的后半期已经极大地提高了,随着圣多明各为种植咖啡与棉花进行清理土地,需要的服务人员增多了。这样,一个成年奴隶的价格平均超过了2 000里弗尔(1995年的4万法郎)。然而,奴隶贸易中的支付体系——安的列斯与国内之间的"诚实贸易"同样如此——导致种植园主的债务日益增多。在现实中,与英国公司雇用永久的通讯员或者"邮差"不同,法国公司喜欢把圣多明各和其他岛屿的销售物委托给自己的船长。虽然非常困难,他们还是设法找到了重要并且独立的通讯员。当他们使用当地关系时,他们普遍通过自己分支结构的中介,这些分支机构由那些经常与国内公司维持联系的比较年轻的合作人管理,而这些国内公司作为有限合伙人从经济上支持这些分支机构的管理人。在销售非洲奴隶货物的过程中,船主经常占据最核心的地位:在绝大多数案例中,运输250到400名奴隶的大奴隶贸易商拥有两位船长。一旦奴隶登岸与回程的货物装载之后,船只就在第二位船长的领导下出发,而第一位船长在岛上至少停留一年,其任务是收取销售奴隶而赚取的资金。对他而言,这是一项利润丰厚的活动,因为他可以在获得物中抽取5%—6%的佣金。与此同时,他负责照看已经卸载的殖民地商品,它是为此目的而租船所花资金的产品。

支付奴隶与国内商品的方式涉及合同。其中的一部分总量很少,这由现金、比索或者当地贸易商开具的票据支付,或者由殖民地商品支付。然而,最大的份额由种植园主或者其代表、圣多明各港口的贸易商约定的票据结算,这些贸易商可以在12个月、18个月或者24个月内支付殖民地的产品。与此相反,利物浦的贸易商从1750年开始就已经普遍接受他们销售在从西印度港口出发之前的"岸上"产物,或者是商品或者是可以谈判的交易票据[64]。由于交易票据日益被使用于结算奴隶的购买,英国的奴隶贸易商也偏爱交易票据而不是作为回报的商品。"代理人"或者贸易商比种植园主开具的票据更多,也更容易被国内接受。在法属群岛上很难有种植园主开具的交易票据,对后者签字普遍的不信任的解释得到法律上的规定,这使得债权人可以控告他们的殖民地债务人。在西印度的种植园,尤其是在1732年的殖民地债务法律实施之后,奴隶、牲畜和装备可以很快被接受,因而可以结算一笔贷款。在法属安的列斯地区,科尔贝的黑人法令也考虑过查封的可能性,但是这很少使用,而所有被没收的都是作物而已。

美国人的入侵

由于严重依赖法国的商业,种植园主热情地欢迎美洲人,因为美洲人虽然经常要以现金支付,但是他们销售的价格更低,而且也接受蔗糖的副产品糖蜜。安的列斯产品因而也被再分配给北美贸易集团。两个商业网络处于竞争之中,日益增多的外国公司开始获得面粉、鳕鱼与奴隶的最好份额,为蔗糖、咖啡与其他违反排他性垄断法案规定的殖民地产品寻求销路。七年战争见证他们活动的肇始,在战争结束的时候,种植园主与北美的贸易商建立了更紧密的联系:从马提尼克岛与圣多明各通过前几年开放的自由港向13块殖民地出口的总量达到570万里弗尔;到1769年则是220万里弗尔;它们1766年在瓜德罗普岛则达到了120万里弗尔。在1760年代末期,加勒比向英属北美13块殖民地出口的半数产品都从法属殖民地经过[65]。美国独立战争为这一贸易的翻番提供了机会,也使得安的列斯市场意识到北美市场是不可替代的:"没有美国人,我们将不可能在殖民地存在很长的时间。他们对我们的良好食物与木料来说是绝对必要的。"在1776年10月的圣多明各,总督德纳瑞(d'ennery)与种植园主都担心这一交易可能会破裂。1778年法国与美国签订的友好与贸易条约很快使他们不再担心,这一条约承认中立国或者友好国家的所有船只进入该岛,作为回报,它们可以运输殖民地任何性质的商品[66]。

由于认识到创造的这一条件,御前会议颁布的1784年8月法令建立了一种温和的排他性垄断权:圣多明各的三个港口向美国船只开放——弗朗西斯角、太子港与凯约(Cayes);在马提尼克岛与瓜德罗普岛,圣皮埃尔(Saint Pierre)与皮卡尔角(pointe a Pitre)也一样得到开放;甚至在圣卢西亚,勒卡伦日(le Carenage)港口也得到开放,与此相同的还有多巴哥的斯卡伯勒(Scarborough)。当然,从美国引进面粉仍然是被禁止的,其低廉的价格——在1776年,一美桶只有法国价格的一半,即50英镑对100英镑——在市场上处于优势,走私也很猖獗。同样的事情还可以应用到返回的旅程中,只有糖蜜与果汁才允许携带,但是从新英格兰、纽约、费城与巴尔的摩的船只携带了大量的蔗糖与咖啡。咖啡种植园主为了平衡债务而指定自己的农作物只能与母国进行贸易,他们更喜欢为美国人载货,因为这些美国人同意与那些需要购买面粉、木料与鳕鱼的外国人进行现金结算。

当我到达凯约时,我在整个旅程中都发现了非法贸易……在欢迎我的那些居民的家中,我发现了装载面粉的美国桶。他们并没有试图隐藏这个事实,这是他们生存的基础,而且他们每夸脱销售的价格要低于波尔多。凯约的通行税征收者 D 先生刚刚让 102 名黑人进入一艘[美国]船上出口了,尽管有公众骂名的威胁,他不可能确信……一些海军站的军官由于与自己一起度过时光的居民享有同样的感情草草结束此事。他们不愿意与走私者动刀动枪,他们宣称说自己无法防止能够给南方带来活力与繁荣的贸易,而没有这些东西,他们将不可能存活。

圣多明各的管理者巴尔贝·德马尔波瓦(Barbe de Marbois)向海军大臣卡斯特里报告了在大安的列斯岛屿南部海岸欺诈的程度,而这还没有计算奴隶贸易与其他的法国船只[67]。然而,走私是无处不在的:低吨位的美国船只来自荷兰在圣尤斯特歇斯的贸易中心以及牙买加,它们可以为种植园提供物品并确保它们产品的销路。加勒比一个最大的走私中心靠近北部的维尔京群岛(Virgin Isles),在 1788 年,这儿大约为 1 245 艘美国船装载了大约 35 000 吨蔗糖,总运输量为 9 万吨[68]。在 1790 年,美国出口到圣多明各的价值超过美国出口到加勒比其他所有岛屿的总量。其后,法属安的列斯占美国出口面粉的 1/4,咸鱼的 3/4 多一点,以及干鱼的 60% 多一点[69]。

甚至某些法国贸易商也毫不犹豫地加入了走私活动。这样,在 1784 年 8 月排他性规定刚刚被部分解除后,不管大西洋贸易的官方如何谴责这一内容,波尔多一位财富中等的船主让-皮埃尔·拉巴特(Jean-Pierre Labat)正在考虑把满载粗糖、咖啡与可可的船只从马提尼克岛派到美国[70]。不管怎么说,走私者也采取了隐藏走私物品的防范措施,被禁止的货物放置在货仓的下面,而得到允许的物品覆盖在上面,与大多数情况同样相似的是,装载活动是在远离港口的封闭小港进行的。这位法国人的计划是让自己的船按照规定在旅程结束时到达查理斯顿,然后在此雇用一艘开向法国的货船;他也期望让船在巴尔的摩装载烟草,并开回旅程的目的地波士顿,他的判断是因为走得太北而不可能提供一船利润丰厚的货物。虽然在货仓中不可能隐藏所有被禁止的产品,这位波尔多船主让走私者把货物放在只有半桶的朗姆酒桶里。因而,明白他的某艘船起名为庞格罗斯医生(Doctor Pangloss)就并不困难,所有的内容不过是为了运送世界上最好的贸易产品。

　　国际贸易系统的功效因而减轻了法属港口的大西洋团体在面临安的列斯贸易变革时经历的困难,至少部分如此。犹太的贸易商无疑在处置这一问题时最为得当,他们可以在战争期间以及其后与伦敦和圣尤斯特歇斯的犹太系统团结起来。这同样是明智的,正如种植园主一样,不让自己太多地介入贸易商一连串的质问中,这些通常是得意洋洋的贸易商常常因为不能归还殖民地的债务而总是展示自己招致的损失。不管是奴隶贸易还是"诚实的"贸易,法国大西洋贸易数量的增长成为一个无可争议的事实,利润的边际效应也高到能够弥补成本、延误以及殖民地贷款累计产生的损失。实际上,某种特殊的"瘦身"使得大多数安全的公司获利。弗朗索瓦·博纳费(Francois Bonnaffe)是波尔多最大的一位贸易商,他在1774年1月12日的信中说"与美国的贸易正在毁灭小规模的船主"[71]。这一弱小贸易商清晰而又艰难的现实推断抓住了现实:资金与贸易联系的重要性给予1789年主宰法国大西洋最大港口造船业的大约70名船主以明显的优势。殖民地贷款的问题当然存在,对这些"幸运的少数人"来说,一定要把视角与他们巨大的财富联系起来:大卫·格拉达斯(David Gradis)与分公司1788年的平衡表显示贷款不足财产的五分之一,或者说是600万中的120万[72]。此外,我们一定可以在未来发现令贸易商恐惧的证据,由于排他的垄断特权毁灭性的终结,法国的大西洋遭到削弱,而且大英帝国的海军优势进一步削弱了法国的大西洋贸易。大革命与英帝国的战争将使它失去让赤字好转的任何机会。

第六章　大西洋的人口与强国：17—18 世纪

大西洋的主导极

在路易十四甚至可以延伸到路易十五与路易十六统治时期的法国,海洋活力转变了经济领域的主导极。它在低地国家发生的时间更早,在英国则大约是同一时期,它给予伦敦与利物浦在国家经济中的主导性影响,阿姆斯特丹与米德尔堡(Middelburg)也同样如此。城市与区域间正在建立新的等级次序:这些接近大西洋海面的地方适应了海洋贸易,而其他地方则发现自己被边缘化或者被陆地包围了。

从 16 世纪末期开始,在英格兰,伦敦正在模仿安特卫普并为自己提供了诸如皇家交易所的制度,这是伊丽莎白一世统治下的托马斯·格雷欣(Thomas Gresham)以安特卫普的交易所为原型建立起来的。但是这一伟大的港口需要大约一个世纪才能证明自己有能力控制繁荣之后的跨洋贸易,这一繁荣主要是由于宗教改革时期的商业与海洋改革,尤其是航海条例的影响造成的。在 18 世纪,伦敦将要完全主宰英国的贸易[1]。它的贸易量与商船队的吨位数高于其他所有港口的总和。这一主宰地位虽然在美国独立战争前夕有所削弱,但伦敦仍然可以控制英格兰 3/4 的进口以及 60% 的出口。资本和人口的重心有利于解释这一现象。在1600年,每20位英国人中就有1人生活在伦敦,它的居民数量为25万;1700年,每10个英国人中就有一人是国家首都的57.5万人之一;到1800年,当伦敦的人口接近95万时,其比例成为每8人中就有1人(生活在伦敦)。伦敦的扩张来源于该城市难以阻遏的吸引力:从16世纪末期开始,每年的移民流入大约为3 000人;200年后,它已经超过了8 000人。这个巨大的大西洋港口的重要性促进了该城市的吸引力:城市人口的1/4直接依赖港口贸易维持自己的日常生活。另一方面,首都的需求也在增长并不得不从更大的国内市场获取这些物品。

为了主导这一市场,伦敦利用了自己非常固定的地理优势,因为这一城市与英格兰的其他地区以及盖尔人地区联系非常方便,它不仅仅有可以通航的泰晤士河水道,而且从16世纪开始就有从首都向外辐射的优良的道路交通网。在1637年,约翰·泰勒在《邮递的地理》中列举了从伦敦到米德兰、兰开夏以及约克的定期服务的陆路邮递者。在通向约克、曼彻斯特以及北部更远城市的方向,或者通向西南地区的埃克塞特的方向,每一条运输线路都可以运送几吨货物。丹尼尔·笛福在18世纪初期这样评论说,"每个地区都生产某些东西来维持伦敦的生存"。在伦敦,精英集团构成了最具活力的消费——引导型市场,他们的出现也解释了这一国家经济产生的吸引力。在议会进程之外,一批富裕的代理人也能够在伦敦花费他们地方财产的收入,并要求高质量的产品,其中来自海外的异国产品受到高度评价。

在18世纪,英国海洋活动转向西北地区港口的现象也是真实的,利物浦就是其中最好的例子。它们处于西部的位置使它们更适于大西洋贸易,在战争时期,它们仍然可以相对得到保护,然而伦敦位于英吉利海峡的末端,深受暴露于海盗攻击之下的地理位置之苦。然而,对出口而言,与低地国家与西北的德国相比,伦敦由于有皇家海军的保护而获得了所有的优势。

17世纪与前几个世纪一样,伦敦的一些商人仍然从那些急需用钱的强国实行的商业垄断中获益。然而,这一情况在18世纪大量消失。

商业冒险者是享有这一特权的一家公司,它在布匹出口贸易中丧失了垄断地位,在这一世纪中期,只有仍然以伦敦为基地的东印度公司与哈得孙湾公司仍然可以为自己的成员提供利润丰厚的贸易利益。伦敦当然也已经看到自己在大西洋航运中的优势地位在某种程度上衰落了,也发现自己丢失了更大份额的特权,但是伦敦在18世纪设法以绝对优势控制了银行与金融服务。为了维持自己金融首都的地位,伦敦倾向于忽视自己作为巨大的进口与出口中心的角色,这一金融中心的地位由于那些为布里斯托尔、利物浦或者怀特黑文(Whitehaven)的"外港"公司提供服务的经纪人、保险商以及银行家的出现而得以确保:"伦敦的代理人甚至可以抽取外港的贸易商投资在商业上的钱财的2%—3%的收入。"[2]

像伦敦这样的地方当然应该感激它在信息网络方面掌握的不可否认的优势,而这是贸易活动所必需的。从18世纪初开始,它的贸易商可以依赖周刊或者双周的商业报纸,而每年订阅的花费不过是6英镑。这些可以送到家门口的期刊告诉人们关于船只与货物、商品价格以及交易费率的最新消息。商业新闻体系在17世纪末期变得非常庞大,它部分是由于光荣革命之后更大的新闻自由,但更大的原因是英国"商业革命"的影响。信息的发展对英格兰在大西洋打开新的全球商业是必要的。因为这一原因,包含市场费率以及进出港口的船只清单的出版物都是须臾不可缺少的。国内的邮政服务很好地把报纸分发出去,在每周的星期二、星期四与星期六分三次从伦敦发送到英国一些大的城市;在星期一与星期四,也有发送到欧洲的两次邮递,它途径多佛再到奥斯坦德与加来。在所有的期刊中,爱德华·劳埃德的《劳埃德目录》显示了自己可以最大限度地适应贸易需要,它每周在星期二与星期六出版两期,1735年以后又扩大了容量。爱德华·劳埃德是伦巴第大街著名的劳埃德咖啡屋的所有者,他开始在自己的机构接受生意人,特别是销售船只、外汇与保险的经纪人。从1692年开始,他为一份海事新闻出版物提供咨询,它列出了英格兰的几个港口来到的船只与启航的船只。从这一时期开始,劳埃德在英国每一个主要港口开始有了一个通讯系统。1735年之后,他的报纸扩大了信息,开始包含交易率、黄金与白银的价格,以及公开债务的货物、公司的行动以及它们的主要商品[3]。

在18世纪,利物浦勇敢地挑战伦敦在英国与非洲、安的列斯以及北美的大西洋商业方面的霸权,但是伦敦的主导地位是非常稳固的,这有点像不来梅、吕贝克以及其他的德国港口挑战汉堡,或者是其他荷兰港口挑战阿姆斯特丹。利物浦围绕商业报刊发展的服务网络远逊于伦敦。汇率价格以及航运目录的出版受制于延误与无规律之苦。

不管怎么说,在装备齐全的港口领域,利物浦展示了自己的成长是早熟的,因为它比伦敦的情况更早。直到18世纪末期,伦敦的港口仍然服膺古老的结构,这已经变成对港口活动进行合理控制的真正障碍,在缩减其交易成本时更是特别明显。伦敦直到这一世纪末期仍然缺乏合适的港区,在伦敦塔与伦敦桥之间跨度为500米的非常有限的"正式"码头,货物以非常危险的方式得到装载或者卸载,至少就最贵重的产品,以及诸如蔗糖与咖啡这些殖民地商品而言是如此。因此,即使在1790年代,在停靠在泰晤士河的船只的一边,为了卸载从牙买加运输的蔗糖,停泊在这里的代价高昂以及耗时冗长的穿梭小船是必需的。相反,利物浦从18世纪开始就已经装备有港区。在1784年,一位法国的旅行者马可·德邦贝洛(Marc de Bombelles)评论了伦敦在这一方面的劣势。他发现一个停靠有世界任何国家船只的港口在进行热火朝天的活动,而且泰晤士河两岸桅杆林立,他继而抗议说没有一个真正的仓库:

> 英国人虚伪地说不能在自己首都修建码头,虽然商业更容易从码头进入沿河两边的商店。这些码头可以建造在高于春季涨潮的水位处,建成一个最美丽的拱顶,各种商品可以在此得到储藏或者得到很好地保存……某些人宣称英国人天然倾向自杀的行为是他们不在这一城市的中部为国人提供一个观看河流并可能投身其中的一个原因[4]。

在法国,大西洋贸易已经激起了沿海地区进行海洋活动热烈的增长,它的较大港口的交易量比国家交易总量的增长更为迅速。殖民地贸易的繁荣是这种发展的主导因素。如果一个人要比较法国四个主要港口在 1730 年与 1788 年的贸易价值——波尔多、马赛、南特以及鲁昂-勒阿弗尔——相同的繁荣也可以在每一港口得到发现,虽然它们各自的情况都很不相同。在法国大革命前夕,它们的殖民地贸易量分别达到 1.12 亿、5 500 万、4 700 万以及 5 200 万里弗尔的价值;50 多年之前,在 1730 年,它们分别是 860 万、260 万、1 420 万以及不到 200 万里弗尔。因而,进步是非常不平衡的。

作为上一世纪安的列斯传统的继承者,南特到 1730 年为止已经成为最主要的殖民贸易港,而且也把其奴隶贸易的利润增加到了与美洲岛屿进行直接贸易的利润总量中。然而,它的增长在其后不久开始减速:在 1752 年,殖民商业已经达到大约 2 700 万里弗尔的价值,而波尔多通过从殖民地贸易实现大约 3 500 万里弗尔的价值把自己提升到很有势力的地位。其后,到 1788 年,拉吉伦特(la Gironde)与波尔多港口在这一世纪的中期出现了突然的繁荣,实现了原先殖民贸易价值的 3 倍还多。马赛则提供了一个不同的例子,因为安的列斯在这一港口比其他的港口的影响相对较低。1788 年的波尔多,大约 3/4 的总贸易量来自殖民贸易,即 2.5 亿中的 1.87 亿,而且也可以对这一贸易进行再出口。法国大约半数的殖民产品再出口是从波尔多出发的,也就是说,超过南特蔗糖再出口的 4 倍,也超过鲁昂-勒阿弗尔咖啡再出口的 4 倍。在马赛,在总量为 2.3 亿里弗尔的价值中有 7 900 万,这一贸易不到贸易总量的 1/3,而地中海的角色在这一贸易中已经远远超越了大西洋,与意大利、西班牙、巴巴利海岸与黎凡特的贸易大约达到 1.49 亿里弗尔。勒阿弗尔帮助鲁昂回到上一世纪已经丢失的地位:鲁昂-勒阿弗尔作为一个整体从 1730 年到 1750 年实现了相当快的增长,虽然只是在 1770 年以后才实现了完全的成功。

这一增长基于与欧洲市场的贸易,尤其是北欧,这里的蔗糖贸易主要集中在汉堡、阿姆斯特丹与斯德丁:在 1789 年,19 个港口从波尔多接受货物,这些港口吸纳了蔗糖总量的大约 3/4(即 25 865 吨中的 19 326 吨)。由于大约 130 家德国公司分部出现在欧洲最大的法国商业中心,德国与北欧港口的联系得到确保。直到大革命时代,它们确保了殖民地商品从科尔贝手上进行再出口(尽管国王有重商主义的目的),这见证的是冒险进入欧洲国旗之下"积极"商业的肇始。在 1791 年 2 月,吉耶特的商业公会仍然对制宪会议提出的某项计划极端敌视:

> 法国正在危害自己的出口贸易,以及葡萄酒与非发酵烈酒的销路,外国人来到此处从我们手里购买这些东西并进行交易,也给我们带来小麦、木料与大麻……在寻求消费者而不是销售国内物品方面总是有许多的不利条件[5]。

大西洋的繁荣也涉及这些港口内陆地区社会经济的发展,甚至是"最深处"的法国:阿基坦的面粉与葡萄酒,色当与朗格多克的布匹,法国西部的帆布,瓦朗谢讷或者死火山锥地区的饰带,塞文(Cevennes)与多芬(Dauphine)的丝袜与手套;所有的这些财富都出现在殖民贸易中。

然而,正如伦敦一样,这些发生在港口地区的扩张仍然缺乏让人欣喜的现代内容。我们可以发现亚瑟·扬(Arthur Young)对波尔多精英人士富裕生活的羡慕:"这儿商人的生活方式是非常大方的";但是我们也能感受到他对一个明显变得腐朽的港口的轻视。正如在伦敦一样,河中桅杆林立的景象给来访者以深刻印象,但是他也注意到码头比较缺乏以及港口操作活动的缓慢性:"一个没有进行道路铺设的肮脏的、滑溜而泥泞的岸堤地区,上面尽是碎石与石头……明显地显示了肮脏以及对没有秩序、没有安排、没有富裕港口的贸易的担忧。"

这位航行者意识到一座有教养的城市美丽的建筑,但他不能容忍港口的无序以及脏乱的印象,由于它主宰了大西洋的经济,这一港口不管怎么说都已经成为欧洲最大的店铺。

人潮如涌

在大西洋的另一边,殖民地是靠种植园生产欧洲人需求的国外商品,还是建立殖民地是为了殖民,其中农业、狩猎或者捕鱼是这里最主要的资源,殖民地的经济与社会呈现出不同的形式。然而,后者把殖民地的经济与欧洲获取诸如皮货或者海鲜食物的市场联系在一起。它们的要求鼓励了法属加拿大与新英格兰的居民对一个被陆地包围或者是海洋边疆进行改良。然而,它们的社会结构与国内的结构相对接近,尤其是忽略掉带给种植园经济成功的奴隶制度后(更是如此)。

美洲印第安人的灾难

与此同时,正如种植园经济的例子所示,白人殖民者已经造成了美洲印第安人人口的急剧下降。在哥伦布发现的美洲与其继承者发现的地区,伊比利亚人已经揭开了当地人口数量急剧下降的序幕。人口下降更多是由于欧洲人传入的多种流行性疾病带来的细菌冲击而不是海盗行为或者战争造成的,例如天花或者麻疹。印第安人口的突然下降使得墨西哥从 1 100 万居民(1519 年)下降到 17 世纪初总量只有 100 万。在秘鲁,在 1530 年与 1570 年之间殖民化的初级阶段,印第安人已经遭受了更严重的损失,从 1570 年到这一世纪结束之时,其人口从 120 万下降到不足 60 万。在西班牙的安的列斯,境况更加恶劣:在 1492 年,人口数量可能是 100 万;在 1507 年,只有不到 6 万美洲印第安人,到这一世纪的中期,他们下降到只有 3 万人。"近现代时期首次也是最重要的种族灭绝"发生了[6]。

当然,在 18 世纪,伊比利亚的美洲有过美洲印第安人引人注目的增长。当地人口已经获得了必要的免疫抗体,流行性疾病不再是致命的。墨西哥的印第安人口在这一世纪的后半期增长了 40%;根据亚历山大·冯·洪堡的看法,墨西哥在 19 世纪初大约有 370 万印第安人,也就是说,是 17 世纪初人口的 3 倍还多。

然而,与严重削弱美洲印第安人同时发生的是,白人、黑人以及混血儿这些新的人口数量正在增长。欧洲与非洲的疾病在北美甚至消灭了更多的印第安人。格兰德河(Rio Grande)以北,北美大陆在征服之前大约有200万居民,其中最稠密的地区是太平洋沿岸。而魁北克现在则不足10万居民,而新英格兰大约是3万人[7]。这一人口的灾难在殖民地的相关成长中扮演了主要的角色,例如销售给殖民者的土地,劳动力市场,欧洲的原材料市场,以及皮货贸易,它们都受到前哥伦比亚人口显著下降的影响。

在加拿大,科尔贝已经在悲叹法国人与印第安人简直正在变成"拥有一种血液的人",管理者塔伦(Talon)希望创造一个新的种族。然而,通过把烈性酒与天花传入进来,欧洲人正在清除部落等级,此外,在报复与英国结盟的易洛奎人(Iriquois)与其他的印第安人之后,(印第安人)也招致了严重的损失。英国殖民者的态度甚至是更有侵略性的:在殖民化刚刚开始时,他们就需要更多的土地与更多的皮货。在新英格兰与弗吉尼亚,1630—1640年以及1670年屠杀印第安人的战争变成了种族灭绝的战争。

殖民地人口的繁荣

与这一当地人口近乎消失的情况截然不同的是,英属北美殖民地人口出现了显著的增长。它的"一个可能是史无前例的速度"的规模使马尔萨斯非常着迷[8]。在1700年,13块大陆殖民地的人口超过了25万,但是在美国独立战争前夕,其数量增长已经超过10倍,每20年就翻一番。

这一繁荣的根基首先是旧世界跨过大西洋的移民的到来。然而,人口的自然与快速过剩也扮演了自己的角色。移民在殖民化开始阶段的影响是非常重要的,但是不久就减缓了,特别是18世纪的新英格兰与切萨皮克地区,然而,在宾夕法尼亚与纽约,以及卡罗来纳与佐治亚这些更南的地区,这些中心殖民地的移民仍然非常强劲。

加拿大案例

与此相反,在法属加拿大,移民仍然是非常缓慢的。魁北克是塞缪尔·尚普兰在1608年建立的,这与弗吉尼亚的詹姆斯顿几乎处于同一时期,当时大约有30名殖民者。在25年后的1633年,新法兰西仍然不足100名居民,然而,新英格兰的波士顿已经有几乎4 000人,弗吉尼亚与马里兰的切萨皮克殖民地也大约与此相同。在这一年,尚普兰带着200名殖民者与士兵的到来标志着加拿大殖民化的启动,虽然并没有实现人口的增长:在1659年,加拿大的人口跃升到2 000居民;新英格兰的人口超过32 000人,切萨皮克殖民地则是24 000人。对法国向新法国进行移民的最后一个重要贡献是1665年卡里南·萨利尔(carignan Salliere)兵团的到来,当时他的400名士兵定居在他们军官的地产上[9]。在整个17世纪,人口总数达到了6 000人,从1740年到1750年,由于殖民地的发展,向加拿大的移民加速了,大约是3 600人,这几乎与18世纪总数为5 000人的规模相同。黎塞留钟爱的移民梦想并没有开花结果,科尔贝由于担心法国人口的减少拒绝了这一计划。只是由于异常的婚姻与出生率导致的自然过剩才使得居民在半个世纪的时间内增长为原来的四倍,到1713年达到了2万人[10]。

如果我们比较法国与英格兰在17世纪末期的人口,前者大约是2 100万多一点,而后者不足600万,两个国家派出的殖民者数量的不均衡看起来可能是令人惊奇的。然而,除了皮货的例外后,加拿大几乎无法提供法国不能生产的任何东西,这与英国的殖民地相反,在这里,烟草、稻米与靛青的出口吸引了用来生产这些产品的劳动力,同时,新英格兰的海洋与森林生活也远远优越于魁北克。此外,强加在新教徒身上禁止移民的条款剥夺了加拿大出现商业活动或者居民数量增长的可能性。

移民潮流

然而,完全精确地计算移居到英属美洲的移民数量是非常困难的[11]。在到来的时候,移民接受了获取土地的权利,自由移民可以立即获得,对签订暂时服务条款的劳动者则有一个更长的期限。这给予他们变成土地所有者的机会:在弗吉尼亚,到17世纪中期为止,在契约时间结束之时,大约20公顷的土地得到分配。然而,大量契约奴不能完成经常是超过七年的服务期限,考虑到他们中很多人的死亡,根据土地的归属去估计人口是让人怀疑的。此外,可以追溯的英格兰到来者仅仅是现实的一个非常微小的部分:在 1635 年,伦敦仅仅找到大约 5 000 名契约工人出发,其中超过 3 000 人是前往北美的;从 1654 年到 1686 年,布里斯托尔大约有 2 000 契约工人启程,其中的半数是前往安的列斯[12]。我们能不能接受这一概括度很高的估计,它把两个多世纪从大英帝国与爱尔兰启程前往新世界的英国臣民估计为 170 万人,而与此相对的法国人则是 15 万人?[13]

鉴于一个或者多个法国港口或者英国港口向外移民洪流的重要性,比较特殊但是清晰的案例能够更好地反应这一流动的剧烈程度。这样,在 18 世纪的波尔多港口,法国契约工人向美洲岛屿的移民占据主要角色,它在 1698 年到 1771 年见证了 6 500 名的契约工人的出发行动。此外,也存在大量的乘客:这一世纪超过了 3 万人[14]。在美国独立战争前夕,在圣多明各的繁荣几乎没有开始的时候,在 1774 年到 1775 年的仅仅 11 个月的时间内,可以计量的乘客大约有 1 273 人。

在相同的时期,北部爱尔兰的港口经历了也许是向英属美洲大陆最剧烈也最狂热的移民。在这一世纪中期,阿尔斯特的苏格兰与爱尔兰的农场主发现他们岌岌可危的情况由于糟糕的收成而加重了,在地主的要求下,租金增长了三倍,以致他们中的很多人被迫跨越大西洋。在 1772—1773 年,装载有移民的 72 艘船从北部爱尔兰港口出发;49 艘船从伦敦德里(Londonderry)与贝尔法斯特出发,在这两个港口登陆的移民分别为 6 000 人与 3 451 人。仅仅是在 1773 年的 8 月到 11 月的时间内,超过 6 222 名乘客在北美的六个港口登陆,即纽约、费城、查理斯顿、哈利法克斯、新港与新泽西,其中 2/3 的人是由阿尔斯特的船只运送的[15]。从 1771—1774 年不到三年的时间内,向外移民的总数至少是 3 万人。它意味着移民流动明显加速了,因为在 1733—1750 年间,迪克森(Dickson)估计向外移民的数量达到 4 万人的最大值。与德国人合在一起,这种移民使得 1763 年到 1775 年南卡罗来纳的白人人口翻了一番。

第六章 大西洋的人口与强国：17—18世纪

不稳定的移民

从一开始，正如其历史的大部分时间那样，移居到新世界的移民面临着经常是敌意的自然条件：1607—1608年不幸的先驱在弗吉尼亚詹姆斯河的沼泽定居；马萨诸塞湾极其严酷的冬季，它消灭了第一批到新英格兰的殖民者的很多人；卡罗来纳与佐治亚的疟疾与黄热病，安的列斯地区也同样有这些东西。不管是船只带来的诸如天花与斑疹伤寒症等流行疾病，还是第一批庄稼没有出现时由于从欧洲运输供应的不充足而导致的饥荒，第一批移民的死亡率非常高。

一个世纪之前，中美洲、金色卡斯蒂利亚或者委内瑞拉，甚至在墨西哥的西班牙殖民者已经经历过这些事情。1607年5月，有170位移民在弗吉尼亚定居，到下一年的11月，留下来的只有45名幸存者；在1609年7月到达的400名男女中，超过390人死于1609—1610年冬季的可怕灾荒。总体而言，在前三年中，这一殖民地失去了550人，而吸纳的却不足570名移民。新来者每年都会到来，而人口仍然很少：10年后的1618年，仍然没有超过400名殖民者，在1625年，也没有超过300人。在这一时期，由于弗吉尼亚的建立，大约8000人死于非常危险的气候影响，或者成为流行疾病疟疾以及营养不良的牺牲品。实际上，殖民者很难明白自己就是先驱者，他们不顾一切从英格兰寻求消费物品，艰难地求助于居民的食物，然而，它要拯救的不仅仅是一个人。

在1632年，马萨诸塞的殖民者不到2000人，当然这已经是前三年在此登陆人数的两倍，这里面也包括一些妇女。从一开始，随着朝圣父亲1620年12月在普利茅斯的定居，殖民地已经不再有沉重的人口损失了：由于缺乏新鲜供应，在坏血病的打击下，五月花号上的102名乘客中的半数在冬季生命垂危。其他人仅仅是在印第安人第一批庄稼的帮助以及皮货交易的情况下才得以幸存下来，他们在伦敦市场已经销售了需要的物品。在1629年，马萨诸塞湾公司的17艘船与大约1000人的到来使得清教徒社团能够自足地生存下来，尽管1629—1630年仍然有更高的人口损失，其中200人成为牺牲品。

新英格兰：一个异乎寻常的案例

然而，在随后的岁月里，新英格兰将会发现自己具有繁荣的先决条件。在1630年巨大的移民浪潮中，殖民者在到达波士顿与塞伦时并没有遭到流行疾病的杀戮，这些殖民者是为了逃脱查理一世的专制统治，他们信奉清教徒"神圣的试验"这一信条的目的是创立有资格在新耶路撒冷定居的圣人共同体。在第一个10年之内，大约有12 000人在新英格兰定居。也是在同一个10年内，也就是1630年代，出现了马萨诸塞湾向罗德岛、康涅狄格以及新罕布什尔州的移民：波士顿周围的土地几乎寸草不生，最重要的是，圣人政府自己对良心进行专制统治，强迫那些爱好自由的人继续流浪。

实际上，移居的清教徒与那些契约殖民者基本没有任何相似之处，那些殖民者为了发展种植园已经到达了弗吉尼亚或者巴巴多斯。与此同时，在整个英属美洲地区，绝大多数移民是由涉及义务的殖民者组成，他们离开欧洲的目的是服务于一个海外的主人，不管其目的为何，他们的条件非常接近于奴隶。虽然这些涉及义务的殖民者占据了移民总数的大约2/3，这一比例将会增长到移居到美洲众多岛屿以及切萨皮克殖民地移民总数的大约90%。在一个英格兰的资本市场仍然没有得到很好组织的时代，奴隶状态是那些无能提供跨洋航行成本的人在经济上支持移民的重要方式。与此同时，它解决了种植园经济对劳动力的需求。

在更大的程度上，契约奴隶状态在新英格兰并不出名，其建立的宗教特色却非常强劲。五月花号的第一批到来者逃离了本土，这与马萨诸塞湾公司的殖民者一样，因为在国内，清教徒反对的安立甘教正在得到强化。然而，在马萨诸塞，排他性占据了统治地位，不受欢迎的候选人遭到拒绝。考虑到可耕土地令人可怜的数量，吸引移民清除土地的要求并不迫切，这与切萨皮克或者安德里斯地区的殖民地情况一模一样。此外，海洋比陆地的收益更大：船只制造的地方能够出口木料、海产品以及皮货贸易的产品。引进没有价值的移民将会破坏殖民地的宗教气氛。在1640年以及清教徒的最大一次移民结束之后，发展移民的努力相对少见。

与此同时,由于出生率超过死亡率的自然过剩,新英格兰的人口得到更大的增长。这一增长呈现出壮观的局面,富兰克林在18世纪强调了这一点:"人口增长配合了婚姻的数量,当家庭能够容易地得到供养的时候,家庭增长的趋势出现了,这使得婚姻数量变得更多,以至于很多人在很早的时候就结婚了。"

从严格的新英格兰区域出发,富兰克林思考的更多的是中心殖民地与切萨皮克殖民地,由于边境向西部延伸,殖民地一直在增长。他把人口的活力与低廉而土地充足的国度的财富联系在了一起:

> 这些人并不害怕结婚,因为如果他们考虑在自己孩子长大时怎样为其提供很好的条件,他们将看到更多的土地只能以更贵的价格获取。这样美洲的婚姻比欧洲的数量更加众多,结婚的时间也普遍更早[16]。

与美国异常肥沃的土地联系在一起,充足的物质商品鼓励了日益增长的人口不会削弱对利润的信仰。这儿没有马尔萨斯的逻辑,因为到边境地区那些处女地的移民缓解了已经非常宝贵的资源的压力。富兰克林生活的18世纪经历的自然的人口过剩在新英格兰呈现出17世纪的某些特定内容。清教徒团体在森林与海洋环境中的增长提供了充足的资源,这把它们放置在与更大的大西洋世界进行联系时更加安全的地位,也使他们能够避免国内限制人口增长的约束。死亡率显著地下降了,特别是孩童或者婴儿,这反映了因为分散定居使得饮食制度与疾病预防方面得到了改善的事实。因为男人占据优势,以及年轻的成年夫妻能够容易地获得土地并建立农场,妇女结婚的年龄比较低,结婚者的比例也很高。这样,年轻的成年人可以获得任何的机会。

然而,这些非常例外的情况并没有持续很长的时间。土地开始变得有限,农场被分为几部分,而且规模也被缩减,同时土地的价格开始上升,农村的无产者开始出现。与此同时,平均寿命开始下降,结婚的年龄开始上升,出生率也下降了。只是由于向边境的推进以及劳动的多样化才避免了马尔萨斯式的结果。工业与贸易方面的经济增长了,人口的压力被市场的吸引力弥补,而安的列斯地区的市场尤其明显。

隔了一个世纪后,弗吉尼亚与马里兰经历了一个相似的发展。17世纪切萨皮克、同一世纪末期的卡罗来纳、18世纪的佐治亚的绝大多数移民都处于主导性的奴役条约的统治下,他们都是男人,而平均寿命都很低。契约规定作为契约奴的时间为5年到7年,他们只有在其后才能结婚。这样,他们在相对年老的情况下生育孩子的数量比较少,自然过剩中的增长比较弱。在1700年,17世纪在弗吉尼亚与马里兰的移民的总数量大大高于这一时期总的居住人口。在这一时期,不到15万居民生活在这些殖民地,而在这一世纪3/4的时间内这儿至少有12万,或者是50万移民。然而,新的几代人改变了人口的发展。平均寿命当然比新英格兰要差,但是"克列奥人"可以比他们的祖先更长寿,性别比例开始得到平衡。女人在她们20岁之前结婚(也就是说比她们的移民母亲早6岁到10岁),甚至比新英格兰地区更早,以至于一个重要的自然增长不久也开始显示出来。

族裔的繁多与歧异性

英属美洲人口极大的多元性从17世纪开始就出现了。如果英国人在新英格兰维持了多数,那么与此相反的是,在切萨皮克,至少是在其内陆地区,苏格兰人与德国人维持了更大的数目——超过30%的欧洲人都不是英国人。许多不同民族的移民也可以在宾夕法尼亚与纽约这些中部殖民地得以发现,这些地区的自然增长率更加有限:在18世纪,超过半数的人口是由非英语民族的欧洲人组成;在1770年代,宾夕法尼亚仅仅有1/3的人口维持英国血统,而在剩下的人口中,德国人与苏格兰-爱尔兰人后裔占据了同样的比重。这些群体并不混住而是占据不同的地区:英国人在费城附近,德国人在北部与西部,而苏格兰-爱尔兰人则在边境的更深处。

相似的多元性可以在卡罗来纳与佐治亚这些更南部地区得以发

现,这儿的气候条件非常严酷,疟疾与黄热病消灭了很多人,它大约与加勒比地区消灭的人口一样多,移民的死亡率非常高。即使是在契约奴制度的统治下,移民还是设法再次增加了人口数量。在 1700 年以后,契约白人很少前往南部,甚至到弗吉尼亚与马里兰的人也很少,而他们在 17 世纪在这些地方定居的人口却很多。迄今为止,到达宾夕法尼亚与纽约的数量更多,因为这儿的工作机会更有吸引力。

一些被称为"自由意愿者"或者是"做工抵船费的移民"并不是根据奴隶合同得到雇佣。他们在德国人中的出现特别明显,他们以家庭为单位移民,结算他们来此旅程的费用。阿贝·拉纳尔(Abbe Raynal)非常精彩地描述这一群人,"爱尔兰人、犹太人、法国人、韦尔多教派人、巴拉丁人、摩拉维亚人以及萨尔茨堡人,他们已经被在欧洲遭受的虚伪的政治与宗教烦恼折磨得筋疲力尽,他们希望到一个不同的气氛中寻求安宁"[17]。高度矛盾的征召程序用来吸引这些人,允许"人肉商人"迅速走遍中欧与德国来搜寻向外移民的候选人。

苏格兰-爱尔兰人提供了一个最异常的案例。虽然他们来自爱尔兰,但他们不是爱尔兰人,也不和直接从苏格兰到来的苏格兰人混在一起。在 17 世纪初,国王詹姆斯一世(苏格兰的詹姆斯六世)为了扩大英国对爱尔兰的征服,试图让苏格兰低地的苏格兰人移居到爱尔兰的北部。他们是长老会会员,非常敌视爱尔兰的天主教徒。从 1610 年到 1640 年,他们中大约有 4 万人在此定居并迅速发展。然而,在 17 世纪末期,伦敦决定禁止他们的纺织品与其他产品的出口,同时也推进安立甘教。英国地主也向他们的苏格兰-爱尔兰农场主索要更高的租金,甚至高到原先的三倍。这些苏格兰-爱尔兰人在随后的移民浪潮中登上了跨越大西洋的船只,特别是在 1729 年、1741 年、1757 年、1772—1773 年恶劣的收成招致了阿尔斯特的饥荒时(移民更加明显)。此外,在美国独立战争前夕的 1772—1774 年,贝尔法斯特的亚麻纺织品贸易出现了严重的危机。许多产品在殖民地港口不受欢迎,之后又被送到边境地区,即印第安人占据的土地的边缘地区。由于不理解后者财产的性质,以及认为这些土地继续维持野蛮的状态而许多基督徒却同时希望工作并挣取每日的面包是违背神意与自然法的,他们发动了对印第安人的战争,这与他们曾经反对爱尔兰人的战争一样。

征召移民伴随着断断续续的公众运动,这些运动或者由贝尔法斯特或者伦敦德里报纸引导,或者是船长与代理人付费的游行,当人群聚在一起的时候,他们宣称自己的船只在从城市与乡村出发时偶尔会在开市的日子访问这里[18]。船长努力地夸耀在海外获取充足土地的优点与魅力。他们的言论有意地使用可以吸引过往行人的方式:

> 我们发现人们非常愿意相信新英格兰所有预期的好处,这不仅仅靠了这一殖民地送出的信件帮助,而且也通过国家的船长与船主的干涉达到了。为了充分利用在这一机会中获得的非凡的货物,他们把自己的代理人派到市场或者集市,这样做的目的是做出公开的声明从而把人群聚集在一起。他们向人群保证自己可以帮助他们或者他们的孩子找到租金很低的优良土地,甚至不用向地主缴纳什一税或者应课税项,同时他们也可以享受最有利于自己的法令[19]。

1729年被人操纵的、代表新英格兰的运动在其后的时间里经常得到重复。主要城市的商人控制着大部分的航程。他们从大西洋的航行中获益,这与他们曾经从自己的商店销售商品,例如白兰地酒、肥皂、靛青、茶叶与其他物品是一样的。在契约奴到达殖民地时,船主可以从殖民地主人身上获得跨洋航行的成本以及销售劳动力的收入这些回报。一些商人也出租必需的船只并出售工人。运出去的货物价格很高而数量很少,因而乘客与契约奴登船的地方总是存在的。这样一艘船在春季携带着美洲的亚麻纺织品与面粉出发,在夏季之初抵达欧洲港口,在这一年的11月又回到阿尔斯特,从而可以装载亚麻纺织品与前往美洲的移民。

然而,在那些人们总能靠近适于与美洲进行贸易的港口的岛屿上,我们看不到这一相同的异常的公开活动,这一活动在莱茵河地区的国家迅速增加,其中首先是威廉·佩恩(William Penn)与贵格会会员的代表,之后是美洲地产的投机者,以及旅行中的鹿特丹船主,他们在欺骗许多人的喇叭的响声中横扫城市与乡村。在1745年詹姆斯二世党人的失败前后,苏格兰厌恶的情况也不存在了,当时暴力驱赶村民登船的鞭如雨点[20]。在苏格兰,在1770年代,某一宗族的能量可以为移民,当然首先是购买美洲的土地筹集必要的钱款,其方式是在团队出发之前就提前把自己的人派送出去购买移民的必需物品[21]。有些人担心苏格兰高地的人口将会下降,他们仍然记得秘鲁与墨西哥的矿山消耗了西班牙的人口。

爱尔兰在18世纪初开始移民,在这一世纪中期以后加速了,他们在给这一事业的促进者带来无可否认的利润时也同时保留了更加稳定的特性。在1770年代苏格兰-爱尔兰人移民的顶峰,一艘300吨位的船只可以运输300位移民,花费则是1 050英镑。通过把船员缩减到12人,航行的总价值达到1 500英镑,其利润超过500英镑。建造这样一艘船大约花费2 500英镑,一次航行(的利润)达到资本的20%。对船主来说,移民是一笔不错的生意。看起来奴隶贸易一样很有前途,虽然它实际上远远不是如此。

黑人多数与奴隶

在弗吉尼亚与马里兰,非洲黑人的奴隶贸易在17世纪末期开始取代白人契约奴:在1670年,在切萨皮克殖民地只有2 500人为38 500白人服务。一代人之后的1700年,黑人与白人的关系变成12 900与85 200,在1730年时则达到53 200对171 400,也就是说,比率是三个白人对一个黑人。虽然切萨皮克烟草种植园的奴隶数量已经大大增加,但是并没有出现黑人多数。相反,它开始出现在英国大陆殖民地的更靠南的地方,18世纪则出现在南卡罗来纳,正如它早先在17世纪最后1/3个世纪出现在安的列斯地区一样。

到1670年,西印度群岛44 000名白人已经使用52 000名奴隶,1710年,它已经达到3万白人使用148 000名奴隶,也就是说,黑人与白人的比率约为5比1。在1670年代南卡罗来纳殖民地的初期,殖民者把一些印第安人当作奴隶,这一殖民地也把他们出口到弗吉尼亚。然而,对本地人口的依赖不久就被放弃了,因为当为了搜寻奴隶对部落进行攻击时就出现了冲突,也损害了那些与印第安人进行皮货与鹿皮贸易的商人的利益。在1670—1690年的岁月里,随着白人的移民,从安的列斯运进了1 000名奴隶,其中绝大多数来自巴巴多斯[22]。

在1690年代以后,出口到南欧与安的列斯的稻米产量上升了。其后,随着新种植园的繁荣,南卡罗来纳出现了黑人的多数。奴隶从非洲的加纳海岸进口到这里,这些奴隶熟悉种植水稻,也对曾经毁灭白人殖民者的疟疾与黄热病拥有免疫功能;安的列斯的奴隶也有免疫系统。在1710年,与4 800个白人相对的是5 000名奴隶,20年后,奴隶已经超过了2万人。稻米的生产者,以及出售焦油与松脂油的海军商店的主人从这一产品的繁荣中获益匪浅,这些油类是从西部边境广阔的松林中获取的。在英格兰的造船厂,他们的进口由于1705年建立的保护主义政策获益,当时正是西班牙王位继承战争的时期,运输斯堪的纳维亚产品变得非常困难。正如在安的列斯一样,海军商店的稻米种植者与生产者受到鼓励提高了产量并增加了奴隶的数量。种植园体系大大缩短了奴隶的平均寿命与黑人家庭的稳定性,这加深了对奴隶贸易的依赖。在1720年代,大约有9 000名俘虏已经从非洲到达了查理斯顿与卡罗来纳的其他地区;从1734年到1740年,又有15 000名奴隶得以进口。南卡罗来纳1740年的奴隶数量几乎达到白人的两倍:38 000人对2万人[23]。

然而,在所有的欧洲殖民地,圣多明各才是奴隶人口增长最为迅速的地区。在整个法属殖民地,1670年,黑人奴隶大约占到10 800人;在1710年,他们的数量已经超过74 000人,在1730年时则已经超过了167 000人,对应的白人分别为8 200人、21 100人、29 800人。1670年大约600名奴隶的到来标志着奴隶时代羞羞答答地来临了,圣多明各见证了18世纪前半期让人可以察觉到的增长:在这里,黑人的数量在1710年是43 000人,1730年是94 300人,而在同一时期,白人只有

8 000 人与 10 400 人。因而，这一岛屿的每一个白人在 1730 年就有大约 10 名奴隶；到 1770 年，安的列斯的珍珠甚至加剧了不同肤色人群的失衡，超过 241 000 名奴隶服务于不到 19 000 个白人，在 1790 年，接近 50 万奴隶服务于仅仅是 3 万的白人。在法国大革命爆发时，圣多明各仍然是超过 16 名黑人对 1 个白人。

在安的列斯与弗吉尼亚种植园出现之后，奴隶制度比白人契约奴呈现出更大的优势。根据工作时间的可能程度，非洲俘虏的价格变得不再昂贵，特别是 1697 年奴隶贸易的价格开始下降之后更是如此。英格兰皇家非洲公司对奴隶贸易的垄断开始崩溃，西印度与英属北美的贸易为英国与殖民地商人打开了大门。在 1713 年的《乌得勒支条约》中，西班牙同意英国关于奴隶贸易的协定条款一直延伸到这一世纪的中期，这些商人也能从这一优势中获利。牙买加变成向西班牙属地与法属殖民地销售奴隶的巨大的贸易中心，因为这两个国家的国内贸易对这些产品难以提供充足的供应。

当然，18 世纪蔗糖与咖啡先后出现的引人注目的繁荣不仅出现在圣多明各，也出现在牙买加与七年战争之后英国占据的岛屿上，例如多米尼克，以及法国人在美国独立战争之后获得的多巴哥，它带来了为新的战争进行准备并增加产量的必要投资的巨大增长[24]。在牙买加，根据农业规模与质量的要求，分配到奴隶上面资本的比例提高了；在一个平均为 150 公顷的、进行粗放型耕作的种植园，工作团队被缩减到只有 30 名奴隶，吸收了资本的 30.4%；但是在同一地区，对许多种植与更新的甘蔗实行集约型耕作时，需要的奴隶是 100 人，投入他们身上的资本是 36%。在集约型耕作中，450 公顷的大种植园需要 300 名奴隶的劳动力，其价值超过了 10 700 英镑(267 750 里弗尔)，吸收了种植园价值(28 039 英镑或者 700 975 里弗尔)份额的 38%。在圣多明各，勒阿弗尔的大贸易商拥有的拉巴(rabel)农场是最大的种植园，它价值 440 万里弗尔，雇用了估计价值为 160 万里弗尔的 800 多名奴隶，我们在这样一个地方发现投资在劳动力上的价值接近于在牙买加看到的情况[25]。在小于这样庞大规模的种植园，例如靠近太子港的弗里奥种植园拥有大约250名奴隶,这已经相应地降低了投资,但它仍然超过了殖民地资本的30%[26]。

在蔗糖经济繁荣的冲击下,俘虏的购买价格在法国大革命前夕强劲上升:一名处于最佳状态的成年非洲人的价值超过了2000里弗尔。由于是用贷款购买的,种植园主不得不使自己严重依赖劳动力的稳定。新来者遭受了沉重的损失:登岸的1/3黑人在刚刚获得之后就去世了,而半数在殖民地待了8年后也去世了[27]。劳动力因此得到迅速地更新:一位100名奴隶的主人每年不得不购买8人到10人来确保生产量的完成,这也是他能够支付欠款的唯一方式。

因为这些白人的数量非常少,黑人的多数是不是对他们的白人主人构成了真正的威胁?实际的叛乱似乎是非常例外的。在所有的美洲岛屿上,牙买加是其中之一,它在1720—1730年发生最大数量的奴隶暴动,但是拥有最大数量奴隶的圣多明各仅仅在1791年8月遭受过一次,必须说明的是,这一次是迄今为止最为暴力的一次,它对种植园经济也最具决定性的影响,因为它导致了它的灭亡。

与白人契约劳动者不同,黑奴因为自己的肤色很容易被识别出来,他们很难逃脱并让自己消失在自由人的群体之中。然而,对他来说比较可能的办法是逃离并到达一个可以收容他的外部殖民地,而这一殖民地敌视他逃离的殖民地,正如佛罗里达州与南卡罗来纳的情况,或者如圣多明各的西班牙部分对这一岛屿的法属殖民地那样。即使在西印度诸如安提瓜岛或者蒙特塞拉特岛这些小岛上,最经常的情况是相对隔绝的山区为逃亡者提供庇护所。牙买加深处的高山就经常为逃亡者提供庇护。在牙买加,马隆人(Marrons)从一开始就是西班牙殖民者的奴隶;他们在岛屿的内陆地区找到了庇护所,在克伦威尔征服了这一岛屿之后,英国种植园的奴隶也与他们汇合在一起。他们对"边境地区"的种植园发动了袭击。反叛者在1730年代的牙买加达到了顶峰。在1739年,马隆人与英国人达成了和平,根据协议,英国承认了叛乱者的自治地区,但是作为回报,他们也把新逃亡者归还给了种植园主。实际上,在30年后,他们帮助殖民地镇压了一次叛乱。

仅仅有镇压措施是不完备的,尽管有严格的殖民地法律支持——对一个犯有叛乱罪的奴隶的唯一刑罚就是死罪,如果它没有同时得到对永远保存奴隶制度有益的智力的帮助,这也是不可能的。

一个简单的例子就足以展示这些镇压的残酷性:在1736年的安提瓜岛,这里大约有24 000名黑人对不足3 000名白人,在一些奴隶酝酿的叛乱爆发之前,阴谋被发现了。"我们的岛屿上有许多麻烦:黑人被烧死,其他人被绞刑架绞死,其他一些人被车裂,这些事情花费了我们所有的时间。"一个种植园主沃尔特·图雷德福(Walter Tullidelph)在写给自己在伦敦的兄弟的信中这样写,他并没有夸大这一镇压的残酷性,在镇压中,80名奴隶被处死了[28]。

随着把那些逃亡者从奴役状态中解放出来,圣多明各在1789年出现了3万名白黑混血儿,这些有色自由人这次变成了奴隶主,他们为了自己的利润也致力于维持奴隶制度。仅仅在海角平原的叛乱爆发之前的两个月前,圣多明各穆梭·德圣梅里的一名通讯员这样宣称:"通过把有色人们团结起来,我们可以确保奴隶的忠诚并保存我们的财产。"他当然是错误的,但是在18世纪,白人几乎从不间断地与白黑混血儿联合起来保卫奴隶制度的秩序。

有着神奇思想的"非洲人"体系产生了听天由命的行为并对现实充满恐惧的臣服,在它的影响下,种族的失衡到这些叛乱时有没有被接受?[29]奴役制度属于这一黑暗大陆(指非洲)传统的社会机构,以至于黑人认为自己就是命运的牺牲品,对此他们的意志无法控制。在1791年,白黑混血儿致力于保护奴隶主的共同利益——在所有的种植园主中,他们在种植咖啡的南部最为活跃——方法是把血液与权利平等结合起来。对他们来说,质疑奴隶制度是毫无问题的,因为启蒙的欧洲人已经开始谴责这一现象。孟德斯鸠以法律与道德的名义谴责奴役制度是真实无疑的,然而他也并无讽刺地认为它在经济上的正当性:"如果不是奴隶在农作物上进行劳动,蔗糖将变得非常昂贵。"虽然法国在旧政权的末期就已经可以听到黑人之友(Friends of the Blacks)的声音,康多塞特(Condorcet)因此可以在准备三级会议(estates general)期间使自己从事于"反对黑人奴隶的选民",但是公共舆论的最大运动发生在 1780 年代末期的大英帝国。在 1787 年,在美洲与英格兰贵格会的影响下,全国性的反奴隶制度委员会在伦敦建立。威尔伯福斯与皮特把它的影响扩大到议会,但是法国大革命与大英帝国激进的运动引起的恐惧阻碍了这一法案的通过。压力在 1805—1807 年得到恢复,它以英国 1807 年终止(奴隶)贸易而结束,虽然这一措施是在英格兰控制海洋已经超过 12 年后才通过的。以迄今无以匹敌的海洋权力为根基,联合王国扩大了它对外国殖民地网络、荷兰、法国以及丹麦的控制,极大地增加了殖民地商品的进口。这一扩张主义政治同样遭到了废奴主义者与西印度种植园主的谴责,这些种植园主担心来自国外产品的日益增长的竞争,或者来自英国最近获取的刚刚向种植园开放的地区的竞争,例如圭亚那的伯比斯(Berbice)或者德莫拉,或者是特立尼达的岛屿,这儿的蔗糖以及最主要的棉花正处于繁荣的顶峰。

废除奴隶的决定并不是在蔗糖岛屿衰落的时期进行的——在 1792 年,威廉·皮特已经向下议院陈述了这一措施的正当性,涉及了殖民地蔗糖经济的衰落——而是在新"边境"吸引了古巴、圭亚那以及一些安的列斯岛屿以奴隶劳动力的方式进行投资的时期采取的。在法属圣多明各衰落之后,一种复兴的活力相应地出现在伊比利亚帝国向奴隶贸易商开放的新市场。然而,在短期内,拿破仑的大陆封锁政策与英国人的反制措施看起来成为贸易的严重威胁,因为它关闭了欧洲的市场。因此,废除奴隶贸易看起来顺应了经济的需要。

大西洋的黑人运货船

奴隶贸易是对人性的最大摧残,它所有的分量只能在它四个世纪的历史以及非洲奴隶贸易的所有沉浮中得到理解。从 10 世纪到 15 世纪,撒哈拉的奴隶贸易设法抓获了超过 700 万俘虏,而从中世纪到 19 世纪,印度洋贸易也获得了大约 500 万。我们的估计是,从 15 世纪中期到 19 世纪末,大西洋贸易包含超过 1 200 万奴隶,仅仅是在 19 世纪就超过了 300 万。这样,从 1450 年到 1800 年,超过 800 万黑人跨越大西洋到达了新世界。18 世纪是迄今为止获取最大数量奴隶的时期:

超过 600 万奴隶在这一时期到达了美洲种植园,也就是说,大约是 19 世纪之前大西洋奴隶贸易的 3/4。与此相对的是,不考虑伊比利亚与其他欧洲殖民地的发展,16 世纪与 17 世纪各自的贡献看起来是比较温和的:1450 年到 1600 年运输的俘虏有 367 000 名,从 1601 年到 1700 年则是 186 万名。18 世纪的航行进程是非常不规则的:从 1701 年到 1770 年,超过 300 万奴隶从非洲出发跨越了大西洋,然而这一世纪最后 1/3 的时间运输的奴隶数量得到显著地提升,这时运输的俘虏超过了 200 万。

英国、法国与葡萄牙的贸易商从非洲获取的奴隶数量可能超过了 500 万,其中超过半数是由最强大的大英帝国的奴隶贸易船队运输的。虽然很难估量,伊比利亚的市场对欧洲的奴隶贸易有不可否认的吸引力。为了满足吉罗斯(Geraes)矿山的需要,以及这一世纪后半期蔗糖与棉花复兴时期伯南布哥种植园的需要,进入巴西的俘虏总数量大约是 170 万[30],在巴伊亚,它则是圣多明各出现叛乱之后这一世纪最后几年甘蔗种植园的繁荣所致。从 1761 年到 1800 年,大约有 60 万奴隶被进口到了巴西[31]。在拉普拉塔与卡塔赫纳这两个地方,奴隶贸易商首先是南海公司,接着是一般的个人,以及西班牙王室同意的以协定出名的供应合同的持有人,这些奴隶贸易商建立了波托西矿山以及新格拉纳达都非常需要的劳动力市场,在新格拉纳达,波帕扬(Popayan)的黄金生产在 18 世纪的最后 20 年得到发展。从 1736 年到 1789 年,仅仅是协定名义下"合法"进入卡塔赫纳的奴隶就超过 4 万名。在 1789 年,波旁王朝君主的进口垄断遭到废除,这增加了进入者的数量。这可以在古巴得到发现,根据洪堡的看法,在同一个时期,该地区巨大的甘蔗与咖啡种植园的出现导致 1790 年到 1799 年进口了超过 5 万名奴隶[32]。

除了这些合法进入伊比利亚殖民地的奴隶,也应该考虑从库拉索贸易中心走私到牙买加地区的奴隶销售。就后者而言,英格兰立法反对欺诈:1661 年的航海条例排除了外国船只与英国殖民地的贸易,虽然皇家非洲公司运输的几千名奴隶在 1670 年之后的十年被协约者

(asientists)非法使用了。1685年,贸易大臣赦免了抓获那些到英属加勒比港口购买奴隶的西班牙船只,因为西班牙通过强劲的货币比索支付了高昂的价格。当奴隶贸易在利物浦刚刚开始时,这一城市把自己致力于在西班牙殖民地走私黑人,因为它的贸易商在西印度或者切萨皮克市场挑战伦敦和布里斯托尔仍然是非常困难的。

安的列斯与英属美洲大陆种植园的发展为18世纪的奴隶贸易提供了最大的动力。进口到西印度的奴隶总数量超过了120万人,从1655年到1787年,仅仅进入牙买加殖民地的就有大约70万人。英属北美的一些新市场,例如南卡罗来纳,在它们种植园繁荣的时期施加了特别强烈的压力:仅仅在5年的时间内,也就是从1735年到1739年,殖民地大约进口了12 000名奴隶。实际上使得奴隶的人口翻了一番,这些新奴隶来到种植园使得白人担忧黑人多数可能会考虑选择自由,一些奴隶,虽然不可否认数量很少——仅仅有几百人——在1739年的斯多诺(Stono)叛乱中就试图这样做。

法国市场的重要性仍然很难精确地判定。根据卡隆(Calonne)的看法,从1768年到1777年,法国每年运送到殖民地的奴隶贸易运输了14 365名奴隶,它在十年的时间内将超过143 000名奴隶,在美国独立战争之后不久,凡尔赛政府通过授予船主的补助体系支持了奴隶贸易,圣多明各的咖啡与棉花繁荣需要的劳动力急速上升,奴隶贸易商增加了自己的运输,每年超过了2万名奴隶,在大革命前夕则达到创纪录的接近3万名的数量,仅仅是圣多明各在1789年就接受了28 000多名奴隶。在七年战争与法国大革命之间,法国奴隶贸易销售已经超过了40万名奴隶,在完整的一个世纪内,法国在安的列斯的市场吸收了超过100万名俘虏。因为国内的奴隶贸易远远不能满足其需要,外国的奴隶贸易商,尤其是英国人与美国人,在向风群岛或者圣多明各的南部卸载了自己的货物。他们最有竞争力地销售了自己的奴隶,销售的价格低于法国的贸易商。这样,在马提尼克岛,美国独立战争前夕法国正式的销售数量大约为每年180名奴隶,这一估计要低于现实中的数量,因为仅仅是1776年销售的奴隶就大约是2万名。

欧洲奴隶贸易的中心

在英格兰,奴隶贸易给18世纪世界最大的奴隶贸易港口利物浦以巨大财富。从1699年到1807年,这一港口的贸易商在5 249次航行中运输了1 364 930名非洲俘虏。在同一时期,英格兰的第二大奴隶贸易港口伦敦在3 047次航行中运输了744 721名俘虏。布里斯托尔在从1728年到1742年的几年时间内占据了奴隶贸易的头把交椅,在这一世纪的后半时期极大地下降了,在2 126次航行中总共运输了481 487名俘虏[33],因此,贸易商销售奴隶的半数是通过利物浦出售的;伦敦的销售少于总数的1/3,而布里斯托尔的奴隶贸易商销售的不到1/5。

在1740年代以后,利物浦开始主宰了英国的奴隶贸易,在1743年到1747年已经占到运输奴隶总数的半数以上,在美国独立战争之后这一港口设法维持了这一贸易的绝大部分比例,当时它控制了2/3以上的奴隶贸易。从1783年到1807年,它的航行与奴隶运输情况可以在表6.1中得到体现。

表6.1 1783—1807年的航海与贩奴

利 物 浦	1783—1787	1788—1792	1793—1797	1798—1802	1803—1807
总航行数	405	475	415	675	515
所占百分比	68.06%	68.34%	80.58%	85.98%	88.00%
奴 隶	131 300	147 935	126 380	185 430	129 765
所占百分比	70.29%	71.76%	82.08%	86.18%	86.5%
英格兰总航行数	595	695	515	785	585
奴 隶	186 795	206 150	153 955	215 160	149 865

利物浦的繁荣更加引人注目,因为直到1730年代末期,它的港口使自己满足于把兰开夏的产品销售到大西洋另一边,特别是在西班牙岛屿销售曼彻斯特的亚麻纺织品与棉纺织品这些走私品,而这些岛屿总是从利物浦的贸易商手中购买奴隶。然而,当1739年英格兰与西班

牙爆发战争时，走私变得更加困难。协定的特权也在1750年收回了，利物浦的贸易商不得不转向奴隶贸易，并挑战自己在英属美洲市场的竞争者。在1768—1772年，在五年时间的460次航行中它们显示了完全的优势，而伦敦航行了205次，布里斯托尔则是135次。在1780年代，这两个港口的份额进一步缩减：1783年以后，利物浦在所有的航行中占据了大约2/3的数量，在这一世纪的末期，在奴隶贸易上接近于实行垄断，超过了航行总量的85%以及属于默尔西船主86%的俘虏。

利物浦的主要优势是让当地人立即有权使用几内亚与安哥拉贸易商缺乏的商品：便宜的纺织品、铜器、陶器、铁器、刀具、火器，以及曼彻斯特、伯明翰与约克郡的产品。在大英帝国最大的走私中心曼恩岛（isle of Man）附近，船主们也为自己购买白兰地酒，以及荷兰船只卸载的武器与枪支弹药。

在巴尔的摩1800年前后制造的纵帆船出现之前，最快的船只是由利物浦制造的。商人使得自己的航行引人注目地紧凑——船员的薪水是非常低的，船长也在控制之下并很少拥有特权；然而，当一位伦敦人抵达港口的时候，他接受了一笔奖金，到岸上喝了一瓶马德拉群岛的好酒，某一名利物浦的船长在岛屿市场上更有竞争力，他把奴隶的价格降低了4英镑到5英镑[34]。

面对这样一个贸易巨人，外国的竞争者甚至在自己的船只被英国的护卫舰从海洋驱逐出去之前就已经黯然失色了。法国的第一大港口南特发动了1 427次航海，这是法国18世纪奴隶贸易的42.7%，它从1725年到1792年运输了35万到36万名俘虏。在411次航行中，波尔多运送了法国奴隶总数的12%多一点，但是其贸易是落后的。在美国独立战争之后，波尔多的船主被在印度洋的新区域而不是几内亚与安哥拉做更多贸易的某种热情攫取了[35]。在很长的一段时间内，波尔多人把他们的储备放在对他们基本无利可图的代价高昂的贸易上，而没有直接到大西洋冒险。他们一直到1792年运输的俘虏总数超过15万。这样，在利物浦这一利维坦面前，它们的贸易量不过是侏儒。法国另外两个有显著活动的港口是拉罗谢尔（427次远航）与勒阿弗尔

(399次远航)。

波尔多人的恐惧并不是没有原因的,因为奴隶贸易具有重大的风险。首先,由于更长久的航行时间,航行时间经常是直接到达美洲时间的两倍,资本的投入也是长期的。在非洲海岸长期的停留之间——布里斯托尔的奴隶贸易商停留的平均时间是 100 天——船员们被高烧袭击。在固定的这么长时间内,船只被损坏,而修理它们的方式是非常有限的[36],在销售这次贸易的产品时,经常发生计算的错误,有些时候很难找到足够的奴隶:当 1764 年从冈比亚海岸起锚时,布里斯托尔的四艘船仅仅能够购买 289 名俘虏,而他们希望购买的是 440 人[37]。同时存在的是与其他贸易商的激烈竞争,为滨海的贸易据点提供供应的难度:这些都是把黑人运奴船看作很难装载的原因。当在安的列斯销售这批货物时,也会遇到几大障碍:市场的饱和,尤其是当船只在穿越赤道时海洋的平静导致的延误,或者是接近加勒比的时候暴虐的信风招致船只误点而导致货物出现糟糕的状态。损失也可能是在航行的时候出现的:从 1748 年到 1782 年,南特的船主在非洲购买了 146 799 名俘虏;有 19 666 名俘虏在船只的甲板上去世了,损失的比例是 13%。由于痢疾或者致命的高烧,或者缺乏营养,受到损失的比例可能更高,运奴船上的船员也同样损失惨重。最后,也存在一些叛乱的例子。在到达安的列斯港口时,船长很难避免一些俘虏糟糕的健康,这一情况甚至在持续一周的"饮食补充"后也难以减轻。他们只能以"地板价"销售,也就是半价销售。

因此,奴隶贸易并不是一些人描绘的黄金国,而且,至少在法国港口,6%到 10%的平均利润而不是有时实现的 20%到 30%是更为实际的。一个布里斯托尔的商人詹姆斯·琼斯(James Jones)在 1788 年下院的一个委员会面前这样断言,"它是一个危险的贸易",其中"有时利润很高,有的时候则不然"[38]。也许由于其船只的成功,利物浦的利润是更高的,根据曼尼克斯(Mannix)的看法,它在 1786 年达到了 30%[39]。奴隶贸易第一港的商人明显可以享受更有利的条件:他们都是压低价格的老手,经营奴隶船只或者是在荷兰或者是在曼恩岛的贸易中心以最低的价格购买奴隶贸易的商品,确保从曼彻斯特的商业工厂主获得有诱惑力的贷款协议,最后几乎可以从他们那里获得大约两年的贷款。他们也知道怎样最好地谈判把可以接受的交易票据当作他们在安的列斯地区销售奴隶货物用作支付手段。当然,这一1786年的估计是在1788年议会投票支持多尔宾(Dolben)法案之前做出的,这一以人道主义为目的的法律为了确保俘虏享有最好的运输条件,强迫船主削减装载到船上的奴隶数量。在布里斯托尔,某些人宣称由于这样一种方式,他们的损失达到他们过去运输奴隶的1/4,以至于他们为了赔偿不得不承担更大的损失[40]。

18世纪末对利物浦贸易形成的真正竞争不是在欧洲而是在美洲出现的。在崭新美国的港口,从新港或者罗德岛的布里斯托尔、波士顿、塞伦、查理斯顿与巴尔的摩出发的美国奴隶贸易商在非洲滨海地区越来越多。

美国的贩奴商

在独立战争之前,13块殖民地的奴隶贸易船只就已经为英属安的列斯提供奴隶,以及其他欧洲国家的加勒比属地。然而,这一贸易在美国独立战争之后获得了新的比例,而联邦与州的法律却加强防止美国人参与奴隶贸易。船主养成了派出自己船只的习惯,装载供应品、木料与其他产品到安的列斯地区,从这里扬帆向非洲海岸出发,这样就隐匿了自己奴隶贸易的目的。当带着俘虏回到岛上的时候,船只带着殖民地的商品到达美国港口,靠这些东西可以防止当局怀疑他们的贸易活动。

在1753年,伦敦的贸易委员会估计北美用在非洲奴隶贸易方面的船只大约有20艘[41]。11年后,罗德岛的总督确认了在超过30年的时间内,大约18艘运奴船向非洲启航,大部分是从新港出发的。这些船只普遍规模更小,运送的也不超过100到120名奴隶。这样,从1761年到1768年,美国的奴隶贸易商从黄金海岸运输到在英属安的列斯目的地的货物如表6.2所示。

表 6.2　1761—1768 年美国贩奴商的货船[42]

安的列斯	1761	1762	1763	1764	1765	1766	1767	1768
船只	12	9	12	8	2	5	8	12
奴隶	1 322	980	1 340	1 075	300	430	1 060	1 697
平均货物	110.5	108.8	111.5	134.3	150	86	132.5	141.4

考虑到其他在非洲海岸装载并回到法属与西班牙殖民地的船只，阿斯狄（Anstey）把七年战争之后美国冒险的年平均数提高到大约 30 艘：超过了利物浦奴隶运输交易量的 1/3，虽然它远远低于俘虏的货物——甚至不到 1/5，因为美国运输的奴隶总数是 3 300 人，而利物浦则大约是 17 000 人。

美国独立战争之后，尽管美国舆论中有汹涌的废奴主义潮流，罗德岛的港口、波士顿与塞伦，甚至是费城也再次操起了奴隶贸易，而这一贵格会城市是反奴隶制度宣传的中心。在 1790 年 1 月 1 日之后，西班牙在新世界的大量港口向外国商人的开放有非常重要的影响：为了生产蔗糖与咖啡，古巴开始以日益增长的数量接受奴隶，而这里蔗糖与咖啡生产得益于 1791 年圣多明各的衰落。

在 1789 年与 1790 年，美国的奴隶贸易攀升到每年大约 4 000 俘虏。然而，奴隶引进美洲在联邦的绝大部分州都是不合法的：在 1785—1786 年，只有三块殖民地允许这一现象，而且从 1786 年到 1790 年只有佐治亚才允许这样做。从 1790 年到 1793 年，北卡罗来纳与佐治亚同流合污，但是在 1794 年又关闭了自己的港口，从 1798 年到 1803 年，就没有一个州可以接受奴隶了。1803 年，南卡罗来纳打破了禁令，直到联邦法律的干涉为止，这一法律在 1808 年完全终止了这一贸易。当美国人参与国外贸易时，相似的法律也宣布美国与其他国家的奴隶贸易是不合法的。

实际上，尽管有废奴主义者的活动，这些法律并没有实际应用。法律遭到侵犯而完全没有惩罚，如在罗德岛，该州最大港口布里斯托尔在关税方面的首席行政官查尔斯·柯林斯在 1801 年接替了杰斐逊的职位，他是这一城市最大的奴隶运输船主的姐夫，他自己也参与了奴隶贸易。在他准备宣誓效忠宪法并执掌职位的那一天,他两艘船中的一艘正在哈瓦那卸载 150 名奴隶;两年后,他自己在佐治亚发了一船奴隶货物。向美国进口奴隶可能是减缓了,但是美国奴隶贸易商的活动仍然在进行。

美国人从伊比利亚商人的新活动中获得了利益:在 1806 年 2 月的某一天,不少于 6 艘美国运奴船进入了蒙得维的亚。然而,主要是 1793 年英格兰与法国爆发的战争才刺激了这一贸易。不管是为殖民地供应奴隶还是殖民地的奴隶贸易,法国开始完全依赖于外国人。

在一直延续到独立时期的市场保护终结之时,在从英国的舰队与市场受益之后,美国被迫为自己提供一支新的商船队并去打开新的市场。在不到 20 年的时间内,它们回应了强加在它们身上的挑战,开始在大西洋变成新的强国:从 1789 年到 1806 年,它们的商船队已经成为世界第二,它吨位数的增长超过 8 倍。罗德岛与其他州港口的奴隶贸易都从这一繁荣中获益匪浅。它们的船只在美洲与非洲之间完成了三角贸易:美国古巴属地的种植园生产的糖蜜通过它们的船只送到布里斯托尔与其他的美国港口,它们在此被加工成朗姆酒,奴隶船只为了获取运输到圣地亚哥与古巴哈瓦那的新奴隶把这些朗姆酒运送到了非洲。从 1791 年到 1810 年,美国出口到新世界的奴隶可以在表 6.3 中得到显示。

表 6.3　1781—1810 年美国的奴隶出口　　　　　　　　单位:人

古巴	西班牙美洲大陆	瓜德罗普岛与马提尼克岛	美国	总数
41 730	18 720	12 120	108 273	180 843

尽管有联邦政府 1808 年规定的禁止条款,在古巴与巴西日益增长的需要面前,让罗德岛与其他州的船主放弃可以获得的利润是非常艰难的。著名的巴尔的摩纵帆船是横渡大西洋的最快船只。它们的速度必须把跨洋航行中的死亡数量缩减到最小,也必须有容纳奴隶的最低票价的舱位,虽然这在很小的规模上是合适的;对一艘必须躲避英国巡洋舰的非法贸易的奴隶船只来说,缩减货物的容量并不重要。另一方

面,它需要更多的船员:每边以图画掩饰的舱位小孔隐藏着坚固的加农炮,因为在船只抛锚在西非河流的时候这些武器是非常需要的,因为这些地方暴露在攻击之下。它们桅杆的倾斜度和帆桁的航行状态就是这些纵帆船速度的标志,但是它们的建造牺牲了运货船的容量。

那些被证明卷入奴隶贸易的英国臣民将被绞死,他们的船只也将被充公;但是悬挂美国国旗的船长拒绝让自己在公海上受到检查。英格兰反奴协会雄辩的辩护者与他们在议会的两院中的支持者迫使政府镇压这一可耻而非法的贸易。奴隶贸易是1812年美国与大英帝国战争的一部分原因。美国勇敢地与当时世界上最强大的海洋大国进行战争,在与反对者法国进行了长期的海洋战争之后,英国已经在18世纪永久地确保了自己的海洋帝国。

大西洋列强

博林布鲁克是伏尔泰的一个朋友,也是《乌得勒支条约》的签字者,许多年以来他一直试图在英格兰形成一个爱国政党,在1749年,他生动地描绘了海洋与英国人难以破坏的联系:

> 正如其他的两栖动物一样,我们有时一定要爬上堤岸,但是我们更多的内容是水,而且我们在海洋中发现了自己最大的安全。正是在海上,我们才可以发挥自己最大的能量[43]。

这位托利党领袖的话清晰地显示了他把握了英国的海洋优势,而这一优势是英国在半个多世纪的时间内反对路易十四的战争取得胜利之后才获得的。早先,尽管有伊丽莎白一世的水手的开发,以及克伦威尔与复辟的斯图亚特王朝统治下所做的努力,英格兰并没有获得对海洋的控制。它必须先以连续的三次战争的代价打倒17世纪最强大的海洋强国,也就是联合省共和国,接着成功地消除法国科尔贝造成的威胁。在沃波尔时期和平的间隙之后,从《乌得勒支条约》到1739年反对西班牙的詹金斯耳朵战争时期,它仍然需要60年才能让大英帝国通过把法国的国旗从海洋中驱逐出去从而最后获得这一海洋优势。它首先通过赢得七年战争,接着以一种更显著的方式,在法国大革命与拿破仑帝国统治下对法国的战争取得了伟大的成功。在1815年,英国对大西洋确立了英国治下的和平,这使得英国在整个19世纪实现了自己的优势。

这一海洋强国是在欧洲人长期的冲突之后才获得的,然而,对它的重要性千万不能高估,至少就17世纪而言是如此。当然,像黎塞留这样的法国人想要为自己的国家获取这一殊荣,他当时并没有注意到英格兰,因为当时英格兰仍然不过是面积较小的、人口分散的一个边缘性的北部王国[44],他主要是通过攻击西班牙在大西洋另一边富裕的殖民地而使他们从西班牙的霸权中解脱出来,因为西班牙当时仍然主宰着欧洲的事务:"西班牙使用的部分……由印第安人组成,这需要他们在大海上足够强大——一个明智政治家的理性不能容忍对他地位的任何削弱行为"[45]。

在17世纪中期,欧洲列强的注意力更多地转向了欧洲大陆事务而不是大西洋事务。土耳其征服匈牙利,以及在1664年8月1日基督徒军队在圣哥达(Saint Gothard)决定性的胜利消除对维也纳的威胁比在新世界建立殖民地更加重要。此外,除了西班牙在秘鲁与墨西哥的殖民地外,在美洲大陆,欧洲人的影响很少超过狭窄的海滨边缘。

现在有必要来清查一下英国获得的海洋主宰权的特性与程度。首先,它必须确保海上的自由贸易,但是——对英格兰来说同样重要的目标——它也必须保卫国家免于被别国侵略,直到拿破仑时期,对侵略的恐惧一直是存在的。直到19世纪,英吉利海峡的另一边仍然记得腓力二世的无敌舰队以及路易十四与路易十五统治时期的活动。

英国海权的要素

维持这一主导权的方式是由商业控制提供的,它不仅仅表现在北欧,因为英格兰已经在此成功地战败了荷兰,虽然并不能完全消灭荷兰,而且也表现在大西洋的另一边。北欧市场在木料、纤维、焦油与钢铁这些"海军军需品"方面是丰富的,这些东西对建设光荣的海军战斗群的船只是不可缺少的。然而,在18世纪,它们被英国的美洲大陆殖民地取代了。事实上,在18世纪末,英格兰仍然在利用从吕贝克到里加湾的波罗的海的树脂质产品与桅杆、帆桁及厚板材。海军的需要将在与法国的战争中增加,北欧的价格上升了,并且经常有必要用一种相对罕见的通货支付。在1699年,瑞典与俄罗斯之间的北方战争爆发,它持续了超过20年,英国人被排除出了波罗的海的贸易。在1705年,议会通过一项法律鼓励大西洋另一边进行"海军军需品"的生产,为每吨焦油与沥青提供4英镑、每吨松节油3英镑的补贴。尽管有战争的存在,这些对建设与修理战舰非常重要的产品的交易量在殖民地与宗主国之间还是迅速增加了。在和平时期,补助得到了重申,在1715年,美洲已经为英格兰提供了一半所需要的焦油与沥青。

这些殖民地资源是冲突时期英国海军动员具有巨大能量的一个非常重要的因素。海军船只在和平时期几乎完全卸除了武装,因为旧政权的战时船员并不是常备军,因而当战争爆发时,能够依赖充足的物资并尽可能快地派遣必要的供应是必需的。海军船坞必须展示它们可以最快的速度修理大量的已经弃置多年船只的能力,并开始建造新的船只。当然,法国也能够从北欧动员自己的资源,科尔贝时期就已经在布雷斯特、土伦与罗什福尔建立了军械库。然而,在战争时期,它的舰队在获得供应方面面对巨大的困难,因为英国掌控着海洋。只有极大地依赖中立国才能让自己获得船只建造与维修的核心进口物品。因而,这儿隐藏着大英帝国优势的一个至关重要的部分。

在18世纪,大英帝国也经历了对管理中队必需的人力资源的动员[46]。然而,这并非没有困难,提供有竞争力的军官与水手同样困难很大,海军强国,甚至是大英帝国也面临许多的问题。在和平来临之后战舰退役,大多数军官在和平时期被解雇:在英格兰,他们依靠半薪维持生活(如果没有能够登船,他们甚至在冲突时期也是如此);他们留在陆地上,不能继续获得在海船上的经历。对他们而言唯一的办法是在商船上服务。战争爆发时英国中队的指挥权掌握在高级军官的手中,他们没有下海已经 10 年或者实际上已经 15 年了。重新学习当前战略需要的操作这些掌控船只的原则总是必须花费几个月的时间。

征召水手也从来不很容易。在和平时期,他们只能在商船或者渔船上服务。然而,英国商业船队已经承担的份额赋予英格兰一个巨大的优势。船队雇用海员的总数量在七年战争时期接近 13 万,在美国独立战争时期则超过了 15 万[47]。在这些相对的冲突中,从法国的阶级体系中征召的水手的数量不超过 6 万。科尔贝创造并被英国人羡慕的阶级体系的唯一优势是人口动员的时候更加迅速:"它为我们提供了在英国人之前让我们的舰队出海的方式,这是一个重要的优势,而且它也很难得到评估。"[48]

然而,法国只有一个正在消失的优势,因为这虽然很慢,英国却能够求助于比法国可以获得的大得多的海员人口,因此可以武装更多的船。更进一步的是,英国虽然有大量的可以支配的金融资源,但是又总是强调武装最大数量的船只,这样就实现了完全的动员,而法国像西班牙一样,只是武装那些特殊的中队,因而只能真正地把船只与可获得的水手的一部分投入使用。

为了理解动员这样的海军,有必要强调的是,一支数量相对比较少的"专业"水手正在被征召:

> 与整体的船员相比,哪一部分人员在真正的水手专业上是杰出的?或者至少是一个准备投入任何风浪的部件,准备采取任何的风险,在最恶劣的天气下调整风帆?[49]

在 1791 年,拉鲁泽恩(La Luzerne)大臣估计拥有"真正水手的专业"人员只有不足 1/5。他评论说许多人在海上讨生活而没有登上过码头,他回忆了英国人把自己的船员分为"能干的海员"、"普通的海员"以及"旱鸭子"。旱鸭子投掷起锚器,操纵索具,最主要的是,他们也提供操纵加农炮必需的服务人员:拥有 12 尊加农炮的船只,每尊需 9 人服务,24 尊的每尊需 13 人,36 尊的每尊需 15 人[50]。

这些旱鸭子是康沃尔与德文郡地区以及靠近普利茅斯与朴次茅斯的乡村地区的人,他们是对张贴在大多数城市的皇家海军舰队船长的呼吁反应最多的人群。海军中尉们发动了征召新兵的运动,他们每一人都有6人陪伴。对每一个专业水手来说,必须找到四到五人的旱鸭子,而港口的人员,大多数木工、索具的装配人员或者在海军码头使用的仓库搬运工人等人是指望不上的。看到纵队向大约可容纳30人的舱门涌进是并不罕见的,他们的脚踝上锁着铁链,他们都来自例如埃克塞特(Exeter)城市的王室法庭,因为偷窃或者在工厂纵火而被抓捕。他们更喜欢在海上服务而不是上绞刑架、放逐或者进监狱。然而,这些人不是潜在的叛变者,他们的身体经常处于糟糕状况,因而海军中队取得良好的结果其实是不确定的;但是他们是武器的搭档,船长需要他们让自己的船只出海。

这就是著名的压力-暴徒(press-gang)体系,许多人对此悲叹,但是直到19世纪初,它在英国任何一个海军港口都没有变化过。他们糟糕的状态与经常是被迫征召的情况可以解释大量开小差的现象:在七年战争期间,海军中也许有多达4万名逃兵,特别是在美洲岛屿上,因为从这里逃离船只是最为容易的。

在法国,等级体系训练人们也为他们的家庭提供援助,这使得人们更乐意为国王服务。此外,在战争时期,至少在彭娜特港口,贸易与渔业崩溃了。即使出现了延误,皇家舰队也继续买单,服务的年限也可以计算在获取养老金的年限之内。在法国的海军中队中逃兵并不是经常性的事件。然而,在安的列斯地区,出现了类似于英国那种比较熟悉的情况。法国人忠诚于国家的等级体系,也并不害怕在美洲岛屿使用压力暴徒本身,虽然这里的逃兵是很常见的。然而,大英帝国在加勒比的殖民地经常经历危急的情况。实际上,克里斯蒂安·比谢显示了"令人恐惧的"损失不仅仅是由于开小差,而且也是因为更高的死亡率所致,这一死亡率是由于高烧与伤寒流行病造成的,因此,大量地征召新兵是很有必要的[51]。

面对英属安的列斯较少的人口数量,在水手、商人与海盗竞争性的需求下，海军将领的要求很难得到满足。只有新英格兰的人口潜力可以满足这一人员需求，至少在七年战争期间，以及这一世纪初期之后，他们才不再害怕属于美洲大陆殖民地的商船的压力。

英国海军动员能力本身也得到远胜于法国的金融方式的支持。1760年，负责舰队事务的国务大臣贝利尔（Berryer）可以支配3 000万里弗尔，在英吉利海峡的另一边，同一年的海军预算上升到大约1.5亿里弗尔，也即600万英镑。在伦敦与阿姆斯特丹市场大量借款的推动下，英格兰的海军预算在七年战争前夕已经达到很高的程度：大约1亿里弗尔。1762年是夺取哈瓦那与马尼拉的时间，英格兰在这一年向自己舰队投入了1.75亿里弗尔。当然，法国的经济在1759年就开始枯竭，因为它们在欧洲大陆经历了负担沉重的战争。

路易十六统治时期，情况变得更加有利于法国的海军预算，海军舰队在美国独立战争期间获得了它们以前从未获得的款项。1780年是1.69亿里弗尔，1782年是2亿里弗尔[52]。

1760—1763年间，在胜利的时刻，这些资源使得海军可以装备超过120艘战斗编队船只，其中40艘是在战争期间建造的。法国舰队在1760年可以利用的只有50艘战斗编队船只[53]。1775年，法国的赤字才部分拼凑了总数为75艘船的战斗编队，但是超过110艘船只的（英国）海军仍然拥有自己的优势。在大革命与拿破仑帝国战争的前夕，大英帝国的优势是无可争议的。罗伯特·富尔顿估计1790年英国海军大约拥有200艘船只的战斗编队，但是让·梅耶评论说只有把遥远海域的50艘用作大型护卫舰或者护航用的加农炮船加入这一类别才能达到这一数字[54]。到这一时期为止，英国只是为探索任务或者是保护贸易的快速护卫舰设计方向花费精力。同样根据富尔顿的估计，大英帝国1790年拥有210艘船只的战斗编队。法国在战斗编队的船只与护卫舰方面都位列第二，分别为81艘与69艘。

我们同样必须强调这一数量是理论上的：它们代表了某一强国在冲突发生时可以动员的最大值。英格兰拥有几乎是完美的后勤供应，如果它还可以组织一次完全的动员，其他的国家就难以做到了，因为重新装备和平时期卸去装备的大量船只超过了他们的经济甚至是人力资源所承受的程度。

战略选择

主宰海洋并不能确保控制大洋的所有地方,因为这实际上是不可能的,而且战略上也没有必要。它意味着控制其他国家的船只从欧洲出发所经过的海洋通道,它们在离开英吉利海峡与加斯科涅海湾后,在大西洋绕过马德拉群岛与加那利群岛、安的列斯群岛弧形区,或者是到多巴哥海峡的南部或者是经过多米尼克岛或是瓜德罗普岛,或者继续北上并到达背风群岛与波多黎各。在从加勒比回到欧洲时,古巴与佛罗里达之间的巴哈马海峡是使用最多的通道,但是它也包括欧洲水域不可或缺的亚速尔群岛的停靠站。

为了控制这一通道,必须努力控制大西洋另一边的海军基地。就此而言,英格兰在18世纪发现了使用两个基地的可能性,而法国从来没有着手去做这些事情:在英国的安提瓜岛港口与牙买加的罗亚尔港口,整理设备、物资供应以及武器都可以在这些基地获得,英国军队也可以从这些基地保护大英帝国的贸易不受海盗的打击,因为海盗1710—1720年在加勒比海域仍然肆虐,而这个地方的海盗行为渊源于前一个世纪的掠夺行为以及西班牙在殖民地镇压英国非法贸易的活动。以这两个港口为基地的一些护卫舰可以满足这些需要。

然而,这些营垒是为了解决和平时期贸易的需要,而不是为了满足战争时期更加广泛的海军行动。然而,它们的基地并没有很好地为这些目的而设置:英国的港口很不适合攻击更靠南的法国属向风群岛,因为它必须与东南的信风进行搏斗后才能到达这一地方;相似的情况是,罗亚尔港口有自己可以随意支配的最强大的中队,它在背风群岛的极西之地寻求保护。另一方面,对警戒尤卡坦海峡的护卫舰来说这却是一个非常好的基地,船只被迫走墨西哥湾的航路到达西班牙美洲大陆或者是安的列斯地区,这正如他们必须上到巴哈马海峡才能找到回归欧洲的路线一样。

寻求保护或者攻击商船的商业层面是很有益处的，这一情况完全不会让自己征服外国殖民地。下面的情况也是真实的，英国人知道怎么为自己的基地提供物资与武器，这些东西整体而言是充足的，尤其是他们可以获得附近的大陆殖民地征集的供应品这些不可替代的援助。相反，法国方面的供应时常是不充足的：士兵、物资、军需品必须在完全暴露于敌人攻击且昂贵的护航队保护下才可以横渡大西洋。加拿大根本不适合扮演法国安的列斯后勤基地的角色，而新英格兰却为西印度群岛做着这些事情。实际上，大陆殖民地的商人没有放过任何一个把自己的产品走私到这些外国岛屿的机会，他们的航运大大削减了法国的后勤弱势。

在法国方面，为自己的加勒比属地供应物资与武器的任务在17世纪末期委托给了军需官，但是他们从来没有让人满意地完成过任务[55]，虽然向风群岛已经能够扮演英国海军基地的角色，英国基地也可以接受有规律的运输，但是，由于缺乏有规律的护航保护的供应，法国的基地从来不能为派到加勒比的海军中队提供必需的海军物资。在岛屿上，最可怕的炎热之后就是滂沱大雨；破坏船体的蛀虫在热带海域中传播，以至于遭受危害的船只必须得到修理。海军中队在战斗之后缺乏可以替代的桅杆与桁端，而焦油的缺乏使得船体与索具很早就无法使用了。兰伯特（Lambert）专员1758年在圣多明各这样断言："普遍而言，我们必须为这些物品支付6倍多的金钱，而不是国王在我们法国的军械库接受的价格。"[56]供应品更高的价格使得维持船只运营出现巨大障碍。当供应出现相同的情况时，司令员接到指示不要延长在安的列斯的停留时间，这损害了贸易需要的保护。

相同的高价格在法国国内也被人发现了，这里的海军装备、供应品与军需品必须从波尔多、罗什福尔、拉罗谢尔与南特派送到布雷斯特，它们在这里储存起来。在1757年到1762年，为加拿大与美洲岛屿装备一支海军中队变得日益昂贵。与此相反，英格兰的需求完全得到满足，物品经常而有规律地发送到美洲，因为英国海港与罗亚尔港口的海军基地得到私人合约者的补充，这些合约者主要是北美重要的商人。

在英格兰,大量的合同在一个接一个的港口出现,产品纷至沓来,由于不同的合约人互相竞争,价格也得以下降。

通过建立一支准备进攻或者防守的高度机动的部队,最大限度地控制战争时期到达欧洲或者从欧洲出发的船只得以实现。实际上,西部的海军中队使英格兰能够确保对大西洋的控制。当然,英国的海军能量使自己在整个海洋地区都可以被感受到,但是首先是在神经中枢的英吉利海峡与爱尔兰海上,从而使得决定性的事件可以展开。进入英吉利海峡以及英国与法国在大西洋最重要港口的上风面,西部中队在确保大西洋有效地服从英格兰方面扮演了核心的角色。

为了实现控制英吉利海峡与加斯科涅海湾的战略,在英国的海军史上,阿申特岛在全球所有的据点中占据着光荣的地位,而霍克、博斯科恩与罗德尼都拥有自己的威名。英格兰通向外部与内部的商船的3/4围绕在阿申特岛旁边。在封锁法国最大的港口布雷斯特的日子里,英国的水手看着海岛度过漫长而平淡的日子,封锁布雷斯特是因为它是法国海军中队扬帆走向大西洋的地方。这一地位也使得英国海军中队在一旦发生蓄意的侵略后能够迅速地介入英吉利海峡,同时防止法国南部罗什福尔或者土伦舰队的到来。英国遭到威胁的海滨处于阿申特岛的下风口,船只在有利的西风帮助下可以展开所有的风帆从而最快地到达这里。

在阿申特岛的南部,海军中队可以支持英国在法国海岸登陆,正如1757年罗什福尔发生过的情况那样。它也可以保护英国在英吉利海峡的护航运动,正如这些使用布里斯托尔海峡与爱尔兰海的情况所示。向下进入加斯科涅海湾,朝着西班牙北部海岸的方向,远达菲尼斯特雷角的北部,海军中队封锁了从圣塞巴斯蒂安到菲洛尔的港口,也包括从巴约纳到南特的法国海岸。

这一海军中队得到普利茅斯设备的支持,这里在1696年修建了重要的海军码头,18世纪则得到了进一步的发展。海军中队从建设到整修桁端的供应都聚集在这里:供应弹药与供应品、索具的商店,带有桅杆的船只以及海产小点心的生产商,这都是迅速装备一支还不是常备军的舰队的至关重要的设施，这支舰队也不得不在每一场战争的开始恢复正常状态并在冲突中继续维持这一状态。

航海方面的严重困难为西部中队船只提供了储备，然而，由于远离阿申特岛海岸，危险而凸出的岩礁将使他们经历最为丰富的水手遭受损失。与此同时，这些船只确保了英国在七年战争中赢得许多胜仗。他们对法国西部海岸的封锁使得法国的殖民地与欧洲的其他地区孤立了起来。海军中队从法国大西洋的港口启航实际上已经全无可能。因为在七年战争中供应品必须囤积在布雷斯特，为海军中队提供供应花费的时间越来越长，供应品、装备、军需品再也不可能按时运达这里。1759年，在邦帕德（Bompar）指挥的海军中队设法出现在布雷斯特的时候，已经过去了6个月的时间；这一延误是法国丢失瓜德罗普岛的一个因素。与此相似的是，在1760年，布列纳克（Blenac）发现由于从波尔多到布雷斯特运输的供应品遭遇的困难，自己的武器装备被极大地延误了。

西部海军中队永久性的存在也确保了英国商船队的安全，特别是那些为英格兰美洲属地提供供应的船只。如果不是英格兰最重要的舰队必须跨越大西洋，封锁的安全性将使得英格兰对加勒比水域的控制足够长，一直把其当作海军活动的重要战场。在美国独立战争时期，当英国被迫为与起义者进行战斗的军队提供供应时，它们不再能够继续让海军中队封锁法国的港口，特别是布雷斯特，加勒比重新变成了一个重要的战场，法国海军中队的势力能够征服像格林纳达或者多巴哥岛这些英国的岛屿。

大西洋战役

英国人直到相对较晚的时候才陷入这一战争：从16世纪末期开始，大西洋已经变成欧洲野心彼此对垒的封闭战场。而大英帝国直到18世纪初才获得了自己的海军优势。

英国相对缓慢的进展

尽管有过无敌舰队的失败，菲力普二世1580年征服葡萄牙时获得的新的海军力量——它包括大西洋的重要基地里斯本,而最主要的是葡萄牙配备超强火力的重型大帆船舰队——使得西班牙可以维持自己的财富通道。在17世纪的前半期,英格兰不能够阻止荷兰与西班牙舰队在自己的海岸互相对垒,当时是1639年,特龙普刚刚在沙丘战争中击败了西班牙人。即使阿尔及尔的海盗在英吉利海峡抓捕了一些英国的水手并把他们充作奴隶,这些海盗也可以毫发无损地逃脱。

然而,在查理一世下台之后,护国公克伦威尔的时代已经成为英国大西洋时代的开始,它开始为自己的海洋霸权建立根基。佩恩(Penn)在牙买加探险中的行为,布莱克在地中海与古德森(Goodson)在波罗的海的行为,它们都展示了保护英国商船的能力,而最主要的是,它们也展示了自己的进攻能力,而荷兰人与西班牙人却要付出代价。在第一次英荷战争中,英国海盗超过了1 000次的劫掠行为严重打击了荷兰的商船队。当布莱克逼迫荷兰的舰队司令向英国国旗致敬的时候,他自己在海上的信心与在英吉利海峡反对特龙普时英国在国内水域的首要地位之间进行思想斗争。在1653年的三天战役中,布莱克的80艘船与特龙普的60艘船进行对抗,双方都出现了重大的伤亡。在1654年的《威斯敏斯特条约》中,荷兰人对在英吉利海峡向英国致礼方面屈服了,也承认了航海条例。在同一年,英国人依靠与葡萄牙早先的联盟,在巴西与西非获得了商业的让步,英国开始能够发展全球战略。

在反对西班牙的战争中,布莱克摧毁了停靠在加那利群岛上圣克鲁斯的西班牙舰队,也在此获得了200万英镑的财富。1657年,西班牙失去了敦刻尔克,而这是最让英国商业恐惧的私掠船巡逻港口。由于在巴巴多斯与背风群岛获得的人员与供应品的支持,佩恩得以把最先在圣多明各与伊斯帕尼奥拉附近失败的探险扭转为成功,在1655年夺取了牙买加。

然而,主要的敌人仍然是荷兰,在宗教改革以后,英格兰在第二次英荷战争中遭受了一些失败:在1666年,四天战争以及特别是勒伊特对泰晤士河的袭击在伦敦引起了恐慌。然而,伴随着路易十四与科尔贝威胁英国与荷兰的安的列斯,以及1664—1667年的关税战争中发动

235

的最重要的商业挑战，一个新的敌人正在出现。法国海军得到了显著的发展，船只的数量从路易十四统治初期的仅仅30艘跃升到1666年的70艘，在与荷兰进行战争的前夕已经达到97艘。他们也从联合省共和国购买了几艘船只，虽然某些船只的质量是令人怀疑的，但效果却是非常明显的。

与此同时，当勒伊特设法封锁了法国与英国联军在欧洲的索利湾(Solebay)与特塞尔(Texel)以及安的列斯群岛对荷兰的攻击时，荷兰人的优势再一次让人担忧。1674年7月20日，荷兰最伟大的水手在马提尼克岛的圣皮埃尔进行了一次壮观的海军演习，其中8 000人掌控着40艘船只。然而，由于在安的列斯地区缺乏充足的基地，他的船员受到痢疾与高烧的严重影响，他最后不得不返航。法国人德斯垂(d'Estrées)在马提尼克岛与圣多明各海盗的帮助下到达多巴哥并夺取了它，然而他在荷兰多巴哥岛最大贸易中心库拉索附近却遇难了。

在与法国联盟时期，查理二世统治的英格兰已经在海上遭受了失败。在1688年的光荣革命之后，英国人对大西洋的控制获得了更多的成果。"蓝水"战略越来越证明适合殖民征服、商业权力与海军的胜利。与此同时，在九年战争时期，法国在1689年迅速冒进，因为它早期的阶级管理比英国的海军司令动员更快，而这些军官已经享受了10年的和平。然而，在荷兰人提供的波罗的海供应品的帮助下，英格兰获得了决定性的优势。在1690年图维尔的75艘舰船在比弗泽(Bévezier)战胜了特林顿(Torrington)领导的英荷舰队后，联盟加强了自己在英吉利海峡的地位，但是1692年图维尔在拉霍格(La Hougue)经历了失败：15艘法国船只被摧毁，这样，对英格兰进行侵略的威胁被解除了。由于在欧洲深陷严峻的三条战线——低地国家、莱茵河地区、意大利——法国不得不放弃了代价高昂的战斗舰队。1693年，图维尔在攻击士麦那护航队时取得胜利，这对英国的黎凡特公司造成了致命打击，但是这在很大程度上是由于掳掠商船而不是有规律的海军活动所致。这给英国造成的损失是非常严重的，在1693年到1697年，大约有4 000艘船只被俘获。

在西班牙王位继承战争中，法国的威胁重新出现了。在战争的开始，丹尼尔·笛福陈述了这一问题：

> 英格兰如果没有贸易将会怎样？没有其殖民地贸易、没有土耳其与西班牙的贸易，(将会怎样？)当法国在古巴建立要塞时，当某艘法国舰队带着哈瓦那的白银回程的时候，英国将会变得如何？如果法国可以自由地与从魁北克到墨西哥的地区进行贸易，弗吉尼亚殖民地又具有什么价值呢？[57]

与此同时，虽然不能完全封锁由荷兰与汉萨人为其提供供应的法国大西洋海岸，也不能终止海盗行为以及笛福曾经预见过的美洲贵金属的交易，英国海军还是设法赢得了一些给人印象深刻的胜利。从1702年开始，它们在维哥、鲁克(Rooke)击沉了对方的舰队，摧毁了15艘船只。1703年的《梅休因条约》确保了英格兰对巴西黄金与里斯本基地的控制，在这一事件之后，1704年获取直布罗陀为英国海军控制地中海提供了新的战略可能性。除了安的列斯的地区偶尔会有一些袭击活动以外，英国在殖民地不再能够获得新的重大的战利品，1711年，英国人在进入魁北克时遭受挫败。然而，主要的成功仍然是商业性的，从英国港口出发船只的数量展示了海外贸易的首要性：1710年，船只数量是3 550艘；1712年，达到4 267艘；1713年，5 807艘。在《乌得勒支条约》中，为了维持欧洲的势力均衡，低地国家归入了非海洋性的强国奥地利，在1714年汉诺威人入主英格兰时，英国开始成为主要的海上强国。

18世纪英国征服大西洋

沃波尔(Walpole)统治时长期的和平间隔期见证了法国日益增长的殖民地贸易以及西班牙对英国在美洲非法贸易进行反击的威胁，奥地利王位继承战争成为它们之间的首次冲突，大英帝国在战争中对大西洋提出了新的霸权要求。势力均衡的失衡是巨大的，因为在1744年法国海军可以调配的作战船只是100艘，而现在它能够调用的不足50

艘,其中 18 艘船龄已经超过 20 年,其他的 11 艘则是配备 60 发炮的已经过时的类型[58]。法国皇家舰队成为摄政王与弗洛伊(Fleury)和平政治选择性的牺牲品:舰队的预算削减了,法国在 1715 年仍然有 80 艘可以调派的船只,从这一年开始,作战的船只数量急剧下降。从 1725 年到 1738 年,罗什福尔没有一名海军统帅,从 1718 年到 1733 年,布雷斯特建造的船只只有 2 艘。当然,这些船只的性能得到改良,恐怖号(Terrible)是第一艘配备 74 排加农炮的船只并得到英国的高度赞赏。它于 1737 年下水,但是法国在安的列斯地区仍然没有可以与英格兰相媲美的基地,虽然殖民地的总督已经为此目的呼吁了很长时间。

从 1718 年开始,在对保护措施感到担心的商人的巨大压力下,负责海军的国务大臣莫勒帕开始了战争的启动工作,他派出船只勘探伊比利亚的圣文森特与菲尼斯特雷角、亚速尔群岛以及众多岛屿。结果的细节是不清楚的,在 1744 年被俘获之前,船只处于巨大的混乱之中:

> 在 7 月 2 日到 31 日之间从你方[弗朗西斯角]出发的 20 艘船中,只有埃基尔(Aigle)到达了;其他的都被俘获了,某一些被带到了新英格兰,另外的被抓到拉维勒。在 1744 年 11 月,波尔多的船主菲力普·奈拉在攻击行动使贸易遭受损失时宣泄了自己的不满[59]。

与此同时,某些船只接受了风险的挑战,在护航队建立之前毫不犹豫地把自己的船只派送了出去:

> 如果上帝垂怜使我抵达某一安全的港口,我有足够的理由希望获得一个良好的旅程,因为还没有一艘船这样做过,除非有了护航,任何一艘船都不会出航,护航队看起来是不可能向尼留汪岛出发的。在下一年 6 月之前,在这儿汇合的计划将出现超过两个月的延误。这样,在由战舰护航船到来之前,我的船长将有足够的时间销售货物并为回程购买一船新的货物。

第六章 大西洋的人口与强国：17—18世纪

船主皮埃尔·德克洛1745年4月26日开始启动自己的船只，他同样是从波尔多出发的，他把勇敢的投机与现实结合在一起，因为他通过自己的岳父、伦敦的贸易商格里芬(Griffon)使得自己的船只变得安全了[60]。

莫勒帕再一次把1690年的法律适用于这些护航船只：因为舰队的预算是非常少的，贸易商要为护航船只付费，方式是对出航与回程的产品征税。然而，它的执行是很困难的：从理论上讲，商船船长只能在护航时才能出航并申请出海许可。事实上，这并没有阻止他们在做这些事情之前就已经出海。然而，结果并不是微不足道的：1745年，三支巨大的护航船队出港了，9月份的出航由123艘船只组成，其中59艘开向马提尼克岛，64艘驶向圣多明各；1746年，有两支护航船队，一支在4月份，有196艘船只，第二支是10月份，由80艘船只组成[61]。

然而，英国在海军上将安森的领导之下采取了反击：势力强大的西部海军中队设法大大延误了(法国)向北美与安的列斯运送供应品。1747年5月，在西班牙北部海岸的奥特格尔海角附近，安森指挥着自己的14艘船只攻击了向加拿大出发的40艘船只的护航队，这支船队由强杰(Jonquiere)的9艘船只保护，虽然强杰自己牺牲了，但是护航船队的大多数在7月到达了魁北克。在1747年向安的列斯出发的两支护航船队中，7月份出发的100艘船只损失了47艘；在10月份，由8艘船只护航的252艘船在菲尼斯特雷角附近遭到霍克的攻击，但是以护卫队的牺牲为代价，船只还是设法到达了安的列斯群岛。在1747年，英国海军的优势完全建立起来。与此同时，除了合约割让的路易斯堡堡垒外，法国的殖民地财产得到了保护。在获得贝罗港之后，弗农(Vernon)在攻击西班牙人时在卡塔赫纳附近遭受了严重的挫折。

英国人将要在七年战争中达到权力的顶峰。然而，法国做了巨大的努力：从1749年到1755年，法国在建的船只为33艘，而23艘已经在战争中丧失了。1755年，法国皇家船队达到59艘船只与35艘护卫舰，但是其中34艘船只配备的是54排与64排加农炮，都是过时的类型。从理论上讲，英国人有136艘可以任意支配的补充船只，而且在安森的推动下，海军也建造了100艘作战船只以及许多护卫舰。英国海军的优势是压倒性的。

在宣战之前，英国人博斯科恩1755年11月的海盗行为俘获了安的列斯开出的一些船只，其中的155艘来自被称为"商业性的珍珠港"的波尔多[62]。法国损失了6 000人，是法国舰队人员的10%；商业船队的不安全性在战争期间日益增长。在老皮特的领导之下，大英帝国将要征服海洋，它可以与弗里德里希大帝在欧洲的军事荣耀媲美。仅仅在很有限的时间就能在安的列斯发现法国军队的踪迹，在1757年，在此地海军基地后勤保障的帮助下，英国人可以调配的船只有23艘，护卫舰11艘。1759年，只有邦帕德的海军中队才利用了英国人对这一群岛监控的某种松懈。法国海岸的情况却长期没有松懈，以致在1758年，安森阻止了法国横跨大西洋派出的增援部队，而博斯科恩指挥的23艘船只支持了阿默斯特（Amherst）领导的11 000人对路易斯堡的攻击。

对英国人来说，1759年是霍克与博斯科恩取得胜利奇迹的纪念日。要评估它的程度，回忆一下强加在西部海军中队巡洋舰上的限制是合适的，因为这一中队是英国战略的核心。在封锁从布雷斯特到殖民地的援助时，海军中队发现自己被坏血病的灾难攫取了，这急剧消灭了自己的船员。几个星期之后，某些情况下可能是几个月之后，新鲜供应品的缺乏使得撤离阿申特岛的封锁成为必要。这正是1758年安森回到托尔比（Torbay）时不得不做的事情。在1759年5月，当霍克从托尔比扬帆驶向阿申特岛水域时，为海军中队提供供应仍然是非常迫切的，在仅仅15天的巡航之后他将发出回到托尔比的命令。现在，在布雷斯特，乔伊索（Choiseul）狂热的努力结果已经产生了一支强大的舰队，这支侵略的舰队集中在莫尔比昂海湾，而战争的结果就在美洲被决定了。在5月27日，而不是回到托尔比之后，霍克决定"钉在"自己在阿申特岛的营垒，以至于不让法国的船主利用自己的装备或者不受保护地离开布雷斯特。在安森的领导下，英国的海军部采取了令人注目的首创活动，为霍克提供了新鲜的供应品、牲畜、蔬菜与啤酒。在获得这些供应之后，霍克带领的27艘船只在1759年11月20日在吉伯龙（Quiberon）海湾给布雷斯特舰队造成了难以挽回的失败。康夫朗

(Comflans)指挥的21艘船的多数被击沉或者四散逃窜,他的无能也被充分展示出来。

霍克的胜利使得魁北克很快陷落了,所有的增援都被截断了,现在英国遭受侵略的威胁彻底被消除了。在这一年的8月份,博斯科恩在葡萄牙的南部拉各斯地区摧毁了拉克鲁(Laclue)的海军中队,在安的列斯征服了瓜德罗普岛。对海洋总的控制将确保英国在哈瓦那与马尼拉对西班牙的最终胜利,以及在马提尼克岛对法国的胜利。

1763年,在《巴黎和约》中,法国海军的权力看起来是完全被击败了:它的舰只不超过40艘以及12艘护卫舰。然而,在商业团体与地方政府的帮助下,从1762年到1768年,乔伊索鼓动了一次令人注目的重建——22艘船被启用,其中13艘是74排炮口,而且设计也是最为现代的。在美国独立战争开始时刻,法国与英国武装船只分别是52艘与70艘。

在新的战争中,英格兰不再像上次那样在美洲大陆有自己的盟友,有人可能会认为七年战争之前纽卡斯尔公爵所作的预言会变成现实:"当法国在陆地上无所畏惧的时候,它将把我们从海上驱逐出去。"实际上,法国难以获得这样一个结果,但是英格兰也不再能够继续掌控它迄今一直控制的欧洲水域,巨大的海军战役正在新世界展开。

实际上,舰队之间的不平衡被减小了:从1776年到1783年,法国制造了40艘船只与47艘护卫舰。在1781年4月,也就是法国在切萨皮克胜利的这一年,法国与英国船只对比是70对94。54艘西班牙船只的支持甚至创造了法西联盟的数量优势。然而,后者的这些船只质量平平,而且法国与西班牙之间的协作也非常少。

法国在大西洋的运输是更为安全的:从1778年到1782年,31艘护航船只从安的列斯出发,29艘返航了。策略也得到了完善:护卫舰在护航队之前充当侦察员,海军中队的主体紧跟其后,守住护航船只的上风口。敌方俘获的数量从1778年的110艘船只下降到1782年的20艘。与此相反,英国人正遭受损失,他们的1 000艘船只被私掠船俘获,800艘在付了赎金后被释放,而900艘被法国皇家舰队俘虏。大西洋运输之战见证了法国的胜利,而它必须与1781年9月切萨皮克的胜利联系在一起。

可以把英国在美国独立战争期间的失败归因于海军部与政府政治领导的衰败。诺斯与谢尔本不是老皮特,派别之争也削弱了权力。安森保护了海军没有受到庇护制的影响。这样,在海军部与反对者的高级军官之间出现了不一致[63]。高级军官中如凯佩尔的一些人反对通过武力镇压美国的叛乱者。霍克与博斯科恩没有竞争对手;罗德尼与肯彭费尔特是他们的下属。后者总是特别害怕冬季战役会给自己的船只造成损失,法国在大西洋的海军中队因此获得了一定程度的自由。为了节省在欧洲水域活动的海军花费,他们试图对远处水域的海军进行控制,这样,他们的军力被打散了。努力把战争维持在四个主要的战场——英吉利海峡、直布罗陀海峡、安的列斯以及美国海岸——英格兰在敌军的优势面前屈服了。在北美,远征军团的5万名士兵必须从3 000英里的海洋另一边得到供应。因为舰队款项数额的下降,英国船只遭受维修方面衰落之苦。在派到英吉利海峡的35艘船只中,凯佩尔发现只有6艘得到了很好的修理。主要因为这儿缺乏海军货栈,一直到这一时期为止,从美洲进口的物品价格是非常高昂的,以至于他们不得不转向俄罗斯来寻求供应品。成千名水手都失踪了,他们被迫静静地等在加勒比的136艘美国海盗船俘虏,而他们的目的当然是为了获得额外的益处。

不管怎么说,由于法国没有充分利用自己的胜利,海军战争的结果在很长时间内都没有确定。在安的列斯地区,从1778年末期开始,法国人已经获得了多米尼克,在下一年的夏季,德斯坦占据了圣文森特与格林纳达。在这一岛屿被夺取之后,英国在圣卢西亚的主要基地就被包围了,但是德斯坦指挥的24艘船只没有利用这次胜利把英国的海军从圣卢西亚驱逐出去并继续追逐到牙买加,这是英格兰主要的蔗糖殖民地。

1781年春季,德格拉斯设法从布雷斯特出发驶向马提尼克岛,他从这里攻击了多巴哥与圣卢西亚,但是这些胜利被罗德尼对荷兰圣尤斯特歇斯贸易中心的攻击抵消了。英国人把一大笔财富装载在自己的船上。法国主要的成功于1781年9月在切萨皮克最后实现了，当时德格拉斯封锁了港湾，要求英国的舰队退却，他切断了康沃利斯（Cornwallis）的所有供应，强迫他缴械投降。如果说约克镇使得英格兰决定与自己叛乱的殖民地谈判，那么权力将决定英国在加勒比的命运。

在约克镇投降以后，讨论和平协议是不可避免的，为了在这之前给法国提供最大可能的机会，负责海军的新国务大臣卡斯特里（Castries）命令德格拉斯攻击牙买加，因为在这之前，德格拉斯在取得胜利之后在加勒比地区是非常谨慎的。然而，在同一时期，英国的海军上将罗德尼不得不为国王乔治三世复仇，因为国王对失败很不开心。他要求罗德尼夺回格林纳达或者攻击向风群岛地区的一些其他岛屿或者攻击圣多明各。德格拉斯也必须保护150只护航船只，他不得不从马提尼克岛的罗亚尔港口派出这些护航船只绕道圣多明各，这些护航船只将与其他船只从这里回到法国。两支海军中队互相制约，为了保护船只中掉队的一艘，德格拉斯在1782年8月1日接受了一场不平等的战斗。英国人损失惨重，但是德格拉斯损失更多，甚至自己也成为俘虏。不管怎么说，他的牺牲使得护航队到达了圣多明各。

法国这一次的失败至少部分恢复了英国在安的列斯的海洋权力，虽然它们在北美的殖民地由于美国独立战争已经一去不复返了。

特拉法尔加：英格兰统治了大海

法国大革命与拿破仑帝国时期对大英帝国形成了最后的挑战。实际上，法国从来没有停止瓦解英国霸权的努力："自豪感鼓舞了英国民族成为海洋暴君以及作为其结果的对世界贸易进行控制的野心勃勃的目的，要限制他们的野心。"[64]

1762年，路易十五在里斯本的大使雅各布·奥顿试图压迫葡萄牙放弃与英国的联盟时公开抨击了英国的野心。这样一些想法总是萦绕在法国政府人员的头脑之中，不管是旧政权还是革命政权都是如此。

在美国独立战争之后，法国采取了强化海军能力的引人注目的努力。在名人大会论坛上,卡隆(Calonne)争论说法国从1783年到1787年每年的预算赤字主要是由于舰队的重建。实际上,在1783年,28艘新船与23艘护卫舰下水了,也就是说,是舰队船只的40%与护卫舰的50%[65]。

在大革命开始的几年,从1789年到1793年,法国继续维持这一努力:1793年,法国的海军有了更大的潜力,拥有88艘船只与73艘护卫舰。覆盖在下水线下面厚板材上的铜片降低了修理的次数;在很大程度上从英国引进的整修与敛缝技术开始得到应用,由于所有的这些改进,海军中队可以在海上停留更长的时间。与此同时,这些政策并没有在英国引起任何恐惧,因为在英吉利海峡的另一边,浓浓的安全感觉占据统治地位,而这来源于前次战争末期获得的真正优势。英国海军仍然是法国海军规模的两倍,英国人没有启动大规模的海军建设项目,而其他的强国,例如西班牙特别是俄罗斯,已经明显地增加了自己的舰队数量。在意识到英国的优势后,法国的旧政权在面对大规模的战争时两度退却;一次是在荷兰事务时期,另一次是英国和西班牙1791年在努特卡湾(Nootka)事件中,它发生在英属哥伦比亚海岸地区。

法国舰队规模在1793年1月对英格兰宣战时并没有缩减,至少就船只而言是如此。海军供应方面做得不够好,人员更是差劲。当然,大量的木料已经储备起来,但是革命的骚乱也在军械库爆发。最主要的是,船员中未经训练的人到处都是,在布雷斯特与土伦出现了众多事变。1792年,皮特判断说法国的舰队已经处在严重的无序之中以致正冒着削减海军实力的风险。实际上,这一年末期,法国军官中的移民已经占到军队的2/3,而水手的兵变也使得舰队遭到严重削弱。

正如在前几次冲突中一样,保护贸易同样是需要的,而且现在这已经变得更加重要,因为把谷物运输到一个穷困国家的安的列斯护航队与美国出发的护航队必须加以考虑。实际上,从1792年末期或者1793年初期开始,跨大西洋的商业已经瘫痪了;只有中立国家的支持才使得运输得以继续存在。港口选择了交换海盗以进行贸易。

从1793年夏季开始,法国真实的资源已经大为减少,当时由保皇分子重新夺取的土伦海军中队在某种程度上对英国造成了打击。我们可以在当时的环境中理解这一行为,因为在 1794 年"光荣的六月一日"中,霍克在阿申特岛附近完成了自己第一次伟大的胜利。与此同时,维拉特-吉斯(Villaret-Joyeuse)与布雷斯特海军中队确保了来自美国的载着谷物与面粉的 117 艘护航船只回到了法国港口,布雷斯特海军中队损失了 7 艘船只,其中包括著名的复仇者(Vengeur)。法国也在此处损失了 7 000 人,这是军队补充水手总数的 1/10。在大西洋的另一边,马提尼克岛与瓜德罗普岛也在同一年丧失了,英国人也在圣多明各的南部海岸登陆了,而三年之前的奴隶叛乱已经严重削弱了这一岛屿的经济。

在恐怖统治时期,山岳派让·邦·圣安德烈(Jean bon Saint Andre)1794 年推动进行了一些活动,但是它并没有能够延续下来。第二年,在布列塔尼南部海岸的战斗中,舰队在贝罗(Belle)岛屿与格洛克斯(Groix)又丧失了 3 艘船。法国在革命委员会的领导下经历了海军方面最坏的灾难,然而,在安的列斯、印度洋、加斯科涅海湾与英吉利海峡采取私掠商船战争形式的勇敢的水手获得了完全的胜利,他们严重打击了英国商业船队的实力。当然,英格兰采取了报复措施,有时候采取保护自己船只的护航行动,有时是以海军袭击对方;甚至战舰也装扮成和平的商业船在英国海岸活动,从而伏击这些私掠者。200 到 500 艘商船的代价高昂的护航在整个海军中队的保护下横跨大西洋。只有东印度公司与哈得孙湾公司才免除了这种形式的航行。劳埃德则经历了保险成本大幅度的上升,英国人也开始雇用中立国的船只。总体而言,大英帝国在 1793 年到 1800 年大约损失了 3 500 艘船只,虽然对船主来说可能是悲剧性的,但是这些损失在商业关系中可以忽略不计。在法国大革命与拿破仑帝国时期,英国的对外贸易经历了史无前例的繁荣,从 1796 年的 7 820 万英镑攀升到 1800 年的 1.14 亿英镑,在 1815 年再次跃升到 1.51 亿英镑[66]。

当然,对海军提出的要求也是史无前例的,它的花费从 1793 年到 1814 年增长了 10 倍,从 240 万英镑发展到 2 280 万英镑。然而,这证明是非常有效的,因为"云集的俊才"成为舰队的头脑,从纳尔逊到贾夫斯、豪(Howe)、科林伍德(Collingwood)与基思(Keith)。他们中的每一个人都把技术教给船员,这些技术对战胜英吉利海峡的浓雾与大西洋上的狂风是很有必要的,这也是在即将来临的战争中摧毁敌方的力量。

与此同时,巡航封锁与护航伴队的限制条件在船员中导致的筋疲力尽成为解释他们士气低落的一个原因,这导致了某些水手发动了一次最严重的叛乱,它1797年5月与6月发生在斯皮特黑德海峡(Spithead)与泰晤士河口。然而,在面对法国-荷兰-西班牙的海军联盟时,英国必须赢得决定性的胜利。1797年2月,完成这一任务的第一个机会落在海军上将贾夫斯身上,他在宣布"英格兰需要一次胜利"后一直渴望着这样一次机会。为了全力加入法国海军中队的活动中,西班牙试图把卡塔赫纳的海军中队从大西洋调回加的斯,这给了英国展示自己策略性技巧的机会。纳尔逊以15艘船只迎战西班牙的27艘船从而为贾夫斯提供了帮助,西班牙的船只在错误的考虑下分为两队,贾夫斯设法打破了敌人的战斗编队。纳尔逊得以攻击世界上最大的船只拉桑提斯纳-特立尼达号,它分为4层并配备130门加农炮。依靠紧跟其后的朋友科林伍德的完美的支持,这位阿布科尔海湾与特拉法尔加的未来征服者俘虏了4艘船只。然而,在好斗精神的鼓励下,西班牙在几个月之后报复了他,这发生在1797年7月,纳尔逊试图在特内里费的圣克鲁斯登岸,希望俘获从美洲回程的运银船,他在这里遭到了报复。此外,同一类型的行为已经在过去引起了英格兰与西班牙关系的破裂。

约一年后,在阿布科尔(Aboukir)海湾,早就等待法国舰队的命运终于来临了。虽然实际上完全是幸运才使得波拿巴逃过了纳尔逊从土伦到马耳他再到亚历山大的巡洋舰,但是当他于1798年7月登陆以后,同样的事情将不会发生。靠着他们领导人罕见的英勇鼓舞,纳尔逊的14艘船只打破并迷惑了布鲁克斯(Bruix)13艘船只与4艘护卫舰的战斗队列。在纳尔逊指导下各船舰长的兄弟情谊令人惊奇地创造了奇迹,它以更小的团队包围了法国人,在加农炮的射击中折损了对方的船员。

尽管布雷斯特海军中队在西班牙的援助下有过营救埃及军队的最后的努力,英格兰已经主宰了海洋。在《亚眠条约》破裂之后,当拿破仑把侵略英国的计划列入议程时,英格兰的主宰地位在整个大西洋得到了确认。在1805年初期,拿破仑在布伦营地准备了侵略英国的军队。为了获得舰队从布伦到英格兰必需的少量时间,法国海军必须广泛地分散在从英吉利海峡到整个大西洋的所有地方。1805年3月,维尔纳夫(Villeneuve)成功地离开了土伦,在加的斯收编了西班牙的6艘船只,到5月中旬他已经出现在安的列斯。纳尔逊追逐他们已有两个星期。在得知英国人来临的消息后,维尔纳夫掉头逃回欧洲,英国的海军加强了对布雷斯特与菲洛尔的封锁。维尔纳夫在与封锁港口的英国海军中队战斗时第一次战败,他逃回了加的斯。拿破仑的布伦(Boulogne)计划已经变得不可能了。在皇帝要求战斗的压力下,维尔纳夫指挥着33艘船只与3万人,与纳尔逊指挥的27艘船只与2万人在特拉法尔加对垒[67]。这次战败是毁灭性的:在纳尔逊亲自领导与科林伍德领导的两列纵队中,纳尔逊打破了法国与西班牙的战斗队列;联盟方面损失了18艘船,2 500人牺牲,另有7 000人沦为俘虏。英格兰完全主宰了大海[68]。利物浦与伦敦得以用航海英雄的名字命名自己的街道与广场,他们为了保护大英帝国的贸易已经做了大量的工作:邓肯、纳尔逊、贾夫斯与科林伍德非常好地保护了贸易。众多港口开始建立自己的新码头(伦敦)或者扩大旧的码头(利物浦),它们的船只在地球最遥远的角落旗帜飘扬,从印度到南方地区,再到新世界都是如此。互相竞争的船只使得这些码头成为全球贸易的中心点,英国将在此基础上建立英国治下的和平。

第七章　19世纪的大西洋：
传统与变革

历史悠久但总在变化的跨大西洋贸易

在19世纪中期以前,大西洋贸易没有经历过重大的变化。实际上,正如全球商业掩盖了其他内容一样,它也掩盖了海洋这一内容,它的特色与上一世纪有过的内容非常相似:商品是相同的,贸易活动是一样的,运输它们的船只也基本上没有什么差别。所有改变的内容不过是运输量,美洲棉花用来供应兰开夏郡的纺织工业的案例即可说明这一点,北美由于其贸易联系而日益增长的价值也同样表明了这一点[1]。

与此相反,在19世纪的后半期,大量的原材料贸易获得了发展,特别是温和气候条件下的食物,例如谷物(小麦、玉米)、肉类、黄油与奶酪、新鲜的水果与蜜饯,北美、阿根廷、乌拉圭以及澳大利亚与新西兰向欧洲出口的数量日益增加,这标志着大规模海外贸易的真正变革。大西洋,特别是北大西洋,变成了洲际贸易的特权领地,因为对这些产品需求的全球市场正在展开。谷物市场是最为重要的。除此之外,日益增长的原材料也得到运输:金属与铁之外的金属矿产、硝酸盐、石油、橡胶、油料植物以及煤炭,因为威尔士的锅炉用煤炭出口到非洲或者美洲的煤炭仓库,而汽船在这里补充燃料。越来越多的新兴工业产品开始出现,例如使美国或者加拿大西部原材料制成的产品通过铁路系统运送到港口。这些铁路能够运输更多的移民跨越海洋并到达这些新国家的"前线"。

这样,人与海洋的关系发生了变化,在1840年代末期与1850年代之后,他们在饥饿与政治迫害的情况下从自己的家乡被驱赶了出去,但是也受到了美国东部工业城市寻求劳动力、美国北部与南部边境消退情况的吸引。运输他们的船只日益走向有规律的跨洋运输系统,这一系统在1820年代开始出现,但是在蒸汽时代得到了巨大的改善。它们出发的时间固定在准确的日期,它们也成为有限公司的财产,运输公司对运送从欧洲到美洲的利润最丰厚的人员运输展开了激烈竞争,这正如在回程时运输小麦与其他产品一样。激烈的竞争使得运费与运输成本普遍地下降。我们已经可以发现德国公司,以及程度较小的法国公司在大西洋贸易中开始成功地挑战英国人与美国人。

征召水手的方式以及他们与船长与船主的关系也发生了变化。先前,在每一个欧洲与美洲的港口,航行船只的特征是船长与船员维持的联系仅仅持续一次航行时间。在航行完毕之后,除了船长之外,船员全被解散。在18世纪的波尔多,这种暂时联系的习惯仍然可以在准备向安的列斯出发的准备工作中发现,极其多样化的船员经常发生改变[2]。1837年高地人号(Highlander)船上的一名孩童赫尔曼·梅尔维尔在船到达纽约的时候设法从可怜的同伴中逃脱了。他的同伴对因为严酷而被轻视的船长有一种"真诚的反感",他们可以通过对他们并不尊敬的"一位老迈的勋爵与主人"集体告别而使得他们自己足够安宁。像"无根的海藻一样",水手们有的走向这里,有的走向那里[3]。

尽管只是一则简单的轶事,这样的行为揭示了水手与船主公司之间的合同在进入蒸汽航运时代时变得更持久这样一个普遍而简单的原则。董事们在创造一家大的公司时供养一批持久的劳动力,从此以后,他们就连续地在以野心而知名的国旗下从事航行活动。

同时,新的大西洋时代也见证了绝对优势的增强,真实的情况是,这一优势的增强在这一世纪之初通过那些敢于挑战最大港口，也就是伦敦霸权的其他众多港口已经出现了。伦敦在 18 世纪末期仍然是无可匹敌的，但是伦敦也发现利物浦挑战自己的角色并成功地在贸易上与自己竞争，它甚至在北大西洋明显击败了自己。在大西洋的另一边，这也是诸如纽约这些港口大规模发展的时代，它的活跃性有力地补充了利物浦的活动。在某种程度上，欧洲的汉堡至少在资本上依赖于伦敦，但它也得到了越来越大的发展，而上一世纪诸如波尔多、加的斯甚至阿姆斯特丹这些巨大的中心则开始衰落。

19 世纪初期英国的优势与美国的成功

英国 1815 年的商业霸权

在大革命与拿破仑帝国战争结束之时，大英帝国的海军与商业霸权看起来已经没有任何问题了：1814 年，联合王国拥有超过 21 000 艘商船，其吨位达 240 万吨[4]。仅就远洋航行的船只而言，伦敦与利物浦港口在 1816 年就分别拥有 6 198 艘与 2 946 艘船，总吨位分别为 125 万吨与 64 万吨[5]。然而，在这之前，从美国独立战争到法国大革命时期，英国贸易突然而至的繁荣把英格兰提升到新的位置：1785 年，英国的舰队大约由 12 000 艘远洋船只组成，容量则为 120 万吨，也就是说，是法国商船队数量的两倍还多得多，法国当时有超过 5 000 艘远洋航行的船只，容量为 72.9 万吨[6]。法国大革命与拿破仑帝国统治下的海军战争为英国对外贸易创造了一个"光荣"时期，虽然其发展是不平衡的，因为 1802 年后它的发展减缓了[7]。此外，大英帝国的这次增长主要应该归功于其棉花纺织品出口的明显增长，而不是战争造成的对殖民地贸易的控制所致。实际上，战争使得中立国家，特别是美国，相应地增加了对这一贸易的控制。虽然大英帝国由于海军权力已经变成了外国产品的世界贸易中心，它还是挺身反对仍然比较重要的关闭欧洲市场的大陆封锁政策，同时必须面对与美国的冲突。为了弥补这一情况，英国不得不转向伊比利亚美洲这一新的大西洋市场，它们正在寻求自己的独立。实际上,虽然也可以在这里做投机性的销售,它们远远不是期望中可以提供黄金的地方。

在从欧洲市场退却之后,英国人发现自己最好的代理人在美国,1806—1807年,美国吸纳了英国工业成品的27%到28%,并且将要在欧洲和平之后占据更特殊的地位[8]。然而,美国人已经变成了大英帝国的对手。

美国中立地位的优势

甚至在1812年,美国一直不让自己牵扯到海战中,在与大英帝国的持续不超过30个月的战争中,美国从法国海事活动的衰落中受益颇多。他们的中立地位使得他们在冲突的几年中享有特殊的优势,在美国独立战争之后的岁月中,1784年美国与欧洲贸易已经使用的船只大约为1 220艘,容量为200 000吨[9]。在加勒比地区,由于欧洲列强在七年战争之后的初始岁月中放弃了商业的垄断权并创造了自由港,而且这些活动在大革命前夕加速了,美国的船只从这些事件中受益匪浅[10]。1789年,西班牙殖民地的奴隶贸易为外国人打开了大门;1794年,根据美国与英格兰之间的《杰伊条约》(Jay treaty),西印度群岛的港口也向美国船只敞开大门。然而,最主要的是1793年以后大革命时期的海洋战争使得美国的中立地位变得更有价值,也使它能够大大扩大自己的贸易:法国与荷兰的安的列斯除了求助于中立国外别无选择,在运送工业成品与供应品以及运输殖民地商品上,美国的船只最多。美国在安的列斯地区与西班牙的大陆殖民地(中南美洲)的贸易出现了巨大的扩张。从1792年到1812年,这些市场吸收了美国出口量的大约1/3,也就是说,总量为12.34亿美元中的3.838亿美元。英属安的列斯地区的港口也吸纳美国船只进口的食品与木料,即使在这些地区,美国人也具有优势:在1803—1805年,这些殖民地进口的供应品的2/3都是从美国获得的,而木料基本上全部从美国获取[11]。

在1793年11月6日的政务会议中,伦敦命令海军捕获与法国殖民地进行贸易的所有中立国船只;然而,两个月后,英国屈服于中立国家的抗议,仅仅禁止了法国与其殖民地之间的直接贸易。直到1807年11月封锁令得到更严厉的执行时,这一宽容的态度一直保持着。通过美国的港口与船只运输的殖民地货物在航程中经历了干扰,因为美国的海关在没有收费的情况下向船长颁发了关税支付的证书,这样在英国逮捕他们的时候就可以出示这一证书。1807年,美国已经掌握了安的列斯40%的贸易,而法属岛屿则向它们提供了拥有特权的市场。从1793年到1797年,它们接受了美国出口到安的列斯与西班牙美洲大陆产品的30%—44%[12]。美国每年在法属殖民地销售的价值约达到800万美元。

与此同时,西班牙美洲大陆也证明是一个有高度吸引力的市场:1799年,美国在此销售了900万美元的货物,因为它的殖民地已经免费向美国的船只与产品开放了。虽然这一决定在不久就被废除了,但是殖民当局的共谋使得贸易在1800年与1801年继续超过了800万美元。在1800年代的整个十年,这一市场至少接受了美国出口到加勒比地区产品的40%。1807年,西班牙美洲大陆从美国接受了超过1 200万美元的货物。英国在发现美国的贸易缩减了市场的容量后毫不掩藏自己的怨言,在拿破仑关闭了英国产品向欧洲的出口时,这一市场成为一个非常有吸引力的地区。

美国与古巴的贸易量发展最为迅速。从1792年到1817年,由于蔗糖经济的扩张而导致新奴隶的到来,这一殖民地的人口翻了一倍。费城的例子最好地体现了美国对古巴的兴趣:在费城港口,从1798年到1809年,来自西班牙美洲大陆船只的多数是从古巴出发的,正如表7.1所示。

表7.1 1798—1809年美国与古巴的贸易

到达费城的船	1798	1801	1807	1809
来自古巴	58	98	138	91
来自西班牙美洲大陆	75	137	200	184

在殖民地叛乱的时期,美国人把自己的船只迅速派到拉普拉塔河(1806年是42艘)、蒙得维的亚与布宜诺斯艾利斯(1810年是30艘)、

墨西哥,韦拉克鲁斯在1806年接受了美国的47艘船。

与此同时,由于战争的影响,美国在加勒比与西班牙美洲大陆的进展使殖民地城市获益。中立地位招致了转口贸易的发展,随着美国的禁运措施,这一贸易形式在1807年末期实际上终止了,1815年的和平协议则彻底终止了它。这一"短暂"贸易价值增长很快,从1792年的180万美元跃升到1801年的4 700万美元,到1807年则上升到6 000万美元,也就是说,是1792年的32倍。另一方面,当美国向英伦岛屿出口越来越多的棉花时,他们发展了一种致力于在和平之后进一步增长的贸易:在封锁令的前夕,他们无疑是大英帝国主要的提供商,他们的棉花略微少于英国需求的一半,在每年大约6 000万磅的总量中占到2 703.8万磅[13]。

英国的野心与初遭挫折

当拿破仑在欧洲的封锁政策缩减了英国的销售时,1808年以后,美国也关闭了自己的港口,美洲外国殖民地市场——葡萄牙与西班牙的——似乎能够为英国提供需求的销路。战斗人员越来越不尊重美国的中立地位,大量的事故使美国人与英国人处于竞争之中,其中并不是最不重要的因素是英国人俘获了美国的水手或者在美国商船上抓获海军逃亡者。杰斐逊总统决定在1807年12月22日采取禁运政策,拒绝与拿破仑以及大英帝国进行贸易。

自从1806年以后,英国人中出现了大量到布宜诺斯艾利斯的远征,他们充分利用了殖民地叛乱者反对西班牙的事件。英国这一时期工业制品的出口反映了一种在拉普拉塔河市场上成熟的投机能力,向这些外国殖民地的出口从1805年的16.2万英镑发展到1806年的31.8万英镑[14]。两年后,令人始料未及的是英国在巴西的销售出现了改善:英格兰大约向此地送出10%的国内产品,不久外国的美洲殖民地接受了价值341.6万英镑的工业制品[15]。

然而,失望就在不远处徘徊:销售在很大程度上是亏本的,因为他们送出的数量远远超过这些市场可以吸纳的能力。几位冒险家积压了以地板价购买的成堆的次品货物；公司认为他们可以处理这些主要是为北美市场而不是巴西市场生产的难以销售的产品：滑冰鞋或者保温锅都极不适合热带气候。甚至在1809年初期里约热内卢吸纳的货物的2/3都没有销售出去。贸易商安东尼·吉布斯(Antoine Gibs)认为向巴西销售商品是"把钱扔出窗外"[16]。

交换的对象经常是棉花，在美国终止了运输之后，这一货物的需求量很大；然而，货物还是堆积了起来，由于英格兰1810年的工业危机，销售是非常困难的。在1812年初期，伦敦港口已经囤积了11万捆巴西棉花，而利物浦港口也囤积了30万捆美国棉花，这些都是1811年航行时带回来的[17]。英国出口到美国商品的价值在1812年上升到超过400万英镑，在欧洲的销售也正在提高。

英国在巴西与拉普拉塔河遭受的失望并没有阻止大英帝国在实现和平之后希望继续获得成功，方式是大规模的商业与政治介入西班牙美洲大陆，这些地方已经获得了独立，因此最后也可以实现某种稳定。出口商认为他们可以通过"无形帝国"在拉丁美洲找到传统殖民体系的替代物，由于完全消除了法国的海洋强权，这一无形帝国是很容易建立起来的。然而，英格兰在这样做的时候正在与美国产生对抗。

英美在拉丁美洲的竞争

1815年以后，英格兰的卡斯尔雷(Castlereagh)与坎宁认为与新的合作伙伴，特别是拉丁美洲的贸易自由化可以在单一的商业效果之外进一步增强英国的影响力。伦敦可以在这里发展更大规模的投资，英国的顾问可以被咨询建立新国家的宪法。通过这样做，他们希望与英国在这一市场的主要竞争者美国达成协议。美国已经从跨越大西洋与欧洲贸易上转向了，因为在拿破仑战争时期，作为美国繁荣的主要原因转口贸易已经终结了，美国人被迫在此转向拉丁美洲大陆。

1820年代初期西班牙殖民地的独立运动已经取得了成功，在这一事实面前，坎宁向美国政府提议订立一份协议，伦敦与华盛顿据此担保这些新国家的独立不会遭到西班牙、法国或者神圣同盟集体性的军事

干预。在欢迎美国派到利物浦的外交官时,一位英国大臣这样说:

  共同的语言,共同的商业进取精神,以及共同敬仰适度统治的自由传统应该使得我们两个国家互相理解。英国忘记陈旧的争端,母亲与女儿应该联合起来面对世界[18]。

  在协议出台之初,对这些建议的回应非常冷淡,当时伦敦正在执行坚船利炮的外交政策,在加勒比地区宣称这一地区处于英国治下的和平。因为叛乱造成的无政府状态,英国商人在这些地方遭受了损失。对法国1822年12月的大臣维莱尔(Villele)来说,当伦敦发动反对古巴的冒险行动时,这些"岛国的商人"通过警察行动而得益,他们正在扮演一种新的角色。有人认为这些警察活动已经打到了海盗的老巢。

  在完全面对这些问题时,美国发现英国海军压倒性的优势使得对抗英国是非常艰难的。然而,美国与美洲大陆其他地区的关系的特权地位早在大约一代人之前就已经被认识到了。在美国独立战争初期,荷兰总督在圣尤斯特歇斯这一巨大的加勒比贸易中心就已经向美国的双桅船安德鲁·多利亚号(Andrew Doria)上的星条旗鸣炮致礼[19]。1781年,韦尔热纳担心美国正在形成可以掌控这一巨大而完整大陆的海军强权。然而,虽然美国的护卫舰在1812年战争期间使英国皇家海军造成了重大的损失,但是它还远远不足以挑战英国的海洋强权。

  与此同时,美国人也在为自己的野心而努力。1819年,由于担心东部佛罗里达成为诸如法国人让·拉菲特(Jean Lafitte)这些海盗以及反对西班牙的叛乱者的基地,美国以500万美元从西班牙手里买了过来。在同一年,为了追逐在拉普拉塔河攻击美国船只的海盗,门罗总统向布宜诺斯艾利斯派出了一支海军中队。这一支探险队在委内瑞拉也强迫玻利瓦尔放弃了攻击美国的海盗行动。西班牙殖民地的不稳定有利于加勒比地区海盗的产生,这些地区的贸易需要得到保护,因为美国贸易商在这一地区占据优势地位。古巴的情况尤其如此,1820年时,美国出口到这里的物品比美国向西班牙美洲大陆出口的2/3还要多。

美国国会投票通过一项法律来保护贸易，三年后，美国在安的列斯的海军中队由两艘护卫舰、一艘轻巡洋舰、一艘单桅帆船以及两艘纵帆船组成，它们的任务是保护美国贸易从西非到墨西哥湾的利益。然而，与此同时，门罗支持反对西班牙的叛乱，美国的海军也被禁止援助西班牙在古巴与波多黎各的官员，虽然海盗在这些地方都有自己的巢穴。

1822年末，当坎宁向美国提议让这些地方成为加强英国首创的稳定加勒比地区的"第二环"时，门罗总统在1823年12月2日的反应是美洲大陆应该免于任何进一步的殖民活动。美国不应该卷入任何欧洲事务。只能是美国政府自身才能承担保护两块美洲大陆免于欧洲干预的责任。门罗主义就变成了："美国政治的基石要在超过一个世纪的时间里屹立不倒。"[20]

以直接的话语来说就是，美国追求他们保护贸易的使命：配备有超过1 500人与133门加农炮的16艘船只于1823年2月在波多黎各、伊斯帕尼奥拉与古巴巡逻。众多的海盗都被摧毁了，但是黄热病严重袭击了美国军队，几年之后当马德里在1827年承认了共和国的独立时，这里才恢复了安宁。

当伦敦想要强化1807年采取的废除奴隶贸易的决定时，美国并不想承认大英帝国管理海洋的权利，不管是在美洲大陆附近的水域，还是在大西洋两岸的地区。美国的奴隶贸易商是这一贸易的一个因素，英格兰想要劝服或者迫使其他的海洋强国通过谈判订立条约搜获或者逮捕以欧洲国家的名义进行航行的奴隶贸易商。美国的船只在非洲或者安的列斯附近巡逻，他们也逮捕自己的船只，但是他们并不采取行动反对其他的国家，他们的行动证明了是非常有限的：很少有超过一艘船驻扎在西非海岸附近，虽然大量的奴隶贸易商都打着星条旗进行活动。

难以实现的黄金国

面对门罗宣言的强硬立场，坎宁试图进行回应：1825年2月3日，国王的演讲宣称乔治四世国王根据原先就存在的条约采取措施确认英国与看起来已经完全与西班牙划清界限的美国之间订立的商业条约。

乔治四世一直到这时都遭到反对,他在君主制原则的名义下承认了西班牙殖民地的独立。坎宁在 1824 年 12 月 17 日宣布:"西班牙美洲大陆是自由的,如果我们把自己的事务处理得很好,西班牙美洲大陆将是英国的。"

把英格兰置于拉丁美洲市场、通过他们最后的独立实现稳定的希望很快就让人失望了。1825 年的暴力危机揭示了建立在美洲共和国未来之上的短暂希望是荒唐的。在 1825 年 9 月,兰开夏郡的棉花贸易在市场扩张面前崩溃了,这一年末,伦敦交易市场出现了恐慌。在拉丁美洲确定的愚蠢的义务看起来是英格兰经历危机的一个主要原因。工业生产的过剩产品向这里倾销,但是又没有充分考虑市场的实际消化能力,而银行又同意向这些新政府发放高额的贷款:1822 年与 1824 年,巴林银行向哥伦比亚与阿根廷发放了超过 300 万英镑的贷款;1825 年,巴克利银行(Barclays)向墨西哥发放了超过 300 万英镑的贷款;罗斯柴尔德银行(Rothschild)则在 1825 年向巴西发放了 200 万英镑贷款。为了开发秘鲁与墨西哥的矿山财富,大量的公司建立起来,从 1824 年 2 月到 1825 年 9 月,就有大约 29 家公司出现。

但是这些新的国家并不值得贷款,矿山公司也不可行,出口找不到销路。当有人用白银购买物品时,商人是非常幸运的,这些白银是资本持有者同时向这里出口的,因为他们要支付某一部分跨洋运输的产品费用。这些国家独立的经济与社会效果是有限的,它们既没有扩大市场的需求,也没有实行财富的再分配,同时也没有改善内陆的运输。

不管怎么说,真实的情况是一旦危机过去,英国的优势就可以在这些国家长期维持,古巴与墨西哥是例外,美国人在此占据强势地位。在巴西的萨尔瓦多-巴伊亚(Salvador de Bahia)与里约热内卢,1815 年英国在这里的商人数量仍然不多,但是他们在 10 年后占据了重要的地位。1828 年,英国的出口繁荣再次出现,英国的产品在里约热内卢销售的价格比伦敦还便宜:手绢、各种颜色的棉纺织品、丝绸、帽子、鞋子与袜子;商店的前排悬挂所有的东西,这些华丽的服饰遮掩了大门与窗子。

英国人在巴西的贸易中维持了最大的份额,在这一世纪的中期,他们提供了这一国家进口的半数,他们的销售也显著改善[21],在工业制品中则占据了第一把交椅。真实的情况是,除了棉纺织品,下面这些产品都是闲暇阶层才喜欢的物品:餐桌的亚麻布、瓷器、玻璃器皿与银制器具都跨过了大西洋,在里奥、萨尔瓦多与累西腓每一户有钱人的家庭都占据一定的地位,实际上这三大港口吸纳了进口的绝大部分。在这一国家的其他地区,非常低的购买力与糟糕的运输条件解释了为什么这些商品都处于停滞不前的状态。这一相同的观察适用于整个拉丁美洲。

在拿破仑时期,巴西在为英国提供棉花方面做出了重要的贡献,但是巴西在美国控制了英国人的市场时撤回了自己的货物。巴西的蔗糖与棉花也禁止输向英格兰,至少一直到这一世纪中期是如此,当时英属殖民地的初级产品享有帝国的优惠,咖啡持续到了1851年,而蔗糖则一直延续到1854年。因为相同的原因,向法国销售这些商品已经不再可能了。像德国、澳大利亚与美国这些没有殖民地的国家——虽然美国在古巴享有特权——当然可以吸纳一部分初级产品,汉萨也因此与巴西发展了大西洋贸易:巴西到达汉堡的船只数量从1815年的4艘跃升到1824年的137艘[22]。

英格兰与巴西之间旧的殖民结构维持了下来:英格兰销售比较多的产品而购买很少,以至于巴西的贸易赤字很大,并必须在多边支付体系中加以规定,这主要应归于它与北美以及那些没有殖民地的国家的贸易过剩。这实际上是无形帝国,巴西大臣1854年在伦敦非常尖刻地揭示了这一问题:"两个国家之间的贸易受英国资本、英国船只、英国公司的引导。利润……资本的利息、支付的保险、佣金与红利,全部都落入英国人的钱袋。"[23]

尽管开始也比较迷恋,关系还是非常紧张,巴西——像阿根廷与其皮货一样——仍然可以向市场提供物品,而其他的拉丁美洲共和国却什么都没有,秘鲁的天然肥料的出口是在1840年初才开始的,玻利维亚与哥伦比亚只能出口黄金与白银。障碍是非常严重的:帆船时代运输的代价非常高昂,即使在大西洋沿岸也是如此,通过合恩角的海路到达太平洋沿岸更加难以逾越;成本与总的贷款负担日益沉重,这要求更具有实质性的利润。与此同时,在1820年代末期以后,货物数量也下降了,而运输也很不规则。仅仅是一船货物就可以满足港口商店几个月甚至是几年的需求,至关重要的内容是精确地计算到达中途停靠站的日期,否则,船只将要冒积压商品的风险。从欧洲到美洲的逆风可能让船只在利物浦的码头等候几周甚至是几个月:当冬季已经消失的时候,一船预定在秋季到达市场的冬季服装可能于春季在智利南部的瓦尔帕莱索被卸载[24]。

从欧洲到美国的北大西洋航线上,我们也发现航行具有相同的困难,虽然这里的市场关系是非常不同的,因为欧洲人对美国产品的需求是不一样的,同时大西洋另一边消费也有特别显著的增长。

大西洋的新航班——纽约与利物浦

在18世纪,从加的斯到汉堡这些欧洲大西洋前线的主要贸易港口经历了巨大的繁荣。伦敦在很长的时间内已经主宰了英国的贸易,它在1800年仍然稳坐第一把交椅,当时它占据了大英帝国外贸的2/3。在大西洋的另一边,尽管有美国人口的大爆炸式增长以及安的列斯的繁荣,可以与其媲美的港口的增长是没有的。1815年,在拿破仑战争之后,法国与西班牙的港口仍然能够非常真切地感受到长期的海军冲突的后果。在西班牙,加的斯与巴塞罗那都不再能够获得上一世纪的财富,在法国,南特、拉罗谢尔或者波尔多也同样如此。当重新实现了和平之后,存在着一种回归过去黄金时代的想当然的欲望,虽然安的列斯最大的岛屿的圣多明各种植园曾经是法国大西洋财富的红花,但它由于1791年的奴隶叛乱已经部分被摧毁了,而海洋战争也扰乱了它的市场。即使在冲突之中,也有过根据法国大西洋贸易重组在记忆中仍然非常鲜活的商业帝国的努力,这在波旁王朝复辟时更是明显。收获的财富是巨大的,特别是像古巴这些生产蔗糖的新岛屿,通过与印度的贸易也可以获取财富。然而,它们从来都不能与19世纪新贸易创造的巨人相比,即英国的利物浦以及北美的纽约,它们都成为贸易中毫无争议的主导极。当然,我们也可以增加法国的勒阿弗尔以及德国的汉堡;伦敦也仍然是一个庞大的世界都市,特别是在金融以及它与亚洲、安的列斯的贸易方面。然而,就与美国以及其他的大西洋国家的关系而言,利物浦占据着更大的重要性,而纽约将要主宰美洲的贸易。

棉花王的时代

在法国大革命与拿破仑帝国战争之前,利物浦显著繁荣的标志已经出现了。1791年,一个商业委员会把自己港口的成功归因于岛屿的贸易与生意:"除了土耳其与东印度以外,这儿的商人在整个世界进行贸易,但是利润最丰厚的贸易是几内亚与安的列斯的贸易,这些地方的贸易使得许多人积累了巨额的财富。"[25]

然而,18世纪末期以后,兰开夏郡棉纺工业显著的改善对默尔西港口的繁荣具有无可匹敌的贡献。在1815年和平之后,利物浦已经能够扮演一个完整的中介人角色,一方是邻近的地区,这里的工业区兰开夏郡正处于全速发展时期,另一方是大西洋的另一边,这里提供棉花以及可获得的销路。

在美国,首先是南卡罗来纳与佐治亚,其次是阿拉巴马与路易斯安那,它们对清洁棉花纤维的机器的使用使得生产更加迅速:仅仅在一天之内,一个人就可以清洁300磅,而当这项工作是手工进行时只能整理出10磅,特别是1794年发明并在1820年前后普遍使用的惠特尼(Whitney)机器被使用的时候更是如此。在这一时期,棉花在长1 620公里、宽1 000公里的地区内得到种植。利物浦成为把棉花进口到大英帝国的主要港口:1833年,840 953捆棉花在利物浦卸载,同期的伦敦是40 350捆,格拉斯哥是48 913捆。利物浦因此提供了英国工业需求棉花的90%以上[26]。利物浦港口的这一角色一直维持到美国内战时期,当时美国仍然是主要的供应商。在内战前夕,大英帝国每年使用大约200万捆的棉花,其中利物浦进口的占到80%到90%。为了处理这些进口物品,它的港口拥有越来越多的船只:1816年,是2 946艘,总吨位是 64 万吨；伦敦的船只是 6 198 艘，吨位是 125 万吨。然而，到这一世纪中期，利物浦的吨位数超过了 360 万吨，船只达到了 9 338 艘，而伦敦吨位数只达到 329 万吨，船只则是 16 437 艘[27]。

在 1840 年代，在棉花贸易发展以及作为交换形式向美国出口工业商品的过程中，一种新的因素开始介入，它非常有利于利物浦与纽约之间的贸易，这就是欧洲的大量移民，当欧洲开始"大规模地闯入美洲"时，移民潮水般涌向美国[28]。爱尔兰的饥荒、欧洲大陆的经济困难与革命成为越来越多的人跨越大洋的原因之二。这一人口流动一直在增长之中，在世纪之末则形成了高潮，使得美国从 1880 年到 1914 年接受了 1 000 万移民，这时，中欧与东欧的斯拉夫人与意大利人沿着北欧血统的人、爱尔兰的天主教徒、日耳曼人以及斯堪的纳维亚人移民的脚步前进。

十字路口的纽约

对接受移民与工业制品来说，纽约以其作为十字路口的特殊使命得到了特别好的眷顾。它的港口向宽阔的地平线开放：通过大湖区进入西部，随着 1825 年挖掘了艾尔运河使它特别容易进入；通过流向卡罗来纳与佐治亚港口的内河航运进入南部（虽然这并不是没有危险），并继续深入佛罗里达与墨西哥湾，继续通向墨比尔的阿拉巴马港、新奥尔良、密西西比河港口与路易斯安那。从纽约出发，你也可以向南部深入到加勒比地区，这儿的古巴是一个优秀的市场。在西北方向，在长岛之外，桑德水域最安全的屏障为通向新英格兰打开了大约 200 公里的内河航运。

在接受人员的同时，纽约也接受工业制品与设备，特别是与向前线推进密不可分的与铁路有关的物资，并把它们向内陆传播。然而，它的港口在美国棉花出口创造的财富中也扮演了一个非常重要的角色。在美国大西洋一边，与利物浦之间跨越大西洋的航行建立的棉花三角贸易赋予纽约一个非常核心的角色[29]。实际上，进入纽约的船只经常进入更南部的港口，其目的是装载棉花并把它直接带回欧洲。因为这一原因,从纽约向欧洲大陆出发的船只在数量上要低于到来者的数量。然而,从新奥尔良、墨比尔、萨凡纳以及查理斯顿到纽约之间存在一种非常重要的近海航运贸易,它从哈德逊港口吸收将要出口的棉花并带回南部需要的食物,例如小麦与面粉。实际上,单一种植制度统治了棉花生产地区,因而必须从北部或者西北部引进食物。在开始通过密西西比河轴心进行运输后,辛辛那提与俄亥俄以及西部其他市场的面粉与肉产品在1830年代以后通过纽约再经艾尔运河改变旅程并被全部运输到新奥尔良[30]。这一贸易是为了交换欧洲进口的工业商品,而纽约则对这些工业商品进行严格控制。这些产品在美国西部或者南部的销售通过大的中介商业公司进行,它们的总部在纽约并受到这一城市的银行与船主的支持,他们也派出代理人去购买棉花并提供贷款,这样可以使种植园主购买他们需求的食物与纺织品。纽约成功的关键在于这一城市的贸易必须提供南部需要的贷款的超凡能力。正如早先在安的列斯的情况那样,种植园主可能使自己陷入至少一年的贷款,这与未来的农作物的最大价值是一致的,他们也希望能够购买更多的土地与奴隶[31]。在从这一情况获得日益巨大的利益方面,纽约比其他任何城市都处于更有利的地位。

在纽约的商业支配地位下,南部从欧洲接受的物品远远少于自己通过直接的海洋通道送出去的物品。1822年,南卡罗来纳、佐治亚、阿拉巴马以及路易斯安那的出口跃升到大约2 100万美元,而它们的进口不到700万美元[32],在夏季之初,纽约市场的一种主要活动是南部商人来到此处并满载下一季节需要的物品。他们毫不犹豫地在城市度过几周的时间,因为城市已经变得很有吸引力,拥有活跃的剧院与俱乐部,他们也经常搭载载有他们购买货物的同一艘船回程。

纽约与利物浦港口的侧影

由于利用了19世纪前半期跨大西洋贸易最繁荣的部分,纽约与利物浦这两个港口经历了持续的增长。在利物浦,从1816—1818年到1843—1845年,根据吨位数的评测,到来的货物与启程的货物增长了3

倍多;平均每年的到来货物从390 073吨上升到1 214 794吨,而平均每年的启程货物从317 476吨上升到1 300 632吨。在纽约,从1821—1823年到1843—1845年,增长没有那么强势:平均每年的启程货物从195 600吨上升到了488 600吨,而到来的货物从212 000吨上升到555 000吨。1845年以后,两个港口的繁荣加速了。在1850年的利物浦,启程的货物超过了1 483 000吨,在纽约,在1851—1853年与1858—1860年之间,到来的货物上升到平均每年1 634 000吨与1 852 000吨,而启程的货物是1 297 600吨与1 538 000吨。在美国内战前夕,纽约港口的贸易从1840年代增长了3倍,如果是从1820年代初开始,则增长了7倍到8倍之多[33]。

对这一繁荣进行数据评测使得两个港口的特殊性有点模糊,而展现这些特性是非常重要的,因为它们代表了大西洋活力的根基。

与欧洲的港口相比,纽约享有伦敦、利物浦以及勒阿弗尔没有经历过的巨大的潮汐连续起伏上升的巨大优势。因此,这里没有配备昂贵的可漂浮码头的地方;它们能够满足于在垂直于东河(East River)以及哈德逊河的地方建立众多码头,这样可以使得船只沿着潮流中的任何一种情况来此地。然而,海岸自身构成了长长的沙滩的警戒线,它们分布在整个哈德逊河口,没有提供(大潮)可以非常方便进入的方式。在通向北部的地方,长岛的海滨延伸大约超过160公里,而新泽西布满沙滩的海岸线延伸超过了150公里。船只在经过长岛时可以通过上升到通向纽芬兰岛的墨西哥湾流从而采取通向欧洲的海洋通道,因为纽芬兰岛在冬季时的浓雾与冰川意味着真正的危险。在经过新泽西的时候,这里也有通向加勒比的南部通道。

离曼哈顿大约25公里的地方,胡克滩(Sandy Hook)构成了港口的边缘。沙丘在赫尔与长岛之间延伸,为了离开或者进入纽约湾,船只必须在领航员的帮助下才能通过基德尼(Gedney)海峡的关口。它被布鲁克林与斯塔滕岛之间狭长的"海峡"分为两部分,即下部湾与上部湾。从上部湾出发,船只为了获得进入的授权必须穿过总督的岛屿,途径曼哈顿到达哈德逊或者是北河(North River)与东河。一长列的船只、码头与船坞都从此延伸开来，使得这一港口看起来热火朝天。

1830年代以后，蒸汽式拖船可以帮助离岸的船只，领航员在船只出发时可以上到甲板上。在上部湾，在穿过斯塔滕岛的绿色海岸并进入纽约港口的纽约湾海峡入海口之前，几只船抛了锚停着。在这里，它们给人的印象是港口自身关闭，也构成了自身的界限，在下部湾，渺无边际的海洋开始展开。不管怎么说，为了到达大西洋，它们仍然需要越过海峡，风帆在到达下部湾时完全展开，使得拖船的领水员可以回程。一直到1880年代初期，远洋航行的船只与汽船可以进入并离开胡克滩，而不必等候高的浪潮，7.30米的低潮也足以航行一艘2 500吨位的船只或者一艘5 000吨位的汽船。与此相反，在1885—1890年，新的、更大的也更低的汽船满载棉花、谷物与肉类，它们的启航必须等候高潮才能移到8.5米深的水域。

不久就证明了空间非常有限而且非常昂贵，为了利用依赖于港口主人的拖船的服务，要进入码头必须进行贿赂，因为成千艘的帆船以及其后的蒸汽船只都拥挤到了海湾。1824年，詹姆斯·费尼莫尔·库珀对这一情况提供了一幅现实的图景——一座设备非常低级而活动频繁的港口：

> 在纽约港口建设巨大而持久的码头的时间还没有到来。对这样一个庞大的资本投资来说，木料仍然太过便宜，而劳动力又太过昂贵。所有这些码头都太过简单，张贴画覆盖在石头上，再被硬皮包装的表面覆盖。港口的前部大约占据7英里……只有在炮台公园，邮局通过石头桥墩的保护而不被海湾的波浪影响……纽约的众多码头形成了一系列小码头，有时候比较大，可以庇护30到40艘帆船，有时候则小得多[34]。

由于是临时性的，这些码头建立的年限只有30年，它给人的印象是不完整而且无秩序。糖蜜、油料、茶叶、棉花货物中的废弃物在1840年前后撒满了东河大约60个小码头以及哈德逊河的50个小码头。但是这里的活动并没有停止：在1836年春季的一天之内，东河可以计算的船只高达921只，而哈德逊河则是320只。三桅特制索具帆船、双桅船、纵帆船以及独桅纵帆船大量来到纽约港口，因为它们在整个美洲大西洋海岸的成本是最低的，装载与卸载也非常迅速：1852年，在哈德逊河的码头上，两天半的时间就足以卸载一艘装载有1 700捆棉花的新奥尔良班轮。此外，这一代价不到5美元，而在巴尔的摩，它将花费50美元，波士顿、查理斯顿与墨比尔(Mobile)则是68美元[35]。

  在利物浦，默尔西河口为航行提供了清晰的路线，至少在进入港口时是如此，一旦出发的时候，逆向的西风经常延误启程或者需要船只在到达公海之前更多地抢风行驶。

  传统的帆船从纽约出发的跨洋航行每次平均持续30天，有时船只在沿着跨洋航线时不到20天，为了在这里登陆，在穿过爱尔兰之后，绕过荷利赫德(Holyhead)与威尔士的昂格里斯(Anglesea)是必须的。经常微微吹着的西风直到这一地区一直有规律地吹着，一旦停止之后，船只必须抢风行驶。只有在强烈的顺风吹满风帆的时候，它们才开始重新行驶，到达爱尔兰海去接乘坐轻型单桅帆船在此巡逻的一位领航员，寻找驶向利物浦的船只。船只必须泊在默尔西河口，等待涨潮把它们运走，在有利风向的推动下，进入默尔西河口水域的广阔领域。在行驶几公里之后，河流开始变得狭窄，他们就在城市的附近抛锚。然而，最重要的事情仍然需要完成：到达他们可以找到停泊的码头水域。离开抛锚地点是必须的，接着在领航员的指导下，在拖船的拖带下，在与其他船只的碰撞中，船只在潮水把它送回大海之前小心地行驶到水闸地区。在完成这些事情之后，船只在港区的某一码头找到自己的停泊地点，而这些港区从18世纪开始就在利物浦开建了，随后也得到了加固。

  建造设施改善那些向海潮敞开大门的河口的天然缺陷需要耐心而长期的努力，它使利物浦可以开发大西洋贸易，但却不必冒任何风险。1710年，第一座容纳船只的封闭码头建成了，在这一世纪的末期，利物浦已经拥有了港区的完整系统，而伦敦仍然在建立自己的港区问题上摇摆不定。到1771年，为了接纳来自安的列斯与美国贸易的船只，乔治码头建成了,它配备有17座仓库。英王码头与女王港区也于1788年与1789年开放了。在庆祝它们里程碑式的规模时,赫尔曼·梅尔维尔把利物浦的港区与埃及的金字塔或者正宗的中国长城进行比较。在1815年实现和平时,可以利用的地方达到7公顷。1821年至今为止建设的最大的王子码头又在原先的基础上增加了4.5公顷,它的两个水闸达15米长,成本为65万英镑,而18世纪港区的成本从来没有超过15万英镑。1832年,又增加了不伦瑞克码头,1834—1836年则是滑铁卢码头、特拉法尔加码头以及维多利亚码头。到1836年,可以利用的地方接近37公顷。大约30年后,当蒸汽时代处于顶峰状态时,它已经超过了100公顷。

利物浦的港区通过栅栏与城市隔离了起来,确保了商品的安全,而纽约的码头却不能提供这一条件。人们在出发的时候经常要大搜查,因为许多窃贼充斥在港区船只的甲板上。金属制造的鹏居伸向码头,它们可以保护未卸载的货物。

这些令人赞赏的装备努力在19世纪中期左右完成了,它们远远地伸向默尔西另一边的河堤伯肯黑德(Birkenhead),在1830年代以后,第一批铁路建立了起来,它把利物浦与兰开夏郡以及米德兰的其他部分连接了起来,这对码头的建立是非常有利的。1837年,大关联铁路把利物浦、曼彻斯特以及伯明翰联在一起。在1850年左右,经过伦敦与西北铁路而运输的商品已经上升,它与曼彻斯特联系的优势已经变得非常明显:每年从利物浦运输到曼彻斯特的商品大约是12.5万吨,52%的运输量是铁路运输,而货物的2/3是利物浦进口的棉花。其余的产品被运输到伯明翰(2.5万吨),布莱克郡(Black)(3.5万吨),设菲尔德(2.9万吨),以及伦敦(2.7万吨)[36]。

作为一座对周边地区工业——纺织品与冶金——提供核心服务的港口,利物浦在这一时期也从铁路向英格兰北部的延伸中获益。来自北欧并在赫尔登岸的移民接着乘火车到达了大西洋的海岸。

所有这些都解释了为什么利物浦能够在19世纪中期主宰如此多的大西洋航线。在1850年,美国成为工业商品的首要购买者,在利物浦总量为148.3万吨的出口物中占到了85.25万吨,约占58%,其后是加拿大,18.75万吨,巴西与阿根廷,7.61万吨,安的列斯是7.1万吨。总体而言,新世界接受了利物浦出口的80%还多[37]。1857年,利物浦在大英帝国的出口中稳坐第一把交椅,占总出口贸易的45%,超过了伦敦的23%以及赫尔(Hull)的13%。

然而,不利的方面也是存在的。美国倾向于要求获得向欧洲出口的完全自由,从1820年代开始,它致力于保护自己年轻的西北部工业。欧洲产品的进口关税逐渐增长:在1828年的关税中,英国毛纺织品的税率达到35%,1832年的时候,对同一种商品,税率达到50%。在1842年,某些商品按照价格征收高达100%的税率。英格兰销售的机器与工业品要比美国的便宜,需要这些产品的南部地区反对这些对北部工业有利的税收,这是一个重要的不同内容,它在北部与南部制造了紧张并最终导致了美国内战的危机。

这些政策也会对贸易商的公司造成巨大的损害。这样,在1828年,富兰克林号在5月18日从利物浦出发,在跨洋航行了49天之后,一直到7月6日也没有到达纽约,它运载的优质纺织品与便宜的棉纺织品承担的总税额达7万美元。另一艘船塞拉斯·理查德号(Silas Richard)是幸运的,在从利物浦出发6天后,于5月29日到达了纽约,它发生在实行新税率之前的几个小时。它仅仅42天的跨洋航行时间使得它可以避免关税。而富兰克林号的货物必须再出口到其他市场。

此外,利物浦难以反对来自勒阿弗尔的竞争,因为后者拥有最好的商品。来自勒阿弗尔与巴黎的最时尚的商品已经创造了追求奢侈品的时尚,例如最好的薄纱、天堂鸟、珍珠项链、赫尔南丝巾、优质靴子、皮塞尼手绢以及小瓶香水。绝大多数从纽约再出口到南方的港口。有规律的全新的跨越大西洋航线的穿梭船使得货物能够得到很快地更新。

默尔西也享有在美国销售产品的强有力的商业网络。在19世纪的前半期,一个最具特色的案例是贵格会公司库珀本森公司(Cropper, Benson and Company)在利物浦的代理人代替了另外一位贵格会教徒耶利米·汤普森。汤普森18世纪从约克郡移居到美国并在1818年建立了从纽约到利物浦的第一条有规律的航线,也就是黑子弹航线。库珀本森公司角色的重要性通过 1825 年危机之前在棉花投机上扮演的角色得到了显示。它拥有随意支配的有规律的船运,黑子弹航线为其提供班轮。在 1824 年末期,当有人宣称利物浦的存量低于正常存量的 1/3 时,放肆的投机开始发展,价格飙升。库珀本森公司以及一些其他的商人囤积了最大数量的货物。在纽约,他们只能在几周后才了解了这一情况,耶利米·汤普森派出信使到新奥尔良,让代理人购买尽可能多的棉花。在利物浦、纽约与新奥尔良之间出现了竞争购买的情况。在利物浦,1825 年 4 月,当巴西棉花大量到来的时候,一个苏格兰人把少量的低价棉花投入市场,市场开始崩溃。曼彻斯特严重削减了自己的购买量,利物浦的价格也开始崩溃,而当投机者继续向美国南部下订单时,纽约的价格仍然维持高位。在黑子弹航班——佛罗里达号 5 月份来到纽约的时候,在宣布了利物浦价格崩溃之后,这里也迅速崩溃。新奥尔良仍然不知道这一信息,耶利米·汤普森的代理人沿着密西西比河上行,以最高的价格购买了更多的货物。到夏季中期,南部的所有港口都知晓了危机以及其破产的轨迹。危机给利物浦造成的损失是非常严重的,因为英国的贷款为这些交易买了单。耶利米·汤普森大量的票据是由库珀本森公司签发的,它们在纽约出现了大幅度的折扣。

这些利物浦公司的资本是很低的,库珀本森公司只有 6 万英镑,布朗则是 12.5 万英镑。然而,这些贸易商很有活力,他们尽力利用曼彻斯特与约克的工厂主来控制外国的商业网络[38]。在 19 世纪的后半期,这些贸易公司使得自己排在了利物浦船主之前。哈里森兄弟的情况就是如此,他们创立了夏朗德省蒸汽船公司,阿尔弗雷德·霍尔特则创立了远洋蒸汽船只公司。正如库珀本森公司曾经做的那样,哈里森在美国有一批可以任意支配的优秀的代理人,阿尔弗雷德·勒·布兰克(Alfred le Blanc)是其中一人,他在棉花产区与生产谷物的州有自己的代表,这些产品现在已经成为非常重要的出口物品。这些贸易商利用与铁路公司签订的利润丰厚的运费协议而购买产品,铁路线把小麦与棉花运输到新奥尔良然后把它们运输到利物浦。哈里森的美国代理人布兰克在美国的棉花萧条时转向了墨西哥的水果。在他们在安的列斯建立组织后,哈里森也经营巴西的棉花。

由于这些贸易的季节性因素,最好的方式是安排船只转向,从而使得最好的船只在最合适的地区获得利润最丰厚的运费,这样可以弥补运费下降的损失。能够拜访利物浦的法斯特斯(Forsytes)、罗斯伯恩(Rathbones)、霍尔特或者哈里森的人不仅包括文化层面也包括商业层面的人,他们通过把煤炭、食盐以及曼彻斯特的工业品集中起来交换美国的小麦与棉花、巴西棉花、非洲的棕榈油以及中国的茶叶,他们能够反对日益增长的外国的竞争,特别是来自汉堡的亚美利加航线的德国人,从而服务于利物浦的利益。因为这个原因,他们利用了"当地"的代理人,这些人可以为自己的帆船与蒸汽船准备最好的装载物,充分利用由于铺设海底电缆而出现的市场信息传播的新速度。

大西洋的众多航班

利物浦与纽约比其他任何港口从航线的建立中获得了更多的利益,航班性的帆船能够最快地完成跨越大西洋的任务,也为贸易商提供了准点的服务。价值高昂的货物、信使以及船舱的乘客是新航班的第一批客人,而航班也缩减了生意不确定性的风险。

在这一世纪中期之前的30多年内,蒸汽时代出现之前使用的仍然是大帆船。它们在固定的时间出发,沿着墨西哥湾线路,从纽约到达韦拉克鲁斯,接着到达新奥尔良,在北大西洋则是从纽约到利物浦,这构成了一个主要的创新。1818年,黑子弹航线开通,这是纽约与利物浦之间第一条有规律的航线。直到这一时刻,租船者必须依赖船主派出船只,在经历了或长或短的延误后,在充分地为自己考虑之后,他们才派出这些"临时性的"船只。他们并没有完全消失,但是继续与利物浦或者纽约联系在一起,根据预期的货物出发的日期,当合适的时候就开始出发,目的地要么是利物浦,要么是纽约。相同的服务也是存在的,虽然更为分散,主要分布在欧洲其他的港口,例如勒阿弗尔、汉堡或者伦敦与美国的大西洋沿岸,众多的航线也将在这些港口出现。

为送信交往服务的有规律航线首先在北大西洋美洲扩展，从纽芬兰岛到哈利法克斯再到波士顿。同样是送信交往的服务使得连接欧洲与美洲的航线开始航行。这些船只上的船员任务很艰巨，因为为了使得跨洋航行尽可能快以维持他们快速的名声，他们必须操纵众多的船帆。在有利的西风的帮助下，他们可以把纽约到利物浦的航程控制在18天之内，然而其他的船只就需要30天了。从欧洲到美洲的航行中，逆风延误了进程，他们要完成航行至少需要5周的时间，在冬季的时候则高达8周。船只由于海风在几年的航行中就受到损害，之后它们被卖给南图凯特（Nantucket）或者新贝德福尔德的贸易商，他们对船只进行修理并使它适于捕鲸的任务。

远洋航行的船只为乘客提供了最舒服的服务，有桃木与枫木做成的沙龙包舱，装备有红木桌子与精致的银器，在巨大的四层船只上，绅士——他们的客户由富裕的商人以及财力雄厚的英国贵族组成——可以在户外进行活动。船上的乘客是非常复杂的，乘客有的喝香槟，有的喝优质的葡萄酒，也喝颇有名望的法国白兰地酒。当第一条航线出现时，船主在为自己的船做广告时，强调自己船只的建造品质、速度、跨洋航行的规律性，以及这些船只的舒适性，"在纽约完全用最好的材料建成，覆盖有铜皮，拥有超凡能力的修帆工，有经历最丰富的船长，这提供了航行的规律性并加速了货物的运输"[39]。

当黑子弹航线启动第一次航行时——从利物浦出发的信使号与从纽约出发的詹姆斯·门罗号——这些船只的品质向公众证明了这样做的合理性。在1818年1月5日，一群好奇而怀疑的人聚集在纽约华尔街观察这次航行是否能够经得住它已经搅起的公众性的信任。拥有七个船舱的乘客，一批虽然数量很少但非常贵重的货物，以及最主要的邮袋，它们在最后一分钟被从附近的咖啡屋带到了船上，詹姆斯·门罗号在规定的时间离开了停泊地并在暴风雪中驶离了港口。它必须穿过纽芬兰岛附近的海域，这儿的浓雾使得它的海滨非常危险，为了准确地为船只定位，船员不得不经常使用测深线。尽管有这些障碍因素，跨洋航行只花了25天。在1月4日从利物浦出发后，信使号花费了49天到达了纽约。

1822年,红星航线成为纽约到利物浦开放的第二条航线,流星号也是在1月份出发的。黑子弹航线接着使用四艘船,也扩大了导航船的数量。第三条航线蓝风蝶也在同年的9月份开启。在1822年末,每月从纽约出发的船只有四艘,利物浦的也一样多,它们获得了巨大的成功。在1819年,纽约的公司里拉巴亚德公司(Leroy,Bayard and Company)开启了通向勒阿弗尔的航线。在1820年代末,纽约出发的航班的数量是1820年的9倍,因为已经有36个航班,在1845年它们已经超过了50艘。波士顿与费城也在作相同的努力,虽然它们无法与前者相比。这一世纪中期服役的最大船只是亚马逊号(Amazon),它大约71米长、19米宽,吨位为1771吨,然而,在1816年,从纽芬兰岛出发的第一条航班亲善号(Amity)是35米长、不足10米宽,吨位数不足400吨。在1820年代末,它们的规模增加了,从勒阿弗尔出发的夏尔·卡罗尔号(Charles Carrol)是40米长,吨位为411吨,而这艘船也曾经在1830年把查理十世流放到英格兰。

蒸汽时代

1838年4月22日,在第一条航线黑子弹航班开启20年后,纽约迎接了从欧洲跨越大西洋到达美洲的有规律的前两艘蒸汽船:

> 天狼星号(Sirius)到来的消息像导火线一样在整个城市传开了,河流被这些运送观看者的船只完全堵满了。普遍的欢愉是这一时刻的气氛,当这一切逐步展开的时候,每一张脸都因为幸福而光彩熠熠,突然间,一阵黑云涌向天空,这时就看见了总督岛。这些事情发生得非常快,三个小时后,这一现象的原因就被弄清楚了:大西号(Great Western)汽船的庞大躯体被高速推动穿过了海湾。它航行很快,不久就接近天狼星号,在到达东河下锚之前优雅地与它互相致敬。如果舆论在天狼星号到来时是激动的,那么在看到华丽的大西号时则因为欢乐而沉醉了[40]。

天狼星号在4月4日从科克(Cork)出发,大西号在4月8日从布里斯托尔启航,也就是说,前者跨洋航行的时间是19天,速度是6.7节,后者是14天半,速度是8.7节。每艘船都连续使用蒸汽并燃烧了400吨煤。在它们更短的跨洋航行中,大西号有充足的燃料,但是天狼星号不得不燃烧自己的一些木质材料。

实际上,蒸汽时代在更早的时候就开始了,1819年5月,在从萨凡纳(Savannah)到利物浦的27天跨洋航行中,一艘有蒸汽的帆船由于每10个小时就轮流使用不同动力而使用蒸汽超过80个小时。在爱尔兰海岸,爱尔兰海关的一艘轻装小艇在看到这艘船烟囱冒烟之后,认为这艘船着火了,因而飞奔赶来提供支援。然而,在很长的时间内,蒸汽船只是在美国大西洋沿岸的近海航行中使用。1838年4月成功的跨洋航行使得纽约在这一年的其他时间启动了"加速使用蒸汽"的情况。在7月与11月份,利物浦又派出了4艘。1840年以后,蒸汽船每年可以航行6次,这是帆船的两倍,两艘汽船可以提供传统的航线上4艘帆船班轮每月所提供的服务。

丘纳德(Cunard)导航船的使用标志着一个新的时代,它1839年首先在利物浦经过哈利法克斯到波士顿的航线上使用,接着在1847年在利物浦到纽约的航线上得到使用。塞缪尔·丘纳德出生在新斯科舍省的哈利法克斯,因为他的贵格会教徒父亲在美国独立战争之后从费城搬到这里寻求庇护,丘纳德开始对从哈利法克斯到利物浦的传统航线的邮政服务产生兴趣。当伦敦在1838年考虑资助邮政服务的时候,丘纳德设法获得从利物浦到波士顿航线上每月三次汽船航行的资助。他雇用了优秀的船员,为了与浓雾、冰川以及暴风雨搏斗,他对船员施以铁一般的纪律,安全成为首要的目标。1847年,他的儿子爱德华也在纽约建立了航线,他在这里获得了原先规模两倍的邮政特权。接着,丘纳德把自己的船队扩大了一倍,在从波士顿到哈利法克斯再到利物浦的航线以及从纽约到利物浦的航线上每两个星期就使用8艘船。

"把丘纳德的人赶到海里去!"——打击丘纳德是许多美国人的梦想,其中最具侵略性的是柯林斯航线的船只。柯林斯是一位船主,他在

20年的时间内把自己的帆船班轮派到了韦拉克鲁斯以及新奥尔良。在1847年11月,他从美国邮政部获得了巨额资助,开始建立4艘可以击败丘纳德的快船。美国邮政汽船公司可以为乘客提供最好的船员以及最舒适的服务。它的第一艘汽船是大西洋号(Atlantic),它在1848年与1850年开始从纽约跨洋到达利物浦,还有三艘船——太平洋号(Pacific)、北极号(Arctic)以及波罗的海号(Baltic)被投入使用,它们的吨位大概是2 800吨,也就是说比丘纳德的每艘船多100多吨,长度是35米。速度快是新公司的主要优势。然而,尽管美国人向它投入了大量的资源,丘纳德在邮政服务方面仍然稳坐头把交椅,1851年,他的船只在送信服务中的运输量是柯林斯船只的3倍。然而,对运输的乘客来说,许多人喜欢美国人的快速度与舒适度:在1852年的前11个月中,柯林斯运输了4 306位乘客,而丘纳德是2 969位[41]。

由于大胆地冒了巨大的风险增加了船只的速度,同时承担着非常高昂的运作成本,柯林斯将要遭受严重的挫折,1854年9月27日,他的船北极号在纽芬兰岛海岸附近的浓雾中与一艘法国的小汽船女灶神号(Vesta)相撞了;船只沉入大海,牺牲者超过300多人。在随后不到两年的时间内,太平洋号在从利物浦跨洋到达纽约时,也在浓雾中与冰山相撞,所有的人员与货物也沉入大海。这艘汽船悲剧性的沉没是泰坦尼克号的先兆,这艘白星航线的庞然大物1912年4月也消失在纽芬兰岛附近的相同近海水域,太平洋号给柯林斯造成了非常沉重的打击。他最大的船只亚得里亚号(Adriatic)长116米,吨位是4 114吨,花费了120万美元,即660万金法郎,它在仅仅完成两次航行后就不得不于1858年被卖掉[42]。

他的船队中两艘最好船只的损失严重地打击了美国的船主,而他在北极号损毁后正在兴建的新船亚得里亚号还没有做好出航的准备。他不得不使用旧船,因而不能保持每月两次的跨洋航行,这也正是他从国会获得授权的根基。为了向债权人付债,大西洋号与波罗的海号都被卖掉了,亚得里亚号也同样难逃厄运。使得整个公司维持挑战性的速度证明代价非常高昂:引擎被过度使用,不得不在航行之中进行大的修理。丘纳德在1850年与1855年之间的收益超过了美国人收益的50%(1 202 885英镑对801 420英镑)[43]。

丘纳德的威望由于北大西洋的竞争而大大增强。塞缪尔·丘纳德的一位副手查尔斯·麦基弗(Charles McIver)喜欢强调自己公司的成功是怎样建立在有纪律的船员以及有规则的服务上,向他的船长宣称:"我们依靠你们来维持与你们船只有关的所有人的忠诚,包括指挥人员与水手,方式就是最严格的纪律与效率。"

靠近海岸总被证明是故意采取的行动,在航海中也必须眼观六路,使用测深线来确认船体的位置总是必要的,即使这意味着减速也在所不惜。与此相似的是,船长们必须集中避免最让人担心的危险,这包括冬季大量的冰川,以及沿着新斯科舍省与纽芬兰岛海岸运动的洋流。

由于柯林斯与丘纳德之间的竞争,跨大洋的航行时间显著地缩短了。1848年,丘纳德的欧罗巴号(Europa)平均速度是12节,从纽约跨洋到达利物浦的时间是11天零3个小时;三年后,柯林斯的波罗的海号更快,把旅程的时间缩减到不足10天,在整个航程中平均速度是13节。

在1880年前后,当蒸汽在快速跨越大洋的航程中完全代替了风帆的时候,丘纳德的进步再次得到确认。1840年,公司把4艘船替换为8 200吨,40年后,他的船队拥有28艘船,大约置换了137 000吨位。然而,丘纳德远远没有垄断移民的运输,乘坐统舱的乘客才是利润最为丰厚的部分;在1880年,它在北大西洋乘客运输中的份额不足15%,分配给这一运输的船只只是船只的平均数,不足3 000吨位,配备的也是运输量比较低的引擎。1873年的危机已经证明了公司的地位,它不得不面对日益增长的竞争。公司花费了大量的精力来增加航线的运输能力:波斯尼亚号(Bothnia)与塞西亚号(Scythia)在1870年代末开始服役,它们可以运输300名特二等舱的乘客以及1 200名统舱乘客,因而其置换数量超过4 000吨位。

实际上,竞争者还在增加,它主要来自大英帝国,1850年到1860年,三个竞争性的公司在这里扩张:英曼(Inman)航线、白星航线与居永（Guyon）航线。虽然居永航线在几年后消失了，其他两家则与其在征服北大西洋方面展开了激烈的争夺。英曼航线的创始者威廉·英曼在1849年开始了伦敦到费城的航线，他通过让自己的船队扩大在移民运输上的份额获得了大量的财富，移民在这一时期处于高潮阶段。在理解了它们代表的经济利益后，他给予他们更好的运输条件，为他们提供卧铺以及简餐，而他的竞争者仍然采用传统的运输方式，把他们的乘客挤在一处，卫生条件不好，舒适度也比较差[44]。他的利润使得他能够于1857年以及1869年在纽约的航线上每周提供一次服务，这些航线让丘纳德变得不安：布鲁塞尔与柏林，之后是罗马与巴黎都有了配备有铁制的螺旋推进器与船体的蒸汽帆船。然而，丘纳德最激烈的竞争者是帆船的主人托马斯·伊斯梅；他通过接收白星航线从而建立了远洋蒸汽航海公司，白星航线在1851年左右经历了一次扩张，那个时候正是澳大利亚淘金热的时期。他的第一艘跨洋轮船是大洋号（Oceanic），它在贝尔法斯特建造，在1871年5月完成了利物浦到纽约的航程。伊斯梅发展非常迅速，在第二年已经可以在北大西洋支配6艘轮船。白星号——船主采用了自己接管的公司的名字——由于自己的舒适度以及很有价值的创新而鹤立鸡群：船舱配备有自来水，可以通过蒸汽加热；装饰非常豪华的巨大厅堂正好是整艘船的宽度，向海港与右舷敞开。

白星航线的船只在高速发展时开始挑战自己的竞争者。实际上，在1869年以后，丘纳德在大西洋的优胜地位不再显赫，他更喜欢安全而不是速度，他一直坚持这一政策到1880年代初期。在1880年前后，速度已经达到15节；之后，在1890年代初，它们已经达到了20节。白星号不久就把新的船只投入运营，即条顿号（Teutonic）与国王号（Majestic）。英曼航线的回应是以格拉斯哥为基地并通向一些新的城市。丘纳德被迫让自己在克莱德建造的两艘新船卢西恩号（Luciana）与坎帕尼亚号（Campania）采取高速。这些跨大西洋的船只有189米长，航行的速度是21节到23节，吨位为1.3万吨，可以运送2 000名乘客，它们又让丘纳德回归了原先的优势地位。在1880年，公司带着这一思想进行了结构重组,增加了资本,到1885年它已经创了新纪录,埃特鲁斯坎号带着蓝绶带(Blue Ribbon)在跨洋航行时花了6天零2个小时,这比这一世纪中期花费的时间少了4天。而埃特鲁斯坎是最新的汽船,配备有辅助帆。

在同一时期,丘纳德以及其他的英国公司为了维持自己对北大西洋航行的控制所做的努力遇到了莱茵河的德国一边的船主日益激烈的竞争。汉堡与不来梅的两家公司在这一世纪的中期出现在北大西洋,在欧洲与美洲的联系中占据了重要的地位。到1840年代末期,汉堡的亚美利加航线上的帆船仍然驶向纽约;1865年以后,这一公司转向汽船,它的不来梅竞争者北日耳曼劳埃德(North German Lloyd)于1858年模仿了这一行为。从1860年代开始,他们的轮船在把北欧的移民跨越大西洋运输到北美与拉丁美洲的过程中占据了重要的角色。然而,在这一世纪末期,在阿尔贝特·巴林的推动下,在德皇的支持下,汉堡的亚美利加航线证明对英国人日益增加的威胁性。"我们的未来在海上",威廉二世皇帝在1896年这样宣称,阿尔贝特·巴林进一步发展了这一野心,为自己的公司设定了更广阔的地平线:"世界是我的王国。"然而,不来梅公司在1898年第一次宣告了新德国的野心。德皇威廉德格罗斯(Kaiser Wilhelm der Gross)号的吨位超过了1.4万吨,能够运输1 725名乘客,船员有480人,它既提供了巴洛克式豪华的船舱,也有惊人的速度。1898年,它创造了跨越不来梅与纽约之间航行的纪录,在不到9天的时间内拜访了南安普顿与瑟堡(Cherbourg)。在1900年,汉堡公司制造了德国号(Deutschland),但是阿尔贝特·巴林不久就放弃了追求纯粹速度的努力,因为这种速度使得管理面临风险,他更倾向于让自己的船只拥有最为舒适的优势。在同一时期,当钢铁巨头皮蓬·摩根(Pierpont Morgan)为了重新征服这些海洋通道而领导反对丘纳德的斗争时,阿尔贝特·巴林也更愿意与美国人站在同一战壕。

在这一航班时代的很长时间内,法国显得软弱无力。在跨大西洋航线开放的初期,法国人——他们对使用铁路非常勉强——对海洋运输中使用蒸汽更加勉强。1840年在法国下议院初期辩论开始时,讨论了创立三条蒸汽船航线的建议,即马赛到安的列斯再经波尔多到墨西哥、圣纳泽尔到里约热内卢以及勒阿弗尔到纽约,拉马尔廷(Lamartine)这样说:"火比风贵 1 000 倍,风是上帝免费赋予每只风帆的。"[45]尽管勒阿弗尔与其他港口的贸易商非常愤怒,他们必须等待大约 7 年的时间才能发现国家对创制皮克波特跨洋总公司的支持。

1847年,联盟号(Union)成为从瑟堡向纽约出发的第一艘配备明轮的汽船。然而,这一航线的管理与运作都非常糟糕。只有第一次航行是以令人满意的方式完成的。一艘接一艘的船只都烧光了煤,航行不得不靠风帆来完成,甚至纽约港的帆船班轮跑得都比它们快。在纽约,由于不懂英语,舵手无法听从领航员的指示,这引起了不当的事故,关于这一主题的笑话损伤了法国人的自尊。

佩雷尔(Pereire)兄弟1855年2月25日创设航海总公司才标志着法国真正进入了跨大西洋通道。皮埃尔兄弟培育了第一支通向安的列斯与加利福尼亚的商业目的的远洋帆船,1860年10月20日,航海总公司变成了邮政运输的跨大西洋总公司。三艘船正在苏格兰的格林诺克(Greenock)建造:华盛顿号(Washington)、拉斐特号(La Fayette)与欧洲号(Europe)。华盛顿号进行了第一次航行,1864年6月15日在勒阿弗尔进行了华丽的庆典。它有105米长,配备明轮与风帆,班轮是非常豪华的,装饰也非常华丽,拥有客厅、图书馆、抽烟室以及10间洗澡房,而船舱也配备厕所以及女士的更衣间。在尾部桅杆上,夹带跨大西洋红色球体的白旗第一次在风中猎猎作响[46]。同一年间,由于圣纳泽尔蓬特船坞的建立,它进入新的起点,这一地区注定要经历巨大的繁荣,5艘船在这里建造,英国的船坞也在这里预定了3艘船。内战之后,美国恢复的和平创造了一个有利的条件,1867年,9 100名乘客被运送到纽约,跨大西洋总公司从邮政补助中获益匪浅。

与此同时,跨大西洋总公司将要因为激烈的竞争而经历一段困难时期:1872年,每月从美国出发的船达到39班次,也就是说每年是468班次,这已经取代了1861年的100班次;仅仅每年从勒阿弗尔向纽约出发的就有130班次,其中104次是外国船只[47]。因为德国公司没有相应的邮政服务,它们占据了市场的绝大部分。1868年佩雷尔兄弟的分裂对法国公司造成了初始的打击,而前一年克莱德动员号(Credit Mobilier)也出现了灾难。其后又发生了三次灾难:1873年11月21日,维拉·杜·阿弗尔(Ville du Havre)被一艘英国的三桅帆船撞击,226人死亡;1874年4月10日,欧洲号因为引擎室与控制舱出现18英尺深的水而被抛弃在海上;最后,1874年4月15日,亚美利加号被自己的船员抛弃在阿申特岛西部80英里的地方,在把乘客转移到其他船上后,它被英国人拖到了普利茅斯。最后一次事故引起了人们对水手的强烈怀疑,公众怀疑他们在恐慌面前屈服并把乘客抛弃了。

然而,在同一年,伊萨克·佩雷尔的回来创造了一种新的繁荣,到1880年为止,乘客的数量翻了一倍,货运的吨位数增长了三倍。伊萨克·佩雷尔立即加强了他的船只在其他海洋通道的运作,特别是驶向中美洲的通道,在这里,勒阿弗尔到波尔多再到科隆以及马赛到科隆的航线出现了巨大的成功。马赛航线是费迪南·德·利塞普斯(Ferdinand de Lesseps)开创的,他1886年8月7日正在准备打通巴拿马运河,从而为热那亚、那不勒斯、加的斯、马德里、特内里费、马提尼克岛、委内瑞拉以及哥伦比亚服务。北大西洋的四条新班轮开始挑战其他公司,即布列塔尼号(Bretagne)、香槟号(Champagne)、勃艮第号(Bourgogne)与加斯科涅号(Gascogne)。布列塔尼号的速度接近20节,它在1888年的跨洋航行中超过了丘纳德公司的埃特鲁斯坎号(Etruria)从而创造了新的纪录。甲板上令人眼花缭乱的活动以及奢华的桌子使得法国人的航班再次声名鹊起。严格地说,它们是有钱客户的保留地,1888年四条航班运送的一等舱乘客是5 528名,而在同一年,二等舱的乘客是1 881名,三等舱或者说统舱乘客是23 124名。另一方面,移民居住的一部分统舱可以被拆除并填充货物[48]。

尽管启动了新的班轮船只,配备有钢铁船壳与两支螺旋推进器的都兰号(Touraine)在1890年也能够以超过21节的速度航行,相对于1890年代末期以及20世纪初期德国的巨头与丘纳德最快的船只,跨

第七章 19世纪的大西洋：传统与变革

大西洋总公司再次经历了沉寂的时期。从1890年到1914年，4艘其他的航班投入运营，即洛林号、萨瓦号（Savoie）、普罗旺斯号、法国号（France），它们并没有全力寻求冲刺速度的成功，此外，速度被认为是过时了，人们在日益增长的吨位面前追求的是舒适与豪华。法国号在1912年4月20日完成了自己第一次到纽约的航行，它并不想从丘纳德的毛里塔尼亚号（Mauritania）取走蓝绶带，毛里塔尼亚号从德国号（Deutschland）夺取了它并占有它达20年。从欧洲到美洲的6天跨洋航行速度是23节，其中，涡轮的使用使得统舱甲板有了更多的地方，也使得运送的乘客更多了。在2.73万吨船投入使用后，法国号可以在更加舒适而豪华的条件下大约运送1 900名乘客，以致美国的报纸把它称为"漂浮的巴黎"。

美国人在内战结束以及柯林斯的失败后已经把北大西洋的首创权交给了英国人，之后又交给了德国人，他们在1880年代开始把它抢回来。当英曼公司在1881年经历困难的时候，他们的机会来了，美国的资本接管了英国的公司，起名为英曼国际航班。在1893年它改名为美洲航班，它已经足够强大，这使得丘纳德与白星号联合起来与美国人进行谈判，结果它们选择了安特卫普而不是英国港口作为自己的终点，而南安普顿成为它们中途停靠的英国港口。

摩根是一位具有传奇色彩的富裕的美国银行家与工业家，他的干涉使得英国人担心出现最不利的结果。1902年，摩根用2 500万美元的代价使自己成为白星航班的主人，并在北大西洋运送移民问题上开始了价格大战。处于争论核心的是新一轮欧洲移民——拉丁语族人与斯拉夫人——开始流向美国与美洲的其他地区。从1880年代开始，白星号与丘纳德之间已经出现了价格大战，之后是英国公司与德国公司之间的价格战，但是摩根攻势的目标是严厉地削减他仅有的两名竞争者——法国的跨大西洋总公司与丘纳德公司——的份额，如果说不是完全消除它们的话。实际上，他使得自己的国际商业海运公司与德国公司建立了联盟，这一联盟的目标在于把丘纳德从运送地中海欧洲移民活动中排挤出去。在1904年初，摩根把从伦敦到纽约的统舱乘客的票价降到只有2英镑。丘纳德那时的票价在2.1英镑与3英镑之间，他现在不得不调低自己的票价，但是摩根为了打击这一价格走得更远了，他把自己的票价降到30先令[49]。按照这一水平，损失是不可避免的。为了避免出现伤害所有人的价格崩溃，特别是仍然支持摩根的德国航班，1904年8月在法兰克福召开了一次会议，这次会议把丘纳德以及欧洲大陆的公司召集在一起。当丘纳德接受运送在阜姆登船到美国的匈牙利以及奥地利移民份额时，协议很快就要达成了，这些移民一直到此时都是由德国航班运送的。丘纳德许诺严格限制自己在阜姆的存在，英国人每年在此的启航数不能超过26次，也就是说，占欧洲大陆公司贸易的5.2%。作为交换条件，价格战终结了。

在进一步发生的事件之后，丘纳德继续在阜姆挑战德国人，它由于技术优势得到强化——公司保有跨越北大西洋的最快速度纪录——它的威望在1908年1月得到增强，在伦敦会议上，丘纳德与竞争对手达成了协议。英国的公司可以占据欧洲与美洲交易的13.7%，并可以自由地运输从阜姆出发的匈牙利乘客[50]。尽管充满敌意的美国政府反对这一内容，因为它以反托拉斯法的名义反对公司之间的任何价格协议，但是这一协议还是控制了北大西洋的运输情况，每一家公司都同意尊重向北美运送移民的固定份额，这一协议也一直延续到第一次世界大战。

跨大西洋航线公司之间的紧张关系与伦敦协议达成的谅解看起来更像是休战而不是最后的裁决，1906年，英国的一个委员会宣称"就远洋航行的商业活动而言，除了战争与和平之外，没有中间立场"。标志着大西洋新气象的更加深刻的现象也出现了。其中第一项就是有规律的航线占据了统治地位，它首先是由邮政服务创立的，例如英国的公司丘纳德，或者法国的跨大西洋总公司，而不是"不定航线的不定期货船"创立的——租的船只是不可能与有规律航线绑在一起，这些船只是在货物满仓的时候才开始航行。这些不定期货船中有一些纽约船只是与加勒比和中美洲进行贸易的，它们维持了17世纪出现的航行传统。它们继续穿越海洋，但是它们的份额在减少：1914年，这一份额不足世界贸易量的半数[51]。

19世纪的前三年表现出来的非常明显的运费下降的趋势增强了,这也证明了它可以与航班的连续运营相协调。试图在运营者之间建立"公平游戏"的纪律性很差的海洋会议也试图寻找解决的方案,但是没有取得真正的成功,因为运输价格的真正下降有利于行业巨头与那些集中起来的资源。这样,在1913年,汉堡的亚美利加航线拥有48艘班轮,而1886年它只有6艘;它在欧洲港口增加了可获得的运输量;它从北海与波罗的海出发的航班与货物大部分来自国内。

这些商业竞争导致了剧烈的对抗,国家的不忿也越来越多。在把自己的法律强加在大西洋上几乎达一个世纪后,英国人并不能很好地适应威廉二世发展自己海军的要求,因为他这样做的目的当然是为了实现他的商业船队的野心。他们正在进入一个新的大西洋时代,也就是20世纪。1914年的战争终结了大西洋以英国治下的和平而出名的漫长的时代。这一时期大西洋把自己的财富建立在工业发展上,首先是大英帝国,其次是欧洲大陆,以及新世界更加茁壮的财富爆炸上。这一块仍然是处女地大陆的吸引力鼓励了欧洲人以史无前例的移民潮流跨越大西洋,美洲大陆正蒸蒸日上,而且这里也有望找到欧洲经常不被允许的自由。

跨越大洋的欧洲人:新世界的移民

在1840年到1914年间,大约有3 500万欧洲人离开旧大陆并充斥在世界的其他地方。新世界吸引了其中的绝大多数:仅仅是美国在1840年到1890年间就接纳了大约1 500万移民,而在美国独立时期与1840年的40年间,这一数目不足100万。这一史无前例的移民潮在19世纪末期再次加速:从1890年到第一次世界大战,超过1 400万欧洲人登陆美国。移民潮的顶峰在1900年代出现了,超过了600万移民[52],从1815年到1914年,到达加拿大的移民超过了400万,他们主要来自大英帝国,其中超过250万移民是1880年以后在此定居的[53]。真实的情况是,加拿大是"拥有两个水龙头的蓄水池",许多人仅仅是通过这里继续向美国前进。

1850年之前向拉丁美洲移民的数量少到令人可笑,就是到1870年为止移民的数量也很少,但这时以爆炸增长[54],从1871年到1914年不足50年的时间内,可以被统计的新来者数量在900万到1000万之间。仅就巴西而言,从1891年到1900年,移民的数量就超过了100万。相对美国而言,这里的影响更加强烈,因为拉丁美洲国家人口数量的基数很低,因而移民对居民数量的增加作出了很大的贡献。这样,巴西从1800年的320万居民发展到1914年的2660万,而阿根廷则从40万增加到760万。正如在美国一样,诸如巴西圣保罗的咖啡以及阿根廷大草原上的谷物与养牛农场这些早期行业发展所带来的引力使得移民更加重要。然而,欧洲人口的压力与经济的变革也扮演了一个非常重要的角色。

美国的旧移民与新移民

在美国,移民的源头可以分为截然不同的两类:旧移民与新移民,前者主要是到1890年为止的到来者,而后者到1914年变得更加重要。在1880年间,"旧移民"仍然大约占据到来者的2/3,但是到1890年代他们已经不到移民数量的40%[55]。西欧人与北欧人占据移民的多数,起初占据绝对优势的是英国人,其后德国人与斯堪的纳维亚人占据了更大的份额。在"新移民"中,奥地利与匈牙利人、意大利人与斯拉夫人占据优势,他们主要来自南欧与东欧。

除了对他们的起源进行区分外,这两股潮流就接受他们的方式以及他们本身的反应也是不同的。就前者而言,移民受到最真诚的欢迎。需要清理的广袤土地、肥沃的土壤、大量的自然资源以及劳动力的缺乏都是吸引新移民的因素。在接受他们的土地上,他们自己也对发现一种迄今毫不知晓的自由感到满足。1845年与1853年间的经济、社会与政治危机打击了西北欧与中欧,其后这一相似的情况一次又一次重演,迫使大量的欧洲人离开了自己的出生地。由于在欧洲总体上是受苦的,这些移民"摆脱并拒绝了过去,动身到另一块大陆的新环境中寻求新的生活"[56]。他们拥有某种程度的骄傲,获得了新的尊严,齐格弗里德引用了威尔士男子斯坦利的例子,他到路易斯安那定居,在这里被一位新奥尔良的商人收养了:

在我到达新奥尔良几周以后,我的性格与心灵已经变得与先前完全不同了。我对尊严的新感觉使我完全挺起腰杆,也使我投入一种极度的欢乐之中。在这里,贫穷以及没有经验不是太过重要的事情,它们并不被富人或者成熟的人所嘲笑。也许要花费几百年的时间才能消除我对这一城市的好感,这个地方向我展示的是一个孩子可以变成一个男人。

斯坦利无疑是非常幸运的,然而他并不是唯一一个被快乐地吸收到美国"熔炉"中的人。大量的英国技工以及他们的家庭成员主要来自默尔西、克莱德(Clyde)以及泰恩河(Tyne)谷,他们也在美国的土地上找到了新的自尊。钢铁工业的巨头安德鲁·卡内基是一个很有代表性的成功例子,也是这一情况的明证。他的父亲是苏格兰一名织布师傅,他觉得工业革命对自己有毁灭性的影响[57]。机械化工业造成了物品的极大丰富,1848年5月17日,他与自己的家人到匹兹堡去找自己的父母,因为他们已经在这里定居了。虽然老卡内基没有转向另一种工作,但是安德鲁·卡内基还是学会了适应。他在跨洋航行时已经13岁了,这时棉花工厂的缠线轴工作每月只有4.8美分,他最后成功地成了一名电报操作员。在18岁的时候,他进入宾夕法尼亚铁路部门工作,每月可以挣35美元,他在24岁的时候已经成为其中的一名主管。

在19世纪末期,(移民)受欢迎的程度发生了很大的改变:社会流动变少了,土地的价格日益增长,移民不再像先驱者来此清理新土地那样受到欢迎:最后的边疆也消失了。拉丁人与斯拉夫人在1880年以后已经变得日益重要,他们的到来也意味着另外一种社会结构,这与英国、德国以及斯堪的纳维亚的农业工人以及技工是完全不同的。他们是被人口过剩赶出来的,也受到更好薪水的诱惑,海洋运输公司的代理人为了争夺乘客毫无羞耻地征召新人并用谎言欺骗,这些受害的新来者都拥挤在美国东部最大城市的最贫穷的城区,他们以民族性聚居在一起,这使得同化他们非常困难,如果说不是不可能的话。这些外国人的进入使得美国心态在危险面前出现的问题更加恶化。

当然,从一开始的时候,这些担忧就出现了。在1840年之前,菲利普·霍恩在自己的报纸中宣称:

> 所有的欧洲人都在跨洋而来……所有这些在国内无法生活的人,我们怎么处理他们?他们增加了我们的进口,吃我们的面包,充斥我们的街道,他们在20年中没有一年可以为自己谋生[58]。

然而,在这一世纪经济接近成熟的时候,美国开始变得更加重视自己的国民身份。原居民与新来者都拥有这一感情,他们认为欧洲日益把美国当作自己贫穷人口、无家可归人口以及罪犯的倾销市场。如果不对移民进行控制,美国的未来将受到威胁。大西洋不得不再次变成一道无法跨越的障碍。1924年决定的移民配额政治在第一次世界大战前就已经显露轮廓,国会中要求把这些措施付诸实施的声音甚至在更早的时候就出现了。从1882年开始,当联邦第一部关于移民的法律被通过后,反对罪犯的税收与惩罚措施得以建立;接着,产生了一部反对不受欢迎者的法律——无政府主义者、妓女以及实行多配偶的人——但是国会还没有出现分配资金的争论。唯一的一次出现在移民浪潮的顶点时期,它关注移民的登记,因为南欧与东欧移民的1/3不知道怎么阅读。到1917年时,白宫否决了国会制定阅读考试的决议。因为它考虑到照耀世界的自由女神像的真实形式,它于1886年被巴塔尔迪(Bartholdi)竖立在纽约港的入口处,这一美国的传统使得这一国家成为旧世界受压迫者的庇护地。

为什么向外移民?

统治欧洲大陆的现状以及大西洋另一边的现实条件主宰着从欧洲

出发的人：欧洲人屈服于使自己离开家国的"推动"效果以及吸引他们到美国的"拉动"效果。当然，人口的压力是向外移民的最强烈的因素，爱尔兰就是最典型的例子。

从1781年到1841年，它的人口从400万上升到800多万，在这样一个相对繁荣的时期，出生率大大超越了死亡率是这次异常繁荣的根源。然而，在土豆收成出现糟糕情况之后，爱尔兰从1845年到1848年经历了可怕的饥荒，因为土豆是爱尔兰居民的主要食物。移民的数量从1843年的2万人跳跃到1851年的22万人。1847年它已经达到10.5万人，总体而言，从1847年到1855年的9年间，118.7万人跨过了大西洋，而在先前从1781年到1841年的60年间，已经有175万人到达了大英帝国与北美洲。在这一时期，每年不超过2万人，但是这一数量在"饥饿年代"已经跃升到每年稍微低于13万人。

随着这个地方第一次出现人口繁荣，萨克森与莱茵地区的德国人被饥荒折磨这一马尔萨斯效应驱动，由于贫穷而被迫漂洋过海：从1847年到1855年，移民数大概是91.9万人，每年已经略微超过了10万人；在纽约，从德国来到者的数量甚至超过了从爱尔兰来的人，从1853年到1854年，17.6万人抵达这里。除了这两个国家的人口压力外，农业的改变也是一个因素，它使得劳动力出现了过剩：财产的集中把一些小农场主排除出局。

美洲吸引力一方面主要表现在由于新的运输设施使得移民能够到达西部地区；另一方面则是因为一些非常特殊的因素，例如加利福尼亚发现了黄金。从1830年起的10年内，一旦他们跨越了阿巴拉契亚山脉，移民就发现自己已经到达了西部。1825年后，挖掘从奥尔巴尼到布法罗的俄亥俄运河竣工了，纽约的内陆也大大扩展，同时也有累进的效果：运输的商品吨位数从1830年代不足4万吨上升到1853年的大约26.2万吨[59]。铁路的延伸是另外一个扮演基础作用的因素。在1830年代受到影响，1835年就完成了，从费城到匹兹堡的线路试图挑战艾尔运河这条主要的航线，到1840年为止，美国的铁路网络占了全球的头把交椅。然而，铁路要到后来才能达到自己的高潮，我们可以根据1831年到1890年建设的铁路英里数的增长回忆它发展的阶段，表7.2显示了这一点。

表7.2 1831—1890年铁路的发展[60]

1831—1840年	1841—1850年	1851—1860年	1861—1870年	1871—1880年	1881—1890年
2 795英里	6 203英里	21 605英里	22 096英里	40 345英里	73 929英里

与此同时，铁路的发展所创造的（1869年第一条跨越大陆路线的完成应该得到强调）运输设施开始出现，而技术的改变也使可以为移民创造工作岗位的工业出现了。波士顿的例子是特别明显的。伊萨克·梅里特（Isaac Merritt）的缝纫机1851年被辛格作了现代化的改造，由于实现了纺织工业的革命，劳动力的成本急剧下降。机械工业可以吸纳潮水般涌入的爱尔兰工人，不管是男人、妇女还是儿童，而波士顿在1860年代初期也变成美国第四大的工业城市[61]。接着，东部的工业吸纳了日益增长的移民，在20世纪初期的1911—1912年，在密西西比河的东部与俄亥俄的北部以及波托马可河流域，领薪的工人中60%都是源于国外的移民[62]。

真实的情况是，使得欧洲的劳动力被吸纳进经济发展进程的结果是大量的资本出口推动的，而资本出口大部分来自英国。在大英帝国，一个富裕的地主阶层被征的税很低，他们想把自己的资本投入海外。到1851年为止，2.25亿美元投入了美国联邦基金、城市，而最主要的是铁路领域。

加利福尼亚黄金的发现是一个特殊的例证。1849年，跨洋大西洋的许多船只都充斥着投机者，他们幻想着萨克拉曼多（Sacramento）难以想象的财富在等待着自己。1848年1月24日，詹姆斯·马歇尔在美国河流的峡谷检查约翰·萨特尔（John Sutter）的锯木厂时，在一条溪流的岸堤上发现了黄金。在不到6周的时间内，黄金热开始传播，马歇尔的工人也抛弃了自己的老板。6月15日，圣弗朗西斯科成为鬼城，它的居民抛弃了它并向内华达山脉出发，采矿者蜂拥到此处寻找天然金块或者是淤积的河床。大西洋海岸是在后来的8月19日才知道这些情况的，而且要等待信息的确认，波尔克总统为了确保真正涌向黄金国的浪潮再次出现，他在12月5日的演说中提供了这一信息，1849年，超过8万的移民沿着艰难的道路穿过了沙漠与高山峻岭，其中2.5万人来自巴拿马或者合恩角，其他人来自美国内陆。美国黄金的生产量从1847年不足2吨上升到1852年的127吨。

拉丁美洲也能找到相似的因素对移民现象进行解释。正如在美国一样，欧洲的人口繁荣在推动出发者方面扮演了自己的角色。我们也很容易就被感受到拉丁美洲拓荒时期边界的吸引力：它包括1870年代到1890年代巴西的咖啡繁荣，以及阿根廷在同一时期的谷物丰收。为了到达可以清理的处女地，以及运输这些新的农产品，铁路也成为一项重要的资源。巴西圣保罗的例子清楚地显示了这一点：在保禄会会议的要求下，1867年从桑托斯港口通向"边境"的铁路得以建造，它在1872年已经到达了坎皮纳斯（Campinas）。在这一时期末期，一些意大利的移民成功地利用了这些运输设施，1910年，巴西人口的1/3源自意大利。阿根廷也发生了相同的现象，1895年这里的意大利人占据了人口的1/3。铁路公司使得自己成为移民公司，它们把新的移民带到国家的内地。

某种季节性的移民方式在拉丁美洲得到发展，北美也出现了同样的情况，虽然它的这一方式并不是很明显。从意大利出发到阿根廷的车轮铁燕或者"燕子"属于这种移民。在那些人口仍然非常稀少的国家，诸如收秋等季节性工作需要额外的劳动力增援，这就为那些"候鸟"的远航埋下了种子。这样，在自己的国家完成庄稼的收获后，农民们从意大利出发到达阿根廷北部的科尔多瓦与圣菲，他们在这里可以收获麦子；与此相似的是，为了收获玉米，他们在12月到4、5月的时候再次启程到达更南部的地区，也就是布宜诺斯艾利斯的内陆地区。在5月末的时候，他们回到皮埃蒙特播种春天的种子。这种航行对跨越大西洋意味着两种含义。

我们也可以在美国发现这种方式，这一次是威尼斯的泥瓦匠在3月份到达并在10月份离开。然而，对季节性劳动来说，美国对墨西哥的劳动力更有吸引力,墨西哥收割庄稼的人可以动身向蒙大拿与加利福尼亚的小麦区出发[63]。

对向北美前进的移民来说,由于大西洋另一边对学徒制职业的尊重,欧洲的移民更加容易。这样,都柏林或者波兰的犹太人裁缝,或者是同样国家的雪茄生产者,他们都在伦敦东区学会了自己的专业。第一代移民为其他人铺好了道路。意大利人做的也是相同的工作,他们在挖掘了苏伊士运河后又到巴拿马运河工作。

跨越大西洋

毫无疑问,有规律航班的增长使人可以以令人满意的速度跨越大洋,虽然它们并不能让移民感到足够的舒适,而它是赋予美洲大陆尊严的一个核心因素。然而,它也伴随着航行价格的明显下降,其中的大多数人变成了逃亡国外者。1852年星期日《泰晤士报》展示了这一点,当时航班已经抄近路穿过了大西洋并使自己的主人从第一次移民高潮中获得了利益:"在即将来临的季节中,可以期待从利物浦到纽约的巨大的跨洋活动。它们是由于利物浦运送的低成本引起的。"[64]

统舱乘客与移民的票价已经被大大降低了。1825年,从利物浦到美洲的航行大约花费20英镑;1863年,汽船向每位移民收4.15英镑,而帆船向每位移民收取的价格不足3英镑。其实,3英镑的水平在这一时期的中期就已经达到了。公司之间剧烈的竞争有利于形成便宜的价格,但是1847—1855年期间大量的爱尔兰与德国移民却没有因为这一因素得到发展。

虽然跨洋航行不再昂贵,但是它也是很让人恐惧的。即使在这一世纪的末期,丘纳德的一位主管仍然告诉那些不幸的统舱乘客,说跨大西洋航行将会经历一场让人筋疲力尽的考验。不管怎么说,这时的情况已经得到了很大的改善。

登船的港口

在英伦三岛上,移民的大多数是从利物浦出发的,但是也从布里斯托尔、伦敦以及格拉斯哥出发,之后则是英格兰南部海岸的南安普顿,它对外国公司来说是一个非常便利的港口。爱尔兰的伦敦德里、贝尔法斯特与科克港口在19世纪初期经常被使用,从1830年代以后由于移民更喜欢利物浦而不再使用这些港口,爱尔兰的启程者集中在利物浦,特别是那些向纽约出发的人。1859年,英曼航线与丘纳德开通了女王镇港口的服务,而一部分爱尔兰人可以在来自利物浦的船上找到自己的位子。

后一港口的优势日益明显:在1860年到1914年期间,在从大英帝国出发的555万名乘客中,在这里登陆的乘客为475万。英国的出发者集中在默尔西港口,实际上他们主要是欧洲大陆的出发者,因为它通过火车从赫尔接收德国人与斯堪的纳维亚人:这样,在1887年,在从欧洲动身向美国出发的482 829人中,利物浦送出了199 441名乘客,其中68 819人来自欧洲大陆,62 252人是英国人,68 370人是爱尔兰人,也就是说,利物浦运送的乘客占所有出发者的42%。在这一年,在利物浦登船的人中,英国的移民大约占66%,其总数已经上升到93 375人。

在法国,勒阿弗尔是主要的移民港口,它使其竞争对手马赛、波尔多与南特黯然失色。它也从铁路运输带来的乘客中获益匪浅。勒阿弗尔从巴塞尔与斯特拉斯堡接受了德国南部与莱茵地区的人;它们也从马达诺接收意大利人,但也从马赛接收人员,他们通过跨大西洋公司以及弗莱瑟尼公司的航班到达这一港口,接着被火车运送到勒阿弗尔。阿尔卑斯山以北的移民运输在19世纪末期开始出现,其中地中海的移民出现了高潮:从1894年到1907年,超过350万意大利人从亚平宁半岛动身向新世界出发,其中超过250万人是在1900年到1907年间动身的。[65]西部、东部以及PLM铁路公司同意大幅度削减价格,这可以与汉堡和不来梅的跨大西洋航线在把乘客运送到自己港口时采用的方式相比。勒阿弗尔的运载能力可以从跨大西洋公司从这一港口的运输量就看得出来,但是丘纳德、另外一家英国公司以及德国航班也抵达了这一诺曼底港口。1883年与1884年,美国的经济危机以及霍乱流行在法国全境的肆虐造成了运输量的下降,跨大西洋公司为移民找到了3.3万与4.6万个职位。1908年,在移民的高潮时期,跨大西洋公司在勒阿弗尔运载了6万移民,直到1913年的其后年景中运载的数量一样多,其中半数是意大利人[66]。

马赛是法国仅次于勒阿弗尔运载移民的第二大港口。它的独特性在于它比其他的港口更多地与意大利移民绑在一起:在从马赛的出发者中,船只中途停靠在热那亚与那不勒斯,或者有时就在马赛等待这些港口驶来的船只。1874年,其运载量是每年一万移民,为了招揽乘客,一家马赛移民代理机构于1870年成立。三家公司卷入了这一运输进程,它们也因为自己与南美——巴西、阿根廷与乌拉圭维持的联系得享优势。信使海运公司已经于1857年从南美获得了邮政让步,海运总协会与孔帕尼·法布雷冒着风险在1881年开通了第一条到达纽约的航班,在开始的困难时期之后,在考虑到这一海洋通道激烈的竞争后,它们通过使用货船或者客船成功地维持了这一航班,在回程的时候,它们带回成船的谷物。不久,第二条通向新奥尔良的航班也出现了。然而,在1900年,在20世纪的初期,法布雷的一条航线从意大利的那不勒斯港口向纽约出发,每三周提供一次服务。在同一时期,它每月派出一艘船从热那亚到蒙得维的亚与布宜诺斯艾利斯[67]。

波尔多在18世纪已经成为法国通向安的列斯地区的主要港口,在第二帝国以后,这里的移民也得到了发展。在从1865年到1920年的大约半个世纪中,向外移民的人数超过了37.8万,波尔多排在勒阿弗尔与马赛之后。这一港口把乘客送到南美而不是北美:4.6万动身者到达美国,26.8万人到达南美,其中仅到达阿根廷的就有20万[68]。后者实际上是西班牙人(11.4万人)以及意大利人(46 560人)最喜欢的目的地,12.3万法国移民也加入了这一国家。最强烈的移民浪潮出现在1887—1890年间,动身的人有75 634人,这是总移民的1/5。1888年,阿根廷同意自由航行并开始销售已卖的船票。法国南部的铁路在这些年里也降低了票价。信使海运公司在众多公司中占据了第一把交椅,在1886年它可以支配6艘到南美的船只,这些公司发现拉普拉塔地区的肉类、皮革以及谷物是非常贵重的回程货物。在运载的船只上,"新移民"中出现了种族混合的特征——1880年代的希腊人,1900年代特殊移民潮期间的土耳其人与叙利亚人(在 1904 年到 1906 年的三年间有 5 247 人;1908 年到 1914 年有 6 100 人)。

与此同时,在 1880 年代末期出现的繁荣之后,运载量减缓了,因为意大利与德国公司在运送意大利人与西班牙人上变得更有竞争力,这些公司从热那亚出发并抵达巴塞罗那。1885 年以后,热那亚与那不勒斯成为运送阿尔卑斯山以北移民的两大港口,意大利人正致力于挑战外国公司对自己移民的运送现状。在伊斯的利亚(Istria),当奥地利-匈牙利的移民开始增加时,阜姆在 20 世纪初期占据了更重要的地位;接着,丘纳德努力争取这一运载的多数份额,但这损害了欧洲大陆公司的利益。1900 年前后,意大利的意大利航运总公司、意大利号、快速号与劳埃德意大利(Lloyd Italiana)成功地运送了稍微低于移民半数的乘客。意大利航运总公司击败了自己的对手,它在 1908 年 6 月可以支配的船只有 103 艘,吨位数为 140 413 吨[69]。

意大利人成功地参与了 1890 年到 1900 年的移民高潮:3 515 191 移民在 1894 年到 1907 年从他们的港口出发,也就是说,每年超过 251 000 人。这一高峰在 1900 年到 1907 年达到了,出发者有 2 575 776 人[70]。仅仅是巴西在 1887 年到 1902 年间就大约接收了 693 000 意大利移民;阿根廷是另一个经常到达的目的地,但是当美国的东部城镇开始充斥着强大的意大利社团后,他们在自己的祖国宣传对美国土地的崇拜,这使得美国也占据了重要的地位。采取到巴西或者阿根廷的预付船票的制度,甚至实行免费运送,在其他几年中,由乘客的政府支付费用,这些都便利了航行。大量的公司在 1900 年代更新了自己的船队,向意大利或者英国的船坞交出了建造新航船的订单。然而,其中的两艘是由德国资本支持的,即快速号与意大利号。后者甚至直接依赖于汉堡的亚美利加航线。像意大利号、快速号、塔尔米娜号(Taormina)与安科纳号(Ancona)都是新船,它们在 1908 年启航,它们能够以相对舒适的条件运送大约 2 400 名乘客。对到桑托斯港与布宜诺斯艾利斯的航线来说,甚至对到纽约的更多的航线也是如此,热那亚是主要的装载港口,而且许多公司都把马赛与巴塞罗那用作中途停靠站。

从这一世纪中期开始,汉堡与不来梅开始挑战利物浦运送德国人甚至是斯堪的纳维亚人的地位,但是在1880年代以后,这些公司中最成功的例子是汉堡的亚美利加航线,以及北日耳曼劳埃德(Nord-Deutscher Lloyd),这些公司将要在自己的国内港口,尤其是地中海港口运送第二代移民。德国的航班已经出现在热那亚、那不勒斯、巴塞罗那、拉科鲁拉、毕尔巴鄂与维哥以及法国的港口勒阿弗尔,这些航班在新世界也拥有优良的商业网络。这样,仅美国一个目的地,汉堡的亚美利加航线就能够建立3 200个代理机构的网络,它们出现在不同的国家,有资格销售已经在当地定居的移民同胞提前购买的已付费的船票。他们也能够与德国和法国铁路部门谈判达到运送乘客的最好的价格。

安特卫普是红星号航班航行的地方,除了它之外,汉堡与不来梅都是移民启程的北海港口。两家德国公司在为房舱旅客提供最大舒适度方面彼此竞争,甚至已经接近奢侈了,比丘纳德做得更好的是,它们可以大大改善移民运送的条件,他们仍然为航班提供最大的收入。1891年,在汉堡的亚美利加航线、北日耳曼劳埃德、白星号航线与丘纳德提供的跨越大西洋到达美洲的运输中,德国公司由于运送更多的统舱乘客而获得成功,正如表7.3所示[71]。

表7.3　1891年到美洲统舱乘客的份额

航　　线	乘　客/人	占总数的百分比/%
汉堡的亚美利加	75 835	17.9
北日耳曼劳埃德	68 239	15.3
白星号	35 502	7.9
丘纳德	27 341	6.1

大量涌入德国港口的斯拉夫与奥地利移民登上了德国人的船只,这种方式是德国的对手难以做到的。

大西洋的颠沛之苦

从1820年到1840年的小帆船一直到这一世纪中期的第一艘汽船,由于这些航班的守时性与相对快的速度,它们有规律的航行能够使移民接受运送的条件,这与在那些"临时的"船上经历最长也最不确定的跨洋航行是大为不同的。实际上,直到这一世纪末才能看到这些最大的公司关注怎样极大地提高自己的份额,不管怎么说,它们从统舱乘客、移民身上获取最明显的利润。当竞争变得更加剧烈的时候,价格下降了,航行如果不是变得舒适的话,那么也至少变得可以提供必要的安全以及某种程度的安宁。与此同时,丘纳德在许多年的时间内是以自己朴素又不舒适的卧铺以及食物的简单而闻名的,而柯林斯,之后是英曼与居永航线很快就能够提供某种程度的舒适度。

当然,最坏的经历是移民刚刚启程的时候。报纸上的广告当然一定会尽力打消乘客的疑虑:1818年5月,利物浦的墨丘利号(Merscury)以最为生气勃勃的话宣称从新贝德福德出发的提马龙号(Timoleon)启航,"非常适于统舱乘客,它高大宽阔,甲板的容量很大,它的船舱住房非常优良"[72]。在现实中,可以利用的位置非常小,在绝大多数船上要在很长的时间内维持这样一种状态。船只大部分是两层甲板,移民住在上层甲板与下层甲板之间,上层甲板下面的货仓经常是为重型货物预留的,但有的时候这些空间也被利用起来装载移民。两层甲板之间的距离一般不足1.82米,即使一个高个子也可以站直。1800年前后,海运总协会由在马赛的一位主管最终掌握了这一现实,为了确保公司的最大运输量,他开始关注移民拥挤的情况。他并不担心当局允许以自己船上的"假甲板上"为三等舱乘客设置三层卧铺,虽然法律规定的卧铺是两层。"假甲板有2.4米高,它可以让每位移民有充足的空间,这比那些最低要求好多了,这样我们每一船都可以增加一半的移民数。"[73]这也是孔帕尼·法布雷公司关注的内容——同样是在马赛——船只必须达到最大的容量:

> 就八个辅助的卧铺而言,轻微移动漂浮的防水壁更容易了,建造也一样……悬挂吊床也是非常容易的……在船梁之间契入一根简单的木棒就足以支持吊床的头部,而另外一根可以支撑脚部。

虽然船主们主要的兴趣是通过把统舱乘客塞进船内从而挣取尽可能多的利润,然而,这并不阻碍在整个航程中对维持道德准则的关注。马赛的商业公会认识到移民船对性别的隔离破坏了性的欲求,因此决定"对旅行中的妇女与女孩进行完全隔离完全是义务性的"。道德当然并不总是公司的关注点:1888年在波尔多,港口的专署委员被迫扣押了信使海运公司的汽船,因为它们卷入了白人奴隶贸易。船主们想知道并利用那些遥远而具有决定性的航行中单独动身的大众的情况[74],为此肆无忌惮。

不够舒适不仅仅源于为移民提供休息的空间非常狭窄,而且也因为微弱的灯光引起的禁闭感。灯光只能从一些舱门传进来,一些吊灯只能发出昏暗的光线,因为这里基本没有舷窗,当然,在标明公司航班提前到达日期的船上,为了使得统舱更轻也采取了一些努力。赫尔曼·梅尔维尔在1837年的第一次帆船航行中(临时性的)已经显示了货物与人群的堆积造成的情况使得统舱变成了一种人口超限的监狱。为了运送行李杂乱地堆积在甲板上的500名乘客,高地人号的船员完全清理了统舱,货物被堆积在货舱中。然而,在一个可能长达5周或者实际是6周的跨洋航行中,必须考虑到淡水的储备:

> 船只有了更大的吨位,成排的巨大的中号桶堆积在船的中央,在统舱里,它贯穿了整个船的长度,从而把它分为两条长长的走廊,统舱也根据堆积在船只一边的中号桶的线路分为四个封闭舱,其中一个是其他的三倍。这些封闭舱不久就用粗糙的木板封闭了,它们其实更像是狗窝;由于人员如此之多,这些封闭舱黑暗而又沉闷,因为进入的唯一光线来自前舱门与后舱门[75]。

在暴风雨中,统舱的舱门必须被关起来,这样乘客就被锁住了,他们发现自己位于有恶臭的小窝里面,高烧与流行病在其中滋生。简陋的卧铺线路互相穿插,这使得他们基本没有移动的余地。

直到爱尔兰与德国的移民出现第一次繁荣以后,英格兰与美国才在1854年与1855年采取了一些措施缩减登船移民的数量。英国的法律特别设置了供应品的最低数量,每位在利物浦登船的移民必须达到这一标准。定期客船为那些营养良好的房舱乘客装载了一个真实的农场,一些惯于奉承的黑人乘务员在此等候:家禽、猪、一头母牛,每日的牛奶。然而,那些在统舱中经常是骨瘦如柴的移民当然没有权利享受这些内容。他们的航行票使他们只能获得面包、咸肉,最好的条件就是一块海鲜点心,还有可从这一年保存到第二年末也不会腐烂的食物,以及一些不需要烹饪的食物。实际上,移民的"厨房"经常被缩减到只有一点火花,它隐藏在甲板中央的一扇舱门边,对这么多的人来说,这简直是太狭窄了。尽管有船只的颠簸,乘客们为了点火必须实行值班表制度。每一个人都在争论说轮到自己了,以至于烹饪爱尔兰移民最基本的食物也有了困难,这是在水中泡制大麦面粉的一种肉汤。在糟糕的天气情况下,壁炉太危险而不能使用,因为规定不允许他们在甲板上点火,他们不得不吃未经烹饪的食物或者就饿肚子。

当逆向的西风延误了船只惯常的5周到6周的时间时,私人的供应物品开始耗尽。淡水也成为一个问题:每日配给每位成人饮水、洗漱以及其他用途的数量是4升。在1855年的法律通过之前,伦敦的一份议会白皮书揭示了这些情况。白皮书的作者乔装待在华盛顿号的统舱中进行了一次跨洋航行,这艘船是向纽约运行的一艘航班。900名统舱乘客在第一天聚集在一起接受水的配额时就遭到了水手的侮辱,一些人甚至被拳打脚踢,只有30人得到了淡水;而供应品在两天的时间内都没有得到分配。在饥饿的驱动下,乘客向船长写了一封信,但是送信人在主桅杆下面遭到一顿暴打。最后,在第二天,应该得到的供应品只有一半被分配下来[76]。

除了经历饥饿之外,乘客们经常面临更糟糕的情况:船只失事。在冬季与春季,在靠近爱尔兰海岸与纽约附近的长岛或者新泽西海岸的水域,纽芬兰岛的浓雾妨碍了舵手及时地发现冰山。在大西洋的中部,当大海开始宣泄愤怒时,任何一艘船都无法获得帮助,甚至帆船在展开所有的风帆时也无法避免沉没的命运。最后,在某种场合下,船首的人在夜晚最黑暗的时刻由于睡意蒙眬而不能看见附近正全速向自己开来的航船,发生的撞击可以毁坏航船的侧面并直接使其沉入海底。

当整船移民沉入海底时,船员有时有足够的人道主义精神从而为那些陷入恐慌的不幸人群提供帮助。然而,同样经常的情况是,人与海的残酷性真相大白了。威廉·布朗(William Brown)号航船运了一船移民到费城,在从利物浦出发的五周后,它在某天撞上了一座冰山并开始下沉[77]。32位水手与乘客逃上一艘水手长指挥的划桨小艇,但是水手长认为小船的装载量太重因而决定必须从船上抛弃一些移民,这就好像他们是便宜商品一样。联邦法庭因为这一罪行在费城对其审判,一位叫弗兰克·卡尔(Frank Carr)的爱尔兰人为这一悲剧的死亡作证:

> 我没有离开那艘小船,我在一直到早上的整段时间内都勇敢地工作,为了把水从船中排出去,我将做任何必要的事情。直到拂晓时刻,有五次耶和华想来交换我的生命。当这出现的时候,如果上帝不帮助我们,我们将坚持到最后一刻,如果轮到我,我将像一个男人一样作出选择……直到我对埃德加夫人说了几句话我才没有被推下船……埃德加夫人,你能为我做什么事情吗?

这位爱尔兰人继续宣誓作证:"我没有听到她作出任何回应,之后他们把她扔到了海里。"

1912年4月14日到15日晚上发生了著名的泰坦尼克号失事事件,它也是在撞击冰山后发生的,直到这一事件发生时人们才注意到这些恐慌的情景,它显示了相反的场面,一边是慷慨的帮忙,一边是铁石心肠。为了能够熄灭在船只的货舱中爆发的火星,航班想尽可能快地到达纽约,它增加了自己的航行速度,而黎明前值班的长官没有能够及时地避免冰山。只有703人成功地在救生船获得了庇护,超过1 500名牺牲者随船沉入3 000米深的海底。统舱乘客在牺牲者中占据了大多数,实际上,好像有一些人被排除在帮助之外,为了使得房舱乘客能够首先逃脱,船员甚至在通向统舱的舱门上设置了横木。

第七章 19世纪的大西洋：传统与变革

移民当然付出了最重的代价，因为他们拥挤在一起的时候爆发出来的恐慌几乎总是致命的。1854年英曼航班格拉斯哥城号就是一个典型的例子，当它失事的时候，460人成为牺牲品，大多数是移民。也是在这一年，从勒阿弗尔出发的帕哈坦号（Powhatan）被迫到达泽西岛的海岸线，它离陆地如此之近以致当大约200名德国移民乘客被抛入大海时人们都可以听到他们的尖叫。另一方面，安全措施在某些时候也是充足的。因此，当载有500名乘客的黑子弹航班蒙塔祖玛号（Montezuma）也搁浅在长岛时，由纽约赶过来的救护人员设法拯救了乘客。

美洲对移民的欢迎

在已经看见纽约的移民船只驶过了纽约湾海峡并沿着斯塔滕岛行驶的时候，他们是否有望在这里发现温暖的欢迎场面呢，这可是那些征召他们到此的代理机构许诺给他们的，同时获得迅速在新世界殖民的方式？

在斯塔滕岛海岸的上方，强行隔离标志的黄旗迎风飘扬：除了担心多数移民的贫困，纽约人中盛行的是对流行病的恐惧，这使得他们建立了检疫船，乘客在获得进入港口许可之前必须待在这里。移民代理机构有时候能找到一些让他们避免隔离的方法而让他们在新泽西附近下船。或许某一部分船长也这样做了，正如赫尔曼·梅尔维尔一样，当他到达港口的时候，他从船上扔出所有的床垫、毯子、枕头以及稻草床垫，用香熏自己的船，这样，在大规模的清洗活动之后，结果是一艘看起来非常健康的船只，乘客们也可以避免长达几周的隔离性封闭。不管怎么说，高地人号必须从船上抛出25名乘客，因为他们已经死于传染病，而且管理人员也宣布船上存在流行病。

由爱尔兰饥荒造成的移民繁荣情况要求建立越来越多的麻烦的隔离服务：斯塔滕岛的海军医院是专门为传染病预留的，而那些虚弱的或者是需要照顾的非传染病人则被送到沃德（Ward）岛的黑暗之门（Hellgate）。

然而，一旦隔离的障碍被清除后，移民发现自己在东河或者哈德逊河的一个码头面临登陆港口的苦难，这儿有大量的"信使"、试图利用乘客家庭的代理人、偷盗行李、巨额的旅行成本以及积累的债务经常使得移民的钱财完全被剥夺了。诸如针对爱尔兰人的爱尔兰普罗维登斯协会等慈善机构为让这些新来者尽快离开纽约，他们在美国内陆为其寻找工作的机会。1885年以后，在炮台公园，卡斯提尔公园堡（Castle Garden Fort）致力于接收移民，一个补给站也在这里建立起来，它可以把那些信使与抢劫排除在外。他们也在此提供正常的旅行票价，他们的行李也得到了保护。1892年，这种接待被转移到了埃利斯岛。

然而，这一时期的情况正在发生改变，1840年代爱尔兰以及德国移民的总数使得寻找其他的方法成为必要。实际上，纽约与美国其他大城市的种族团体正在变得日益强大，他们也能够联合起来欢迎新来者。金斯福尔克（Kinsfolk）与朋友为撒丁人、皮埃蒙特人、立陶宛人、波斯尼亚人、马扎尔人、叙利亚人与斯洛伐克人购买了预先付费的客票。移民在跨越大西洋时在新世界遭遇了困惑，因为他们在这里语言不通，这种困惑是真实存在的，但更明显的情况是亲戚或者朋友的关系已经为移民铺好了道路。在19世纪末期，埃利斯岛超过70%的新来者将要重新加入他们的亲属或者朋友圈子。我们可以用"移民链"的概念来表示这些内容[78]。

对航行来说，航行公司已经销售了整个旅程的船票，例如，移民可以从芬兰到达英格兰，从英格兰到达某一美洲港口，从这里到达他们最终的目的地。芬兰人选择到达明尼苏达，这是该国的移民最喜欢的一个地区，他们在这里可以指望得到很好规划的时间与空间。

通过那些已经在此定居的移民的信件，或者通过那些提供具体而一般的乐观信息从而使得移民链非常有效，旅行可以预先筹划。一份典型的信件包括美洲的总体情况、美洲的饮食与高额的薪水，同时也抱怨低就业率与那些先驱团体的艰辛生活：

亲爱的兄弟，请允许我邀请你到此地终老天年。亲爱的兄弟，离开我们父辈的土地来到此地……我答应帮助你建立农场……买一张到明尼阿波利斯市的火车票，我将在这里接你[79]。

那些已经在明尼苏达定居的移民急于为旅行的成功提供任何的担保,关于这一点,另外一批俄亥俄的移民情况是更加准确的："如果你要来,请来一封信。当你到达纽约时,请在这里给我电报。虽然你不会迷路,我还是会到补给站去接你。"

移民中亲属或者朋友关系的信任度是非常高的,先前的定居者为后来者买好已付费的船票,后来者不久来此定居,这种信任造成了19世纪末期与20世纪初期最大移民潮的成功。老一辈人的成功为年轻者树立了榜样,在他们无法避免从自己的土地移居时它也提供了必要的希望。

除了这些从旧大陆到新世界的特殊的移民运动外,大西洋也赋予欧洲与美洲以最好的原因去相信一个更好的未来。实际上,战争与之前的危机造成的破坏将要深刻地改变这一海洋的命运。

第八章　20 世纪的大西洋

在 19 世纪，靠大英帝国的海洋与商业霸权，大西洋仍然被欧洲的扩张所主导，这与以前的几个世纪一模一样。新世界与旧世界之间存在紧密的互补性，旧世界起先提供工业制品、资本以及使用资本的必要的人力，同时接受自己发展必不可少的原材料。在第一次世界大战前夕，这一交换体系发现美国买的货物比以前少多了。这主要是由早期就一直遵守的贸易保护主义传统所致，它在 1897 年由于麦金利（Mckinley）关税而加强了，但是它也同样因为美国人发现自己不得不利用出口盈余来支付资本利息，这些资本是那些闷声发大财的欧洲伙伴在美国投资的[1]。洲际贸易包括谷物、肉类、矿产甚至是运送到欧洲的石油，它的发展创造了一个全球市场，其中拉丁美洲在为欧洲与北美提供物品方面也扮演了一定的角色。在绝大多数案例中，交换的轴心沿着从西部到东部大西洋的平面。

第一次世界大战把这一情况扫进了垃圾堆。欧洲的人口与经济已经受到严重的影响并开始衰落，在面对这一情况时，年轻的美国开始变得无比强大。这一冲突也开始质疑英国治下的和平的根基：在 1921 年的华盛顿会议上，美国海军实力的增强使得它能够挑战英格兰的海洋霸权。美国直接控制了加勒比地区，它 1917 年占据的圣托马斯已经变成安的列斯的直布罗陀海峡，它对巴拿马运河的控制使得它能够实行双重战略,即大西洋与太平洋。

不管怎么说,在大约25年的时间内,欧洲已经成功地对大西洋维持了某种程度的优势,至少在其南部海域的拉丁美洲与非洲是如此,它继续从这一地区获取原材料,从自己殖民地的税收中获取利益,同时也把人员派到这里。然而,北大西洋的贸易是迄今最为繁荣的,它受到美国介入而出现了失衡的严重威胁。美国从中立地位中获得了不少利益,其经济甚至在战争中也得到了发展,虽然它为了获取能源或者是原材料扩展了与亚洲、非洲与拉丁美洲的贸易,但是它并没有严重地依赖欧洲的进口。另一方面,在欧洲进行经济结构调整时,美国在1918年之后出现了出口繁荣,美国日益变成欧洲最大的债权人,而欧洲在很长的时间内无法归还贷款。

美国的经济已经达到成熟的状态并开始确立强势地位。联邦政府不再认为有必要到早先的母国或者是其他的欧洲国家获取资本、商品与人员。美国人屈服于孤立主义的诱惑,不得不关闭了向移民潮流开放的海洋,这些移民在30多年的时间内表现出来的性格看起来会威胁到美国的身份认同。退回本土才能确保美国灵魂的真实根源,美国的居民不得不被保护免于受到酗酒与毒品泛滥的危害。这导致了1920年代以及30年代初期臭名昭著的禁酒令。大西洋正在分裂而不再团结。跨大西洋公司发现自己运送的乘客数量在急剧下降,其中移民是它们迄今利润最好的一部分。为了继续运行,它们只能通过把贸易调整到旅游与巡航活动,这使美国人与欧洲人可以进入加勒比大西洋或者北部地区。即使到拉丁美洲的移民在1930年左右也受到了影响。

要说明这一情况,1929年的全球危机必须加以考虑,它严重地减弱了货币的流通。因此,处于危机中的大西洋将要面临第二次世界大战,1933—1934年之后贸易方面一些轻微的恢复并不能弥补它招致的损失。欧洲将要被撕成碎片并在未来很长的时间内失去继续主导大西洋的任何机会。英国将要被迫放弃自己的海洋野心,美国治下的和平将要统治大洋,此外,美国的战略角色将要受到它对印度洋与太平洋兴趣的影响。当美国试图在拉丁美洲与非洲寻找最大的能源资源时,贸易必须根据美国的鼎盛时期进行重新定向。

然而，在1960年代以后，一个新的大西洋开始出现，至少就庞大的贸易流动而言是如此，它被复兴的旧欧洲所控制。贸易的"螺旋式"跨越了大洋，它再次把非洲、南美洲、中美洲与北大西洋连接起来，它要么返回欧洲，要么返回美国。在同一时期，船只也发生了改变：虽然原先的特征在第二次世界大战前后几年仍然保留不少迹象，但取而代之的是专业化的集装箱船只，它们明确的目的是在美洲与欧洲之间的北大西洋贸易中运输工业品，它与运载矿产或者石油的轮船开始在大西洋航行。为了实现更好的经济产出，在损害国旗的条件下，方便旗①大大增加了自己的份额。当其他港口发现自己处于困难境地时，为集装箱船只与油轮征收关税的特殊港口——法国勒阿弗尔的昂蒂费（Antifer）、波尔多的凡尔登、荷兰的鹿特丹——维持或者增加了自己的贸易，大英帝国的利物浦也是如此。

客运最终被1970年代的喷气式飞机彻底消灭。航班留下的只是在那些巡航地点登船的眩晕而不辨方向的游客。与此同时，20世纪的旅游业为大西洋打开了新的视野：在加勒比或者大西洋欧洲广袤的沙滩，一种新近出现的亲密关系把人与海洋联系在一起。

1914—1939年间大西洋的变革

第一次世界大战前夕英国治下的和平遭到威胁

英国治下的和平依赖于大英帝国对大西洋的海洋霸权，这一霸权在19世纪末期仍然没有遭到挑战。实际上，这一权力拥有给人印象深刻的海军基地网络，它们时刻准备为动员战舰服务，这一战舰在1914年的吨位数达到了271.4万吨，仍然大大高于当时两支最重要的舰队联合起来的吨位数：德国的130.5万吨与美国的98.5万吨。14座大西洋基地从加拿大的哈利法克斯延伸到南大西洋的马尔维纳斯群岛，

---

① 指商船为逃避税收而向别国注册并挂该国国旗。——译者注

第八章 20世纪的大西洋

它们使得英格兰可以控制从北大西洋到加勒比到拉丁美洲再到非洲的最有用的商业通道。仅仅是在加勒比地区，英国就在特立尼达、圣卢西亚、安提瓜以及牙买加拥有自己的基地。在赤道的南部，在中部大西洋，阿森松岛以及圣赫勒拿岛也是关键的基地；一条从欧洲出发并被英国拥有的主要海底电缆从前者穿过，并到达南非与南美。在非洲的西部海岸，在冈比亚与塞拉利昂基地之外，1898年又增加了拉各斯基地。离美国的大西洋海岸1 000公里远的地方，百慕大海军基地几乎位于哈利法克斯基地以及继续向北的加勒比基地群的中间。为了随时进行干预，据说英国可以使用的船只大约有39艘，它们都驻扎在大西洋基地。在太平洋的10座海军基地，服役的船只有43艘；另一方面，印度洋也有10座海军基地，但是驻防在这里的船只只有12艘[2]。在太平洋而不是大西洋建造新的海军基地的努力开始成熟了：澳大利亚的2座基地，分别位于奥尔巴尼与约克海角、中国北部的威海卫以及太平洋群岛上的斐济群岛。

在这些海军基地的网络上，一条非常稠密的加煤站点紧密相连，它们为汽船提供必要的供应。南美的大西洋海岸有12个加煤站，非洲的大西洋海岸也有12个站。

实际上，这些给人印象深刻的资源都是继承下来的，从18世纪开始，大英帝国就已经能够为自己提供最好的海军后勤供应。这一点使得它赋予自己的海军必要的质量以及能量。然而，正如保罗·肯尼迪指出的，大英帝国通过击败法国"走在敌手之前"取代了上一任霸主而获得霸权。然而1900年情况已经不再如此了，1914年更是如此。实际上，海军军备竞赛已经涉及了所有的列强，特别是德国，它们的战舰出现了突然的繁荣：1880年，它的吨位数是8.8万吨，但是到1900年，它开始建造大量的船只，它可以计量的吨位数已经接近30万吨，在第一次世界大战初期，它已经超过了130万吨[3]。威廉二世的舰队从1900年开始增加了4倍多。只有美国与日本能够为自己的舰队提供与此相近的发展速度，从1900年开始，它们每一个都使自己的吨位数增长了3倍[4]。与此相反，法国在1900年的吨位数是49.9万吨，在

1914年也不超过90万吨,当时只能排名第四。

然而,最为重要的是,直到这一时期整个海洋领域都直接置于英国的控制之下,但列强开始显出新的野心。大西洋最明显的例子是加勒比地区并进而延伸到南美。在加勒比地区,美国为了确保自己商业活动的必要安全致力于建立美国的统治。然而,美国在加勒比的政策长期以来都是以谨慎为特色的:美国南部某些国家增强了掠食者的目标,特别是古巴、波多黎各以及多米尼加共和国,但是这一目标受到了限制,扩张主义的触角更多地转向太平洋的夏威夷。真实的情况是,确保墨西哥湾航海的安全这一首要因素在某种程度上变得隐晦,以致从加勒比到美国、从新奥尔良到纽约的旧交通方式拒绝了火车与运河带来的内部联系的益处。

然而,把墨西哥湾变成美国内湖是一个持久的野心,它由于美国政治家对巴拿马地峡区域重新产生的兴趣而得到加强,这一地区在把大西洋舰队与太平洋舰队连接起来起着关键作用[5]。两个列强可能反对美国的方案:英格兰在非常靠近巴拿马的洪都拉斯维持存在,它急于对这一地峡施加某种程度的控制,而西班牙在古巴与波多黎各的殖民地控制了墨西哥湾的入口。

美国1898年在很短的时间内战胜了西班牙,这成为建立美国加勒比势力范围的第一步。海军上将马汉的著名理论是,海权对任何一个大国都是必不可少的,这一理论因为上述内容得到了明显的确认。西奥多·罗斯福是一位活动能力很强的政党人士,他通过联邦政府已经发展的海军使这一点成为可能,他成功地利用了机会——1898年2月15日美国军舰缅因号(Maine)在哈瓦那港口的爆炸——挑战马德里政府在大西洋的古巴与太平洋的菲律宾的地位。随着西班牙的海军中队在古巴圣地亚哥(Santiago)附近被摧毁、在波多黎各被攻击,西班牙在1898年迅速请求实现和平。美国获得了波多黎各,这一位置控制着从大西洋进入加勒比的关口,这是一次非常关键的吞并活动。古巴也摆脱了西班牙的统治,1901年它实际被置于美国的保护之下:美国被授予为保持古巴秩序并维持其独立而进行干涉的权力。

第八章 20世纪的大西洋

两年后,罗斯福的"牛仔外交"也使得自己的国家控制了巴拿马地峡,他们想要在此挖掘一条从大西洋到太平洋的运河。英格兰在1896年已经遭受过一次挫折,当时它与委内瑞拉对这一国家与英属圭亚那的边界争端遭到美国仲裁的监管(克利夫兰总统大胆地向伦敦政府建议美国应该成为这一大陆的实际统治者)[6]。在1901年布尔战争期间,英国不得不放弃自己对将要被挖掘的穿越地峡的运河的权利,并允许美国完成这一工作与拥有运河。在1903年,罗斯福成功地迫使哥伦比亚交出16公里宽的区域以进行挖掘运河的工作。这一收获构成美国在这一地区海洋权力的枢纽,它对美国大西洋与太平洋的联系是至关重要的。

在加勒比南面的委内瑞拉,美国决心不让其他欧洲国家介入新世界,但是当德国在1900—1901年提升在这里的影响力时,这一决心就停滞不前了。德国皇帝受马汉海权理论影响很深,他把冒险的概念引入自己国家的海洋战略。罗斯福把威廉二世称作疯子与骗子,但是不管怎么说,他不得不停止使用"大棒",虽然他仍然坚定地用它来反对西班牙与哥伦比亚。德国希望为委内瑞拉偿还债务,并提议让海牙法庭进行仲裁,而加拉加斯的卡斯特罗(Castro)总统拒绝了这一要求。德国与英格兰于1902年12月组织了对委内瑞拉港口的海军封锁。尽管有这些威胁,罗斯福还是把这些问题留给德国处理。他也显示了更加强硬的立场并退回到美国拥有干涉多米尼加共和国的权利,而德国再次要求解决这里的债务问题。罗斯福宣称自己拥有进行干涉的道德要求,他把美国的关税控制强加到这一国家头上。

这些众多事件揭示了20世纪初期大西洋正在出现日益加剧的紧张关系。在非洲的大西洋沿岸,德国与法国在1911年的阿加迪尔事件中表明两者在摩洛哥问题上存在矛盾。面对德国的野心,英格兰放弃了光荣孤立的政策,与法国与日本站在一起。美国在西奥多·罗斯福与塔夫脱总统任期内曾试图回应德国的挑战,对美洲大陆继续坚守门罗主义的防卫原则,但是在1913年威尔逊总统任期内对欧洲态度又重新回归中立政策,这已经处在第一次世界大战前夕。在1914年8月4

日,威尔逊宣称在欧洲的冲突中,"我们不必做任何事情"[7]。

第一次世界大战与大西洋战役

一个多世纪以来,欧洲还没有经历过仅仅是海洋内容的重大战争。从20世纪初开始,海军军备竞赛使得参谋总部得出可以利用强大的器械来确保自己胜利的幻觉。战列舰在公海上有自己的巡洋舰与鱼雷艇,它的速度与火力飞速增长,在超级战争中它可以通过摧毁敌人的军队而确立自己对海洋的控制。也只有在这一时候战争才会延伸到敌军海岸或者反对敌人的贸易。

实际上,海洋战争正在把这些计划扫进垃圾堆,因为除了有时对英国海岸进行一些袭击以外,同盟帝国的船只继续在自己的港口寻得庇护,以及采取诸如1915年多格滩(Dogger Bank)的有限战争。战争中的唯一一次战役发生在1916年5月31日,当时英国的国内舰队与德国的公海舰队展开了拼杀;德国舰队的质量得到展现,但是战役却没有取得决定性意义。英国海军舰队因为拥有吨位的优势继续维持着封锁政策,范围从斯卡帕湾(Scapa Flow)到哈里奇(Harwich)。由于缺乏必要的海外加煤基地,德国的海军部难以根据自己的船只情况在大西洋通道的整个区域进行长期活动。

不管怎么样,大西洋战役终究要发生,但它主要是德国潜艇反对联盟运输的斗争。美国是为欧洲人提供供应的主要贸易伙伴,当威尔逊总统在1914年宣布中立政策时它就致力于确保这一地位,这一地位也得到了承认。战争中的两个营垒把自己反对这一中立地位明晰化了。1914年11月,大英帝国为了把德国置于有效的封锁之中,宣布整个北海地区都是战争区域。大量的德国船只被英国海军抓获了。同盟帝国与美国的贸易不久就瘫痪了:1914年,贸易价值为1 690万美元,1916年,它已经缩减到不足100万美元[8]。德国附近的中立国——丹麦、荷兰、挪威与瑞典——扩大了与美国的贸易量,从1914年的1 870万美元上升到1916年的2 790万美元。然而,它只能部分地弥补德国-美国贸易的崩溃。

为了建立一个围绕英伦三岛的战争圈,德国在1915年2月4日发动了大西洋战役。英国与协约国在这一区域出现的船只很可能被德国潜艇击沉。威尔逊对此激烈抗议:根据他的看法,每一艘潜艇必须阻止它试图攻击的联盟船只,寻获违禁商品并确保乘客与船员的安全。但是如果1914年仍然非常脆弱的潜艇不想被最终武装起来的商船的枪炮击沉,它们必须在不采取警告的情况下立即击沉商船。

在1915年3月25日,一个简单的事件使得美国的行为遭到质疑:英国的航班法拉巴号(Fallaba)被击沉了,受害者中也有美国的公民。在爱尔兰南部海岸附近,卢西塔尼亚号遭到攻击并沉入海底,在总数为1198名受害者中,有128名美国人。在这些悲剧事件中,当船只在几分钟的时间内沉入大海时,妇女、孩童以及无辜的受害者沦为牺牲品,这引发了大西洋对岸的愤怒:一个纽约的记者这样写道:"击沉卢西塔尼亚号的鱼雷也在人道主义方面葬送了德国。"[9] 美国威胁要断绝与德国的外交关系,德国屈服于威尔逊的要求,终止了无限制潜艇战。

然而,当德国在凡尔登与非决定性的日德兰战役失败后,它的潜艇在1917年1月重新进入全面战争。鲁登道夫把57艘潜艇派到公海,他希望通过船只损失使得英格兰在6周的时间内请求和平。当这一时期来临的时候,随着美国的4艘船只被击沉,美国在1917年4月4日加入了战争。勇敢的潜艇通过了防止它们从加来海峡穿行的障碍,有时则采取了迂回英伦三岛的方式。不久,组织保护性的护航队成为最有效的反击,因为协约国在1917年春季与夏季初遭受着越来越沉重的损失:5月份,英格兰储存的供应品不超过三周,而每月被击沉的供应品在54万吨与88万吨之间。

德国的潜艇攻击取得了成功,英国的海军部为了护航的需要立即从国内舰队撤出了巡洋舰。劳合·乔治首相要求采取与美国一致的必要的护航行动。美国从发明家爱迪生处获得一份报告,他揭示了协约国方面的不足。从1914年到1917年,英国的航海活动沿着它们在和平时期的海洋航线航行;爱迪生建议修改路线并推荐船只配备无线电波,实际上,战争之前某些航班就装备了这些东西,以至于当泰坦尼克号面临灾难的时候,它可以迅速地寻求帮助。无线电波也使得迅速定位潜艇成为可能。

1917年5月,第一艘美国驱逐舰从哈利法克斯出发护航到爱尔兰的船队,在这里的皇后镇(Queenstown),英国海军接管了护航的任务。

在对美国远征军的装备与人员运输组织必要的护航时,协约国军队达到了最大的效率。在战争初期,大约104艘德国的商船与航班在美国港口遭到扣留。航班为运输军队服务。第一艘拥有1.4万人的护航船只于1917年6月14日从弗吉尼亚的汉普顿锚地(Hampton Roads)启程。根据它们的速度船队被分为四个部分,它们在6月26日与7月1日之间安然无恙地到达了圣纳泽尔。一个军官这样说:"除了一匹马外,我们什么都没有损失,这匹马实际上是一头骡子。"[10] 直到1917年末与1918年初,每月有1.5万人跨过了大西洋,1918年7月的时候每天就达到了1万人。护航队从弗吉尼亚(汉普顿锚地)、纽约、哈利法克斯以及新斯科舍省的泽锡德尼出发。它们由20艘到25艘船组成,保护它们的是一艘或者两艘驱逐舰以及9艘扫雷艇。组织的区域有四个:北大西洋、安的列斯与墨西哥湾、南大西洋、地中海。与此同时,大量的贸易仍然不在护航系列之内。

当然,潜艇的回应是全力在西部大西洋进行活动:在1918年夏季,6艘潜艇在这里击沉了10万吨位的船只,但是它们也发现自己远离基地,缺乏可以到达墨西哥湾的燃料,也很难指望在哈特拉斯(Hatteras)海角南部活动。此外,英国在百慕大的海军基地是很难绕过的障碍。在1918年1月,潜艇舰队已经达到144艘:尽管有不小的损失,它们的数量从1917年1月开始还是增加了,当时只有133艘;63艘沉入了海底,而受损的有12艘。总体而言,在整个战争期间,德国建造了373艘潜艇,其中至少损失了178艘。为了防止潜艇向北大西洋出发,协约国在苏格兰到挪威的北海区域设置了鱼雷警戒线,但是它的效果值得怀疑,它只摧毁了4艘潜艇。这些潜艇主要在英伦三岛附近以及亚速尔群岛东部的大西洋水域这些战争区域进行活动。

虽然战争影响了协约国海洋商业活动,然而它并没有导致贸易的衰落；与此相反，由于船主与国家之间的供应合同，它为难以想象的利润提供了机会。供应与需求方面出现了巨大的不平衡：1917—1918 年，货运量是 1913 年水平的 10 倍到 12 倍。一艘运煤船在三次航行中就实现了购买这艘船的价值[11]。对某些港口来说，这是明显改善贸易的机会。这样，在法国，虽然勒阿弗尔被太多地暴露在攻击之下，波尔多却正经历着频繁的活动[12]。这儿的贸易得到了明显的改善；它在 1914 年秋季大幅下滑，但是在 1915 年重新崛起，1916 年以后则大幅度发展，这一年抵达的船只达到 800 万吨，而 1913 年抵达波尔多的船只不超过 600 万吨。波尔多仍然接受它长期进口的传统商品——朗姆酒、食糖、羊毛、铜矿、植物油料。然而，战争中也开始卸载新的货物：石油、冷冻肉、阿根廷与加拿大的马匹、机器以及大量的原材料。波尔多也为诸如瑞士这样的中立国提供供应，因为它们也受到了封锁的影响。

此外，1917 年 7 月，美国人决定在建立了圣纳泽尔基地后继续在法国波尔多郊区的巴森斯（Bassens）建立第二个基地。在不到一年的时间内，配备了大量的港口列车与铁路轨道的新巴森斯号（New Bassens）投入运营。与圣纳泽尔一起，这一新港口使得美国在 17 个月的时间内登陆人数超过 200 万人。

协约国对海洋的控制证明对封锁同盟国具有决定性的意义，它使得凡尔登战役期间庞大的英国军队能够到达前线，而美国的干预加强了海洋的封锁，同时也提供了实现胜利的新因素。大西洋的合作看起来是没有裂痕的。实际上，战后的危机将要展示贸易与大西洋心态的深刻变化。

危机中的大西洋：两次世界大战期间

直到 1914 年，大西洋通过贸易网络把西欧与美国的经济连接起来；在人员方面，美国的土地则向众多的欧洲移民敞开大门；在政治层面，因为美国的兴趣主要聚焦于新世界，它因而承认了大英帝国的领导权，也间接承认了作为整体的欧洲的领导权。

孤立主义与新的美洲强国

威尔逊总统慷慨的冲动为西方盟友提供了宝贵的支援,但是在停战之后他对和平条约的谈判却采取了更加谨慎的态度——在最后的时候拒绝签字,要理解这一现象,我们就应该追溯美国政治早已确定的方向,正如华盛顿在第二届任期结束之时所表明的:

> 欧洲拥有一个对其而言是非常核心的利益体系,但是我们不理解这一点,或者至少说,它是我们关注的边缘层次。我们对讨论与随后经常性的争吵的原因是陌生的。我们为什么要卷入旧大陆的阴谋诡计、它的敌对状态、它的野心、它的利益争夺、它的分帮立派、它的反复无常,而牺牲我们的和平与繁荣呢?[13]

大西洋把两个不同的世界分开了。与此同时,在第一次世界大战之后的几年中,美国不再能够维持完全不干涉的政策。有人反对把它的政策演变成全球性质,因为历史第一次把维系世界稳定的核心决策交到大西洋对岸的手上。不管是战争造成的人力(大约800万人死亡,1 500万人受伤)还是物质的损失都使得老的欧洲失去了继续坚持自己野心的能力。

1921年华盛顿海军会议摧毁了依赖于英国霸权的旧的平衡结构,而美国正是这次会议的主席,在这样一个场合中,伦敦《泰晤士报》的一名记者察觉到了这一新的美洲强国的真实意义:

> 基本没有什么过渡,它们(美国)从仅仅是商业强国的地位上升到对全球进行金融控制方面占据主导性的强国地位。现在它们正在认识这一改变在多大程度上应该反映它们与全球的关系。[14]

这位记者继续详细指出美国必须使用这些资源来控制新的商业、强大的战舰与贸易、基地与交流的方式。

哈丁总统的国务卿查尔斯·埃文斯·休斯在华盛顿会议上采取的

态度有利于普遍的裁军,这也将阻止海军军备竞赛的再次发生,但是他的态度同时非常有利于美国。美国的舰队与大英帝国的舰队被置于同等地位,这在1914年是不可想象的。美国与英国的舰队不得不进行缩减,新的战列舰与巡洋舰在10年之内不得建造。它们正在"磨损"三个主要海军强国的实力——美国、日本、英格兰——方式是摧毁已经建造或者正在建造的大约200万吨的船只。一位英国的观察家宣称:"在五分钟之内,国务卿休斯先生击沉的船只比几个世纪内世界上的海军将领击沉的船只还要多。"[15] 实际上,美国与大英帝国都把自己的舰队缩减到52.5万吨,日本降到31.5万吨,法国与意大利则降到17.5万吨。同样真实的是,潜艇与轻型海面船只不在条约规定之内。

英国的海军部激烈地反对这一条约,因为它大体上是对英国海军优势的冲击。在《我的奋斗》中,阿道夫·希特勒这样写道,从华盛顿海军会议开始,"英国统治海洋"的口号变成了"联邦政府的海洋"的口号[16]。我们应该强调一点的是,加拿大与南非政府向华盛顿海军会议施加了缩小英国与美国海军差异的压力,因为英帝国的团结不再有效了。真实的情况是大英帝国基本没有别的选择,因为它的经济情况变得非常严峻,200万人处于失业当中,一战之后迅即出现的繁荣也结束了:任何回归先前的霸主地位的梦想都破灭了。进行其他的选择将导致国家金融崩溃的结果,而美国正向欧洲施加压力要求它们归还为了战争而从美国获得的借款。大英帝国因此屈服于华盛顿会议的要求,也不得不放弃与日本的联盟,美国人害怕太平洋上这一联盟的效应,因为它们外交领域的关注点日益向太平洋地区倾斜。英国海军建设的缩减是非常剧烈的:在1924年,它们只建造了25艘战舰,而1914年启动的就有111艘[17]。这一突然的衰落在很长的时间内对海军施加了压力,它使得第二次世界大战前夕重整军备变得非常困难。

几年后,在1932—1933年,一份回归英国治下和平的计划处于酝酿之中,海军部创制了安的列斯中队、北美中队、南美中队、好望角中队、印度洋与中国中队的计划,然而,它的实现却很快就被证明是非常困难的。它们放弃了南美中队并缩减了其他中队的力量。它们也不得不满足于"悬挂国旗"即可[18]。1933年以后,来自希特勒的威胁使得重整军备成为必要的选择,虽然经济情况仍然非常艰难,英国海军的预算还是从1933年的5300万英镑上升到1937年的一亿英镑。

涌向美国的大西洋移民洪流的终结

美国新的国际权力使得它可以自由地采取隔绝欧洲的政策。这是一种经济隔绝,为了保护自己的农业、化学与重型工业免于受到日本与德国的竞争,美国提高了关税水平。然而,这一经济民族主义的结果是民族主义。它们在边界设置的反对竞争者的壁垒保护了国内的生产,但它也不得不提升以反对来自外国移民的威胁,这些人越来越难以得到同化。在社会正处于艰难之时——纽约大约有25万人失业,他们全部都是外国人,新英格兰的纺织工厂则有15万人失业,底特律则是7.5万人失业[19]——联邦政府宣称移民正在抢走美国人的工作并导致了低工资的结果。老板在很长的时间内从他们身上获益,现在也开始担心这些人可能从欧洲带来革命性的观念。

每一种情况引起的压力都足以使国会于1921年夏季通过创始性的法律,它把移民的数量限制在1910年美国每一民族居民数的3%。这第一次创造了定额制度,三年后的1924年,《国民血统法案》(National Origins Act)采取了更为严格的限额:从这时开始,只有1890年居住在美国的每一民族总数的2%才可以获准进入美国。在这一时期,南欧与东欧人的数量仍然很低,而西北欧的英国、德国与斯堪的纳维亚人占据了绝大的优势。配额的效果立即显现:1921年移民的总数量已经下降到不足35.7万人,而1914年之前每年的平均数超过86万人,在1913年,移民的数量超过120万。根据1890年人口普查的数据,随着数额降低到3%~2%,1924年计算出来的移民数量出现了更加剧烈的下降:移民的数量下降到16.3万人。只有大英帝国、斯堪的纳维亚国家、中欧的德国才得到部分豁免。1921年6月30日是施加第一次配额的日期,在制定法律的这一年,移民的数量仍然是非常高的,维持在80万人;接着它在1921—1922年下降超过了2/3,1924—1925年则下降了4/5。

这一严重缩减的水平有利于西北欧国家的移民,虽然无法超越1924年强加的配额水平,它们是唯一继续维持比较重要的人口输出的地区：1929年7月1日,每年可以统计的移民是15万,全球危机也影响了移民数量,1930—1931年它下降到不足7万人。

当完全停止了亚洲的移民并严重削减欧洲人时,美国人从自己的大陆,主要是墨西哥获取他们在复兴年代,也就是1925—1929年,需要的劳动力。

北欧向美国长达一个多世纪的大规模而又长期的大西洋移民最后被堵塞了。另一方面,直到1930年代,虽然新来者的数量也在下降,但是欧洲向中南美洲的移民仍然维持了非常高的水平。这样,阿根廷在1929年记录的到来者大约是19.2万人,而1913年超过了30万人；巴西把移民维持在一个合理的水平,大约维持在10万人的状态,直到1934年的配额法为止。加拿大吸纳了大量的英国移民,虽然它不能与第一次世界大战之前的情况相比：1929年,它吸纳了14万移民,而1913年接纳了30万人[20]。

在从欧洲到美洲的大西洋移民中,首要的地区是北大西洋,美国政策使得重新调整贸易成为必要,然而对某些公司而言,这是非常困难的。

丘纳德在1919年向外移民重新加速之时曾经抱有很多的期望,为了最大地利用吨位数,它取消了从利物浦到南安普顿的登陆港口,但是却受到了严重的影响。它的三等舱乘客的数量——移民——从1921年的49 305人下降到1922年的34 763人,但是它仍然可以依赖英国的移民,因为他们很少受到配额的影响。然而,它不再能够运送意大利人,因为罗马政府希望加强自己的商业船队,它为这一目的保留了运送国民的权力。1921年的配额法使得进入的意大利人不超过4.2万人,然而,在战争之前,穿越阿尔卑斯山的移民是它的10倍还多。此外,意大利人把运送国内移民的事情主要置于自己的国旗之下,又在1923年12月的日内瓦会议上把它列入了议程。他们让自己的船队垄断了美国的移民。法兰西斯跨大西洋公司(Compagnie Francaise Transatlantique)在过去的50多年中已经使得"法国航班"非常知名,它现在受到了严重的打击,移民数量的下降破坏了公司资金的稳定性。在1921—1922年,它的航班运送的移民不超过两万人,而前一年运送的是5.5万人。德国的不来梅与汉堡港口的公司以赔偿的名义下被没收了几艘航班,这使得公司受到了削弱,它们现在的启航数量也出现了下降:汉堡在1913年上升到43.3万人,而1922年启航数不超过7.4万人[21]。虽然新的配额规则有利于德国,但是它在1924年也没有超过这一数目。

为了维持在这一神圣配额的限制之内,航班在每月第一天的午夜到达纽约,第一批到来者一下子就用尽了地中海地区与斯拉夫人的低配额数量。他们从欧洲出发以至于他们可以在合适的日期与时间到达这里。船只在美国水域的边缘下锚,在某月的第一天尽可能向这里走近。为了避免乘客在被拒绝时出现恐慌,公司尽力把他们的航程组织起来。大西洋会议建立了登记局,它把南斯拉夫、捷克斯洛伐克、波兰、罗马尼亚以及配额制带来灾难性影响的国家的众多的公司聚集在一起。通过纽约的电报告知将要登记的人数,官员们只能在这一时刻颁发船票。为了避免对到来者的排斥,美国在不同国家的领事为这些移民颁发签证。公司运送没有签证的外国人将被课以重罚。

在这种情况下,各个公司发现自己的三等舱卧铺出现过剩情况,它们不得不调整自己的运输结构,扩大了旅游项目的舱位。这一领域向它们展现的机会是很明显的,因为就美国以及整个美洲而言,中等阶层乘客人员为了生意需要或者娱乐需要而涌向欧洲。因此,空闲的三等舱房间被改装成适合他们的舱位,接着,航班的装备开始只为一个等级设置。此外,居住在美国的外国人可以暂时离开美国,但是在回程的时候不被计算在新入境者的配额之内。许多公司对运送这些人抱以很大的希望。1928年,不来梅的北日耳曼劳埃德的主席这样写道:

> 农场主史密斯喜欢弄清楚继续待在祖国的兄弟们是怎么生活的,地理老师密尔(Meier)先生喜欢到美国去,这样可以让学生从自己的经历中获益[22]。

旅游舱可以容纳那些非常愿意接受其价格的外国乘客,从纽约到欧洲的行程只要花费 105 美元到 125 美元就可以了。这样,在新的政治环境中,法国的航线可以使用 1927 年下水的法兰西岛号(Ile de France)航班,而乘客非常喜欢这一航班的舒适性。有了这艘新船之后,法国公司向纽约运送的乘客数量从 1928 年的 7.5 万人上升到 1930 年的 8 万人。也是在这一年,跨大西洋公司把自己新的、只容纳一个等级乘客的航班尚普兰号投入运营。

美国客户开始品尝优质的食物、供应充足的例如啤酒之类的酒类饮料,特别是优质的葡萄酒与香槟,在"禁酒"的时代尤其如此。在新的禁酒政策颁布后,道德高尚的美国人实际上发现了关闭边界的新理由,而随后的反应是走私开始成风。

禁酒令与走私者的大西洋

在 1920 年代以及 1930 年代初期,禁酒令增强了美国的孤立主义倾向。在大战之前,那些温和社团已经拥有了巨大的影响,特别是在美国的西部与中部地区,"禁酒"将成为美国的一项惯例。1912 年,美国的七个州已经在自己辖区采取了反对饮酒的禁酒措施[23]。两年后,一项宪法修正提议准备在整个美国实行禁酒,但是在国会没有获得 2/3 的多数票。实际上,即使在大战开始的时候,36 个州或者禁止或者限制了对酒的消费。在战争期间,送到欧洲的军队被用来展示饮酒的危害。1917 年,一个波尔多商人急于保护自己的利益,使该市的商业公会向法国政府提出用桶运输葡萄酒,它以非常优惠的价格销售到英国军队的营垒。"汤姆"在战争期间已经发现了波尔多的葡萄酒,正如波尔多的谚语所言,消费葡萄酒是战胜酗酒主义的最好方式![24]正如自己的英国战友一样,美国士兵无疑也有要"一杯葡萄酒"的想法。

士气不得不重新提振:1919 年 1 月,第十八条修正案被采纳了,到 1 月 17 日,联邦政府的 48 个州中已经有 46 个州批准了这一法案,《沃尔斯泰德法案》列入了法律文库。它禁止以任何形式销售与消费烈酒。唯一容忍的酒类饮料是那些酒精含量低于 0.5% 的饮料。

违禁的贸易与秘密生产开始蔓延,任何地方都可能突然冒出一些

"走私贩"。这些都是做非法生意的人，他们的名字使人想起白人向印第安人销售他们隐藏在长筒靴上部的违禁烈酒的贸易形式[25]。违禁品的大部分从墨西哥与加拿大进入美国，但是大量朗姆酒、白兰地与葡萄酒则秘密运抵美国的海岸地区。大西洋总是存在非法贸易，在18世纪，北美人在损害法国与伊比利亚王室的情况下，在加勒比、西班牙美洲大陆的岛屿与海岸上收获了大量的财富。然而，这一次，商人的黄金法则开始违反美国的法律。

为了满足美国对烈酒的需求，最大程度的灵活性得以发挥。各种船只都参与了走私，包括规模很小的皮艇，它们只做一次航行并带着货物逃窜到废弃的小溪流上，然后尽可能快地投放货物。正如今天的毒品走私一样，它们航行的速度非常快，经常超过30节，这是这些走私者的主要优势，而海岸巡防船只的速度只是14节或者15节。他们使用不同的走私技巧，甚至都不考虑那些让人最为厌恶的内容。因此，装载遣送回国的尸体的铅制棺材数量惊人，海关官员出于尊重死者的道义一般不会打开它们。这一方法意味着在波多黎各卸载的马提尼克岛的朗姆酒可以被运送到美国。

主要的供应基地位于圣皮埃尔与密克隆岛（Miquelon）、巴哈马、百慕大以及古巴。他们从波尔多送出科格耐克酒，经过安特卫普到达圣皮埃尔，中介商在这里把这些商品交给诸如布伦曼公司这些大的加拿大客户。在圣皮埃尔，夏蒂埃公司是一个把货物交给走私贩的最重要的中介商，它在1930年成功地销售了6 000箱朗姆酒与3 300箱利口酒。走私也成为法国殖民地暴富的重要源泉。

英国巴哈马殖民地的经济在20世纪初期陷入停滞状态，但由于禁酒令获得某种程度的繁荣。拿骚是一个非常优良的港口，它靠近美国最大的走私中心佛罗里达海岸。从1920年开始，英格兰与苏格兰向走私贩发出成桶成桶的威士忌酒，接着，这些刚刚建立商店的走私贩就可以进行销售了。他们从事的是"合法的"生意并主要为圣皮埃尔与密克隆岛的船只装载货物，但这些货物实际上流向美国沿海地区。拿骚开始变成一个熙熙攘攘的城市，人们在这里跳舞并经常玩牌。酒店开始涌现,泛美公司(Pan-Am)在1929年开通了迈阿密与拿骚之间的航空线,它的乘客只想饮酒并寻欢作乐。巴哈马的经济转向了旅游方面,这随后成为它最大的资源。

古巴是禁酒令的最大受益者。它与佛罗里达州地理位置的接近使它成为走私贩的理想基地。那些富裕的烈酒爱好者来到佛罗里达州居住,这是美国供应条件最好的州之一。海明威与其他人一起在1928年到达基韦斯特岛,他经常泡酒吧,在这里尽情畅饮古巴的朗姆酒。比拿骚更厉害的地方是哈瓦那,这是一个赌博的地方,与娼妓和酗酒联系在一起。泛美公司也开通了一条从纽约到哈瓦那的航空线,这使得美国人可以到此品尝古巴的朗姆酒。另一方面,在波多黎各与美国1917年从丹麦购买的维尔京群岛上,禁酒令得到严格执行,人们只能偷着饮酒。

那不勒斯的克莫拉(Camorra)与西西里岛的黑手党两个秘密会党在19世纪后半期的意大利已经十分强大,为了于第一次世界大战之前在大西洋的另一边开业,它们利用了意大利涌向美国的巨大的移民浪潮。西西里岛的"家族"不久就在美国大陆兴盛起来。他们的犯罪与非法生意已经大大扩展,能够利用美国反对酒类的政策找到新的生财门路。

马菲亚把自己的贸易建立在禁酒令上,由于众多暴徒急切地从事生产并分配酒类,它已经引起了普遍的犯罪行为。在芝加哥,阿尔·卡彭(Al Capone)建立了一个地下王国,它首先建立在啤酒上,之后则是水果机器,它每年有望收入大约6 000万美元。他自己可以支配的人员有700到1 000人,从1920年到1927年,超过250人死于芝加哥的暴徒争斗中。在1932年,在放开禁酒令的前夕,一份评估报告认为5 000名警察与海关官员以及2 000名市民死于禁酒令,大部分的死亡者其实都是暴徒。

然而,虽然遁道宗教徒与浸信会教徒使禁酒令成为自己信仰与关注的目标,特别是美国南部与西部的农村地区,东部的城市地区对此抱有强烈的敌意,特别是天主教徒。这一斗争是没有希望的,因为预算的不足意味着可以使用的力量只有大约1 000个训练非常糟糕的执法官。监视大约18 000英里的海岸线以及控制那些喝得不分"杜松子酒与洗澡水"的人的私人住宅证明是一项难以完成的任务，失望是意料之中的事情。1930年，加利福尼亚放开了饮用酒精含量为3.2%的酒类。虽然反饮酒联盟(Anti-Alcohol League)反对新的内容，1933年还是终止了第十八条修正案。只有三个州——堪萨斯、密西西比州、俄克拉荷马州——在1939年还继续禁酒。

当跨大西洋航班抵达纽约港口时，禁酒令的效果也影响到它们，特别是那些法国航班，它们的船员每日总是饮用定量的葡萄酒。当到达美国地区的水域时，必要的酒精饮料都被藏了起来，每天早晨海关官员都可能打开储藏室并取出水手每日定量的葡萄酒。然而，勒阿弗尔是走私的温床，成箱的酒都被藏在救生艇、货舱、舷梯的防水壁中。美国的海关在纽约港采取暴力袭击的方式，如果发现了酒类，船长可能被罚以巨款，因为他对此负有责任。他们认为，在启航的时候仅仅装载饮料而回程却是"禁酒"的跨大西洋总公司将造成生意的明显下降。

世界危机前夕的跨大西洋航线

在1920年代末期，航班公司的情况出现了明显的恢复，即使在北大西洋也是如此，因为运送旅游舱的乘客已经成为它们获利的一个重要源泉。通过开通新的航线，它们也得以检验自己的想法。就这一点而言，跨大西洋公司是一个有趣的例子，它们开设了从波尔多到维哥、哈利法克斯再到纽约的航线，首先使用客轮或货轮，之后就开始使用平均吨位大约是1.5万吨的航班。另外一个应该被注意的例子是沙热尔·雷努斯(Chargeurs Réunis)，它在南大西洋的子公司中恢复了从波尔多到里奥再到拉普拉塔河的航线，更重要的是，它开通了"帝国"航线，这条经过非洲的路线注定要给波尔多带来巨大的成功，它为塞内加尔海岸、几内亚湾以及远达刚果河河口的地区提供服务[26]。信使海运公司仍然在波尔多从事生意活动，它再一次成为航班经过巴拿马运河到达塔希提岛以及新苏格兰的中途停靠站。1924年，波尔多成功地运送了大约4万名旅客，其中1万人是到南美去的，还有1万人是到非洲的西部沿海去的,超过 2.3 万人是到摩洛哥的。在勒阿弗尔,跨大西洋公司在通向中美洲与安的列斯的航线也获得了可喜的收获,同样,它也为那些经过巴拿马运河到达美洲太平洋海岸的乘客开通了汽船航班。但是,巴拿马运河创造的新活动不能被夸大:大约 80 条欧洲航班经过此地。

到安的列斯、非洲与太平洋航线的收入弥补了到纽约航线下降的损失,因为对移民的限制缩减了它的收入。然而,在北大西洋,航线可以依赖对一等舱乘客的运送,他们的数量正在迅速增加。因此,跨大西洋航班上能看到诸如范德尔伯茨(Vanderbildts)或者洛克菲勒家族的银行家或者大企业家;然而,我们也可以看到剧院界、影视界、时尚界、体育界日益增多的代表人物。良好名声与恶名在大西洋同时进行传播,莫里斯·谢瓦利(Maurice Chevalier)、查理·卓别林、玛琳·黛德丽(Marlene Dietrich)也成为法国颇有威名的航班法兰西岛号上的客人。美国联邦政府的参议员也会出现在这些乘客之中,1929 年,国务卿凯洛格(Kellog)乘坐法兰西岛号从纽约到达了勒阿弗尔。这些有名的乘客非常欣赏巨大的红漆房间,它们有黄金点缀,还有伴有阳台的咖啡馆;亮丽的光彩映入公司客人的眼帘,他们非常喜欢诸如鹅肝、野鸡、巧克力糖以及其他国内特色品种的优质食物,这些食品为他们呈现出了丰盛的菜单,最知名的葡萄酒更使它锦上添花。

大公司之间的竞争仍然非常激烈。弗兰西斯·海德(Francis Hyde)给我们描述了 1924 年到 1929 年之间各家公司争取的份额[27]。丘纳德看起来拥有最大的优势,因为配额制度是非常有利于盎格鲁-撒克逊人喜欢的方式:丘纳德赢取了北大西洋运输 20% 的份额;丘纳德在英国的唯一对手是白星号,它于 1931 年被英国公司收购,当时白星号运送的旅客达到 7% 的份额,这与法国航班的份额一模一样;德国汉堡的亚美利加航线与北日耳曼劳埃德也开始站稳了脚跟,它们在 1928 年把不来梅号与欧罗巴号投入运营,这使得它们的份额重新回到了显赫的位置,占据了运送总量的 11%。

丘纳德花费了巨大的精力来恢复对一等舱乘客的运输,它从 1921

年到1929年每年运送的这一批乘客超过了3万人,它也采取行动来发展旅游舱乘客的运送,它1930年运送的这批乘客大约是4.2万人。

法兰西岛航班的例子表明法国航班也做了同样的努力。这一豪华航班1927年投入运营,这使得它能够增加对一等舱乘客的运送,它在这条航线上的运送量从1926年的1.9万人上升到了1928年的3万人。

1930—1939年间的贸易危机与艰难的复苏

1925—1928年是柯立芝总统的第二任期,美国得到了繁荣的顶峰,这可以通过欧洲与美国之间呈现出的新形式体现出来。当苛刻的禁酒令正在践踏美国联邦政府时,欧洲已经熟悉了美国的新价值,节欲社团铁板一块的权威并不能主宰这些新内容。实际上,1920年代来的非常容易的钱财中一大部分仍然来自违禁贸易与走私交易,这些钱财使得新的生活方式开花结果,而这也将要跨越大西洋。城市社会也从服装与性活动中解放了出来。年轻人中开始形成时尚,他们拒绝禁酒令,饮用啤酒与鸡尾酒,爵士乐与查理斯顿让人以为美国是一个生活上尽情狂欢的国度。新的国家英雄是诸如鲁道夫·瓦伦丁(Rudolph Valentine)或者道格拉斯·费尔班克斯(Douglas Fairbanks)这些演员,但是也包括诸如飞行员查尔斯·林德贝格(Charles Lindberg)这些拥有巨大勇气的人,他大胆地完成了第一次中途不停顿的跨越大西洋的飞行。查尔斯·林德贝格驾驶的飞机圣路易精神号(Spirit of Saint Louis)于1927年5月27日把纽约与巴黎连在一起,时间只有33.5小时。他成为这一年最耀眼的人物,他在欧洲得到了英雄般的欢迎,林德(Lindy)舞也以他的名义创立了。

仅仅在查尔斯·林德贝格取得这些成就以后两年多的时间内,纽约华尔街1929年10月24日就出现了"黑色星期四"。市场突然被销售的指令所淹没,股票的价格出现了灾难性地下跌。尽管第一次世界大战以后出现了明显的衰落,大西洋的贸易还是由于生意的繁荣而获益,现在它遭到了沉重的打击。为诸如棉花、咖啡与木料的大宗产品构筑的向前发展的市场的精致机制已经持续了大约50年,它要求一种先进而又笨重的金融机构,汇率得以在其中大规模地运动。由于1930年原材料的价格被腰斩以及同时发生的运费下降,收入大幅降低。

不定航线的不定期货船与航班大公司在运费上展开了竞争,这使得1930年的几个月内运输100磅棉花的费用从61美分下降到31美分,同时北大西洋的乘客运输也出现了危机,这些情况使得大公司的命运危在旦夕。丘纳德的账目显示1931年的亏损是53.3万英镑,1932年则变成92.7万英镑。法国跨大西洋公司的情况更为艰难,1930年的赤字是3 000万法郎,1931年则变成2.36亿法郎。完全是因为1931年6月的国家干预公司才避免了破产的命运。它的收入从1930年的10亿法郎下降到1931年只有3.83亿法郎的水平,公司干脆把98艘船中的52艘停航。

1933年,全球的运输水平下降到不足1913年水平的2/3,当时整个世界上停止运营船只的总吨位超过1 400万吨。北大西洋是受到影响最严重的地区,1930年所有公司运送的从美洲到欧洲的乘客总数量仍然超过了100万,然而在1934年危机顶峰时期只有46万人,其下降幅度超过了一半。由于日益严峻的贸易保护壁垒,贸易也受到了遏制:在美国,联系敦刻尔克、勒阿弗尔、波尔多、纽约、费城、波士顿的货运航线的任何一次航程都出现严重的亏损。在从法国港口出发的货运中获取最大份额的美国船只对它们构成了不公平的挑战。此外,欧洲出口的大宗商品的贸易——煤炭、谷物、纺织品原材料——陷入停滞状态。只有石油贸易在1936—1937年开始了某种程度的复苏,它的路线与西欧汇合在了一起。因为这一原因,1937年的贸易总量(4.9亿吨)高于1929年的贸易量(4.7亿吨)[28]。

此外,衰退也不是完全扩展开来的。美国、大英帝国、法国的商业船队受到的影响方式是不同的。另一方面,德国、日本、挪威的船队从1929年到1939年却增加了。一些很有利的因素是斯堪的纳维亚人对利润的渴求,以及德国与日本对战略性原材料的进口。与此相反,法国的船队陷入停滞状态,从1929年的350万吨下降到不足300万吨:回到法国港口的货物的不足、非常高昂的社会成本、体积过大的船队都是其中的一些不利因素,为了对抗这些不利因素,国家不得不以公款进行投资。

与此同时,跨大西洋公司采取的一些努力在某种程度上掩盖了北大西洋的衰落,这一公司把新的船只投入运营。首先是尚普兰号,这是一艘只有一个乘客等级的航班,它能够运送超过 1 000 名乘客,而船员却有 551 人,它 20 节的速度已经是这种船只最快的速度了。除了在夏季到达纽约外,这一航班在冬季可以巡游纽约、安的列斯与地中海地区,这样的需求是很大的。然而,竞争总是特别严峻——特别是德国的欧罗巴号与不来梅号,意大利的雷克斯号(Rex)与康特·迪·萨瓦拉号(Conte di Savola)——从 1930 年代经济危机的顶峰时期开始,法国航线想通过在圣纳泽尔建造拥有最快速度的大航班来迎接这些外国的挑战。1935 年 5 月 29 日,诺曼底号(Nomandie)进行了自己的第一次航行。它的长为 313.75 米,宽为 36.4 米,它无疑是当时世界上规模最大的航班。它航行的速度达到 31 节。为了确保船上 2 000 名乘客与 1 350 名指挥官与船员的安全,采取了非常严格的预防措施:封闭的防水舱以及电磁冰山探测器。它的装备向外界炫耀豪华与显赫:一等舱中豪华的客厅与食堂长约为 180 米,拥有 400 个席位的剧院、室内游泳池、博彩房间与运动大厅,有灯火通明的舞会地板的"烤肉馆",这些都使得跨洋航行成为一件真正舒心的事情。

在到达纽约后,航班在跨大西洋的旗帜上升起天蓝色的三角旗,它在长度上与它在节数方面达到的新速度纪录相一致。实际上,诺曼底号已经打破了意大利的雷克斯号在持续 4 天 3 个小时 14 分钟内完成跨洋航行的 29.94 节速度的纪录。蓝绶带重新回到了法国公司的手中。纽约对它们的欢迎以狂热的激情而出名:

> 我们刚刚穿过自由女神像,响声震天的齐声喝彩就爆发了,所有的船只开始不停歇地发出嘘声、鸣笛、杂乱的喊叫、吼叫以及各种方式的喝彩声。诺曼底号也不知疲倦地给予回应并发出巨大的吼叫声。这一骚乱构成了巨大的交响乐,其主旨由平台上扬声器演奏的马赛曲提供……曼哈顿塔楼也突然鸣钟向我们表示欢迎。

在任一场合,人头攒动,成千只挥动的手臂并不时发出尖叫;从港口看到纽约的唯一地方是炮台公园(battery)广场,这里挤满了的黑压压的人群[29]。

菲利普·索普特(Philippe Soupault)当时位于纽约的巴黎大街,由于他所处的摩天大厦的高度,他能够很好地掌握纽约人庆祝这一事件的情况并很好地传达了这种热情。

与此同时,丘纳德也不甘落后地进行回应,它在五年前就下订单建造玛丽皇后号(Queen Marry),这是诺曼底号这一最大航班的竞争者。这艘船在1936年5月完成了到纽约的处女航。英国人希望在船上创造某种程度的豪华性,虽然并不如法国的对手那样出彩,同时配合以巨大的舒适性,从而使得玛丽皇后号具有更多的优势。因此,英国人第一次从跨大西洋公司手上夺得了蓝绶带,法国航班由于1937年达到31.20节的速度重新夺回了蓝绶带,但在第二年又失去了它,这一年玛丽皇后号完成跨洋航行的平均速度是31.69节。

这两家航班极大地提高了自己公司运送旅游舱乘客的数量,跨大西洋公司从1935年的1.9万人上升到1937年的3.1万人,而丘纳德公司在相同的时间内从4.8万人上升到6.2万人。英国公司的优势是非常明显的,但是我们也应该注意到它1931年兼并白星号的事实。

德国的欧罗巴号与不来梅号也增加了对旅游乘客的运送,虽然它们增加的数量要低一点,从原先的4万人上升到4.7万人。运送这一批次乘客的份额分别为,丘纳德28.9%,跨大西洋公司14.4%,德国航班22%。从1935年的5月到10月末,仅仅是诺曼底号就完成了9次航行(来回共18次跨洋航行)并运送了17 872名乘客。它的成功也为其他的法国航班增加了吸引力,例如法兰西岛号、巴黎号与尚普兰号。1936年,诺曼底号在15次航程中运送了27 252名乘客,1937年它运送的乘客是其他三艘航班的总和,登船的乘客达到37 500人,其中14 400人为一等舱。由于这艘航班,跨大西洋公司在北大西洋一等舱乘客的运送中占到了21%的份额。巴黎举办的1937年世博会有利于这一运输的繁荣,在这一年,法国公司运送的乘客为87 000人,大约占到北大西洋乘客运送总数的13%。

由于最快、最豪华而获取的毫无争议的成功使得这些航班在二战前夕吸纳了纽约航线上乘客运送量的最重要份额,其中1/4的乘客都是由这四艘船运送的:诺曼底号、玛丽皇后号、欧罗巴号、不来梅号。

虽然这些航班获得了令人满意的运营利润,他们还是难以承担由于建造船只而借贷的沉重债务所引起的经济负担。就这一点而言,仅仅是诺曼底号的例子就足以说明问题:在它运营的第一年费用的总量就大约达到9 600万法郎。国家不得不为这些负担承担责任,而公司却自己收获运营的利润。其他国家也采取了相似的解决办法。与此同时发生的情况是,公司也采取了一些措施来削减费用,有时出售那些不再使用的船只,有时则削减那些亏损运营的航班。

因而,二战前夕的情况仍然是非常困难的。由于世界危机以及其后出现的贸易缓慢下降加重了大西洋经济的负担,只有那些受保护的部分才得以逃脱:巡游与通向纽约方向的航班、石油运输、安的列斯的香蕉航线。大西洋世界也继承了前几个世纪以"海洋都市"进行划分的传统:纽约、伦敦、勒阿弗尔、安特卫普、鹿特丹以及汉堡。由于这些巨大港口的出现,西欧以及美国的东部海岸在1938年仍然在海洋生活中维持着两个主要活动极的地位,但是由于苏伊士运河与巴拿马运河的开通,它们的影响已经超越了大西洋的范围。第二次世界大战比第一次世界大战对旧欧洲的健康产生了更深刻的影响,它见证了一些结构的变化,但主要出现在运输中而不是港口上。在一个更加强大的美国以及与此同时发生的由于战后重建而出现的新欧洲的影响下,它将要出现一些重要的结果。

第二次世界大战与大西洋的新时代

大西洋与第二次世界大战

华盛顿会议议定的海军裁军方案在二战前夕被抛在一边。1938

年,海军上将雷德(Raeder)劝服希特勒发展巡洋舰、驱逐舰以及战列舰,他希望自己的海军在10年的时间内就可以与英国的舰队并驾齐驱。真实的情况是海军上将德尼茨在1939年可以获得的潜艇只有57艘,而雷德的Z计划预计1948年潜艇可以达到250艘。

对英国来说,由于加拿大人、南非人甚至爱尔兰人不愿意支持英国而使得帝国的防务遭到削弱。海军发现自己的防务资金份额受到削减用来支持皇家空军:1938年,分配给自己的资金只有12 720万英镑,而分配给皇家空军的资金是13 380万英镑,而五年前海员接受的资金是空军人员的3倍多(5 350万英镑对1 670万英镑)[30]。随着日本1931年入侵中国东北,日本帝国的威胁使得在远东地区采取必要的措施成为必要,新加坡的基地得到了更多的资金。与此同时,1939年前夕,为了应对意大利法西斯主义者在地中海的野心,伦敦政府多多少少受到放弃远东声音的影响。实际上,1939年8月,在大英帝国与法国对德宣战的时候,同盟国的大西洋计划类似于1914年的计划。它们不得不封锁德国的港口以防止它的海面舰队启航,它们也在北大西洋组织了护航的防务安排,因为这对同盟国的供应线路是非常重要的。如果说第一个目标因为有海面船只的纯粹优势而且得到法国虽然年轻但高质量的舰队的支持而比较现实,第二个目标就不容乐观了,因为英国缺乏有效保护护航船队的必要的护航资源,而且也没有空军的优势。在空军方面,同盟国方面的大约3 400架飞机在理论上可以匹敌德国的3 600架飞机,但是大多数在配备的武器与速度上要落后于敌机。

德国"袭击者"非常勇敢,这使得先后从北海港口、布雷斯特出发的小型战列舰的封锁结果非常没有成效。当1940年春季末期由于同盟国的失败而使得德国占领了丹麦与挪威港口后,这一点变得特别明显。北海不再如1914—1918年那样是"纯粹的"、完全可以由英国舰队控制的地区,德尼茨的潜艇能够利用从奥斯陆到法国加斯科涅海湾港口延伸的优势进入大西洋从而攻击护航舰队。

在法国1940年失败后,大英帝国对美国资源的依赖日益成为自己的阿喀琉斯之踵,以至于大西洋战役中的任何事情都危在旦夕,因此,英国是在一个完全不利的条件下参加这一战争的。因为冲突发生初期美国远远没有做出坚定的承诺，甚至连支持同盟国的需要也是如此，这一点变得更为真实。

在1935—1937年，美国国会通过了中立法案，它规定美国联邦政府将不会向可能参战的国家提供任何战争物资。美国同时也成功地改善了自己与拉丁美洲的关系：

罗斯福的"睦邻"政策使他放弃了20世纪初期美国宣称的干涉权利，因此以非常积极的结果收尾。1936年在布宜诺斯艾利斯举行的美洲会议上，罗斯福受到了热烈欢迎，美国的总统也设法让美洲承认了反对欧洲压迫政策的原则，这一原则在1938年扩展到了加拿大。虽然确保了与新世界其他国家的关系，美国对远东局势的发展却没有如此乐观，日本海军备战与中国的危机正日益直接威胁它们的利益。因此，在孤立主义仍然拥有狂热的支持者的情况下，这一传统劝诫他们不要介入大西洋或者欧洲的事务。

在战争刚刚开始的时候，罗斯福总统仍然忠于这一政策，决定在跨越大西洋与墨西哥湾的西半球建立一个中立区，参战国家的船只不能进入这一地区。实际上，总统在解释自己的决定时是有利于英国的，因为美国的"中立巡逻队"承担着负责确保自己的中立地位得到尊重的重任，但是这一海军中队需要帮助皇家海军查明德国在大西洋的通行情况以便英国人可以攻击这些船只。此外，德国也证明了自己是侵略者：他们的微型战列舰斯匹伯爵号（Graf Spee）与德国号（Deutschland）在1939年8月向南大西洋出发，斯匹伯爵号于9月初在巴伊亚附近击沉了一艘英国的货船。虽然斯匹伯爵号在蒙得维的亚被击沉了，德国的第二艘战列舰不久也被迫在这里寻求庇护，不管怎么说，它还是成功地返回了德国。

1940年夏末，在德国对法国取得了明显的胜利后，危险看起来是扩大了。实际上，由德国、意大利、日本缔结三方条约的轴心国在9月份扩大了自己的活动范围。大西洋之战已经肆虐了一年多的时间，每天都有大量的英国船只被击沉，英国也日益害怕自己与为自己提供物资与军备的美国的重要联系不能得到维持。与此同时,罗斯福也让自己的参谋部评估美国联邦政府的军事状况,结果发现军备非常缺乏:空军部只有 200 架飞机,也没有足够的武器,地面部队不到 6 万人,唯一重要的军力是海军。中立地位势在必行,但是他们也不得不决定是否为大英帝国提供他们迫切需要的援助。

无疑,它在选举时代并不具有决定意义,英国的一个使团完全告诉了罗斯福英格兰的巨大的需求,为了启动援助英国的进程,罗斯福 10 月末等待公众的支持,他 11 月份再次竞选成功而获得了这一支持。1940 年 12 月 8 日,丘吉尔的一份权威而又非常坦诚的信件摆在总统的面前,丘吉尔需要美国以及必要的资源来帮助英国[31]。美国人准备阻止德国全面潜艇战的计划。对英国首相来说,赢得大西洋之战的唯一方式是美国的商船把物资运输到英格兰,而且也由美国战船护航。希特勒不敢攻击这些由美国海军护送的船只。丘吉尔要求美国在 1942 年春季为自己提供 7 000 架战斗机与 300 万吨位的船只。他把寻找与美国利益一致的支付方案与对英格兰存亡的担忧都告诉了罗斯福。为了包含必要的投入,需要的最低款项估计为 27 亿美元。由于英国在美国没有可以利用的财富,英国是无法支付现金的。

一个"美国首次运动"(American First Movement)的委员会把那些仍然忠于孤立主义的人以及反对援助英国的人召集在一起,它拒绝在支付方面采取的任何妥协。著名的飞行员查尔斯·林德贝格参与了这一委员会,在 4 月 24 日的《纽约时报》上说美国不准备在欧洲赢得战争,美国应该继续坚持自己的独立命运并使自己的民众与文明免于受到伤害[32]。当然,这一委员会也反对任何援助的想法。

在 1940 年 11 月 29 日通过收音机发表的"炉边谈话"中,罗斯福将要采取一种解决方案:他必须保卫世界的民主制度,美国是"民主国家的兵工厂"。当准备武器、船只与加农炮的时候,这种想法正在实现。希特勒 1941 年 1 月 30 日发表的一份侵略性讲话宣称自己的海军将用鱼雷攻击任何向英格兰运送物资的船只,不管这只船属于哪个国家,这份讲话很快在大西洋对岸激起了义愤填膺的浪潮。由于公众的支持,

1941年3月8日参议院通过了租借法案。它意味着从禁止向参战国租借物品的法律的后退，而这一法案让人想起的总是一战中没有被归还的债务。然而，虽然废除了美元标志，美国借出去的是商品而不是钱财。通过租借法案，总统批准了70亿美元的款项，这与1914—1918年间加在一起的贷款一样多。正如其他船只一样，租借的船只不得不跨越大西洋，美国有义务采取任何措施来确保海洋通路不被潜艇攻击。在1941年春季，潜艇每月摧毁大约50万吨的船只。然而，罗斯福无法冒险为所有通向英格兰通路的船只提供护航，因为孤立主义者仍然在国会拥有庞大的势力。他采取的措施是把中立地区扩大到东部大西洋，几乎到达了冰岛。

为了控制这一地区，美国的海军能力开始增强：太平洋舰队的船只转移到了大西洋，然而，它们在这里却没有基地。在某一阶段，美国人准备在亚速尔群岛建立一个基地，但是葡萄牙希望保卫自己不被攻击，因而这一计划无法实现。在英国以令人震惊的残暴性在米尔斯克比尔（Mers-el-Kebir）的投石机行动（一译为"弩炮行动"，Operation Catapult）中攻击了法国在阿尔及利亚的海军中队后——我们可以把这次的暴力接管与纳尔逊在1801年攻击丹麦舰队的哥本哈根行动相提并论——英国反对达喀尔的冒险起源于他们认为这一港口绝不能被德国人利用。1940年7月与9月的这些行动并没有增加同盟国在东部大西洋的基地数目。在与流亡到伦敦的丹麦政府达成协议后，美国人于1941年4月9日在冰岛建立一个基地。这样，中立地区可以延伸到远达亚速尔群岛、冰岛、格陵兰岛的大西洋。它对加强护航船队变得非常重要。1941年2月，在对租借法案投票表决的前夕，重型巡洋舰海普号（Hipper）在护航船队回到布雷斯特之前的亚速尔群岛东部击沉了船队中的七艘船。一段时间以后，在离纽芬兰岛500英里的大岩堤（Grand Bank），海普号将摧毁16艘船并破坏几支护航船队。

在冰岛，配备的一些飞机用来探测潜艇与海面的袭击者。尽管有这些措施，德国庞大的潜艇攻击行动还是于1941年4月开始了。它们为了攻击护航船队而驻扎在格陵兰岛的南部，它们的攻击成功地封锁了通向欧洲的海洋通道。英国的损失直线上升，但是英国的一艘驱逐舰获得了110号潜艇上德尼茨的密码，直到这一时刻，英国才开始出现转机：从6月1日到9月1日，一支不被破坏的护航防卫行动在战争中第一次出现在哈利法克斯到利物浦，从此没有一艘船只在这一通道遭到破坏。9月16日在(德国的)一艘潜艇与美国的驱逐舰发生冲突后，美国的大西洋舰队在秋季将更直接地卷入对商业船只的护航中。

尽管希特勒不太同意，因为他正关注着俄罗斯的前线，德尼茨还是决定于9月14日在加拿大与美国水域发动攻击贸易的计划。损失再度变得非常严重，德国潜艇毫不犹豫地攻击为船只护航的美国驱逐舰(美国人已经于7月份在纽芬兰岛建立了一个基地)。在1941年秋季，德国向波罗的海国家的挺进封锁了苏联的波罗的海港口。北大西洋唯一为同盟国护航船队开放的通路到达科拉半岛的摩尔曼斯克港口，虽然它在1916年就已经投入使用了。列宁格勒在1941年9月10日遭到封锁，德国采取双倍的努力防止苏联接受任何援助。1931年10月15日"派克斯"(Packs)潜艇进行的攻击行动把潜艇战的严重威胁清楚地展现出来。晚上8点10分，在夜幕之下，在护航船队中心的一艘挪威船只突然被潜艇558号发出的鱼雷攻击，它很快爆炸并沉入大海。一小时后，同一艘潜艇悄悄地潜入护航船队的中心，之后它出现在水面上并破坏了另外两艘商船。6艘潜艇对护航船队发动了攻击，在午夜时刻，一艘挪威油轮被鱼雷击中，它的爆炸照亮了整个护航的船队以及所有船只的位置。一艘进行护航的美国驱逐舰也遭到了直接攻击[33]。

这是美国卷入大西洋之战后第一艘遭到攻击的战舰。10月31日，美国另外一艘驱逐舰也遭到攻击，116人牺牲。尽管有这些事件，维持中立的党派仍然是非常强大的，罗斯福仍然不能把大西洋的战争计划付诸行动，也不能使太平洋的防卫计划对日本进行攻击。1941年12月7日，日本在珍珠港采取的令人称奇的攻击行动破坏了美国太平洋舰队的一部分，这将要把整个议题再次放到桌面上。

尽管美国直接卷入了反对轴心国的战争，同盟国1942年在大西洋的损失仍然是非常严重的，大约800万吨位的船只被击沉。潜艇在

1943年仍然给敌军造成沉重的打击，它们总是采用10艘到40艘潜艇集群发动令人意想不到的攻击。直到1943年夏季，从纽芬兰岛、冰岛、爱尔兰北部出发的空军保护仍然不能覆盖整个航程，留下的空隙仍然有600英里——潜艇利用这一间隙得以开展攻击。几个月后，空中护航变得完整，护航飞机装载的雷达能够更好地对付潜艇。在1943年的2月到3月间，四支连续的护航船队损失了由191艘商船组成的船队中的38艘，只有三艘潜艇被击沉。

同盟国先是在北非登陆，之后是意大利，然而，它们压倒性的空中优势与利用非洲海岸的达喀尔与弗里敦（Freetown）作为中途停靠站恢复了有利于同盟国的局势，大西洋之战使得德国不再有进一步行动的机会。1.1万架左右的飞机、350艘战舰与4 100艘商船部署在联盟登陆的诺曼底，这使大西洋战争赢取的胜利变得极其神圣。

然而，胜利的代价是非常沉重的。仅英国就有超过1 100万吨的商船消失了，这是它们1939年舰队的60%，同盟国总的损失超过了2 100万吨[34]。战争使得冲突爆发之前水面上每两艘船就有一艘消失了。美国强大的工业采取了所有的措施对此进行弥补：在战争期间，美国下水的总吨位数超过3 800万吨，船只数是5 171艘，其中著名的2 500艘自由之船（Liberty Ships）构成了同盟国舰队的支柱。在大西洋之战中，英格兰赢取了代价沉重的胜利，在现实中，它丧失了维持海洋强国的最后任何机会，而第一次世界大战已经使得这一地位大为削弱。

大西洋的重建

大英帝国在战争中发现自己日益依赖于美国的情况可以适用于战争之后的整个西欧地区，因为政治的约束因素与经济的需求使这一点更加明显。斯大林主义者的野心日益增长，这一威胁使得西欧求助于大西洋另一边的盟国。1949年，北大西洋公约组织在冷战的氛围中建立，签字国正是1948年《布鲁塞尔条约》的参与者[35]。通过这一条约，加拿大与美国开始支持10个欧洲国家，而法国与德国都是其中之一。

美国的支持对欧洲的重建是非常重要的，大西洋再一次扮演了把旧大陆与新世界联系起来的重要角色。为了进口自己缺乏的原材料与工业制品，欧洲国家接受了必要的美国船只，因为欧洲的商船遭到了极大的破坏。这样，根据1946年5月26日布鲁姆-伯恩斯（Blum-Byrnes）的法美协议，法国发现自己被分配给了大约75艘自由之船，也就是说，满载为76万吨的船只。仅仅跨大西洋总公司就接受了其中的21艘，而且它通过租借已经使用了11艘。自由之船满载量为1万吨的吨位数足以使得跨洋航行有利可图；尽管它的速度只有10节，而且由于建造的疏忽与仓促导致过一些意外，但是这种船在为欧洲提供煤炭、谷物、羊毛、棉花方面却是最好的工具。

与此同时，虽然欧洲所有国家迅速出现的通货膨胀造成了很多的困难，船只建造的成本也开始上升，但欧洲公司还是专注于重组船队。

丘纳德与跨大西洋公司：两个案例

由于购买了4艘货运船以及租借船只，英国丘纳德公司在1948年成功地实现运输270万吨商品的任务，恢复了可以与战前时期相媲美的运输水平。与此同时，丘纳德准备建造3艘配有冷冻货仓的快速货运船，它们在1950年投入运营[36]。在1960年代初期，这些货物运输的收入达到了680万英镑（1961年），1965年攀升到超过1 200万英镑[37]。在这一时期，货运收入达到客运收入的一半以上。

1948年，由于自由之船的帮助，跨大西洋公司重新实现了1939年的吨位数，并继续让新的船只下水，其中5艘出现在墨西哥与安的列斯的航线上。这使得它在1950年的商船吨位数达到战前庞大吨位的半数[38]。

然而，这两家公司的首要目标是让自己的努力体现在航班通道上，特别是曾经使得自己的旗帜风光无限的北大西洋。在这一地区，情况是非常艰难的：1938年，属于11个国家的88艘船在北大西洋穿梭航行；1946年，运营的航班只有13艘。

在战争期间，丘纳德把同盟国的军队运送到战争舞台上作出了巨大的贡献。仅仅是北大西洋地区，玛丽皇后号与伊丽莎白女王号就向欧洲运送了超过100万的士兵。1939年，该公司可以支配18艘航班,运送量达 434 689 吨;1945 年 5 月,它拥有的只有 9 艘航班,运送量为 345 921 吨[39]。为了恢复玛丽皇后号、伊丽莎白女王号、毛里塔尼亚号、大不列颠号这些声势最大的船只运营,公司投入的成本超过了 760 万英镑。1948 年,它把卡罗尼亚号(Caronia)投入运营,它的运输量为 3.4 万吨,但是由于缺乏美国客户需要的舒适性,特别是空调,它的开发变得艰难。在 1950 年代,丘纳德采取了新的战略,也就是说,把最大数目的船只投入纽约路线的公海地区进行运营——春季与夏季——并把自己的一部分船只在冬季转入巡游项目。

然而,1960 年以后,北大西洋路线由于飞机的竞争损失日益严重,甚至在公海上也是如此。1957 年,客运仍然在空运与海运上平分秋色:104.1 万人乘坐飞机,103.7 万人乘坐轮船。10 年后,海运的份额只是运送总量的 7.5%,乘客只有 50.4 万人,而空中航线上的乘客达到 617.7 万人[40]。丘纳德意识到了飞机竞争的重要性,它于 1959—1962 年投资飞机运输。在第一阶段,丘纳德仍然相信海运与空运具有互补性,它于 1959 年 10 月购买了飞鹰航空公司(Eagle Airways),把从伦敦到巴哈马地区拿骚的路线投入运营。丘纳德接着更加大胆地与英国海外航空公司(BOAC)以及其他跨大西洋空中航班谈判北大西洋航线活动的问题[41]。由于使用了新的波音 707 以及德哈维兰彗星四号(De Havilland Comet Ⅳ),丘纳德希望让飞鹰航空公司获得飞往纽约的服务。然而,当 1961 年 6 月 21 日飞鹰航空公司获得了这一航线的执照后,英国海外航空公司废除了原先的内容。就这一问题与英国海外航空公司的谈判摊牌了,但是丘纳德仍然是非常有创新性的,因为它预测到海运与空运应该是互补的:乘客可能在出发的时候乘轮船,而回程的时候乘飞机,因为这具有最大的成本优势。

从伦敦到拿骚路线的服务后来通过拿骚到纽约的航程扩展到了迈阿密,它也取得了一些成功。1962 年,丘纳德成功地获得了英国海外航空公司的一些份额,而这一联合的结果直到 1966 年仍然意义重大。到这一时期,面对购入喷气式飞机需要的巨大投资,丘纳德决定完全从空中航线抽身并把自己所有的资本投入发展传统的海运内容,实际上,公司在第二年就启动了伊丽莎白二世女王号,这将要革新原先的船队,并能够与自己的竞争者——跨大西洋总公司的法国二号——展开竞争。

跨大西洋总公司也在战后的第二年重建了自己的航运队伍,当时北大西洋运输的竞争再度复活。在从勒阿弗尔到纽约的航线上,德格拉号(De Grasse)、法兰西岛号与自由号(原先的欧罗巴号)航班从1947年到1949年间一艘接一艘投入运营。在1950年春季,由于有法兰西岛号与自由号的帮助,公司确保了每周都有通向纽约的服务。1951年,它有两艘通向安的列斯地区的航班,在同一年,摩洛哥号(Maroc)把波尔多与卡萨布兰卡联系在一起。乘客的活动日益增加:1947年,在勒阿弗尔登记的63 500名乘客中,跨大西洋公司的德格拉号运送了10 300名乘客,而丘纳德公司的三艘航班与美国的四艘船只也同时抵达这里的港口。1951年,跨大西洋总公司重新赢得了一个更加重要的地位,由于运送79 200名乘客而荣居第二位。

跨大西洋公司无法像自己的对手那样参与空中运输。然而,在战前1937年7月,由于水上飞机拉塔卡尔(Latecoere)完成了从朗德省的拉卡德比斯卡洛斯(Lac De Bsicarosse)到纽约的飞行,它成为实现商业飞行的第一家公司。一个名为法国跨大西洋航空(Air France Transatlantique)的公司不久就建立起来,但是在1945年国有法国航空公司建立后,跨大西洋航空公司只扮演了一个非常次要的角色。这摧毁了它使自己投入空运生意的所有希望。

夕阳从跨大西洋地区下沉

1960年代,通过把法国二号以及伊丽莎白二世女王号这些超级航班投入运营,跨大西洋公司与丘纳德看起来希望进一步扩大自己的大西洋运输量。在现实中,来自空中航线的竞争已经使这一想法成为徒劳。

跨大西洋公司是第一家完成建造新航班的公司。从1957年开始法国二号就在彭瓦特(Penhoiet)进行建造,它1960年开始试水并在两年后投入运营。它的规模与诺曼底号相似——315米的长度与6.5万吨的排水量——法国二号的速度高达 35 节而燃料耗量却下降了 40%，它可以运送 2 033 名乘客，它仅仅分为两个等级舱，其中 500 人位于一等舱。为使乘客感到舒适，它安排了所有的内容：防震荡的稳定器、空调、室内电话。虽然它比诺曼底号更加谨慎，由毕加索、杜飞（Dufy）、斯恭塞格（Segonzac）、卡尔祖（Carzou）签名的装饰品使法国二号非常豪华，但是气氛更加柔和，文化与运动混合在一起，船上也有 700 个席位的剧院与三个游泳池。

在五年后的 1967 年 9 月 20 日，丘纳德公司的伊丽莎白二世女王号下水。它于 1964 年就处于规划之中，它更小的规模——长度为 293 米——使得它可以穿越巴拿马运河的水闸并使自己适应于巡游的需要。它拥有空调、一个大商场、四个游泳池、一个桑拿浴房以及一个土耳其式浴室，可以说为了确保乘客享有英国式的舒适，公司不遗余力。接着公司对混合航班——巡游航行寄予厚望。它的航班将寻求阳光并服务于旅游行业。拥有巨大需求的北大西洋夏季服务将被冬季到巴哈马地区的拿骚或者是到地中海地区的巡游所补充。

在获得了成功之后，两个公司的问题正在积聚。1967 年与 1968 年，玛丽皇后号与伊丽莎白女王号从北大西洋退役，前一艘卖给了加利福尼亚的长滩城，第二艘改装成香港的一所浮动的水上大学。1969 年，丘纳德公司只有 3 艘航船，其中包括伊丽莎白二世女王号。

曾经把纽约与欧洲门户联系在一起的北大西洋海运在空运日益增长的竞争力面前正在消失。喷气式飞机淘汰了海运航班。1973 年，飞机运输的乘客超过 1 400 万，海运乘客不足 10 万人，它只占运输总量的 1%。

在南部大西洋，我们也可以感受到空运的竞争，一部分货运或客运船只继续运送乘客与运输商品，后者主要是冷冻产品与特殊的大宗货物，例如谷物、羊毛以及皮革商品。英国的蓝星号、意大利与它的两艘航船在 1970 年代还继续在热那亚与布宜诺斯艾利斯之间运营，而美国公司在从美国到南美的路线上也仍然能够成功地获取一些运输项目。

北大西洋上的运输情况更加糟糕的是，从 1970 年代初期开始，每一公司的退役船只都在加速。在从南安普顿到纽约航线上的美国号（*United States*）于 1972 年退役,美国的国旗也从北大西洋的海轮客运中消失了。在这一时期,这一航线上仍然有一艘希腊航船(比雷埃夫斯(Piraeus)到纽约)、一艘挪威航船(奥斯陆到纽约),以及一艘瑞典航船(哥本哈根到纽约)。在 1974 年秋季,法国二号也退役了。尽管伊丽莎白二世女王号存在严重的经济损失,丘纳德公司还是决定维持它的存在,它在 1980 年仍然完成了从南安普顿到纽约的 23 次航程。然而,巡游本身就使得那些维持了大约 100 年的"神圣的庞然大物"的航班有利可图。

大西洋的变化不久就超越了乘客运输的方面,随着油轮以及其他运输方式的出现,像其他海洋一样,大西洋正在经历一场革命。

20 世纪末期大西洋的变革

当北大西洋发现空运的突然膨胀完全击垮了自己的海路乘客运送时,它的商业运输在 1973 年石油危机之前的整个 60 年代由于全球的经济繁荣而发展出大规模的海洋商业活动,在危机结束之后,它在 1970 年代末期扩张达到了顶峰状态。

在纳赛尔于 1956 年 7 月 26 日对苏伊士运河国有化之后的几个月内,英国与法国对运河的北部进行了军事占领,而美国的干预使得这一占领终止了。苏伊士运河在事件发生之时被人为阻断,在 6 个月的时间内国际贸易也难以进入此地。1967 年,六天战争显示了苏伊士通道的新的脆弱性,大量的油轮开始摆脱了这一通道的限制(苏伊士运河在 1967 年到 1975 年被关闭了)。在 1973 年的石油危机以及 1973 年 10 月 5 日埃及对以色列发动攻击以后,苏伊士运河在 1975 年 6 月 5 日重新开通,然而它已经难以恢复原先的繁荣状态。政治不安全的状态并没有被消除,高昂的保险费率、通行费的高额价格、苏伊士运河的宽度这些不利因素结合在一起使得运输转向了其他的通路。苏伊士危机之后,人们对超级油轮已经非常熟悉,随着这些超级油轮的出现以及苏伊士运河难以满足平均吨位的油轮通航,大西洋从为运输 20 万吨甚至更大吨位的巨轮开放的水道运输中获益。因为它们巨大的吨位,它们可以轻易地承担绕过好望角到达西欧或者美国的代价。实际上,重型吨位的贸易在苏伊士危机之前就已经出现了,在日本不再受苏伊士运河的限制后,它从1960年代就开始建造这些巨轮,而中东与日本之间的距离也使得这种更大规模的巨轮有充足的存在理由。

在1967年的6天战争之后,欧洲就下达了要求超级油轮的订单,1972年大西洋的圣纳泽尔船坞就接受了两艘超级油轮的订单。

这些庞然大物运输的碳氢化合物使得大规模缩减成本成为可能,这些巨轮由巨大的国际石油公司或者是诸如奥纳萨斯(Onassis)与尼亚卡斯(Niarchos)这些独立的船主提供装备,挂着利比里亚国旗航行的希腊船只的数量与成本缩减的数额都在增长。像勒阿弗尔的安迪福尔(Antifer)这些终点站为了适应这些巨轮的特殊设计——高达29米——必须进行重新建造。

石油通常位于这些大规模海洋运输的末尾——大约14亿吨原油。大西洋通行的主要是三波(石油)运输流:第一波从波斯湾出发绕过好望角之后则向欧洲(1.76亿吨)以及美国东海岸行进(7 600万吨)[42];第二波则把中非、西非与欧洲(4 100万吨)以及美国东海岸(4 400万吨)联系起来;第三波则从加勒比的委内瑞拉与墨西哥出发,委内瑞拉向美国发送1.1亿吨,向欧洲发送3 000万吨,而墨西哥则向欧洲运输1 200万吨,也向巴西运输1 200万吨。

除了石油,大宗商品的运输也从巨大吨位的船只中获益。在这一方面,运送矿石的巨轮就运输的商品数量与船只的规模在大西洋占据的位置可以与油轮相媲美。铁与铝土展示了它们在贸易运输量中的重要性。靠近大西洋的三个大的生产区域位于铁矿贸易的底部。巴西从维多利亚(Vitoria)发送的1.15亿吨的出口推动了第一波运动,在这一终点站,12万吨的矿石巨轮每小时上货高达8 000吨,不到15小时就可以完成装载。巴西(在铁矿出口中)占据了世界出口的1/3。非洲的几个出口原材料的国家——安哥拉、加蓬、几内亚、利比里亚与毛里塔尼亚——在这一贸易中也增加了自己的份额。由于海岸线的特点,在这里进行装载要受某些条件的限制。收敛部分的海岸体系延伸到沙洲上,它在很长的时间内成为在非洲沿海进行航行的障碍,因为巨大的海浪冲击着海岸。人们也可以建立拥有两个停泊地点的码头;一个站台可以负荷装载的机器并充当储存仓库,一条铁路线把港口与储存的物品联系起来。矿业公司自己也依赖于大钢铁制造商,它们成为这些设施的经济承担者。第三个大生产地区是北美的拉布拉多与纽芬兰岛。巨大的运输活动跨越大西洋到达欧洲。

铝土矿石与铝显示了它们与加勒比、非洲、澳大利亚的生产者有错综复杂的依赖关系。在加勒比地区,牙买加与圭亚那是迄今为止最主要的生产者,它们占据了世界出口的 40%,之后是非洲的几内亚与加纳,它们的份额是 25%。澳大利亚出口的铝要多于铝土,它是大西洋上最长的矿业运输运动的起点,在穿过了印度洋后绕过好望角,然后到达西欧。非洲尤其是向欧洲的出口占据显著地位,而牙买加与圭亚那主要是向美国与加拿大出口。

矿产与其他诸如木料与谷物产品的大宗运输展示了运输的扩张,与此同时发生的是船只吨位数相似的扩张。但是工业产品的运输才开始出现真正的革命,这将使得大西洋的船只与港口在 20 世纪呈现出新的景象。

在集装箱船只的帮助下,商品运输出现了完全的改变。集装箱船只解决了海洋运输的一个最复杂的问题,也就是装载与卸载不同的商品,同时避免在港口操作与固定船只的花销。集装箱船只实现了灵活的、门对门的服务,港口方面的运作速度也变得惊人:卸载一艘集装箱运输船的时间是卸载一艘普通货船的 1/6。

集装箱的突破起源于 1950 年代美国从纽约到墨西哥湾的路线。在 1960—1962 年间,运输方式的集装箱方式引起了纽约与加勒比(波多黎各)航线上贸易的大规模扩张。集装箱船只在 1960 年代初期才在北大西洋登场,货运开始重新回到第二位。美国旅行用品商与欧洲的对手为了确保对这一新兴贸易的控制在大西洋上重开战幕。三个大的美国公司不久就发现自己与欧洲人处于竞争之中,这些欧洲人联合起来形成了一种更有效的竞争力。1967年,大西洋集装箱公司(Atlantic Container)与丘纳德公司、跨大西洋公司、荷兰的亚美里加航线与斯旺斯卡亚美里加(Svenska America)航线实现了合并;1968年,比利时人、英国人、德国人建立了标枪集装箱航线公司(Dart Container Line),而丹麦人根据斯康塔尔协议加入了英国的蓝星号。1972年,某一联营把大西洋财团纠集到了一起,欧洲人开始在贸易中获得了更大的份额。

集装箱化在那些生活水平较高的国家之间的贸易中达到了顶峰,它使得众多的商品实现了有规律而充沛的流动。这不利于发展中国家,它们在大量的消费商品中占据的份额是有限的,而这些商品的运输更具有季节性特征。与此同时,一些美国与欧洲的船主采取了把这些国家合并到自己贸易圈的一些措施。非洲集装箱公司(Africatainer)就是一个可以被提及的个例,它把雷努斯·沙热尔与法布雷公司(Fabre)联合在一起,它可以为从几内亚到马塔迪(Matadi)之间的九个港口服务,货物在阿比让进行积聚或者分类。非洲集装箱公司依赖当地港口,这里的传统货物用来交换低吨位的货物,集装箱贸易抵达阿比让或者从这里出发。

这种贸易的特点把大西洋北部地区大多数集装箱活动集中在一起,其目的是把北美的东海岸——美国与加拿大——与西欧联系起来。纽约是最大的集装箱终点站,它1975年的仓库地区扩大到了大约317公顷。正如在其他集装箱终点站看到的情况那样,巨大的高架移动起重机把40吨到50吨的集装箱吊起来。在西欧,瑞典的哥德堡、德国的不来梅港与汉堡,特别是低地国家与比利时的鹿特丹与安特卫普,以及勒阿弗尔与它在大西洋的码头,它们都拥有巨大的终点站。诸如位于加斯科涅海湾的波尔多港口在这种集装箱贸易中发现了贸易复兴的机会,其终点站位于凡尔登的拉吉伦特河的入口处,而波尔多的贸易在一段时间内几乎陷入停滞状态。在英格兰,伦敦缺乏充足的储存空间,因为为其港口服务的终点站设在萨福克郡(Suffolk)。

运输集装箱的快速船只的运行速度在新近的时间达到30节,它们的运输能力在2 000到2 500个集装箱之间,它们使得北大西洋贸易的最大活力远近闻名。在大西洋的其他地区,把美国与南美、南非联系在一起以及把欧洲与西非、南非联系在一起的集装箱船只的频率与能力明显处于下游。

我们千万不能忽视由于引入集装箱贸易而使港口出现的严重问题。虽然服务于工业区的高度专业化的油轮与矿产巨轮贸易并不能经常推动这些港口的就业情况,这些活动也没有破坏它。另一方面,集装箱化威胁着那些传统的码头工人的就业局面。实际上,它的目的是限制麻烦地求助于简单的码头劳动,同时它有利于分门别类的工作任务。结果,对减少劳动力的担忧很早就出现了,实际上也出现了这样的情况:在美国的东部海岸,工作岗位从1952年的5.1万个下降到1972年的1.5万个,在英格兰,工作岗位从1961年的7万个下降到1973年的3.2万个;在法国,从1968年的1.5万个下降到1973年的1.3万个[43]。

为这一贸易服务的船只的生产与维修成本对生产效率有严格的要求,而这一贸易也引起了水手生活的变化。有人可能认为,与早先水手在19世纪蒸汽时代以及更早的帆船时代的经历相比,任务的自动化明显改善了水手的生活,蒸汽时代机械般工作的人、装卸煤炭的水手过着非常艰难的生活,而在帆船时代,瞭望员在任何天气状况下都必须在船只的索具上工作,他们的工作情况远远不是让人羡慕的。然而,对船只轮换的加速追求为在港口停留的最长时间设置了限制,也废除了中途停靠的站点,而船员是非常渴望这些内容的,因为他们在船上的轮班时间非常长。为了使自己摆脱社会束缚并利用有利的征税方式,船主使用方便旗并从发展中国家招募水手。

石油、矿石与集装箱贸易的中心是欧洲与美国,它产生了"两极"大西洋存在的想法,并保存了19世纪延续下来的传统。实际上,情况根本就不是这么一回事,原因有两个。

一方面,全球发展的主导极没有简化到欧洲与美国这两个地区。此外,它当然也应该有日本与东南亚。与此同时,美国日益转向太平洋而不是大西洋。在很长的时间内,美国享有特权的伙伴是旧大陆,但是从1980—1982年开始,美国的跨太平洋贸易已经接近北大西洋的贸易水平：在此之前，从亚洲的进口已经超过了从西欧的进口，然而，西欧仍然是吸纳新世界绝大部分农产品的市场。1983年，美国与亚洲的商业关系总量超过了它传统的欧洲伙伴。

另一方面，与欧洲一样，美洲正在走入贸易的"螺旋式"发展，绝大多数贸易是根据鼎盛时期定位的，而其他贸易内容则跨越了它。因此，美国发展了和加勒比与巴西的关系，目的是吸纳他们的战略产品，例如石油、铁矿、铝土，同时向它们销售众多的商品。欧洲继承了帝国的航线，它们也发展了与西非、中非的关系，它们也在这里发现了对自己工业至关重要的石油与矿产。北美抄近路通过了这些航线，它也开始转向安哥拉与西非，这与欧洲转向巴西一模一样。然而，我们可以这样说，一个"多极"的大西洋仍然被美国与欧洲的金融与贸易政策所驱动。

在贸易活动轨迹的轴心，船只聚集在长达50英里的运输通道上——它们并不是主观地对海洋表面进行分配的。"轨道"——从纽约到西欧——是这些轴心中迄今最为重要的一条，它从英吉利海峡的入口到美国的东部海岸，穿过纽芬兰岛的南部地区。在1960年代，这一"轨道"占据世界海洋贸易的61%[44]，每个国家61%的船队也都集中在这一海洋区域。从这一时期开始，它开始出现下降的情况，现在它占据世界贸易总量的40%。

它的优势可以根据它与世界上三个最强大的经济区域中的两个维持的关系得到解释：易北河与塞纳河之间的北欧沿海地区以及东欧的北部地区，它的内陆地区使它具有巨大的经济潜能；西部从波士顿到弗吉尼亚的汉普顿锚地之间的大都市，它们之间还有纽约。

商业交易活动中出现的改变也可以通过利用大西洋的渔业资源来实现。实际上，渔业在某些地区正在下降：正如1970年代末期纽芬兰岛的案例所展示的情况那样，可以利用的鱼群正在萎缩。在前一段时间内，诸如俄国与波兰这些东部国家的工业拖网船队过度捕捞了鱼群，法国与西班牙的冷藏拖捞船也一样如此。加拿大的反应是把外国的渔业船队排除在这一区域（包括12英里的领海水域与104英里的专属经济区)的200英里之外。最后一次驱逐发生在1988年,当时法国根据他们的历史权利一直待在这一地区。挪威人、冰岛人、德国人、法国的工业捕鱼活动也过渡捕捞了格陵兰岛与斯匹兹卑尔根群岛这些东北大西洋地区的渔业。欧洲共同体也实行了200英里的专属经济区政策,它们全力维持一个必要的保留地。为了生产鱼粉,丹麦人在埃斯比约(Esbjerg)地区从事捕鱼活动,它们也因此遭到其他国家的严厉指责。大西洋最后一个志在控制鱼群的规定影响的地区是从巴塔哥尼亚到马尔维纳斯群岛(即福克兰群岛)的南大西洋地区。在这一群岛地区,英国人向西班牙人与阿根廷人颁发捕鱼执照,同时在这一群岛周围设置了200英里的限制区域。阿根廷人在巴塔哥尼亚模仿了英国人,在1980年毫不犹豫地执行枪炮政策驱逐俄国的捕捞船。因此,某些地区的渔业与俄国船只的某种退却出现了真实的下降趋势,但是整体而言,由于国家之间缺乏任何真实的一致意见,让鱼群在未来维持在适宜水平上的任何一项措施都不可能产生完全积极的结果。

大西洋生活的壮观之处是,配备可以发射的导弹的核潜艇登场从而颠覆了传统的海军战略。1958年,美国开始了执行北极星潜艇计划:核动力使它可以在深海中停留更长的时间,1958年7月苏联鹦鹉螺号(Nautilus)实现了跨越北极的航行。到1960年代初期,苏联海军拥有了第一艘核潜艇,它的能力在1970年代得到极大的增强,直到1980年代末期,苏联在北极洋有德尔塔号(Delta)与台风号(Typhoon)维持海底巡逻,潜艇载有远程导弹,然而,它在对抗美国的攻击潜艇面前看起来只有微弱的存活机会。

如果不考虑其他的核潜艇强国——法国与大英帝国——我们一定要注意到美国与苏联部署的军事能力让人印象深刻,虽然苏联在最后几年的地缘政治剧变一定削弱了它采取行动的实际能力。1990年,苏联仅仅在北大西洋就拥有116艘潜艇,波罗的海则有39艘,北海有21艘,太平洋则有105艘[45]。在同一时期,美国拥有的潜艇总队有132艘。在这一情况下,相关国家也采取了限制在海洋上使用海军的努力:不能部署核潜艇的区域应该位于南大西洋、南太平洋以及南极地区,但是这些核潜艇运载的武器看起来使它成为无效的政策。

大西洋提供了贸易运输活动的轴心，它现在仍然是地球上最具有活力的地区，同时为大西洋最近经历的变化绘制的任何一幅图片都不可能不考虑海洋是如何变成了休闲产业资源的，而对这一资源的开发正在迅速增长。

1965年以后，当有规律的客运航线的衰落可以被感受到的时候，许多公司已经预见了双重服务——跨洋航行与巡游。在1970年代，英国、斯堪的纳维亚、意大利的船主都下了特制的巡游船只的订单，或者改装了原先的航班。最知名的例子是挪威人克洛斯特（Kloster），他把法国号改装成挪威号，最后他把从迈阿密到加勒比的巡游投入运营。实际上，在冬季，安的列斯群岛吸引了寻求阳光的游客，而在春季与秋季，巡游者更多涌向地中海与大西洋的亚速尔群岛、马德拉群岛、加那利群岛。夏季使得挪威的斯匹兹卑尔根群岛成为顾客在午夜阳光下急切发现北方风景变化的地方。

巡游业使得迈阿密成为其中心，世界上航班船队的1/3都把基地建在它的港口，运载量超过了100万乘客（1978年）。纽约稍次于它，乘客数为30万人。

我们预期喜爱巡游的游客数量在这一世纪末期会更多，美国大约有1 000万，欧洲则超过100万。那些漂浮的宫殿的名字宣布海洋与大西洋进入一个新的神秘时代——海洋君主号（Sovereign of the Seas）、海洋荣光号（Splendour of the Seas）——它们正潜移默化地变成海洋宾馆的新形式。

度假者在船上度过了一段梦一般的日子后，我们是不是更深刻地熟悉了海洋？这样宣称似乎显得仓促了。维尔京群岛的隐秘溪流被成千名游客发出的杂音所威胁，群居的都市人接管了发现者找到的沙滩，此外，他们更喜欢成堆的购物者，以及自由区域的那些城市的娱乐场，而不喜欢海岸地区的孤独状态。在这些遥远的沙滩上，正如在欧洲与美国的大西洋海岸一样，我们发现相同的大众旅游主义。

不管怎么说，对航行的喜好也发现了海洋的秘密。在从简单的独木舟到航行的小舢板这些非常轻便的小舟上,再到使得巡游得以实现的真正适于居住的海船,真正的航海者学会了怎样与大海相处。虽然在地中海寻求欢乐者占据了多数,大西洋也为这些人提供了从巴哈马到特立尼达的亚热带地区巡游,以及腓尼基人的地中海大西洋、加那利群岛或者马德拉群岛的巡游。单体船与双体船的战利品,英国的大型甲板躺椅,或者是朗姆酒与咖啡的竞争,这些为大胆的航行者打破跨洋航行的时间纪录提供了机会。以漫长的黑夜为代价,孤独的船长混合了航海的科学性与在海上防止事故的预期技巧,从而成功地把勒阿弗尔与卡塔赫纳联系在一起,或者以创纪录的时间把普利茅斯与新港联系在一起:在1992年6月不足19米的单体船进行的2 800英里的跨洋比赛中,伊夫·帕利耶(Yves Parlier)驾驶的英国大型甲板躺椅花费的时间是14天16小时1分钟30秒。

因此,在20世纪末期,大西洋继续为运动娱乐或者度假保留着广阔的外海的吸引力。对那些重新联结大洲的最剧烈的人类活动来说它就是麦加圣地,大西洋是不是比过去更加知名?在欧洲与美洲的不同国家,冲向大海是逃离夏季岁月沉闷的日常生活日益明显的兴趣的反应。看起来"走向海边"根本不可能让欧洲人或者美国人理解海洋,而这是人类伟大问题中的一个问题,它也把自己性格的很大一部分传给了靠近它的大陆的历史。

第九章 结　　语

> 地是空虚混沌,渊面黑暗;神的灵运行在水面上。
>
> 《创世记》1.1

　　古代人普遍认为无垠的海洋仅仅是破坏性的威胁,在中世纪基督徒那里,这种看法被替代了——他们挪用了阿拉伯想象力的某些因素,相信在无边深渊的心脏地带存在着可以得到庇护的土地——幸运岛。浓雾笼罩的亡灵土地其实是海洋,受到祝福的土地在承认伊甸园之前代表着必要的停滞。在对奇迹与众多奇观的寄托中,古人的回忆再度在这一想象中浮出水面,这些岛屿使任何大胆跨越永恒的黑暗之海的人可以通向这里的安逸生活,这里既无痛苦也不必劳动。

　　大发现之后大西洋使欧洲与其后的新世界出现了几百年的繁荣,如果说这一发现的时代见证的是现实从传说中浮现并在海洋放弃的大西洋富庶的海岸地区创造了一种完全不同的观念,那么,古人的神话已经幸存了下来而且创造了新的神话。它们也构成了大西洋的一部分历史。

　　西班牙人梦想在新世界的土地上创造新耶路撒冷,西班牙人与印第安人可以像基督教兄弟一样在这里生活——这当然是预示着堂吉诃德梦想的乌托邦——这在征服之初就被残酷地打碎了[1]。我们也必须

第九章 结　语

强调哥伦布的遗产在被整合到西方人心灵中的缓慢性,以至于诸如萨哈贡(Sahagun)的《新西班牙通史》(General History of New Spain)这样的早期西班牙著作只是在后来才出版。欧洲人的灵魂已经转为追求利益,虽然它们的很大一部分子民总是对永续梦想的乌托邦有着浓厚的兴趣,伊比利亚人却无法形成这样的梦想。

岛屿的神话继承了异教徒与基督徒的传说,它成为最持久的神话之一,维持了几代人的时间。在《暴风雨》中,莎士比亚认为这一岛屿位于百慕大附近。在这一岛上,大自然为了喂养新世界无罪的人群使得任何事情都非常充盈,它自豪地庇护了这些非凡的创造物。它是不是被蒙田(Montaigne)《散文》描述的新土地激起了欲望呢?他们抱有"真实的、最有用而且自然的品质……这些国家……仍然非常接近他们原初的简单生活"[2]。除了这一岛屿的梦想,品德的优势吸引了人文主义者。欧洲在宗教改革时期被教派弄得四分五裂,对这样一个多灾多难的欧洲来说,它带来的是原初时代无罪的幻想。大西洋另一边的庇护土地在1620年接纳了英国殖民地的建国之父,这些朝圣的先驱到此建立基督之城,同时建立一个道德得以保存并制定公正而平等的法律的共同体。半个世纪之后,贵格会教徒在自己的殖民地建立了一个完全不同的社会,设法让自己比新英格兰的清教徒过得更好。马萨诸塞殖民地开始屠杀印第安人,因为对他们而言,这些印第安人不过是几乎没有心灵的可怜的原始人,公谊会成员在这一时期却拒绝使用武器,他们信任的是诚实与宽容。

新世界在18世纪仍然推崇品德,但是也产生了自由的意愿:"自由永远都不会缺乏避难所",同时作为两个世界的英雄拉斐特(La Fayette)在美国独立战争之后的1783年1月1日写了上面一句话[3]。美国成功地聚在一起反对欧洲的阴谋,自此之后就仅仅守护着这块土地、这里的品德以及这里的自由。杰斐逊希望自己的国家继续成为世外桃源,脱离欧洲永无止境的危机之中。

真实的情况是,19世纪情况发生了改变,当时大西洋比以前更加被分割也更加团结。欧洲在突然扩张之中把自己的移民送到美国,工业世界的负担在大西洋的另一边变得日益沉重。这一次,对大多数美国人来说,旧欧洲成为一个真正自由的地区。与拉斐特形成对比的是,1784年6月18日在危机中飘荡的法国受到了美国国会的效忠,他们也承认了建国之父的品德,这成为从另一个方向跨越大西洋的美国作者的偶像,他们要求欧洲回归到自己的根。因此,亨利·詹姆士(Henry James)1876年来到伦敦:"他并不是以挑衅的方式挥动星条旗,而是确信他的国度是世界上最好的地方,美国人可以把整个欧洲放在自己的口袋里。"4

在热带摩羯座号(Tropic of Capricorn)上,亨利·米勒(Henry Miller)指责美国文明已经变得排外并不再宽容异见:"如果你梦想一些不在美洲的或者说不是美洲的美国人的不同内容,它只能是非洲的霍屯督人,或者是一个卡尔马克人(Kalmuck),或者是非洲的黑猩猩。在你产生了'不同'想法的时候你就不再是一个美国人了。"5

在《巴别塔》(Babbit)中,辛克莱·刘易斯描述了美国一名小资产阶级沉默的绝望,为了维护集体的谎言,他牺牲了自己的生命。当然,这明显是夸张了,当《巴别塔》在1922年发表时,欧洲热情拥抱美国的习俗,典型的例子是爵士乐或者是查理斯顿舞。第二次世界大战之后,美国的典型甚至深深渗透到欧洲的日常生活中,大西洋看起来好像比以前更加团结了。当然,它也不再像过去那样占据主导性地位,因为在20世纪末期,美国(与欧洲)日益转向亚洲,这里更年轻的经济能量——东南亚的"虎体经济"①——日益让西方震惊。然而,大西洋的遗产并非严重依赖于某种文化的品质,对财富也是一样。

在巨大的财富时代,在20世纪末期,令人着迷的梦想再次构建,它希望大西洋人能够成功地复苏他们的灵魂:

人们已经品尝了海盐

---

① 按照日本模式的经济增长速度与出口导向型的经济体,例如韩国、中国台湾与新加坡。——译者注

以及海风的能量
在地球尽头的劳作中
人们已经把地球
当作休憩地与希望的摇篮

卡尔·桑德伯格(Carl Sandburg):《人们将继续生活》,1936年

注　释

绪　论

1　Homer, *The Odyssey* Bk V, p.410.
2　Christian Buchet, 'Des routes maritimes Europe-Antilles et de leurs incidences sur la rivalité franco-britannique', *Histoire, Economie, Société* 4, 1994, p.576.
3　Herman Melville, *Moby Dick*, London: Dent, 1961, p.9.

第一章　伊比利亚人发现大西洋之前的传说与现实

1　Seneca, *Medea* I, pp.374-379.
2　Homer, *The Odyssey* Bk I, p.51.
3　Alexandre Bessmertny, *L'Atlantide, exposé des hypothèses relative à l'éigme de l'Atlantide*, Paris: Payot, 1949, p.235.
4　前引书, p.249.
5　布里多尼人的传说引自: Wolfgang Geiger, 'De la navigation des moines de l'abbaye de Saint-Mathieu au voyage de Cristoph Columb; le recherche du paradis terrestre à l'ouest' in *Dans le Sillage de Columb: l'Europe du Ponant et Ia découverte du Nouveau Monde, 1450-1630*, Rennes: Presses Universitaires

de Rennes, 1995, pp.297 – 314。关于天体耶路撒冷（Celestial Jerusalem）的内容,可以在如下著作中查阅: Book of Revelations, Ch. 21, vv. 11 and 21。

6 Michel Mollat, *L'Europe et lamer*, Paris: Seuil, 1993, p.64.
7 *Encyclopaedia Britannica* Ⅱ, p.698.
8 Virgil, *The Aeneid* Bk Ⅺ, pp.623 – 628.
9 Alexandre Bessmertny,前引书,p.256。
10 Jean Favier, *Les grands découvertes d'Alexandre à Magellan*, Paris: Fayard, 1991, p.53.
11 Cristophe Picard, *Récits merveilleux et réalités d'une navigation en océan Atlantique chez les auteurs musulmans*, p.3.
12 Pierre Rouillard, *Les Grecs et la péninsule ibérique du VIlle au IVe siècle avant JC*, paris: De Boccard, 1991.
13 Ezekiel 27.12.
14 Pliny the Elder, *Natural History vi*, p.36, 引自 André Jodin, *Les établissements du roi Juba H aux Iles Purouraires*, Mogador, 1967。
15 热罗姆·卡尔科皮诺（Jerôme Carcopino）把切尔内与比摩加多尔更靠南的一座岛屿混为一谈,把它定位于尤比角（Cape Juby）之外的尼奥·德奥罗（Rio de Oro）海湾。安德烈·若丹（André Jodin）给人的印象是摇摆不定:摩加多尔一会儿是紫红虫岛,一会儿又是切尔内;卡尔科皮诺的解释扩大了源自汉诺的确切定位。
16 André Jodin, *Mogador, Comptoir phdnicien du Maroc atlantique*, Tangiers, 1963.
17 Jérôme Carcopino, *Le Maroc Antique*, Paris: Gallimard, 1943, p.33.
18 Jérôme Carcopino,前引书,p.154。
19 Herodotus, *The Histories* Ⅳ, 196f. 转引自 JérômeCarcopino,前引书,p.108。

20　Jérôme Carcopino,前引书,p.161。

21　Raoul Lonis, 'Les conditions de la navigation sur la côte atlantique de l'Afrique dans l'Antiquité, le problème du retour',载于 *Afrique noire et mode méditerranéen dans l'Antiquité*, Dakar: Nouvelles Editions Africaines, 1978, p.147。

22　Lucretius, *On the Nature of the Universe* Bk Ⅳ, 946ff. Seneca, *Medea*, 318-320. Virgil, *The Aeneid* Bk Ⅴ, pp.830-832.

23　(人们在)18世纪就已经发现了腓尼基钱币。作者要感谢布尚(Mme Geneviève Bouchon)善意地提醒这一点。

24　Pierre Rouillard,前引书,p.237。

25　Pindar, *Nemean Odes* iv, 69; iii, 21; Aristophanes, *The Frogs*, p.475.

26　Jean Favier,前引书,p.67。

27　Pierre Rouillard,前引书,pp.68-69。

28　Charles R. Whitehaker, *Les fiontières de l'empire romain*, Paris: Les Belles Lettres, 1989, pp.54-57.

29　Roland Delamaire, 'La région Manche-Mer du Nord dans l'espace politique et économique romain',载于 *Revue du Nord*, 1, 1986, pp.153-161。

30　Pliny the Elder, *Natural History* ix, p.60.

31　Pierre Chaunu, *L'expansion européenne du XIIIe au XVe siècle*, Paris: PUF, 1969, p.111.

32　Cristophe Picard, 'L'éventualité de relations maritimes musulmans dans l'océan atlantique, IXe-XIIIe' siècle,载于 *115e Congrès national des sociétés savantes*, Avignon 1990, pp.409-416。

33　前引书,p.409.

34　前引书,p.413.

35　前引书,p.416.

36　G. J. Marcus, *The Conquest of the North Atlantic*, Suffolk：Boydell Press 1980, pp.9 – 10.

37　前引书, p.25.

38　圣科伦巴(Saint Columba) (540 – 610), 生于爱尔兰并于后来在班戈(Bangor)成为一名僧侣, 他公元590年到达高卢并在吕克瑟伊(Luxeuil)建立了一座修道院。

39　G.J. Marcus, 前引书, p.26。

40　前引书, p.27.

41　科克斯塔德(Gokstad)与奥斯堡(Oseberg)就是找到维京人船只的地方, 它位于靠近奥斯陆海湾的西部海岸。

42　Paul Adam, 'Problèmes de navigation dans l'Atlantique Nord' in Regis Boyer (ed.) *L'Age Viking, les Vikings et leur civilisation, Problèmes actuels*, Paris：Payot 1978, pp, 49 – 60.

43　Johannes Brondsted, *The Vikings*, London：Penguin, 1965, p.139.

44　Régis Boyer, *Les sagas islandaises*, Paris：Payot 1978, p.20.

45　G. J. Marcus, 前引书, p.64。

46　前引书, p.60.

47　前引书, p.75.

48　前引书, p.76.

49　Paul Adam, 前引书, pp.55 – 57。

50　前引书, p.54.

51　G.J. Marcus, 前引书, pp.106, 116。

52　前引书, p.89.

53　前引书, p.92.

54　前引书, p.80.

55　前引书, p.90.

第二章　新大西洋：15—16世纪初

1　*Michel Mollat, L'Europe et la mer*, Paris：Seuil, 1993, p.90.

2　18世纪一位匿名的拙劣诗人,引自 Michel Mollat,前引书,p.117。

3　在自己的著作《科伦巴的无形逻辑》(*Colomb ou la Iogique de l'imprévisible*, Paris：Frangois Bourin, 1993)中,皮埃尔·肖尼(Pierre Chaunu)为我们提供了描述布里多尼人与巴斯克人这些海滨人群或者渔民的适当的形式,把他们称为"在大海与有着丰富渔业资源的陆地边缘、青绿色的海上用手头现成工具摆弄修理的人"。(用手头现成工具摆弄修理的人指的是那些利用他或者她自己身边的物品解决问题的人,自从人类学家莱维·斯特劳斯(Claude-Lévi Strauss)用它来描述自己提出的结构主义方法论之后,它在理论探讨中开始被频频使用。——译者)

4　Michel Mollat,前引书,p.93。

5　Charles Higounet, *Histoire de Bordeaux*, Toulouse：Privat, 1980, p.139。

6　Michel Mollat,前引书,p.97。

7　Jean Favier, *Les grandes déouvertes d'Alexandre à Magellan*, Paris：Fayard, 1991, p.441。

8　Pierre Chaunu,前引书,p.24。

9　Jean Favier,前引书,p.321。

10　参阅第一章。

11　Jean Favier,前引书,pp.446-447。

12　前引书,p.453。

13　Alain Huetz de Lemps, *Le vin de Madère*, Grenoble：Glénat, 1989, p.25.

14　Jean Meyer, *Histoire du sucre*, Paris：Desjonquères, 1989, p.69.

15　Charles Verlinden, 'Les débuts de la production et de l'eportation du sucre à Madère, quele role jouèrent les Italiens?', in *Studi in memoria di Luigi dal Pane*, Bologna, 1982, p.305. 韦尔兰当(Verlinden)估计"阿罗瓦"(arroba)重14.06

千克,因此400坎塔尔(cantar)与23 200千克的重量或者与1650阿罗瓦相等。

16 前引书, p.303.
17 前引书, p.302.
18 前引书, p.310.
19 引自 Jean Meyer,前引书,p.53。
20 Jean Favier,前引书,p.483。
21 Michel Mollat,前引书,p.120。
22 Fernand Braudel, *Civilisation matérielle et capitalisme*, Paris: Colin, 1967, p.310. 翻译本: Miriam Kochan, *Capitahsm and Material Life, 1400 - 1800*, NewYork: Harper and Row, 1973。
23 Michel Mollat,前引书,p.81。
24 前引书,p.30.
25 Randles, *De la terre plate au globe terrestre, une mutation épistémologique rapide, 1480 - 1520*, Paris: Colin, 1980, p.25.
26 前引书, p.44.
27 Pierre D'Ailly, *Image du Monde*,引自 Jean Favier,前引书, p.279。
28 Pierre Chaunu,前引书,pp.24, 130。
29 *The Great Atlas of Explorations*, London: Universalis, 1991, p.60.
30 Jean Favier,前引书,p.454。
31 *Great Atlas*,前引书,p.79。
32 Michel Verge-Francheschi, *Henri le navigateur, un découvreur au XVe siècle*, Paris: Editions du Félin, 1994, p.247.
33 前引书, p.249.
34 前引书, p.304.
35 前引书, p.314.
36 *Great Atlas*,前引书,p.79。

37 Philip D. Curtin, *The Rise and Fall of the Plantation Complex: Essays in Atlantic History*, Cambridge: Cambridge University Press, 1990, pp.37, 43.
38 西部非洲的"季风"在夏季时期从几内亚湾的西南方向吹过来，它成为从圣托梅（São Tomé）与黄金海岸港口出发船只在回程上的重大障碍。
39 Carmen Bernand and Serge Gruzinscki, *Histoire du nouveau monde II : Les Méttissages*, Paris: Fayard, 1993, p.14.
40 *Great Atlas*,前引书,p.80。
41 前引书,p.65.
42 Jean Favier,前引书,p.495。
43 *Great Atlas*,前引书,p.63。
44 Michel Mollat,前引书,p.152。也可参阅 Charles Verlinden, 'L'engagement maritime et la participation économique des Flamands dans l'exploration et la colonisation ibériques pendant la seconde moitié du XVe siècle' in Jean-Pierre Sanchez, (ed.), *Dans le Sillage de Colomb, l'Europe du Ponant et Ia dècouverte du Nouveau Monde*, 1450－1650, Rennes: Presses Universitaires de Rennes, 1995, pp.228－229。对韦尔兰当而言，范·奥尔梅之前已经有过几次航行，这引起了是否有人知晓七城岛是一个大岛、一个群岛或是一块大陆的问题。
45 Bartolomé Bennassar, *1492, un monde nouveau?*, Paris: Perrin, 1991, p.211.
46 Pierre Chaunu,前引书,p.128。
47 Jean Favier,前引书,pp.490－491。
48 引自 Bartolomé Bennassar,前引书,p.213。
49 *Great Atlas*,前引书,p.67。
50 Jean Favier,前引书,pp.482－483。
51 Bartolomé Bennassar,前引书,p.197。

52 Klaus A. Vogel, *Les dècouvertes maritimes et Ies humanistes allemands*.
53 布兰特与闵采尔的文本引自 Klaus A. Vogel,前引书。
54 Bartolomé Bennassar,前引书,p.235。
55 前引书,p.237.
56 Jean Favier,前引书,p.506。
57 Bartolom & Bennassar,前引书,p.194。
58 前引书,p.202.
59 *Great Atlas*,前引书,p.83。
60 Frédéric Mauro, *Le Brésil du XVe à la fin du XVIIIe siècle*, Paris: Sedes, 1977, pp.31 - 32.
61 Frédéric Mauro,前引书,p.19。
62 *Great Atlas*,前引书,p.85。
63 Jean Favier,前引书,pp.573 - 574。
64 D. B. Quinn, *England and the Discovery of America*, 1481 - 1620, London: George Allen and Unwin, 1974, p.53.
65 前引书, p.53.
66 前引书, p.86.
67 前引书, p.6.
68 Charles Verlinden,前引书,p.227。
69 *Great Atlas*,前引书,p.95。
70 前引书,p.92.

第三章　大西洋与伊比利亚人：16—17 世纪

1 *Bartholomé Bennassar, 1492, un monde noveau?*, Paris: Perrin, 1981, pp.221 - 222.
2 John H. Elliott, 'The seizure of overseas territories by the European powers' in Hans Pöhl (ed.) *The European Discovery of the World and its Economic Effects on Preindustrial Society*,

1500 -1800, Stuttgart: Franz Steiner Verlag, 1990, pp.47 - 48.

3 Francisco Lopez de Gomara, *Histoire générale des Indes*, Elliot 前引书,p.48。

4 Pierre Chaunu, *Séville et l'Amérique, XVI - XVIIe siècles*, Paris, Flammarion, 1977, p.149.

5 前引书, p.205.

6 前引书, p.92.

7 Antonio Garcia Baquero Gonzales, *Cadix y el Atlantice, 1717 - 1778. El comercio colonial bajo el monopolio gaditano*, Seville, 1976.

8 Alain Huetz de Lemps, *Le climat des Canaries*, Paris: Sedes, 1969, p.20.

9 前引书, p.89.

10 Pierre Chaunu,前引书,p.176。

11 前引书,pp.166 - 167.

12 前引书,p.172.

13 前引书,p.173.

14 前引书,p.183.

15 前引书,p.99.

16 前引书,pp.342 - 345.

17 Samuel Champlain, *Voyages to the Antilles and Mexico in 1599 - 1602*, in A. Wilmere (ed.), London: Hakylut Society, 1869.

18 Thomas Gage, *Nouvelle Relation contenant les voyages de Thomas Gage dans la Nouvelle Espagne*, Paris and Geneva: Ressources, 1979.

19 Pierre Chaunu,前引书,p.333。

20 同上。

21 Bernard Lavalle, 'Séville et le slecle d'or du commerce améncam (1503 - 1610)' in B. Lavalle (ed.) *Séville, vingt siècles d'histoire*, Bordeaux: Maison des Pays Ibéiques, 1992, p.95.

22　Bernard Lavalle,前引书,p.97。

23　Pierre Chaunu, *L'Amérique et les Amériques de la Prdhistoire à nos jours*, Paris: Armand Colin, 1964, pp.90 - 91.

24　Michel Morineau, *Histoire économique et sociale du monde t.2: les héitations de la croissance, 1580 - 1730*, Paris: Armand Colin, 1978, p.84.

25　Pierre Jeannin, *Les marchands au XVIe siècle*, Paris: Seuil, p.28.

26　比索是一块重 27.5 克的扁平块白银。

27　Renalt Pieper, 'The volume of African and American export of precious metals and its effects in Europe, 1500 - 1800' 载于 Hans Pöhl 前引书,pp.97 - 117。

28　François Crouzet, *La Grande Inflation, La monnaie en France de Louis XVI à Napoléon*, Paris: Fayard, 1993, p.23.

29　Pierre Jeannin,前引书,p.28。

30　Fernand Braudel, *Civilisation matdrielle et capitalisme*, Paris: Armand Colin, 1967, p. 353. 翻译本: Miriam Kochan, *Capitalism and Material Life, 1400 -1800*, New York: Harper and Row 1973, p.310。

31　Jean-Pierre Moreau, *Les Petites Antilles de Christoph Colomb à Richelieu*, Paris: Karthala, 1992, p.44.

32　Kenneth R. Andrews, *Trade, Plunder and Settlement: Maritime Enterprise and the Genesis of the British Empire, 1480 - 1630*, Cambridge: Cambridge University Press, 1984, pp.61 - 62.

33　Kenneth R. Andrews,前引书,pp.116 - 117.

34　Jacques Bottin, 'La rédistribution des produits américains par les réseaux marchands rouennais, 1550 - 1620' 载于 *Dans le Sillage de Colomb, l'Europe du Ponant et la découverte du Nouveau*

Monde, 1450 -1650, Rennes: Presses Universitaires de Rennes, 1995, p.28.

35 Paul Butel, *Les Caraibes au temps des flibustiers*, XVIe - XVIIe siècles, Paris: Aubier, 1982, p.43.

36 Paul Butel,前引书,p.53。

37 Kenneth R. Andrews,前引书,p.133。

38 Jonathan I. Israel, *Dutch Primacy in World Trade*, 1585 - 1740, Oxford: Clarendon, 1989, p.31.

39 前引书, pp.56 - 57.

40 前引书, p.60.

41 前引书, p.62.

第四章 大西洋与海洋大国的成长：17 世纪

1 Jonathan Israel, *Dutch Primacy in World Trade*,前引书,p.24。

2 伊斯雷尔(Israel)在批评布罗代尔对地中海的观察时无疑把自己的论点建立在太严格的方式上,而布罗代尔把阿姆斯特丹在大规模的种子运输上获取的财富的根源定位于北部地区。

3 Jonathan Israel,前引书,p.55。威尼斯接受了超过 125 万达克特(ducat)的汇款;法国是 80 万达克特;英格兰是 30 万达克特,联合省是 15 万达克特。

4 Jonathan Israel,前引书,p.93,图表 4.6。

5 前引书,p.91,这一叙述成为 1620 年代荷兰贸易与航海的例子。

6 Pierre Jeannin, 'Les comptes du Sund comme source pour la construction d'indices généraux de l'activité économique en Europe (XVIe - XVIIIe siècle)' 载于 *Revue Historique*, 1964, p.72.

7 Murdo J. MacLeod, *Spanish Central America, a Socioeconomic History 1520 - 1720*, Berkeley: California University Press, 1973, p.83. 塞维利亚从 1606 年到 1620 年间进口了 24 万磅靛青。

8 E C. Emmer, 'The Dutch and the making of the second Atlantic system' in Barbara Solow (ed.) *Slavery and the Rise of the Atlantic System*, Cambridge: Cambridge University Press, 1991, p.82.
9 Pierre Chaunu, *Séville et l'Atlantique*, Paris: 1955 – 1956, VIII. 2, pp.1519 – 1521.
10 Michel Morineau, *Incroyables gazettes et fabuleux métaux, les retours des trésors américains d'après les gazettes hollandaises, XVIe – XVIIIe siècles*, Paris, 1985.
11 Jonathan Israel,前引书,p.125。
12 Jaap R. Bruijn, *The Dutch Navy of the Seventeenth and Eighteenth Centuries*, Augusta SC: University of South Carolina Press, 1993, p.26.
13 Jaap R. Bruijn,前引书,p.28。
14 Jonathan Israel,前引书,p.162。
15 前引书,p.169.
16 Frédéric Mauro, *Le Portugal et l'Atlantique au XVIIe siècle*, Paris: Sevpen, 1960, pp.237 – 238.
17 Jonathan Israel, *European Jewry in the Age of Mercantilism, 1550 – 1750*, Oxford: Oxford University Press, 1989, p.51.
18 P. C. Emmer,前引书,p.78。
19 Ralph Davis, *The Rise of the English Shipping Industry in the 17th and 18th Centuries*, Newton Abbott: David & Charles, 1962, p.12. 戴维斯给出了海军与私掠船俘获(船只)的总数量:在1652—1654年间的第一次英荷战争中,俘获了1 000艘到1 700艘;在1658—1660年的英西战争中,400艘;在1664—1667年的第二次英荷战争中,522艘;在1672—1674年的第三次英荷战争中,500艘;在1689—1697年的英法战争中,他们俘获了1 279艘船(Ralph Davis, *The Rise of the English Shipping Industry in the 17th and 18th Centuries*, Newton Abbott: David & Charles,

1962, p.51)。

20　Ralph Davis,前引书,p.15。

21　前引书,pp.18,298-299；从伦敦向大陆殖民地出发的船只数量从 43 艘上升到 114 艘。

22　Paul Butel, *Les Caraïbes au temps des Filbustiers*, XVIe-XVIIe siècle, Paris: Aubier, 1982, p.75.

23　前引书, p.272.

24　前引书, p.44.

25　前引书, p.47.

26　前引书, p.50.

27　前引书, p.97.

28　前引书, pp.397-398.

29　Henry Rosavaere, *Markets and Merchants of the Late Seventeenth Century, the Marescoe-David Letters, 1668-1680*, Oxford: Oxford University Press, 1987.

30　Henry Rosavaere,前引书,p.51。

31　K. G. Davis, *The North Atlantic World in the Seventeenth Century*, Minneapolis: University of Minnesota Press, 1977, p.32.

32　Ralph Davis,前引书,p.280。伦敦的地位也可以通过与其他方向的贸易情况进行衡量(前引书,p.210):

船只航向	到来船只/艘	出发船只/艘
地中海	118	79
北　美	110	114
伊比利亚半岛 (其中的加那利群岛)	247 (24)	182 —
北　欧	412	165
西　欧 (其中的爱尔兰)	820 (41)	496 (68)
总　数	1 973	1 285

33 Ralph Davis,前引书,p.298。1686 年从安得列斯地区到达英格兰的船只总数量是 275 艘,而从英格兰向安得列斯地区出发的船只是 219 艘。

34 Paul Butel,前引书,p.206。

35 在牙买加,食糖贸易的顶峰(1680 年食糖超过了 5 000 吨)使得英属安得列斯地区成为这一时期末期最主要的生产者,它 1700 年的产量是 2.4 万吨,而 1683 年是 1.8 万吨,这一时期法属安得列斯地区的产量超过 9400 吨,而巴西大约是 2.1 万吨。

36 Jacques Bernard, 载于 Charles Higounet (ed.) *Histoire de Bordeaux t.IV*, Bordeaux, 1966, p.135.

37 Josette Pontet, 'Bayonne et l'Océan au XVIe siècle' 载于 R Masson and M. Verge-Franceschi (eds) *La France et la Mer au Siècle des Grandes Découvertes*, Paris: Tallandier, 1993, p.133.

38 Laurier Turgeon and Evelyne Picot-Bermond, 'Echange d'objets et conquête de l'autre en Nouvelle France au XVIe siècle' in *Ddcouvertes et explorateurs*, Paris: L'Harmattant, 1994, p.269.

39 Laurier Turgeon, 'Vers une chronologie des occupations basques du Saint Laurent du XVIe à XVIIIe siècle' in *Recherches améindiennes au Québec*, XXIV, 1994, p.3.

40 Evelyne Picot-Bermond, 'Mirage ou réalité économique, les armements pour les Indes à Bordeaux dans la deuxième moitié du XVIe siècle' in *Bulletin du Centre d'histoire des Espaces Atlantiques*, 5, 1990, p.128.

41 Jean-Pierre Moreau, *Les Petites Antilles de Christoph Colomb à Richelieu*, Paris: Karthala, 1992, p.95.

42 Paul Butel, 'Richelieu fonde les bases d'une politique maritime nationale', *Mer*, September-October 8, 1983, p.15.

43 Jean-Pierre Moreau,前引书,p.193。

44 Michel Verge Franceschi, *Abraham Dusquene, Huguenot et*

45 Guy Saupin, 'Les marchands nantais et l'ouverture de la route antillaise, 1639 – 1650' 载于 Jean Pierre Sanchez (ed.) *Dans le sillage de Colomb*, Rennes: Presses Universitaires de Rennes, 1995, pp.173 – 175.

46 Jean Meyer, 'Nantes au XVIe siècle' in *La France et la Mer au siècle des Grandes Découvertes*, Paris: Tallandier, 1993, p.112.

47 1629年每磅(烟草)卖10里弗(livres),1635年圣克里斯托夫的烟草在迪耶普只不过卖1里弗5苏(sous)铜币,而且,它1639年末期在这里只能卖4苏。

48 Paul Butel, *Histoire des Antilles*, Toulouse: Privat, 1980, p.89.

49 Jean Meyer, 'Fouquet, Colbert et l'état de la Marine en 1661' 载于 *La France et la Mer*,前引书,p.22。

50 Paul Butel, *Histoire des Antilles*,前引书,p.95。

51 Paul Butel,前引书,p.199。

52 前引书,p.202.

53 前引书,p.197.

54 Jean Meyer, *Histoire du sucre*, Paris: Desjonquères, 1989, p.112.

55 这一数字是让·迈耶(Jean Meyer)在前引书中给出的,pp.125 – 126。

56 Henry Rosevaere,前引书,p.69。

57 前引书,p.539.

58 前引书,p.69.

第五章 大西洋殖民的黄金时期:18世纪

1 Jacob M. Price, 'What did the Merchants Do? Reflections on British Overseas Trade, 1660 – 1790', *The Journal of Economic History* XLIX, 2, 1989, p.270.

2 Jean-Pierre poussou, 'Inerties et Révolutions, 1730－1840' in Pierre Léon (ed.) *Histoire économique et sociale du Monde*, vol. 3, Paris: Colin, 1978, p.147.

3 Jordan Goodman, '*Excitantia*, or how Enlightenment Europe took to soft drugs' in Jordan Goodman, Paul E. Lovejoy and Andrew Sherrah (eds) *Consuming Habits: Drugs in History and Anthropology*, London: Routledge, 1995, p.126.

4 Paul Butel, *Histoire du Thé*, Paris: Desjonquères, 1989, p.46.

5 前引书, p.50.

6 前引书, p.58.

7 Jean Meyer, *Histoire du Sucre*, Paris: Desjonquères, 1989, p.188. 实际上,意大利从奥斯曼帝国继承了使用这些材料的烹饪技巧。

8 Goodman,前引书,p.136。

9 Paul Butel,前引书,p.77。

10 前引书,p.56.

11 Richard B. Sheridan, *Sugar and Slavery: an Economic History of the British West Indies, 1623－1775*, Aylesbury: Ginn, 1974, p.35.

12 Seymour Drescher, *Econocide: British Slavery in the Era of Abolition*, Pittsburgh: University of Pittsburgh Press, 1977, p.127.

13 Richard B. Sheridan,前引书,p.28。

14 前引书,p.31.

15 Louis M. Cullen, *An Economic History of Ireland since 1660*, London: Batsford, 1972, p.92.

16 Jordan Goodman, *Tobacco in History: the Cultures of Dependence*, London: Routledge, 1993, p.59.

17 Jordan Goodman, 'Excitantia',前引书,p.129。

18 Jordan Goodman, *Tobacco in History*,前引书,p.62。

19 Jacob M. Price,'Tobacco use and tobacco taxation: a battle of interests in Early Modern Europe' in *Consuming Habits*,前引书,p.166。

20 Jordan Goodman,前引书,p.74。

21 Fransois Crouzet, *De la supéiorité de l'Angleterre sur la France*, Paris: Perrin, 1985, p.142.

22 Jacob M. Price, *Capital and Credit in British Overseas Trade. The View from the Chesapeake*, 1700 –1776, Cambridge, MA: Harvard University Press, 1980, pp.112 –113.

23 Jacob M. Price,前引书,p.172。

24 前引书,p.173.

25 关于对这一问题的概括性解释,参阅 Jacob M. Price, *France and the Chesapeake: A History of the French Tobacco Monopoly*, 1674 –1791, *and its Relationship to the British and American Tobacco Trades*, 2 vols, Ann Arbor, MI: University of Michigan Press, 1973.

26 Paul Butel,'Le grand commerce maritime' in Pierre Léon (ed.) *Histoire économique*,前引书,pp.68 – 69。

27 Jacob M. Price,'What did the merchants do?',前引书,p.274。

28 John J. McCusker, *Rum and the American Revolution: the Rum Trade and the Balance of Payments of the Thirteen Continental Colonies*, NewYork and London: Garland, 1989, vol.1, p.149.

29 前引书, p.158.

30 Kenneth Morgan, *Bristol and the Atlantic Trade in the Eighteenth Century*, Cambridge: Cambridge University Press, 1993, p.209.

31 Seymour Drescher,前引书,p.44。

32 Jacob M. Price,前引书,p.274。

33 前引书,p.275.
34 John J. McCusker and Russell R. Menard, *The Economy of British America*, 1607 – 1789, Chapell Hill, NC and London: North Carolina University Press, 1985, p.286.
35 John J. McCusker,前引书,p.319。
36 前引书,p.428.
37 前引书,p.476.
38 前引书,p.496.
39 同上。
40 Paul Butel, 'Le grand commerce maritime',前引书,p.86。
41 François Crouzet,前引书,p.106。
42 前引书,p.107.
43 Paul Butel, *La grande commerce maritime*,前引书,p.70。
44 Pierre Deyon, 'La concurrence internationale des manufactures lainières' in *Annales ESC*, 1972, p.29.
45 Charles Frostin, 'Les Pontchartrain et la pénétration commerciale en Amérique espagnole (1690 – 1715)', *Revue Historique*, April-June 1971, p.326.
46 François Crouzet, 'Angleterre et France au XVIIIe siècle, essai d'analyse comparée de leurs croissances économique', *Annales ESC*, March-April 1966, p.261.
47 François Crouzet, 'Angleterre et France au XVIIIe siècle, essai d'analyse comparée de leurs croissances économique', *Annales ESC*, March-April 1966, p.263. 这是弗朗索瓦·克鲁泽(François Crouzet)的表述。
48 Blanche Maurel and Etienne Taillemite (eds) 'Moreau de Saint Méry', *Description de la partie fiangaise de Saint Domingue*, Paris, 1951, p.321.
49 Paul Butel, 'Le modèle urbain à Saint Domingue au XVIIIe

siècle: l'investissement immobilier dans les villes de Saint Domingue' in Paul Butel and Louis M. Cullen (eds) *Cities and Merchants: French and Irish Perspectives on Urban Development, 1500–1900*, Dublin, 1986, p.161. 波尔多港口的一位工人每年可以挣取200到250 livres，也就是说，4 000到5 000法郎。

50 Paul Butel, 'Traditions and changes in the French Atlantic trade between 1780 and 1830 in the Age of European maritime expansion', *Renaissance and Modern Studies* XXX, 1986, p.132.

51 Seymour Drescher,前引书,pp.49–50。

52 Page, *Traité d'économie politique et du commerce*, Paris: Year IX, 引自Paul Butel, 'Traditions et change',前引书,p.125。

53 这是弗勒里奥(Fleuriau)种植园的管理者在1787年8月14日的一封信中表述的观察结果，引自Jacques de Cauna, *Au temps des Isles à sucre. Histoire d'une plantation de Saint Domingue au XVIIIe siècle*, Paris: Karthala, 1987, p.130。

54 关于巴巴多斯的情况，参阅Hilary Beckles, *A History of Barbados: from Amerindian Settlement to Nation State*, Cambridge: Cambridge University Press, 1990, pp.72–73；关于瓜德罗普岛的情况，参阅Paul Butel, *Les négociants bordelais, l'Europe et les Iles au XVIIIe siècle*, Paris: Aubier, 1974, p.222。

55 Justin Girod de Chantrans, *Voyage d'un Suisse dans différentes colonies d'Amérique*, Paris: Tallandier, 1980, p.209.

56 Justin Girod de Chantrans,前引书,p.194。

57 Seymour Drescher,前引书,p.44。

58 Jacques de Cauna,前引书,p.196。

59 Gabriel Debien and Pierre Pluchon, 'L'habitation Fevret de Saint Mesmin (1774–1790)', *Bulletin du Centre d'histoire des Espaces Atlantiques* 3, p.185.

60 鲁(Roux)公司1785年1月26日从马赛发出的一封信,参阅 Charles Carrière, Négociants marseillais au XVIIIe siècle t. I, Aix-Marseille, 1973, p.334, n. 112。

61 路易斯·德尔米尼在《西印度的货运》(*Cargaisons Indiennes*)中的分析引自 Charles Carrière,前引书,p.334。

62 Paul Butel, *Les négociants bordelais*,前引书,p.255。

63 前引书,p.274.关于南特八位商人的情况,参阅 Jacob M. Price, 'Credit in the slave plantation economies' in Barbara A. Solow (ed.) *Slavery and the Rise of the Atlantic System*, Cambridge: Cambridge University Press, 1991, p.335。

64 关于这些结算的完整分析,参阅 Jacob M. Price, 'Credit in the slave plantation economies',前引书,pp.334 – 335。

65 David Richardson, 'Slavery, trade and economic growth in eighteenth century New England', in Barbara A. Solow (ed.) *Slavery*,前引书,p.261, n. 73。

66 Charles Frostin, *Les révoltes blanches à Saint-Domingue au XVIIIe slècle*, Paris: L'École, 1970, pp.374 – 375.

67 1786年1月5日的信件,引自 Charles Frostin, *Les révoltes blanches à Saint-Domingue au XVIIIe slècle*, Paris: L'École, 1970, p.407。

68 Paul Butel, 'Traditions and changes',前引书,p.126。

69 John J. Coatsworth, 'American trade with European colonies in the Caribbean and South America, 1790 – 1812', *William and Mary Quarterly* 2, 1967, p.246.

70 Paul Butel, 'Traditions and changes',前引书,p.129。

71 Paul Butel, Les négociants bordelais,前引书,p.276。

72 前引书,p.275.

第六章 大西洋的人口与强国:17—18世纪

1 Christopher J. French, 'Crowded with traders and a great commerce:

London's domination of English overseas trade, 1700 – 1775', *London Journal* 17.1, 1992, p.27.

2 Anon., *An Essay on the Increase and Decline of Trade in London and the Outports*, London, 1749, 引自 Christopher French, 前引书。

3 John J. McCusker and C. Gravesteijn, *The Beginnings of Commercial and Financial Journalism*, Amsterdam: Rodopi, 1991, pp.292 – 326.

4 Marc de Bombelles, *Journal de voyage en Grande-Bretagne et en Irlande, 1784*, London: The Voltaire Foundation at the Taylor Institute, 1989. 1790 年,伦敦每年的运输船只超过 1.2 万艘。

5 主管皮埃尔·德克洛(Pierre Desclaux)爵士的备忘录,引自 Paul Butel, *Histoire de la Chambre de Commerce et d'industrie de Bordeaux*, Bordeaux: Chambre de Commerce, 1988, p.130。

6 Bernard Lavalle, *L'Amérique espagnole de Colomb à Bolivar*, Paris: Belin, 1993, p.142.

7 J. N. Biraben, 'Le peuplement du Canada français', *Annales de Démographie Historique*, 1966, p.112.

8 John J. McCusker and Russell Menard, *The Economy of British America*, 1607 – 1789, Chapel Hill, NC: University of North Carolina Press, 1988, p.212.

9 J. N. Biraben, 前引书, p.116。

10 Jean Berenger, Yves Durand and Jean Meyer, *Pionniers et Colons en Amérique du Nord*, Paris: Colin, 1975, p.232. 从 1751 年到 1760 年,(加拿大)出生率是千分之六十一,欧洲是千分之四十;婴儿的死亡率仍然高达千分之三十三。

11 John J. McCusker and Russell Menard, 前引书, pp.223 – 224。

12 Paul Butel, *Histoire des Antilles* (ed.) Pierre Pluchon,

Toulouse: Privat, 1982, p.73.

13　Jean Meyer, *Les Européens et lesAutres*, Paris: Colin, 1975, pp. 137 and 152.

14　François Crouzet, in Charles Higounet (ed.) *Histoire de Bordeaux*, Bordeaux: Fédération Historique du Sud-Ouest, 1968, vol. 5, p.218.

15　R. J. Dickson, *Ulster Emigration to Colonial America*, London: Routledge, 1966, pp.66 – 67.

16　引自 McCusker and Menard,前引书,p.212。

17　引自 Jean Meyer,前引书,p.155。

18　R.J. Dickson,前引书,pp.108 – 109。

19　前引书,p.109,'report to the Justices of the Peace'.

20　前引书,p.119.

21　前引书,pp.123 – 124.

22　Peter H. Wood, *Black Majority: Negroes in Colonial South Carolina from 1670 through the Stono Rebellion*, New York: Norton, 1976.

23　前引书, p.150.

24　Paul Butel, 'L'essor de l'économie de la plantation à Saint Domingue dans la deuxième moité du XVIIIe siècle' in Martine Acerra, Jean-pierre poussou and Michel Verge-Francheschi (eds) Etat, *Marine et Société*, *Mélanges Meyer*, Paris: Sorbonne, 1996, p.96.

25　Pierre Pluchon, *Histoire de la Colonisation Française*, Paris: Fayard, 1991, vol. 1, p.402.

26　Jacques Cauna, *Au temps des Isles à sucre*, *Histoire d'une plantation de Saint Domingue*, Paris: Karthala, 1987, p.194.

27　Pierre Pluchon,前引书,p.422。为了理解这种成本,众所周知的事情是,它大约是1788年波尔多港口一名工人每年工资总额的

10 倍。

28 Richard B. Sheridan, *Sugar and Slavery: An Economic History of the British West Indies*, 1623 – 1775, Aylesbury, Ginn, 1974, p.256.

29 Pierre Pluchon, 前引书, p.422。

30 Frédéric Mauro, *Le Brésil du XVe à latin du XVIIIe siècle*, Paris: SEDES, 1977, p.176.

31 Joseph C. Miller, 'Legal Portuguese Slaving from Angola', in *Revue fiançaise d'histoire d'outre-mer*, 1975, p.135.

32 关于古巴的情况，参阅 Herbert S. Klein, 'The Cuban Slave Trade in a period of transition, 1790 – 1843', in *Revue française d'histoire d'outre-mer*, 1975, p.61。关于卡塔赫纳，参阅 Dominique Morales, *L'esclavage en Colombie*, Masters' Dissertation, University of Bordeaux 3, 1980。

33 Kenneth Morgan, *Bristol and the Atlantic Trade in the Eighteenth Century*, Cambridge: Cambridge University Press, 1993, p.133.

34 Daniel P. Mannix, *Black Cargoes: A History of the Atlantic Slave Trade*, Harmondsworth: Penguin, 1976, pp.70 – 71.

35 Eric Saugera, *Bordeaux port négrier, XVIIe – XIXe siècles*, Paris: Karthala, 1995, p.201.

36 Kenneth Morgan, 前引书, p.135。

37 同上。

38 前引书, pp.137 – 138.

39 Daniel P. Mannix, 前引书, p.72。

40 Kenneth Morgan, 前引书, p.149。利物浦的奴隶商人通过使用交易票据结算缩减了成本。

41 Roger Anstey, 'The volume of the North American slave carrying trade from Africa, 1761 – 1810', *Revue fiangaise d'histoire d'Outre-Mer*, 1975, p.49.

42 前引书, p.51.

43 Paul Kennedy, *The Rise and Fall of British Naval Mastery*, New York: Charles Scribner's Sons, 1965, p.4.

44 François Crouzet, De la supériorité de l'Angleterre sur la France, Paris: Perrin, 1985, p.11.

45 引自 Jean Meyer, 前引书, p.221。

46 N. A. M. Rodger, 'La mobilisation navale au XVIIIe siècle' in Martine Acerra, Jean-Pierre poussou and Michel Verge-Francherchi (eds) 前引书, pp.365–374。

47 N.A. M. Rodger, 前引书, p.369。

48 N.A. M. Rodger, 前引书, 罗杰(Rodger)引用了路易十六的海军大臣拉吕泽尔格(La Luzerne)的回忆录。

49 Jean Meyer, 'Les problèmes de personnel de la marine de guerre française aux XVII et XVIIIe siècles. Les Hommes et lamer dans l'Europe du Nord-Ouest, de l'antiquiténos jours', *Revue du Nord*, 1986, p.111.

50 前引书, p.123.

51 Christian Buchet, 'La Royal Navy et les levées d'hommes aux Antilles (1689–1763)', *Histoire, Economie et Société* 4, 1990, pp.521–543.

52 Paul Butel, *L'économie fiangaise au XVIIIe siècle*, Paris: SEDES, 1993, p.245.

53 Jaap R. Bruijn, *The Dutch Navy of the Seventeenth and Eighteenth Centuries*, Greenville: University of South Carolina Press, 1993, p.148.

54 Jean Meyer, *Marines et Révolution*, Rennes: Ouest France, 1988, p.59.

55 Christian Buchet, 'Essai de comparaison du système de ravitaillement français et anglais dans l'espace caraibe au XVIIIe

siècle', *Actes du colloque de Bordeaux: La Guerre dans la Caraibe*, XVIIIe - XIXe siècles, 1996.

56　Christian Buchet, 'La logistique française en *matériel* naval dans l'espace Caraibe（1672 - 1763）', *Service Historique de la Marine*, 1993, p.67.

57　Paul Kennedy,前引书,pp.81 - 82。

58　Etienne Taillemite, 'Guerre et commerce maritime au XVIIIe siècle', *Bulletin du Centre d'histoire des Espaces Atlantiques* 7, 1995, p.199.

59　Paul Butel, 'Le transport maritime à Bordeaux au XVIIIe siècle', *Cahiers d'histoire* XXXIX, 1989, p.259.

60　前引书, p.260.

61　Etienne Taillemite,前引书,pp.200 - 201。

62　前引书,p.201.

63　Paul Kennedy,前引书,p.108。

64　Philippe Loupes, 'L'état défensif des colonies espagnoles vers 1761 - 1762', *Actes de colloque de Bordeaux*,前引书。

65　Jean Meyer, *Marines et Réolution*,前引书,p.57。

66　Paul Kennedy,前引书,pp.144 - 145。

67　Jean Meyer,前引书,p.259。

68　特拉法尔加战役之后,大英帝国拥有128艘武装船只以及88艘或者没有武装或者是正在建造的船只;同一时期的法国拥有20艘武装船只。因此,英国的优势是压倒性的。1792年,在战争开始时期,它们的差距缩小了:英格兰理论上可以使用的船只大约为160艘,但是许多船只不能服役;法国在这一时期可以支配的船只是80艘。

第七章　19世纪的大西洋:传统与变革

1　François Crouzet, 'Remarques sur la formation d'une économie

mondiale', *Histoire, Economie et Société*, 4, 1986, p.615.
2. Paul Butel, *Les négociants bordelais, l'Europe et les Iles au XVIIIe siècle*, Paris: Aubier, 1973, p.219.
3. Herman Melville, *Redburn, or, Her First Cruise*, Paris: Gallimard, 1980, pp.460 – 462.
4. Frangois Crouzet, *De la supériorité de l'Angleterre sur la France*, Paris: Perrin, 1985, p.301.
5. Stanley Chapman, *Merchant Enterprise in Britain from the Industrial Revolution to World War I*, Cambridge: Cambridge University Press, 1992, p.84.
6. François Crouzet,前引书,p.300。
7. François Crouzet, *L'Economie britannique et le blocus continental*, Paris: Economica, 1987, pp. xii – xiii.
8. François Crouzet,前引书,pp. xv, 885。英国1806年的工业品出口总量达到2 500万英镑,而向美国的出口就达到686万英镑;1807年的出口总量上升为2 740万英镑,运输到美国的价值为774.3万英镑。
9. John J. Coatsworth, 'American trade with European colonies in the Caribbean and South America', *William and Mary Quarterly* vol. 24 no. 2, 1967, p.243.
10. 参阅第五章"美国的入侵"。
11. François Crouzet,前引书,p.303。
12. John J. Coatsworth,前引书,p.250。
13. François Crouzet,前引书,p.58。这些数字表示的是1803年到1805年之间的年均值。
14. 前引书,p.885。
15. François Crouzet, 'Angleterre-Brésil, 1697 – 1850, un siècle et demi des échanges commerciaux', *Histoire, Economie et Société*, 1990, pp.300 – 301.

16　François Crouzet,前引书,p.302。

17　Stanley Chapman,前引书,p.83。

18　Elie Halévy, *Histoire du peuple anglaise au XIXe siècle*, Paris: Hachette, 1913, p.167.

19　Robert W. Love, *A History of the US Navy*, 1775 – 1841, Harrisburg, PA: University of Pennsylvania Press, 1982, pp.21 and 37.

20　前引书, p.139.

21　François Crouzet,前引书,p.305。

22　前引书,p.307.

23　前引书,p.308.

24　D. C. M. Platt, *Latin America and British Trade*, 1806 –1914, London: Adam and Charles Black, 1972, p.56.

25　*Universal British Directory 1791*, 引自 Stanley Chapman, *Merchant Enterprise*,前引书,p.82。

26　Stanley Chapman, *Merchant Enterprise*,前引书,p.83。

27　前引书,p.84.

28　André Siegfried, *Tableau des Etats-Unis*, Paris: Colin, 1958, p.25.

29　Robert Greenhalgh Albion, *The Rise of New York Port*, 1815 – 1860, Newton Abbot: David & Charles, 1972, pp.95 – 121.

30　前引书, p.119.

31　前引书, p.112.

32　前引书, p.117.

33　参阅 Francis E. Hyde, *Liverpool and the Mersey*, Newton Abbot: David & Charles, 1971; 与 Robert Albion,前引书。

34　Robert Albion,前引书,p.220。

35　前引书,p.222.

36　Francis E. Hyde,前引书,p.91。

37 前引书,p.48.

38 Stanley Chapman,前引书,p.89。

39 Robert Albion,前引书,p.52。

40 前引书,p.319,引自纽约的一份报纸。

41 Francis E. Hyde, *Cunard and the North Atlantic*, 1840-1973, Newton Abott: David & Charles, 1976, p.38.

42 泰坦尼克号的排水量是 6 万吨,长度是 271 米。

43 Francis E. Hyde,前引书,p.52。

44 Daniel Hillion, *L'Atlantique à toute vapeur*, Rennes: Ouest France, 1993, p.44.

45 Daniel Hillion,前引书,p.52。

46 前引书,p.56.

47 Marthe Barbance, *Histoire de la Compagnie Générale Transatlantique*, Paris: Compagnie Générale Transatlantique, 1955, pp.85-86.

48 前引书,p.128.

49 Francis E. Hyde,前引书,p.110。这些价格接近于 40 年前 1863 年收取的价格:丘纳德蒸汽船收费价格是 4.15 英镑,而帆船收费价格只有 2.17 英镑。

50 前引书,p.114.

51 François Caron, in Pierre Léon, *Histoire économique et sociale du monde* vol. 4, Paris: Colin, 1972, p.171.

52 上述所有数据来自 Thomas Brinley, *Migration and Economic Growth: a Study of Great Britain and the Atlantic Economy*, Cambridge: Cambridge University Press, 1954。

53 A.N. Porter (ed.), *Atlas of British Overseas Expansion*, London: Routledge, 1991, p.85.

54 Gilbert Garrier, in Pierre Léon, *Histoire*,前引书,p.27。

55 Thomas Brinley,前引书,p.308,图表 117。

56 André Siegfried, *Tableau*,前引书,p.40。

57 Jean Heifer, in Pierre Léon, *Histoire*,前引书,p.225。

58 Robert Albion,前引书,p.349。

59 前引书,p.254。

60 每年的数据来源于：Thomas Brinley,前引书,pp.25 - 26。

61 前引书,p.166。

62 前引书,p.170。

63 关于这些季节性的置换活动,参阅 Rudolph Vicoli (ed.), *A Century of European Migration*, Chicago: University of Illinois Press, 1991, pp.25 - 26。

64 Thomas Brinley,前引书,p.96。

65 Ludovico de Courten, *La Marina Mercantile ltaliana nella Politica di Espansione*, 1860 - 1914, Buhoni, 1987, p.173。

66 Marthe Barbance,前引书,p.160。

67 Paul Bois, *Armements marseillais, compagnies de navigation et navires à vapeur, 1831 - 1988. Histoire du commerce et de l'industrie de Marseilles, XIXe - XXe siècles*, Marseilles, 1988, pp.219 - 220.

68 Philippe Roudie, 'Bordeaux port d'émigration lointaine (1865 - 1918)', *Revue historique de Bordeaux* XXX, 1984, pp.137 - 188.

69 Ludovico de Courten,前引书,p.186。

70 前引书,p.173.

71 Francis E. Hyde,前引书,p.100。

72 Robert Albion,前引书,p.339。

73 Paul Bois,前引书,p.73。

74 Philippe Roudie,前引书,p.164。

75 Herman Melville,前引书,p.360。

76 Robert Albion,前引书,p.343。

77 前引书,p.345.

78 Dirck Hoerder, 'International labour market and community building by migrant workers' in RudolphVicoli (ed.) *A Century of European Migration*,前引书,p.97。

79 Reino Vero, 'Migration traditions from Finland to North America' in Rudolph Vicoli (ed.) *A Century of European Migration*,前引书,p.128。

第八章 20世纪的大西洋

1 欧洲1914年在美国工业与服务方面的投资已经上升到大约700万美元,参阅 Paul Kennedy, *The Rise and Fall of the Great Powers*, New York: Vintage, 1989, p.245。

2 关于1898年以来的数据,参阅 *Atlas of British Overseas Expansion*, A. N. Porter (ed.), London: Routledge, 1991, p.123。

3 Paul Kennedy,前引书,p.203。

4 日本1900年的舰队是18.7万吨,美国1900年是38.3万吨,1914年是98.5万吨。

5 在1898年的西班牙-美国战争期间,巡洋舰俄勒冈号(Oregon)为了到达大西洋不得不从霍恩海角绕行,耗费了三个月的时间。

6 Robert W. Love, *A History of the US Navy, 1775-1941*, Harrisburg, 1992, pp.380-381.

7 前引书, p.468.

8 J. B. Duroselle, *La politique extérieur des Etats-Unis I*, Paris: CDU, 1955, p.55.

9 同上。

10 Robert W. Love,前引书,p.499。

11 Philippe Masson, *Marins et Océans*, Paris: Imprimerie Nationale, 1982, p.209.

12 Georges Dupeux, in Paul Butel (ed.), *Histoire de la Chambre*

de Commerce de Bordeaux, Bordeaux: Chambre de Commerce, 1988, pp.228 - 231.

13　引自 André Siegfried, *Tableau des Etats-Unis*, Paris: Colin, 1958, p.324。

14　前引书, p.327.

15　Richard N. Current, Harry William and Frank Freidel, *American History: a Survey*, New York: Alfred A. Knopf, 1975, vol. 2, p.644.

16　Paul Kennedy, *The Rise and Fall of British Naval Mastery*, New York: Charles Scribners' Sons, p.275.

17　前引书, p.287.

18　前引书, p.279.

19　Marthe Barbance, *Histoire de la Compagnie Générale Transatlantique*, Paris: Compagnie Générale Transatlantique, 1955, p.235.

20　Philippe Masson,前引书,p.213。

21　同上。

22　前引书,p.217.

23　我的同事与朋友伦普(Alain Huetz de Lemps)教授希望我阅读他自己由 Desjonquères 出版社出版的著作《朗姆酒史》(*History of Rum*)的手抄本,对此我应该致以衷心的感谢,在禁酒令的论述中,我引用了这一手抄本中的大量内容。

24　Georges Dupeux, in Paul Bartel (ed.) *Histoire*,前引书,p.229。

25　"私卖酒"单词源于高筒靴的上半部分。

26　Georges Dupeux, in Paul Bartel (ed.) *Histoire* 前引书,p.236。

27　Francis E. Hyde, *Cunard and the North Atlantic*, 1840 - 1973, London: Macmillan, 1975, pp.234 - 235.

28　Philippe Masson,前引书,p.221。

29　前引书,p.205.

30　Paul Kennedy,前引书,p.286。

31　J. B. Duroselle,前引书,pp.118 – 125。

32　Richard Current, Harry William and Frank Freidel,前引书,p.702。

33　Robert W. Love,前引书,p.651。

34　关于英国的损失情况,参阅 Paul Kennedy,前引书,p.317;关于同盟国的全部损失情况,参阅 Philippe Masson,前引书,p.257。

35　Yves Lacoste (ed.), *Dictionnaire de Géopolitique*, Paris: Flammarion, 1993, p.117.

36　Francis E. Hyde,前引书,p.284。

37　前引书,p.311.

38　Marthe Barbance,前引书,p.314。

39　Francis E. Hyde,前引书,p.267。

40　Philippe Masson,前引书,p.281。

41　Francis E. Hyde,前引书,p.297。

42　1988年的统计数据来源于 André Vigarie, *Echanges et transports internationaux*, Paris: Sirey, 1991, p.74。

43　André Vigarie, *Ports de commerce et vie littorale*, Paris: Hachette, 1979, p.455.

44　André Vigarie, *Echanges*, 前引书,p.210。

45　Captain Richard Sharpe, RN (ed.), *Jane's Fighting Ships 1990 – 1991*, Coulsdon, 1990, p.579.

第九章　结　语

1　G.V. Scammell, *Ships, Oceans and Empires*, London: Varorium, 1995, p.411.

2　Michel de Montaigne, *Essays* 1.31, Harmondsworth: Penguin, 1985, p.109.

3　Etienne Taillemite, La Fayette, Paris: Fayard, 1989, p.103.

4 Léon Edel, *Henry James, une vie*, Paris: Seuil, 1990, p.253.
5 Henry Miller, *Tropic of Capricorn*, London: Panther, 1966, p.52.

参 考 文 献

Adam, Paul (1976) 'Problèmes de navigation dans l'Atlantique nord', 载于 Régis Boyer(ed.), *L'AgeViking, les Vikings et leur civilisation, Problèmes actuels*, Paris, Mouton.

Albion, Robert G. (1972) *The Rise of New York Port 1815 – 1860*, Newton Abbott, David & Charles Ltd.

Andrews, Kenneth (1984) *Trade, Plunder and Settlement: Maritime Enterprises and the Genesis of the British Empire 1480 –1630*, Cambridge, Cambridge University Press.

Barbance, Marthe (1955) *Histoire de la Compagnie Générale Transatlantique*, Paris, Compagnie Générale Transatlantique.

Bennassar, Bartolomé (1991) *1492, un monde nouveau?*, Paris, Perrin.

Bernard, Antoinette (ed.) (1991) *Le Grand Atlas des Explorations*, Encyclopaedia Universalis, London, HarperCollins.

Bessmertny, Alexandre (1949) *L'Atlantide, exposé des hypothèses relative à l'origine de l'Atlantide*, Paris, Payot.

Brinley, Thomas (1954) *Migration and Economic Growth: a Study of Great Britain and the Atlantic Economy*, Cambridge,

Cambridge University Press.

Bruijn, Jaap R. (1993) *The Dutch Navy of the Seventeenth and Eighteenth Centuries*, Columbia, SC, University of South Carolina Press.

—— (1982) *Les Caraibes au temps des filibustiers*, XVIe – XVIIe siècle, Paris, Aubier-Montaigne.

Buchet, Christian (1994) 'Des routes maritimes Europe-Antilles et de leur incidence sur la rivalité franco-britannique', *Histoire, Economie, Société*, 4.

Butel, Paul (1974) *Les négociants bordelais, l'Europe et les Iles au XVIIIe siècle*, Paris, Aubier-Montaigne.

Carcopino, Jérôme(1943) *Le Maroc antique*, Paris, Gallimard.

Carrière, Charles (1973) *Négociants marseillais au XVIIIe siècle*, Marseilles, Institut Historique de Provence.

Cauna, Jacques de (1987) *Au temps des Isles à sucre, histoire d'une plantation de Saint-Domingue au XVIIIe siècle*, Paris, Karthala.

Chapman, Stanley (1992) *Merchant Enterprise in Britain from the Industrial Revolution to World War I*, Cambridge, Cambridge University Press.

Chaunu, Pierre (1977) *Séville et l'Amérique, XVIe – XVIIe siècle*, Paris, Flammarion.

—— (1993) *Colomb ou la logique de l'imprévisible*, Paris, Franqois Bourin.

Coatsworth, John J. (1967) 'American Trade with European Colonies in the Caribbean and South America 1790 – 1812', *William and Mary Quarterly*, 2.

Courten, Ludovico de (1987), *La Marina mercantile italiana nelle Politica di Espansione*, Milan, Bulzoni.

Crouzet, François (1966) 'Angleterre et France au XVIIIe siècle, essai d'analyse comparée de deux croissances économiques', *Annales ESC*, March – April.

―― (1985) *De la supériorité de l'Angleterre sur la France, l'économie et l'imaginaire, XVIIe – XXe siècle*, Paris, Perrin.

―― (1986) 'Remarques sur la formation d'une économie mondiale', *Histoire, Economie et SocietY*, 4.

―― (1987) *L'économie britannique et le blocus continental*, Paris, Economica.

―― (1990) 'Angleterre-Brésil, 1670 – 1850, un siècle et demi d'échanges commerciaux' *Histoire, Economie, Société*.

Cullen, Louis M. (1972) *An Economic History of Ireland since 1660*, London, Batsford.

Curtin, Philip D. (1990) *The Rise and Fall of the Plantation Complex: Essays in Atlantic History*, Baltimore, Johns Hopkins.

Davies, K. G. (1977) *The North-Atlantic World in the Seventeenth Century*, Minneapolis, Minnesota University Press.

Davis, Ralph (1962) *The Rise of the English Shipping Industry in the 17th and 18th Centuries*, Newton Abbott, David & Charles Ltd.

―― (1973) *The Rise of the Atlantic Economies*, London, Weidenfeld & Nicolson.

Dickson, R. (1966) *Ulster Emigration to Colonial America*, London, Routledge.

Drescher, Seymour (1977) *Econocide: British Slavery in the Era of Abolition*, Pittsburgh, University of Pittsburgh Press.

Favier, Jean (1991) *Les grandes dècouvertes d'Alexandre à Magellan*, Paris, Fayard.

French, Christopher (1992) 'Crowded with traders and a great commerce, London's domination of English overseas trade 1700 –

1775', *London Journal*, 17.1.

Goodman, Jordan (1993) *Tobacco in History, the Culture of Dependence*, London, Routledge.

Halévy, Elie (1913) *Histoire du peuple anglais au XIXe siècle*, Paris, Hachette.

Hillion, Daniel (1993) *L'Atlantique à toute vapeur*, Rennes, Ouest-France.

Hyde, Francis E. (1971) *Liverpool and the Mersey*, Newton Abbott, David & Charles Ltd.

——(1976) *Cunard and the North Atlantic, 1840 – 1973*, Newton Abbott, David & Charles Ltd.

Israel, Jonathan (1989) *Dutch Primacy in World Trade 1585 – 1740*, Oxford, Clarendon.

Kennedy, Paul (1965) *The Rise and Fall of British Naval Mastery*, New York, Charles Scribners Sons.

—— (1989) *The Rise and Fall of the Great Powers*, NewYork, Vintage.

Léon, Pierre (ed.) (1968 – 1972) *Histoire économique et sociale du monde*, 4 vols, Paris, Colin.

Love, Robert W. (1992) *A History of the US Navy 1775 – 1841*, Harrisburg, University of Ohio Press.

McCusker, John (1989) *Rum and the American Revolution, the Rum Trade and the Balance of Payments of the Thirteen Continental Colonies*, NewYork and London, Garland Publishers.

McCusker, John and Russell Menard (1985) *The Economy of British America 1607 – 1789*, Chappel Hill, NC, University of North Carolina Press.

MacLeod, Murdo (1973) *Spanish Central America, a Socio-Economic History, 1520 – 1720*, Berkeley, CA, California

University Press.

Marcus, G. J. (1980) *The Conquest of the North Atlantic*, Woodbridge, Suffolk, Boydell & Brewer.

Masson, Philippe (1982) *Marins et Océans*, Paris, Imprimerie Nationale.

Mauro, Frederic (1977) *Le Brésil du XVe 3 latin du XVIIIe siècle*, Paris, Sedes.

Meyer, Jean (1975) *Les Européens et les autres*, Paris, Colin.

——(1989) *Histoire du sucre*, Paris, Desjonquères.

Mollat, Michel (1993) *L'Europe et la mer*, Paris, Seuil.

Morgan, Kenneth (1993) *Bristol and the Atlantic Trade in the Eighteenth Century*, Cambridge, Cambridge University Press.

Platt, D. C. M. (1972) *Latin America and British Trade 1806 - 1914*, London, Adam and Charles Black.

Pluchon, Pierre (1991) *Histoire de la colonisationfiançaise*, Paris, Fayard.

Price, Jacob M. (1980) *Capital and Credit in British Overseas Trade. The View fiom the Chesa-peake, 1700 -1776*, Cambridge, MA, Harvard University Press.

——(1989) 'What did the merchants do? Reflections on British overseas trade 1700 - 1776', *The Journal of Economic History*, June.

Saugera, Eric (1995) *Bordeaux, port négrier, XVIIe -XIXe siècle*, Paris, Karthala.

Sheridan, Richard (1974) *Sugar and Slavery, an Economic History of the British West Indies 1623 -1775*, Aylesbury, Ginn.

Solow, Barbara (1991) *Slavery and the Rise of the Atlantic System*, Cambridge, Cambridge University Press.

Verge-Francheschi, Michel (1994) *Henri le navigateur, un*

découvreur au XVe siècle, Paris, Editions du Félin.

Vigarie, André(1979) *Ports de commerce et vie littorale*, Paris, Hachette.

—— (1991) *Echanges et transports internationaux*, Paris, Sirey.

索 引

（索引条目后数字为原书页码，即本书边码）

A

Adam of Bremen 不来梅的亚当 28, 29
Adam, Paul 保罗·亚当 24, 29
'Adventurers of Lisbon' 里斯本的冒险家 8-9
Aemilianus, Scipio 西庇阿·埃米利亚努斯 12
Africa 非洲 39-44, 54; and DutchWest Indies Company 荷兰西印度公司 100; exploration of coast by Portuguese 在葡萄牙海滨的探险 32, 39-40, 42-44; Hanno's voyage to 汉诺的远航 11-14; ore traffic 矿物运输 290; search for gold 搜索黄金 42-43, 44; slave-trade 奴隶贸易 42-43, 44, 182; trade routes into interior 通向内陆的贸易路线 43
Africatainer 非洲集装箱公司 291
Air France 法国航空公司 287
A1 Andalus 安达卢斯 32, 33, 34

A1-Ghazal, Ambassador 阿尔-加扎勒大使 18
A1 Idrisi 阿尔-伊德里西 8, 18
Alba, Duke of 阿尔巴公爵 83
Alcobaça, Treaty of (1479) 1479年阿尔科巴萨条约 45-46
Alexander VI, Pope 教皇亚历山大六世 53
Almoravids 阿尔莫拉韦 18
aluminium 铝 290
Amazon (liner) 亚马孙航班 233
American Line 美洲航班 240
American War of Independence 美国独立战争 144-145, 148, 162, 164, 191, 201; effect on French trade 法国贸易的影响 152; failure of English navy in 英国海军的失败 207-208
Amerindians 美洲印第安人 63; destruction of 毁灭 172-173
Amity (liner) 亲善号航班 233
Amsterdam 阿姆斯特丹 75, 214

387

Andalusia 安达卢西亚 17, 18, 33

Anglo-Dutch wars 英荷战争 131, 151, 202;（1652－1654）95, 105, 202;（1666）202

Anglo-Spanish wars：英西战争(1585) 83－84, 87－89;（1739）139

Anson, Admiral 海军上将安森 205, 206, 207

Anti-Slavery Society 反奴隶制协会 193

Antigua 安提瓜岛 108

Antilia 安提利亚 7, 47, 57, 58

Antilles 安的列斯群岛 65, 197; American trade in 美洲贸易 216; Britain's trade with 英国贸易 111, 142－143, 144, 148－149; climate 气候 158, 159; deforestation 采伐森林 158－159; and French 法国 117－121, 122－123, 123－126; and North America 北美 126－127; plantations 种植园 102－104, 105, 112; population 人口 131; reality of natural environment 自然环境的现实 158－160; slave-trade 奴隶贸易 182; sugar production 食糖生产 106, 122－123, 125, 142－143, 145, 156; and tobacco 烟草 118, 119, 121, 122; wealth of plantations 种植园的财富 130; 也可参阅具体的岛屿

Antwerp 安特卫普 38, 54, 74－75, 79, 89, 94, 167

Arab geographers 阿拉伯的地理学家 6－7, 8－9, 17－19, 41

Arctic（ship）北极号船 234, 235

Argentina：and immigration 阿根廷：移民 242, 246, 247, 249, 269－270

Armada 无敌舰队 87－89, 202

Arnason, Frijhof 弗里霍夫·阿纳森 25

Arnoult 阿尔努 136－137

Atlantis 亚特兰提斯 5, 6, 8

Atlas 地图 5－6

Aud the Wise 智者艾于德 26

Augsburg League 奥格斯堡同盟 124, 125

Austria 奥地利 204

Avienus, Festus 费斯图斯·阿维努斯 19

Aviles, Menendez de 门多萨·德阿维莱斯 113

Azores 亚速尔群岛 32, 57, 72; attempt to occupy by English during war with Spain 英国在与西班牙战争期间企图夺取 87, 88; and Genoese 热那亚人 35; and Portuguese 葡萄牙人 40, 45, 54, 59; wind system 风力规律 48

B

Bahamas 巴哈马 49, 63, 273

Balboa, Vasco Nuñez de 瓦斯科·努涅斯·德巴尔沃亚 32, 50

Ballin, Albert 阿尔贝特·巴林 237

Baltic 波罗的海 89, 90, 93, 97, 99, 195

Barbados 巴巴多斯 108, 136; hurricanes 飓风 159; sugar plantations and production 蔗糖种植与生产 106, 109, 122, 142; white population 白人人口 121

Barghwâta 巴尔格瓦塔 18

Battle of the Atlantic：(First World War) 大西洋战役：第一次世界大战 263－266;（Second World War）第二次世界大战 280, 281, 284

bauxite 铝土 290

索引

Bayonne 巴约纳 114

Behaim, Martin 马丁·贝海姆 47, 50

Benin 贝宁 44

Bennassar, Bartolomé 巴托洛梅·本纳萨尔 50

Bergen 贝尔根 30

Bermuda 百慕大 72

Black Ball Line 黑子弹航班 231, 232–233

Blake 布莱克 202

Blue Star Line 蓝星号 288

Blue Swallowtail 蓝风蝶 233

BOAC 英国海外航空公司 286

Bolingbroke 博林布鲁克 193

Bolivia 玻利维亚 222

Bombelles, Marc de 马可·德·邦贝洛 170

Bonincontri, Lorenzo 洛伦佐·博宁孔特罗 41

Bonnaffé, François 弗朗索瓦·博纳费 166

Bontemps, Jean 让·邦当 82

Bordeaux 波尔多 114, 214; container terminal 油轮终点站 291; decline 衰落 214, 223; embarkation of emigrants 移民登船 249; liner routes 航班路线 274; Portuguese firms in 葡萄牙公司 155; slave-trade 奴隶贸易 189; trade 贸易 170–171; trade during First World War 第一次世界大战时期的贸易 266

Boscawen 博斯科恩 206, 207, 208

Boston 波士顿 246

Brant, Sebastian 塞巴斯蒂安·布兰特 49

Braudel, Fernand 费尔南·布罗代尔 97

Brazil 巴西 57; conquest and settlement by Dutch 荷兰的征服与殖民 89, 100, 101; discovery and colonization of by Portuguese 葡萄牙人的发现与殖民 53, 54–55, 101; Dutch defeat in 荷兰的失败 102, 103; and French 法国 77–78, 117; and immigration 移民 242, 246–247, 250, 270; iron ore exports 铁矿出口 290; slave-trade 奴隶贸易 186; Spanish claims of discovery 西班牙对发现巴西的要求 55–56; sugar production 食糖生产 38, 125; tobacco production 烟草生产 136, 139; trade with Britain 与英国的贸易 150, 217–218, 221–222; and United States 美国 293

Bremen 不来梅 251, 270

Brillat-Savarin 布里亚-萨伐仑 134

Bristol 布里斯托尔 111, 112, 144; and slave-trade 奴隶贸易 188, 190–191; trade in Iceland 在冰岛的贸易 57, 58

Britain 英国 104–112; advantages in entrepôt system 贸易中心体系的优势 131–132; ambitions and initial disappointments at beginning of nineteenth century 19世纪初期的野心与起始的失望 217–218; basis of expansion 扩张的基础 130; Caribbean markets 加勒比市场 105–108, 142–145, 260; cod-fishing 捕捞鳕鱼 105, 115; conquest of Atlantic in eighteenth century 18世纪对大西洋的征服 204–209; controlling of Atlantic by western squadron 西部中队控制大西洋 200–201; cotton imports 棉花进口 157, 215, 218, 224; and credit system 信贷

389

体系 138 - 139, 149; deterioration in relations with Spain 与西班牙关系恶化 78 - 79, 81, 83 - 84; early discoveries 早期的发现活动 58 - 61; early trade with Iceland 早期与冰岛的贸易 57; emigration to New World 向新世界移民 175; exports to United States 向美国出口 218; failure of navy in American War of Independence 美国独立战争时期英国海军的失败 207 - 208; and First World War 第一次世界大战 263, 264 - 265; imports of dyeing products 染料产品的进口 112; increase in merchant fleet 商船队的扩张 105; and Latin American trade 拉丁美洲的贸易 221 - 222; naval bases in Atlantic and Pacific 在大西洋与太平洋的海军基地 260; naval budget 海军预算 197 - 198, 268; naval fleet 海军舰队 206, 207, 215; naval resources 海军资源 195 - 198, 261; naval superiority 海军优势 161, 194, 200, 201, 205, 212, 215, 260 - 261; population 人口 174; raids on Panama 袭击巴拿马 84 - 85; reduction in naval fleet after First World War 第一次世界大战后海军舰队的缩减 267 - 268; rivalry with America in Latin America 在拉丁美洲与美国的竞争 218 - 220; road to progress in the Atlantic 大西洋扩张道路 202 - 204; Roman expeditions to 罗马向英国的远航 16; rum market 朗姆酒市场 143; slave-trade 奴隶贸易 79 - 84, 187, 188 - 189, 190; strategies to keep control of Atlantic 控制大西洋的战略 198 - 201; success of Chesapeake tobacco trade 切萨皮克烟草贸易的成功 139 - 142; success of London 伦敦的成功 111 - 112; sugar industry and trade 食糖工业与贸易 109, 133, 134 - 135, 142 - 143, 144, 156; sweetening of drinks 甜化饮料 133 - 134; tea consumption 茶叶消费 134; threats to Pax Britannica 对英国治下的和平的威胁 260 - 263; tobacco consumption 烟草消费 137; trade boom 贸易的繁荣 152, 211, 215; trade with Antilles 与安的列斯地区的贸易 111, 142 - 143, 144, 148 - 149; trade with Brazil 与巴西的贸易 150, 217 - 218, 221 - 222; trade with North American colonies 与北美殖民地的贸易 130, 145 - 149; trade with Portuguese 与葡萄牙的贸易 58; traders and Europe 商人与欧洲 109 - 112; war with Spain see Anglo-Spanish wars 与西班牙的战争参阅英西战争; war with United States (1812) 1812 年与美国的战争 193; wars against Dutch see Anglo-Dutch wars 与荷兰的战争参阅英荷战争, wars with France 与法国的战争 192, 209 - 212, 203 see also Seven Years War 也可参阅七年战争

Buchet, Christian 克里斯蒂安·比谢 197
Burburata 布尔布拉特 81, 82
business press 商业报 169

C

Ca' da Mosto 莫斯托·恰达 37

Cabot brothers 卡伯特兄弟 56, 58, 59-60, 61

Cabral, Pedro 佩德罗·卡布拉尔 45, 54-55

Cadiz 加的斯 76, 214, 223

Caesar 恺撒 16

California: discovery of gold 加利福尼亚发现黄金 246

Caligula 卡利古拉 16

Campeche, Gulf of 坎佩切湾 69, 70

Canada 加拿大 132, 173, 174, 242, 270

Canadian Trade Company 加拿大贸易公司 120

Canaries 加那利群岛 8, 11, 18; attractiveness to navigators 对航海家的吸引 42; and Genoese 热那亚人 32, 35-36, 37; ports 港口 65-66; Portuguese and Castillian dispute over 葡萄牙人与卡斯蒂利亚人在加那利群岛的争端 36, 45-46; sugar plantations 食糖种植 65

Canning, George 乔治·坎宁 146, 218, 219, 220

Cano, Juan Sebastian del 胡安·塞巴斯蒂安·德尔·卡诺 56

Cantino 坎蒂诺 45

Cão, Dioga 迪奥戈·卡奥 44

Cape Bojador 博哈多尔海角 32, 42

Cape Verde Islands 佛得角群岛 44

Capone, A l 阿尔·卡彭 273

Carcopino, Jérôme 热罗姆·卡尔科皮诺 12

Caribbean 加勒比海 62-63, 66; British trade in 英国的贸易 105-108, 142-145, 260; Dutch illicit trading operations in 荷兰的非法贸易活动 89, 90-91, 103; French illicit trading operations 法国的非法贸易活动 77-78; French privateering expeditions and raids 法国的海盗探险与袭击 117; and United States 美国 216, 217, 261-262, 293; see also individual countries 也可参阅具体的国家

Carnegie, Andrew 安德鲁·卡内基 243

Carrera: and Atlantic economy 卡雷拉与大西洋的经济 73-77; trade and ports 贸易与港口 64-73

Cartagena 卡塔赫纳 68, 69, 71, 82

Carthage 迦太基 9, 11, 12

Carthaginians 迦太基人 10-14, 15, 19, 32, 36

Cartier, Jacques 雅克·卡蒂埃 61, 113

Casa de Contratación (1504) 1504年贸易署 73, 74, 76, 80

Cassius, Dion 迪翁·卡修斯利亚 16

Castile: and Columbus's expeditions 卡斯蒂利亚与哥伦布的远航 53; defeat of Moors 摩尔人的失败 51; dispute with Portuguese over Canaries 与葡萄牙争夺加那利群岛 36, 45-46

Cauna, Jacques de 雅克·德·科纳 160-161

Celtic legends 克尔特人的传说 7

Centurione, Luigi 路易吉·琴图廖内 39

cereals 谷物 213

Cerne-Mogador 切尔内-摩加多尔 11, 14, 16

Champlain (liner) 尚普兰航班 277, 278

Champlain, Samuel 塞缪尔·尚普兰 71, 174

Chantrans, Girod de 吉罗德·德尚特朗 158, 159-160, 161

Chargeurs Réunis 雷努斯·沙热尔 274

Charles Carrol (liner) 夏尔·卡罗尔航班 233

Charlesfort (Florida) 佛罗里达的查尔斯福德 113

Chartier 夏蒂埃 272

Chaunu, Pierre 皮埃尔·肖尼 17, 64, 67, 71

Chesapeake 切萨皮克 130, 179, 181; tobacco trade 烟草贸易 139-142

Child, Sir Josiah 乔赛亚·蔡尔德爵士 109, 112

Chile 智利 63

chocolate: consumption 巧克力消费 133

Churchill, Winston 温斯顿·丘吉尔 282

Cibao 西瓦 62, 63

cimarrones 锡马龙 84

Cipangu 古日本 47, 50, 57

Clement VI, Pope 教皇克莱门特六世 36

cod-fishing 捕捞鳕鱼 105, 113, 114-115, 116

coffee 咖啡 222; consumption 消费 133, 135, 157; exports from Antilles 安的列斯地区向外出口 156-157

coffee houses 咖啡屋 135

Colaios the Samian 萨摩斯人科莱瓦 15

Colbert, Jean-Baptiste 让-巴蒂斯特·科尔贝 117, 121, 122, 123, 124, 127, 129, 151, 196, 202

Collins, Charles 查尔斯·柯林斯 192

Collins Line 柯林斯航班 234, 235

Colombia 哥伦比亚 68, 69, 222

Columbus, Christopher 克里斯托弗·哥伦布 5, 32, 39, 41-42, 45-53, 55, 62; expedition (1492) 1492年的远航 7, 48-53, 62; inspiration from myths of antiquity 受到古神话的激励 46-47; and North Atlantic wind systems 北大西洋风系 48; other voyages 其他的远航 47, 53; preparations for (1492) expedition 为1492年远航准备 50-52; reaction to Columbus, discovery of New World 对哥伦布发现新世界的反应 49-50; talents 天才 53

Compagnie Fabre 孔帕尼·法布雷 249, 252

Compagnie Générale Transatlantique 跨大西洋总公司 240, 241, 274-275, 285; and emigrants 移民 249, 270; inability to participate in airborne traffic 不能参与航空运输 287; liners constructed 建造的航班 238, 239, 271, 277, 287; problems encountered 遇到的问题 238-239, 276; rebuilding of fleet after war 战后重建舰队 287; renewal of traffic 贸易的复兴 285-286; tourist-class passengers 旅游舱乘客 278-279

Company of Caracas 加拉加斯公司 139

container ships 油轮船 259-260, 288, 290-292

Cooper, James Fenimore 詹姆斯·费尼莫尔·库珀 227

Coque 科克船 40

Corte Real brothers 科尔特·雷亚尔兄弟

5, 50, 54, 59, 60, 61

Cortes, Hernan 埃尔南·科尔特斯 53, 63

Corvo 科尔沃 48

cotton: crash (1825) 1825 年棉花危机 230; British imports 英国进口 157, 215, 217, 218; and Liverpool 利物浦 223 - 224; and Santo Domingo 圣多明各 157

Craton, Michael and Walvin, James 迈克尔·克拉顿与詹姆斯·沃夫温 145

Croft, Thomas 托马斯·克罗夫特 59

Cromwell, Oliver 奥利弗·克伦威尔 104, 202

Cropper, Benson and Company 库珀、本森公司 230

Crouzet, François 弗朗索瓦·克鲁泽 76, 138, 152

cruises 巡游 294 - 295

Cuba 古巴 221, 262; benefits from Prohibition 从禁酒令中获益 273; and Columbus 哥伦布 52 - 53; and port of Havana 哈瓦那港 70 - 72; slave imports 奴隶进口 187, 192; tobacco 烟草 139 - 140; trade with United States 与美国的贸易 216 - 217, 219

Cunard 丘纳德 241, 251, 285 - 277; cargo ships 货船 285; construction of liners 航班的建造 278, 288; development 发展 234; during Second World War 第二次世界大战期间 286; and emigrants 移民 240, 250, 270; investment in airborne transport 投资航空运输 286 - 287; losses 损失 276; prestige and progress of 威望与发展 235, 236, 237, 240; problems 问题 288; renewal of traffic 运输的复兴 285; rivalry with American lines 与美国航班竞争 234 - 235; and steerage-class passengers 统舱乘客 236, 245, 251; tourist class passengers 旅游舱乘客 275, 278

Cunard, Samuel 塞缪尔·丘纳德 234

curachs, Irish 爱尔兰的库拉船 19 - 20, 21

D

da Gama, Vasco 瓦斯科·达·伽马 54, 55, 56

da Ulmo, Fernão 费尔南·达乌尔莫 54

D'Ailly, Pierre 皮埃尔·达阿伊 41, 47

David, Jean 让·大卫 128 - 129

Davis, Ralph 拉尔夫·戴维斯 87, 105

Day, John 约翰·戴 58

De Grasse 德格拉斯 208 - 209

Defoe, Daniel 丹尼尔·笛福 139, 168, 203

Delumeau, Jean 让·德吕莫 34

Dermigny, Louis 路易斯·德尔米尼 162

Desclaux, Pierre 皮埃尔·德克洛 205

D'Esnambuc, Belain 贝兰·德埃斯南巴 118, 119, 120

Dias, Bartholomeu 巴托洛梅乌·迪亚士 41, 44, 45, 46, 51, 54

Dicuil 迪奎 21, 22

Dieppe 迪耶普 120, 121

Diodorus of Sicily 西西里的迪奥多拉斯 6, 10

Doenitz 德尼茨 283

d'Ogeron, Bertrand 伯特兰·德奥热龙

124

Dolben Law（1788）1788年多尔宾法律 190

Dominica 多米尼克 143，208

Drake, Francis 弗朗西斯·德雷克 69，84-86，87，88

drakkar 达卡尔船 24，25

drinks 饮料 133-135

Dulcert, Angelino 安杰利诺·杜尔塞特 35-36

Dutch：in Baltic 波罗的海的荷兰 89，90，93-94，97；conquest and settlement in Brazil 对巴西的征服与殖民 89，100，101；defeat in Brazil 在巴西的失败 102，103；expansion of 扩张 92；illicit trading operations in Caribbean 在加勒比海的非法贸易活动 89，90-91，103；and plantations 种植园 103，107；precocity and scale of ambition 野心的早熟与规模 93-6；and slave-trade 奴隶贸易 90，102；Spanish embargoes on trade 西班牙的贸易禁令 89，90，94，96，99；sugar industry 食糖工业 101，102；trade in the Iberian Atlantic 在伊比利亚人的大西洋的贸易 93，96-98，102-103；war with France（1672）1672年与法国的战争 95；wars with England *see* Anglo-Dutch Wars 与英格兰的战争参阅英荷战争；*see also* United Provinces，也可参阅联合省

Dutch West Indies Company 荷兰西印度公司 89，91，96，98-102，118

E

Eagle Airways 飞鹰航空 286

Eanes, Gil 吉尔·埃亚内斯 42

East India Company 东印度公司 168

Eirik Raudi（Erik the Red）罗迪·埃里克（红毛埃里克）25，26，27

Elizabeth I, Queen 伊丽莎白一世女王 61，86，87

England *see* Britain 英格兰参阅英国

Eratosthenes 埃拉托色尼 41

Eriksson, Leif 利夫·埃里克森 27-28，29

Essex, Earl of 埃塞克斯伯爵 88

Etruscans 伊特鲁利亚人 8，9，10

Europa（liner）欧罗巴号航班 278，279

European Community 欧洲共同体 293

exotic goods 异国商品 131；growth in consumption 消费的增长 132-138

F

Fabre *see* Compaguie Fabre 法布雷参阅孔帕尼·法布雷

Faeroes 法罗群岛 20，21，22，24，25

Fernand, Dom 多姆·费尔南德 38

Fernandes, João 若昂·费尔南德斯 60

First World War 第一次世界大战 241，258，263-266

fishing 捕鱼 293-294 *see also* cod-fishing 也可参阅捕捞鳕鱼

fishing grounds：search for 搜寻渔场 54，57，58

Flores 弗洛雷斯 48

Fortunate Isles 幸运岛 1，7，11，35

France 法国 94-95，112，113-128，149-166；and Antilles 安的列斯地区 117-121，122-123，123-126；and

Brazil 巴西 77-78, 117; cod-fishing 捕捞鳕鱼 114, 115; coffee trade 咖啡贸易 157; costs in maintaining ships 维修船只的成本 200; defeat of naval power by British 英国海军权力的失败 206-207; economic decline in seventeenth century 17 世纪经济的衰落 151; emigration 移民 175; expansion of overseas trade 海外贸易的扩张 151; fur trade 皮货贸易 115-116; growth and trade increase in eighteenth century 18 世纪贸易增长的发展 151, 152-153; merchant fleet 商船队 121; naval bases 海军基地 199; naval budgets 海军预算 197, 198; naval fleet 海军舰队 202-203, 204, 206, 207, 209, 215, 261, 277; naval resources 海军资源 195, 196, 210; population 人口 132, 174; ports and trade in North Atlantic 北大西洋的港口与贸易 113-116, 170, 223; ports for embarking emigrants 移民登船的港口 248-249; illicit trading operations in the Caribbean 加勒比地区的非法贸易活动 77-78; and Santo Domingo 圣多明各 123-124, 153-158; situation in Atlantic at beginning of eighteenth century 18 世纪初大西洋的情况 149-152; slave-trade 奴隶贸易 187-188, 189, 190; threats to trade 对贸易的威胁 158-166; tobacco consumption and trade 烟草消费与贸易 137, 140; trade in luxury goods 奢侈品的贸易 155; trade with Spanish Indies 与西班牙西印度地区的贸易 128-129; treaty of friendship with United States (1778) 1778 年与美国的友好条约 164; war with Dutch (1672) 1672 年与荷兰的战争 95; wars with England 与英格兰的战争 192, 203, 209-212; see also Seven Years War 也可参阅七年战争; war with Spain 与西班牙的战争 78, 81; weaknesses in trade 贸易的弱势 153

France Ⅱ (liner) 法兰西二号航班 287, 288

François Ⅰ, King 弗兰西斯一世国王 77, 113

Franklin, Benjamin 本杰明·富兰克林 146, 148, 177-178

French ordinances 法国条例 95, 104-105

French Revolution 法国大革命 156, 209

Fulton, Robert 罗伯特·富尔顿 198

fur trade: French 法国的皮货贸易 115-116

G

Gades 盖迪斯 9, 10

Gage, Thomas 托马斯·盖奇 71

Garway, Thomas 托马斯·加维 133

Genoese 热那亚人 19, 32, 33, 34-36, 36-37, 38, 39, 46, 73

George Ⅳ, King 乔治四世国王 220

Germany: and emigration 德国与移民 245, 250-251; and First World war 第一次世界大战 263, 264; naval fleet 海军舰队 260, 261; and steamships 蒸汽船 237; tourist traffic 游客运输 278; and Venezuela 委内瑞拉 262

Ghana 加纳 44

Glorious Revolution 光荣革命 109, 203

'gokstad' boat 科克斯塔德船 24

gold 黄金 63; discovery of in California 加利福尼亚发现黄金 246; production in United States 美国的产量 246; search and exploration for in Africa 在非洲搜寻与探索 32, 40, 42 - 43, 44; Seville's imports 塞维利亚的进口 73, 75

Gomes, Fernão 费尔南·戈梅斯 44

Goncales, Anāto 阿诺托·贡萨利斯 42

Goneville, Paulmier de 波尔米耶·德格内维尔 55, 77 - 78

grain: trade in 谷物贸易 98, 213

Great Marine Ordinance (1961) 1961 年大航海条例 117 - 118

Great Western (steamship) 大西号蒸汽船 233 - 234

Greeks 希腊人 9, 14 - 15

Greenland 格陵兰 22, 26 - 27, 28, 29, 30, 31, 61

Grenada 格林纳达 143, 208

Groenlendinga Saga 格伦丁格传奇 27

Guadeloupe 瓜德罗普岛 120, 121, 122, 123, 125, 132, 143, 156, 207, 210

Guanahani 瓜尼亚哈尼 63

Guinea 几内亚 44, 79, 90, 96, 117

Guinea, Gulf of 几内亚湾 32, 35, 46

Guyon Line 居永航线 236

H

hafskip 哈夫凯普船 24 - 25

Hamburg 汉堡 110, 111, 214, 237, 250, 251, 270

Hamburg Amerika Line 汉堡的亚美利加航线 237, 241, 250 - 251, 275

Hanno the Carthaginian 迦太基人汉诺 11 - 14, 35, 36

Hansards 汉萨 99

Hanseatic League 汉萨同盟 30, 31, 33 - 34

Harrison brothers 哈里森兄弟 231

Havana 哈瓦那 69, 70 - 72

Hawke 霍克 206, 206 - 207, 208

Hawkins, John 约翰·霍金斯 79 - 80, 80 - 83, 84

Henry the Navigator 航海家亨利 14, 32, 37, 38, 41, 42 - 43, 44, 45

Henry Ⅶ, King 亨利七世国王 59

Henry Ⅷ, King 亨利八世国王 78

Heracles 赫拉克勒斯 6

Herjölfsson, Bjarni 比亚德尼·赫耶法森 27, 30

Herodotus 希罗多德 12 - 13

Hesperides 赫斯珀里得斯 6

Hesperus 赫斯珀拉斯 5

Heyn, Piet 皮特·海恩 71, 91, 100

Hilliard, Colonel 希利亚德上校 106

Himilco the Punican 古迦太基人希米尔科 14

Hispaniola 伊斯帕尼奥拉岛 80, 81, 91

Hitler, Adolf 阿道夫·希特勒 268, 280, 282

Holland, state of 荷兰国 94, 96, 97

Holt, Alfred 阿尔弗雷德·霍尔特 231

Homer 荷马 5

Hone, Philip 菲利普·洪茨 244

Hudson Bay Company 哈得孙湾公司 168

Huelva 韦尔瓦 10

Hughes, Charles Evans 查尔斯·埃文斯·休斯 267

Humboldt, Alexander von 亚历山大·冯·洪堡 8

hurricanes: in Antilles 安的列斯的飓风 159

I

Iceland 冰岛 20-2, 24, 25-26, 28, 30-31, 57, 58, 105

Ile de France (liner) 法兰西岛航班 275, 278, 287

immigration (immigrants) 移民 241-257; and Canada 加拿大 174; crossing the Atlantic 跨越大西洋 247-248; decline in United States 在美国下降 259, 268-271; embarkation ports 登岸港口 248-251; measures taken to reduce numbers on board ship 采取缩减船上人数的措施 253; and North America 北美 173-175; number of Europeans immigrating 欧洲移民的数量 241-242; precariousness of 不稳定 175-176; prices for crossing Atlantic 跨越大西洋的价格 240, 247-248; reasons for 原因 243, 244-247; rejoining of kinsfolk and friends 亲人与朋友的重聚 256-257; and shipwrecks 失事船只 254-255; and United States from Europe 从欧洲来的美国人 224, 242-244, 144-147, 255-257, 297; traveling conditions 旅行条件 251-255; treatment of on arrival in America 初到美国的移民待遇 255-256

India 印度 54, 55

Indian Ocean 印度洋 41

Indians 印度人 60, 62, 63, 172-173

Indies 西印度群岛 44, 45, 46, 51, 64

Inman Line 英曼航线 236, 237, 239

Inman, William 威廉·英曼 236

Ireland 爱尔兰 132, 145; emigration 向外移民 175, 181, 245; sugar imports 食糖进口 143; and Vikings 维京人 23, 25

Irish: discovery of Iceland 爱尔兰人发现冰岛 20-21; voyages and expeditions made by monks 僧侣进行的航行与探险 19-22

iron ore 铁矿 290

Ismay, Thomas 托马斯·伊斯梅 236

Italians 意大利人 19, 32; and emigration 向外移民 248, 250, 270, 273

J

Jamaica 牙买加 53, 130, 202; hurricanes 飓风 159; plantations 种植园 160; rum production and consumption 朗姆酒的生产与消费 143; slaves 奴隶 183, 184, 187; sugar production 食糖生产 109, 112, 142, 143, 156

James, Henry 亨利·詹姆斯 297

James I, King 詹姆斯一世国王 179-180

James Monroe (liner) 詹姆斯·门罗号航班 232-233

Jarvis, Admiral 海军上将贾夫斯 211

Jay Treaty (1794) 1794年杰伊条约 216

Jefferson, President 杰斐逊总统 217

Jewish traders 犹太商人 166
João, Dom 多姆·若昂 44
Jodin, André 安德烈·若丹 11
John II, King 约翰二世国王 44, 46, 50 - 51, 55
Juba II, King 朱巴二世国王 11, 16

K

Kempenfelt 肯彭费尔特 208
Kennedy, Paul 保罗·肯尼迪 261
Keppel 凯佩尔 208
Kloster 克洛斯特 294
knarr 克纳尔船 20, 22, 25, 29
kogge 科格 40

L

La Fayette 拉斐特 297
La Gironde 拉吉伦特 170
La Rochelle 拉罗谢尔 114, 121, 223
Labrador 拉布拉多 60, 61, 114
Lanzarote 兰萨罗特 36, 65
Lascelles 拉塞尔斯 144
Latin America 拉丁美洲 258; Anglo-American rivalry in 英美竞争 218 - 220; and Britain 英国 221 - 222; handicaps in trade with 贸易的障碍 222; and immigration 移民 242, 246 - 247; see also individual countries 也可参阅具体国家
Le Clerc, François 弗兰索瓦·勒克莱尔 81
Le Havre 勒阿弗尔 248 - 249
Le Testu, Guillaume 纪尧姆·勒泰斯蒂 84

Leeward Isles 背风群岛 142
legends 传说 5 - 9, 20, 57
Lejeune, Father Paul 神父保罗·勒热纳 116
Lend-Lease project 租借计划 282
Lewis, Sinclair 辛克莱·刘易斯 297 - 298
Liberté (liner) 自由号航班 287
Liberty ships 自由之船 284, 285
Libyphoenicians 利比腓尼基人 11
Life of Saint Columba, The 圣科伦巴的一生 21
Ligon, Richard 理查德·利根 106
Lindberg, Charles 查尔斯·林德贝格 276, 282
liners 航班 231 - 233, 274 - 275, 279; competition between companies 公司之间的竞争 275; competition from airlines 空中航运的竞争 287, 288; and cruises 巡游 260, 295; decline in passenger traffic 客运的衰落 260; effect of Prohibition on 禁酒令的影响 274; and North Atlantic 北美 286; recovery of 复苏 274 - 275; and steerage passengers 统舱乘客 247 - 248, 251 - 253, 270; tourist-class passengers 旅游舱乘客 271, 274, 278; see also individual lines 也可参阅具体航班
Liverpool 利物浦 144; advantages of 优势 228 - 229; and cotton trade 棉花贸易 223 - 224, 230; disadvantages 弊端 229 - 230; docks 码头 170, 228 - 229; emigration from 移民 248; growth 增长 169, 214, 223 - 224, 226; liner

services between NewYork and 纽约与利物浦之间的航班服务 232; profile of port of 港口的侧影 226, 228-231; railway links 铁路联系 229; ships possessed and tonnage 拥有的船只与吨位 215, 224; and slave-trade 奴隶贸易 187, 188-189, 190, 191; traders 商人 163, 231

Lixus 利克苏斯 11, 12

Lloyd, Edward 爱德华·劳埃德 135, 169

Lloyd George, David 戴维·劳合·乔治 264

Lloyd's List 《劳埃德目录》169

L'Olive, Liénart de 利埃纳尔·德勒奥利弗 120

London 伦敦 150, 215; business press network 商业报纸网络 169; commercial firms in 商业公司 106, 144; domination of British trade 英国贸易中的主导地位 167-168, 223; as financial capital 金融首都 168; geographical advantages of 地理优势 168; inferiority of harbours 港口的劣势 169-170; Liverpool's challenge to 来自利物浦的挑战 169, 214; ships possessed and tonnage 拥有的船只与吨位 215, 224; and slave-trade 奴隶贸易 188; success of trading 贸易的成功 111-112

Lonis, Raoul 拉乌尔·洛尼斯 13

Louis XIV, King 路易十四国王 112, 152, 202

Louis XVI, King 路易十六国王 121, 198

Lowell, John 约翰·洛厄尔 82

Lübeck 吕贝克 33

Lucretius 卢克莱修 13

Lusan, General Don Francisco de 弗朗西斯科·德卢桑将军先生 83

Lusitania 卢西塔尼亚 264

M

McIver, Charles 查尔斯·麦基弗 235

Madeira 马德拉群岛 10, 18, 32, 35, 36, 36-39

Mafia 黑手党 273

Magellan 麦哲伦 50, 56

Maghrib 马格里布 17, 18, 33

Mahan 马汉 262

Malocello, Lanzaroto 兰扎罗托·马洛塞罗 36

maps 地图 7, 45, 57

Marbois, Barbé de 巴尔贝·德马尔波瓦 165

Marcus, G. J. G. J.马库斯 21, 27, 31

Marescoe, Charles 查尔斯·马雷斯科 109-110

Margarita Islands 玛格丽塔群岛 78, 81, 82

Markland 马克兰 27, 28

Marrano Jews 马拉诺犹太人 103

Marseilles 马赛 170, 171, 249, 252

Marshall, James 詹姆斯·马歇尔 246

Martinique 马提尼克岛 120, 210; hurricanes 飓风 159; population 人口 121, 132; rum exports 朗姆酒出口 147; slave imports 奴隶进口 188; sugar and tobacco cultivation 蔗糖与烟草培育 122, 123, 125, 143

399

Mary Stuart 玛丽·斯图亚特 83
Maryland 马里兰 178
Massachusetts 马萨诸塞 176, 177
Maurepas 莫勒帕 204, 205
Medea 《美狄亚》5, 13
Medina del Campo, Treaty of （1489）1489 年《坎波》条约 78
Melville, Herman 赫尔曼·梅尔维尔 214, 228, 253
Mendoza, Alonzo Velez de 阿隆索·韦莱斯·德门多萨 56
Mercator 墨卡托 24
Merchant Venturers 商业冒险 168
Messageries Maritimes 信使海运公司 249, 274
Methuen Treaty (1703) 1703 年梅休因条约 204
Mexico 墨西哥 53, 62 – 63, 73, 221, 269; Indian population 印第安人口 172 – 173; silver production 白银生产 64, 76; and Vera Cruz 韦拉克鲁斯 69 – 70
Mexico, Gulf of 墨西哥湾 32, 35, 46
Meyer, Jean 让·迈耶 38 – 39, 198
Michau Code (1629) 1629 年米绍法令 117 – 118
Miller, Henry 亨利·米勒 297
Modyford, Samuel 塞缪尔·莫迪福德 106
Modyford, Thomas 托马斯·莫迪福德 112
Mogador 摩加多尔 10, 11, 16, 18, 32, 36
molasses 糖蜜 126, 127, 143, 146 – 147, 192 see also rum 也可参阅朗姆酒

Molasses Act (1733) 1733 年糖蜜法案 148 – 149
Mollat, Michel 迈克尔·莫拉 33
monks: voyages made by Irish 爱尔兰僧侣的远航 19 – 22
Monroe doctrine 门罗主义 220, 263
Monroe, President 门罗总统 220
Moors 摩尔人 51
Morgan 摩根 240
Morgan, Kenneth 肯尼思·摩根 144
Morocco 摩洛哥 15, 34, 79, 263
Moslems: navigation of Atlantic 穆斯林在大西洋的航海 17 – 19
Moucheron, Balthasar de 巴尔塔萨·德穆什龙 90
Moucheron, Daniel de 丹尼尔·德穆什龙 91
Mulattos 白黑混血儿 184 – 185
Munzer, Jerome 杰罗姆·闵采尔 49

N

Nairac, Paul 保罗·奈拉 163
Nairac, Philippe 菲利普·奈拉 205
Nantes 南特 170, 189, 190, 223
Napoleon 拿破仑 211 – 212
Navigatio Sancti Brendani Abbatis 圣布伦达神父航海 20
Navigation Acts 航海条例 106, 108, 109, 143, 167; (1651) 1651 年 95, 104, 107; (1660) 1660 年 95, 104, 107; (1661) 1661 年 187; (1783) 1783 年 162
Nelson 纳尔逊 211, 212, 283
New England 新英格兰 126, 147, 176 –

179, 180

New York 纽约 223; advantages of 优势 224-225, 226; container terminal 油轮终点站 291; and cotton exports 棉花出口 225; growth 发展 214, 226; key to success 成功关键 225; profile of port 港口侧影 226-227; regular liner services between Liverpool and 利物浦与纽约之间有规律的航班服务 232-233; track from Western Europe to 从西欧到纽约的航道 293

Newfoundland 纽芬兰岛 48, 293; cod-fishing 捕捞鳕鱼 105, 113, 114-115; discovery of 发现 45, 46, 58, 59, 59-60

Nombre de Dios 农布雷·德迪奥斯 66, 67-69, 84

Nord deutscher Lloyd 北日耳曼劳埃德 250, 237, 251, 275

Normandie (liner) 诺曼底航班 277-278, 278-279

North America: and Antilles 北美与安的列斯 126-127, 164-166; colonization 殖民 92; decline in indigenous peoples 当地人口的下降 173; discovery of Vinland by Vikings 维京人发现文兰 27-29; diversity of population 人口的多样化 179-181; French expedition to 法国向北美的航行 113; immigration 移民 174-175, 177, 247; increase in colonial population 殖民人口的增长 173; increase in importance of 重要性增加 213; precariousness of immigration to 移民的不稳定 175-176; slave population 奴隶人口 181; slave trade 奴隶贸易 191; trade with Britain 与英国的贸易 130, 145-149; see also Thirteen Colonies 也可参阅 13 块殖民地

North Atlantic 北大西洋 57-61; container ships 油轮船只 292; decline in passenger traffic 客运的衰落 276, 288, 289; English and Portuguese discoveries 英国与葡萄牙的发现 58-61; French ports in 法国港口 113-116; growth of merchant traffic 商业贸易的发展 289; legends and trade 传说与贸易 57-58; and liners 航班 286, 288; and trade 贸易 213, 258, 276, 277

North Atlantic Treaty Organization (NATO) 北大西洋公约组织 285

North German Lloyd see Nord deutscher Lloyd 北日耳曼劳埃德参阅北日耳曼劳埃德

Norway 挪威 24, 30, 31

nuclear submarines 核潜艇 294

Nuestra Señora del Pilar (galleon) 努斯塔·塞诺拉·德尔·皮拉尔大帆船 71

Nuestro Señora de la Concepción (ship) 努斯塔·塞诺拉·德·拉康塞普西翁 72

Nun 诺恩 18

O

Oceanic Steam Navigation Company 远洋蒸汽航海公司 236

O'Dunn, Jacob 雅各布·奥顿 209

ore: bulk transport of 矿业的大宗运输 290

Orkney Islands 奥克尼群岛 20
Oursel, Robert 罗伯特·乌塞尔 128
Oviedo, Gonzalo Fernando de 贡萨洛·费尔南多·德奥维耶多 50
Oxenham 奥根翰姆 85, 86

P

Pacific (ship) 太平洋号船 234, 235
Pacific 太平洋 32, 50, 67, 260, 261, 268, 292
Panama 巴拿马 261, 262; English raids on 英国袭击 84-87
Panama Canal 巴拿马运河 275
Pankhurst 潘克赫斯特 114
Paraguay 巴拉圭 56
Parlier, Yves 伊夫·帕利耶 295
Parry, J. H. J.H.帕里 150
Pax Americana 美国治下的和平 259, 261
Pax Britannica 英国治下的和平 212, 219, 258; threats to on eve of First World War 第一次世界大战前夕的威胁 260-263
Peace of Paris (1763) 1763 年巴黎和约 207
Pennsylvania 宾夕法尼亚 179
pepper 胡椒粉 54
Pereire brothers 佩雷尔兄弟 238, 239
Peru 秘鲁 62-63, 69, 73, 222; colonization of 殖民 53, 56; decline in Indian population 印第安人人口的下降 172; silver production 白银生产 64, 68, 75; trade in Nombre de Dios 农布雷·德迪奥斯的贸易 67-69
petrol 汽油 289-290
Philadelphia: trade with Cuba 费城与古巴的贸易 217
Philip II, King 菲利普二世国王 87, 89, 202
Philip III, King 菲利普三世国王 90
Philip IV, King 菲利普四世国王 99
Phoenicians 腓尼基人 9-10, 11, 14, 15, 19, 32, 36
Pindar 品达 14
Pinelli, Francisco 弗朗西斯科·皮内利 46
Pinzon, Martin Alonzo 马丁·阿隆索·平松 48, 51-52
Pinzon, Vincente Yenez 文森特·耶内斯·平松 55
Pitt the Elder 老皮特 206, 210
Pitt, William 威廉·皮特 185
plantations: Americans and Antillean 美洲与安的列斯地区的种植园 164; Antillean 安的列斯 102-104, 105, 112; and Dutch 荷兰 107; and Navigation Acts 航海条例 105, 107-108; owners in debt 债主 162-164; and profits 利润 160-162; and slaves 奴隶 123, 125-126, 182, 183, 186, 187
Plato 柏拉图 6, 8
pleasure sailing 航行乐趣 295
Pliny the Elder 老普林尼 10-11, 11, 16, 19
Pluchon, Pierre 皮埃尔·普吕雄 161
Plymouth 普利茅斯 201
Polo, Marco 马可波罗 47, 49, 62
Polybius 波里比阿 10-11
Ponte, Pedro de 佩德罗·德庞特 80, 81
ports: problems for in introduction of

container traffic 港口在引进油轮贸易后的问题 292; *see also* individual names 也可参阅具体的名字

Portugal (Portuguese) 葡萄牙（葡萄牙人）19, 32; and the Azores 亚速尔群岛 40, 45, 54, 59; captured by Spain (1580) 1580 年西班牙攻占 202; discovery and colonization of Brazil 发现巴西并对其殖民 53, 54-55, 101; dispute with Castille over Canaries 在加那利群岛问题上与卡斯蒂利亚的争端 36, 45-46; expansion of commerce 商业的扩张 58; expeditions and discoveries 探险与发现 45, 46, 59-61; exploration of African coast 在非洲海岸探险 32, 39-40, 43-44; and fishing grounds 渔业资源 45, 54; and Iceland 冰岛 58; and Madeira 马德拉群岛 37, 38; and Newfoundland 纽芬兰岛 45, 46; proclamation of independence (1640) 1640 年宣布独立 101; relations with Mediterranean Atlantic 与地中海大西洋的关系 37; resources 资源 39-42; treaty of alliance with Britain (1703) 1703 年与英国的联盟条约 150, 209; withdrawal from Morocco 从摩洛哥撤退 79

press gangs 报业集团 197

Price, Jacob M. 雅各布·M·普里斯 145

Prohibition 禁酒令 259, 271-274, 276

Ptolemy 托勒密 41

Puerto Rico 波多黎各 53

Punicans 古迦太基人 14

purple 带紫红色的有壳水生物 11, 16, 32, 36

Pytheas the Massalian 马赛利亚的皮西亚斯 7, 8, 15, 20

Q

Quakers 贵格会教徒 297

Queen Elizabeth (liner) 伊丽莎白女王号航班 286, 288

Queen Elizabeth II (liner) 伊丽莎白二世女王号航班 287, 288

Queen Mary (liner) 玛丽女王号航班 278, 279, 286, 288

Quinn, David 戴维·奎因 58

Quintanilla, Alonzo de 阿隆索·德金塔尼利亚 46

Quintus, Charles 查尔斯·昆塔斯 56

R

Raba, Salomon 萨洛曼·拉巴 155

Rabat 拉瓦特 17

railways 铁路 213, 248-249

reconquista 收复失地运动 63

Red Star Line 红星航线 233

Reneger, Robert 罗伯特·雷内热 79

Ribaut, Jean 让·里博 113

Richelieu 黎塞留 117, 118, 194

Rochefort, Charles de 查尔斯·德罗什福尔 106

Rodney, Admiral 罗德尼海军上将 208

Roget, Jacques petit-Jean 雅克·帕蒂·让·罗热 123

Roissey, Urbain du 于尔班·杜·鲁瓦西 119

Romans 罗马人 9, 10, 15-17, 20, 32

Roosevelt, Theodore 西奥多·罗斯福 262, 281-282

Rouen 鲁昂 114, 171

Rouen-Le Havre 鲁昂-勒阿弗尔 171

Rouillard, Pierre 皮埃尔·鲁亚尔 10

Royal Exchange 皇家交易所 167

Royal Marine Ordinance (1584) 1584年皇家海运法令 116

rum 朗姆酒 134, 143, 147-148 see also molasses 也可参阅糖蜜

Russia: and nuclear submarines 俄罗斯与核潜艇 294; war with Sweden 与瑞典的战争 195

Ruyter 勒伊特 202, 203

Ryswick, Treaty of (1697) 1697年《赖西克条约》125, 130, 151

S

sailors: change in lives of 水手：交换生命 292; recruitment and relationship with shipowners 征召以及与船主的关系 196, 214

St Brendan 圣布伦达 7, 20, 22, 57

Saint Christopher 圣克里斯托弗 118-119, 120, 136

Saint Christopher Company 圣克里斯托弗公司 118

Saint-Malo 圣马洛 114, 115

Saint Méry, Moereau de 穆梭·德圣梅里 153-154, 158

St Patrick 圣帕特里克 19

Saint Thomas 圣托马斯 258

Saint Vincent 圣文森特 208

Salé 塞尔 18, 19

salt 食盐 34

Santa Fe Treaties of Surrender (1492) 1492年的《圣菲割让条约》51

Santa Lucia 圣卢西亚 156, 208

Santo Domingo 圣多明各 52-53, 123-126; coffee production 咖啡生产 156-157; colonization of by French 法国的殖民 123-124; cotton production 棉花生产 157; fall of (1791) 1791年陷落 192; molasses production 糖蜜生产 147; mulattos 白黑混血儿 184-185; natural catastrophes 自然灾害 159; plantations 种植园 160-161, 163; population 人口 132; role as centre of Americas taken by Havana 哈瓦那控制的美洲的中心地位 69; slave revolt (1791) 1791年奴隶叛乱 210, 223; slaves in 奴隶 125, 132, 157, 182-183, 187-188; smuggling 走私 165; success and wealth 成功与财富 153-158; sugar production 食糖生产 124-125, 151, 152, 156; tobacco cultivation 烟草培育 124, 125; and Treaty of Ryswick 《赖西克条约》125, 130, 151

Sanuto, Marino 马里诺·萨努托 7

São Tomé 圣多美 44, 65

Saupin, Guy 盖伊·索潘 120

Schedel, Hartmann 哈特曼·舍德尔 49, 50

Schoener 舍纳 45

Scotland 苏格兰 143, 181

Scots-Irish 苏格兰爱尔兰人 179-180, 181

Scott, John 约翰·斯科特 107

Sea of Perpetual Gloom 永恒的黑暗之海 18, 45

Second World War 第二次世界大战 259, 279-284

Seneca 塞内卡 13

Sérène, Jean-Pierre Labat 让-皮埃尔·拉巴特·塞雷纳 165-166

Seven Years' War 七年战争 140, 148, 152, 156, 160, 164, 194, 197, 201, 206

Seville 塞维利亚 51, 72-73; economic decline 经济衰落 93; imports of gold and silver 黄金与白银进口 64, 73, 75-76, 93, 98; monopoly over Spanish Atlantic 垄断西班牙大西洋 73-75; population 人口 73; success 成功 74

Shetland Islands 设得兰群岛 25

shipbuilding, Viking 维京人的运输 23-25

Siegfried 齐格弗里德 243

silver 白银 63-64, 74; imports of by Seville 塞维利亚进口的白银 64, 73, 75-76, 93, 98; Peruvian 秘鲁人 64, 68, 75

Sirius（steamship）天狼星号蒸汽船 233, 234

Six Days' War (1967) 1967年六天战争 289

slave-trade 奴隶贸易 92, 148, 216, 220; abolition of 废奴 160, 186; and America 美洲 181, 182, 191-193; and Britain 英国 79-84, 187, 188-189, 190; centres of European 欧洲中心地区 188-191; and Dutch 荷兰 90, 102, 123; English expeditions 英国的远航 79-83; and France 法国 187-188, 189, 190; and growth of plantations 种植园的发展 187; Portuguese expeditions 葡萄牙的远航 32, 42-43; risk of 风险 189-190; voyages and shipments of slaves 航海与贩奴 186-188

slaves 奴隶 181-186; advantages over white servitude 对白人契约奴的优势 183; anti-slavery movement 废奴运动 185; numbers of 数量 132, 181, 182; paying for 付款 163, 183; and plantations 种植园 182, 183, 187; repression of 衰退 184; and revolts 叛乱 184; on Santo Domingo 圣多明各 125, 132, 157, 182-183, 187-188; and sugar plantations 蔗糖种植园 123, 125-126, 183, 186, 187

Smith, Adam 亚当·斯密 131, 160

smuggling 走私 139, 165-166; and Prohibition 禁酒令 272-274

snuff-tobacco 鼻吸烟草 137-138

South Carolina 南卡罗来纳 182, 187

Spain 西班牙 146, 261; challenging of monopoly 挑战垄断权 77-79, 130; deterioration in relations with Britain 与英国关系的恶化 78-79, 81, 83-84; discovery of Brazil claims 对发现巴西的要求 55-56; embargo on Dutch trading 对荷兰贸易的禁运 89, 90, 94, 96, 99; English raids on Panama 英国对巴拿马的袭击 84-86; gold and silver imports 黄金与白银进口 75-76, 98; ports 港口 223; and role of

405

Canaries ports 加那利群岛港口的角色 65-66; tobacco trade 烟草贸易 139-140; and Treaty of Utrecht 《乌得勒支条约》150; truce with United Provinces 与联合省的休战 91, 94, 96, 99, 102; and Vera Cruz 韦拉克鲁斯 69-70; war against England see Anglo-Spanish wars 与英格兰的战争参阅英西战争; war with France 与法国的战争 78, 81; war with United States (1898) 1898 年与美国的战争 262; see also Seville 也可参阅塞维利亚

Spanish War of Succession 西班牙王位继承战争 146, 203, 229

steamships 蒸汽船 233-241

Strabo 斯特雷波 8, 9, 14

submarines, nuclear 核潜艇 294

Suez Canal 苏伊士运河 289

Sugar 食糖 104, 110, 171; and Antilles 安的列斯群岛 106, 122-123, 125, 142-143, 145, 156; and Brazil 巴西 38, 109, 125; and Britain 英国 109, 133, 134-135, 142-143, 144, 156; consumption 消费 133; and Jamaica 牙买加 109, 112, 142, 143, 156; and Madeira 马德拉群岛 37-39; and new drinks 新饮料 133-135; and Santo Domingo 圣多明各 124-125, 151, 152, 156; and São Tomé 圣多美 44

super tankers 超级油轮 289, 289-290

Sutton, Captain Thomas 托马斯·萨顿船长 58

Svávarsson, Gardar 戈达勒·斯瓦瓦尔森 25

Sweden 瑞典 195

T

Tarshish 塔希斯 10

tea 茶叶 133, 134

Teixeira, Tristão Vaz 特里斯坦·瓦斯·特谢拉 37

Teles, Fernão 费尔南·特莱斯 59

Tempest, *The* 《暴风雨》296-297

Terceira 特尔塞拉岛 45, 59

Teyer, Diogo de 迪奥戈·德泰亚 38

Thalassocracies 制海权 9

Thevet, André 安德烈·泰韦 116

Thirteen Colonies 13 块殖民地 134, 149, 153, 161-162, 164, 173, 195

Thirty Years' War 三十年战争 98

Thompson, Jeremiah 耶利米·汤普森 230

Thule 图勒（极北之地）7, 15, 20

Titanic 泰坦尼克号 235, 254-255

tobacco; and Antilles 烟草与安的列斯地区 118, 119, 121, 122; Brazil 巴西 139; increase in consumption 消费的增长 132; passion for 狂热 135-138; and Santo Domingo 圣多明各 124, 125; trade in Chesapeake 切萨皮克贸易 139-142

Tobago 多巴哥岛 156

Tordesillas, Treaty of (1494) 1494 年《托德西利亚斯条约》53, 55

tourism 旅游 260, 295

Tourville 图维尔 203

trade: change in nineteenth century 19 世纪的贸易变化 213-214; crisis in and difficult recovery 危机与艰难的复苏 275－279

Trafalgar, Battle of 特拉法尔加战役 212

Transatlantique see Compagnie Générale Transatlantique 跨大西洋公司参阅跨大西洋总公司

Tristão, Nuno 努诺·特里斯坦 42

Tromp 特龙普 202

Tyre 泰尔 9, 10

U

Ulfsson, Gunnbjörn 贡比尤纳·尤弗森 26

Ulmo, Fernão da 费尔南·达·乌尔莫 48

Umayyadin 乌马亚 17

United Provinces 联合省 94, 194; slowing down of growth 增长的减速 95－96; truce with Spain 与西班牙的休战 91, 94, 96, 99, 102; war with Spain 与西班牙的战争 99; see also Dutch 也可参阅荷兰

United States 美国: advantages of neutrality to trade 中立地位对贸易的优势 215－217; and Brazil 巴西 293; and Caribbean 加勒比海 216, 217, 261－262, 293; challenging Britain for naval superiority 挑战英国的海军优势 258; cotton exports to Britain 向英国出口棉花 217, 224; decline in immigration 移民的下降 259, 268－271; Embargo (1807) 1807年的禁运 217; and First World War 第一次世界大战 264; gold production 黄金生产 246; immigration 移民 224, 242－244, 244－247, 255－257, 297; imports from Britain 英国向美国的移民 218; increase in import duties on European products 欧洲产品进口关税的增加 229－230; and isolationism 孤立主义 259, 266－268, 268, 271; merchant fleet 商船队 192; and nuclear submarines 核潜艇 294; and Pacific 太平洋 292; protectionist tradition 贸易保护主义传统 258; and Prohibition 禁酒令 259, 271－274, 276; reduction of naval fleet after Second World War 第二次世界大战后海军舰队的缩减 267－268; rivalry with Britain in Latin America 在拉丁美洲与英国的竞争 218－220; and Second World War 第二次世界大战 280－284, 285; slave-trade 奴隶贸易 191－193; tonnage of naval fleet 海军舰队的吨位 260; trade in Antilles 在安的列斯地区的贸易 216; trade with Cuba 与古巴的贸易 216－217, 219; trade with Spanish America 与西班牙美洲的贸易 216; treaty of friendship and trade with France (1778) 1778年与法国的友好与贸易条约 164; war with Britain (1812) 1812年与英国的战争 193; war with Spain (1898) 1898年与西班牙的战争 262

United States Mail Steamship Company 美国汽船邮政公司 234

Ushant 阿申特岛 200

Usodimare 乌索迪摩尔 42, 43

Usselinx, William 威廉·于塞林克斯 96

Utrecht, Treaty of (1713) 1713年《乌得勒支条约》92, 150

V

Van Olmen, Ferdinand 斐迪南·范·奥尔梅 46, 59

Venetians 威尼斯人 34

Venezuela 委内瑞拉 139, 219, 262

Vera Cruz 韦拉克鲁斯 66, 67, 69-70, 71

Vergennes 韦尔热纳 219

Vergil, Polydores 波利多尔·弗吉尔 60

Verlinden, Charles 查尔斯·韦尔兰当 59

Verrazano 韦拉佐努 61

Vespucci, Amerigo 阿梅里科·韦斯普奇 46, 56

Vikings 维京人 23-31; colonization of Iceland 在冰岛殖民 25-6; difficulties encountered in voyages 航行中遇到的困难 30; discovery and colonization of Greenland 发现格陵兰岛并对其殖民 26-27; raids 袭击 21, 23, 25; shipbuilding and seafaring skills 运输与航海技巧 23-25; ships 船只 29; trade routes 贸易路线 29-31; and Vinland 文兰 27-29; voyages 航行 5, 22, 23, 25, 27

Vilgerdarsson, Flok 弗洛克·维尔格达森 25

Villani, Giovanni 乔瓦尼·维拉尼 40

Villeneuve 维尔纳夫 212

Vinland 文兰 27-29

Virgil 维吉尔 5, 8, 13

Virginia 弗吉尼亚 136, 174, 176, 178

Vivaldis 维瓦尔迪 41

W

Wall Street crash (1929) 1929年华尔街灾难 276

War of Secession see Spanish War of Secession 分离战争参阅西班牙分离战争

Washington Conference (1921) 1921年华盛顿会议 258, 267, 268, 279

Washington (steamship) 华盛顿号汽船 238

West Indies Company 西印度公司 122, 127

whale hunting 猎鲸 115, 116

White Star Line 白星航线 235, 236-237, 240, 251, 275, 278

Wilhelm II, Kaiser 德皇威廉二世 262

William Brown (ship) 威廉·布朗船 254

Willoughby, Governor 总督威洛比 108

Wilson, President 威尔逊总统 263, 264

winds 海风 1-2, 13, 48, 66

Windward Islands 向风群岛 199-200

wine 葡萄酒 34

Winthrop, John 约翰·温思罗普 119

Wyndham, Thomas 托马斯·温德姆 79

Y

Yenez, Vincente 文森特·耶内斯 51

Young, Arthur 亚瑟·扬 171

Z

Zarco, João Gonçales 若昂·贡萨利斯·扎尔科 37

Zeeland 泽兰 94, 96